ES

GRUNDLAGEN DER ROMANISTIK

Herausgegeben von Titus Heydenreich, Karl Hölz und Johannes Kramer
Begründet von Eberhard Leube† und Ludwig Schrader

22

Einführung in die spanische und lateinamerikanische Literaturwissenschaft

von

Christoph Strosetzki

ERICH SCHMIDT VERLAG

Bibliografische Information der Deutschen Bibliothek

Die Deutsche Bibliothek verzeichnet diese Publikation in der Deutschen Nationalbibliografie; detaillierte bibliografische Daten sind im Internet über >*http://dnb.ddb.de*< abrufbar.

ISBN 3 503 06189 4

Dieses Papier erfüllt die Frankfurter Forderungen der Deutschen Bibliothek und der Gesellschaft für das Buch bezüglich der Alterungsbeständigkeit und entspricht sowohl den strengen Bestimmungen der US Norm Ansi/Niso Z 39.48-1992 als auch der ISO-Norm 9706

Druck: Danuvia Druckhaus Neuburg, Neuburg/Donau

Inhaltsüberblick

Ausführliches Inhaltsverzeichnis

Vorwort

Wie ist das Interesse an Spanien und seiner Literatur in Deutschland entstanden? Seit wann und warum interessiert man sich für Lateinamerika? Wie hat sich die Hispanistik als universitäres Fach etabliert? Was sind die Ursprünge des Faches Literaturwissenschaft? Welcher Methoden bediente sie sich im 19. und 20. Jahrhundert? Das sind die Ausgangsfragen vorliegender *Einführung*. Im ersten Kapitel geht es zunächst um die Ausrichtung des Interesses an Spanien und Lateinamerika in den letzten Jahrhunderten. Dann wird nach einem Blick auf die Literaturwissenschaft im Mittelalter gezeigt, wie sich das universitäre Fach der Hispanistik im Kontext der Neuphilologien und der Romanistik entwickelt hat. Das erste Kapitel schließt mit einem Blick auf frühe literaturwissenschaftliche Methoden.

Sechs Kapitel gliedern den Stoff nicht chronologisch, sondern systematisch. Die Auswahl der Beispiele soll daher kein repräsentatives Bild der gesamten spanischen und lateinamerikanischen Literatur vermitteln, sondern die einzelnen vorgestellten theoretischen Modelle und Methoden veranschaulichen. Wenn hierbei einzelne literarische Texte mehrfach betrachtet werden, dann möge dies den Effekt der jeweiligen Methode oder Modellierung besonders hervorheben.

Das zweite Kapitel stellt grundlegende methodische Überlegungen vor, die Ausgangspunkte literaturwissenschaftlicher Arbeit sind. Ebenso führt es exemplarisch Orientierungshilfen wie Gattungsmerkmale und Epochenbegriffe sowie rhetorische und stilistische Hilfsmittel vor. Das dritte Kapitel zeigt bewährte Anschauungsformen, d.h. Perspektiven, von denen aus Texte betrachtet werden können. Der Terminus „Anschauungsform" wurde bewusst gewählt und soll in Anlehnung an Immanuel Kant verdeutlichen, dass die Erkenntnis des analysierten Objekts von einer Anschauungsform abhängt, die in diesem Fall der Betrachter wählt. So wird die Analyse aus der psychologischen Perspektive psychologisch relevante Ergebnisse hervorbringen. Entsprechendes gilt für die soziologische bzw. kulturwissenschaftliche Analyse.

Das vierte Kapitel stellt aktuelle heuristische Modelle vor. Dank ihrer Allgemeinheit haben sie den Vorzug, bei der Anwendung auf die (hispanistische) Erfahrungswelt zu Erkenntnissen zu führen, die entweder die Erfahrungswelt oder das Modell selbst in neuem Licht erscheinen lassen. Dies gilt für die Diskurstheorie ebenso wie für das Dialogizitätsmodell oder für die Modellierung von *memoria*, *gender* und lateinamerikanischer Identität.

Die letzten beiden Kapitel erweitern den zu untersuchenden Bereich zunächst auf die Beziehungen zwischen den Texten, dann auf Kontexte wie Markt und Medien. Unter dem Stichwort „Transtextualität" thematisiert das fünfte Kapitel Kontakte und Einflussnahmen von Texten aufeinander bzw. Themen, Bilder und Mythen, die in unterschiedlichen Texten auftreten. Das sechste Kapitel schließlich stellt aktuelle Fragestellungen der Hispanistik vor, die sich mit dem Literaturbetrieb, mit der Abhängigkeit der Literatur von Marktmechanismen, Zensur und Verbot sowie mit ihrer Medialität und ihrer fruchtbaren Beziehung zum Bild und zum Film beschäftigen.

Der vorliegende Band gibt also einen Überblick über zentrale Grundbegriffe und zugleich einen Einblick in die faszinierende Palette gegenwärtiger Forschung.

Gedankt sei an dieser Stelle für die Unterstützung bei der Durchsicht des Manuskripts Christian Böttcher, Christiane Holler und Mareike Terhorst. Hervorgehoben sei dabei auch die Hilfe von Verlagsseite durch Astrid Treusch. Die Erstellung des Layouts und des Sach- und Namenregisters ist Katrin Nacke zu verdanken.

Münster, im Juli 2003   Christoph Strosetzki

Weiterführende Lektüre:

Zur Theorie: Heinz Ludwig Arnold, Heinrich Detering (Hg.), Grundzüge der Literaturwissenschaft, München 1999, 3. Auflage.
Ansgar Nünning (Hg.), Metzler Lexikon Literatur- und Kulturtheorie, Stuttgart, Weimar 2001, 2. Auflage.

Zur Literaturgeschichte: Christoph Strosetzki (Hg.), Geschichte der spanischen Literatur, Tübingen 1996, 2. Auflage.
Hans-Jörg Neuschäfer (Hg.), Spanische Literaturgeschichte, Stuttgart, Weimar 1997.
Christoph Strosetzki, Kleine Geschichte der lateinamerikanischen Literatur im 20. Jahrhundert, München 1994.
Michael Rössner (Hg.), Lateinamerikanische Literaturgeschichte, Stuttgart, Weimar 2002, 2. Auflage.
Francisco Rico (Hg.), Historia y crítica de la literatura española, 8 Bde., Barcelona, Crítica, 1980; 9. Bd. 1992; Suplementos (1991-1999).

Zur Bibliografie: Christoph Strosetzki (Hg. im Auftrag des Deutschen Hispanistenverbandes), Bibliografie der Hispanistik in der Bundesrepublik Deutschland, Österreich und der deutschsprachigen Schweiz, Bd. 1-7, Frankfurt 1988-2002 (über „http://www.uni-muenster.de/Hispanistikbibliographie" auch im Internet).

1 Das Fach

1a Interesse an Spanien

Nicht immer war das **Spanienbild** in Deutschland durchweg vorteilhaft. Im Mittelalter, als Pilger Wallfahrten zu Ehren des Heiligen Jakob nach Santiago de Compostela unternahmen und Handelsbeziehungen zu Kontakten zwischen Deutschen und Spaniern führten, bildete sich ein Katalog von völkerpsychologischen Stereotypen aus, der für die Spanier wenig schmeichelhaft war. Ihr dunkler Teint und ihre schwarzen Haare erschienen ebenso ungewohnt wie gefährlich. Maurische und jüdische Einflüsse seien es, auf die Stolz, Freude an Zeremonien, Unehrlichkeit, Taktiererei, Reizbarkeit und Grausamkeit zurückzuführen seien. So ist auch das Adjektiv „spanisch" für denjenigen nicht positiv belegt, dem „etwas spanisch vorkommt", und sogar auf die Folter oder deren Instrumente beziehen sich Ausdrücke wie ‚spanischer Stiefel', ‚spanischer Reiter', ‚spanischer Ritt'. Die spanische Sprache dagegen erscheint einerseits wegen ihrer Verwandtschaft mit dem Latein als heilige Sprache, in der unverblümt alle Laute deutlich auszusprechen seien, andererseits wegen ihrer orientalischen Einflüsse als allzu verführerisch und lieblich.[1] Karl V. wird nachgesagt, er habe je nach Adressat und Thema eine andere Sprache bevorzugt, Französisch für die Diplomatie, Italienisch für die Frauen, Spanisch, um mit Gott zu reden, und Deutsch, um mit den Pferden zu sprechen. Der an Säkularisierung und Abschaffung von Tradition interessierten französischen Aufklärung konnte Spanien nicht als Vorbild für Fortschritt dienen, erschien als Antipode und wurde zur Zielscheibe der Kritik. Der Vorwurf lautete, dass man von Spanien keine Anstöße in die gewünschte Richtung zu erwarten habe, da das Land mittelalterlich geblieben sei. Zusätzlich ergaben sich Verzerrungen des Spanienbildes, dadurch dass man in literarischen Figuren wie Don Quijote und Don Juan den typischen Spanier sah und in den Verhaltensformen der pikaresken Romanfigur Lazarillo de Tormes ein realistisches Abbild des spanischen Alltags vermutete.

Eben die Andersartigkeit Spaniens war es aber, die die **deutsche Romantik** umdeutete: Aus dem Makel wurde ein Vorzug. Das Exotische wurde interessant, gerade weil es fremd war und der Phantasie freien Lauf ließ. Ende des 18. Jahr-

---

[1] Vgl. Dietrich Briesemeister, „Die spanische Verwirrung" (J. W. von Goethe). Zur Geschichte des Spanienbildes in Deutschland, in: Jahrbuch Preußischer Kulturbesitz, XXXIV, 1998, S. 291-311.

hunderts liest man in Karl Großes *Spanischen Novellen* (1796) von leidenschaftlicher Liebe, von Entführungen, Gerippen, dunklen Höhlen und Feen. Spanien wird zum romantischen Paradigma des Zauberhaften, Wundersamen und Irrationalen. Der arabische Einfluss wird nun positiv als kulturfördernd bewertet. Johann Gottfried Herder sieht die Araber als die Lehrer Europas und die mittelalterliche Ritterlichkeit als Resultat der kriegerischen Verteidigung des Christentums gegen die Araber. Deutlich sei Spanien, „wo Jahrhunderte lang Goten und Araber nebeneinander wohnten,"² auch durch den Geist des arabischen Rittertums geprägt, wovon die Romanzen noch Zeugnis ablegten. Poesie sei bei den Arabern nicht isoliertes Kulturgut, sondern Bestandteil des alltäglichen Lebens gewesen.

Friedrich Schlegel dagegen erkennt im spanischen Mittelalter in erster Linie den Einfluss der Goten: „Die Geschichte des Landes fängt an mit der Einwanderung verschiedener germanischer Nationen, der Vandalen, Sueven und Westgoten. Diese letzteren behielten die Oberhand und befestigten ihr Reich [...]. Den Einfällen der Araber konnten sie indessen nicht genug widerstehen [...]."³ Dadurch wird in einer heute nur noch aus der damaligen Situation zu verstehenden Weise das germanische Element hervorgehoben, das es erlaubt, in Spanien einen Zweig der deutschen Geschichte fortentwickelt zu sehen. In seinen *Vorlesungen zur Universalgeschichte* interpretiert Schlegel daher die spanische Geschichte als Entwicklungsgeschichte der **germanischen Verfassung** in Spanien: Zunächst habe die germanische Verfassung den Geist des Römertums besiegt, sich trotz des arabischen Einflusses behauptet und christliche Wertvorstellungen hervorgebracht, die über das Mittelalter hinaus bis zum *Siglo de Oro* Bestand hatten und im 18. Jahrhundert durch den „römischen Despotismus" der französischen Hegemonie verdrängt worden seien. Wenn sich also Schlegel mit der spanischen Literatur beschäftigt, dann meint er, das verstreute Eigene zu finden, und lobt die Naturpoesie des Cervantes und Calderóns Theater, das er 1811 als Verkörperung der Romantik schlechthin charakterisiert, da es Volkstümlichkeit, Christentum und Phantasie verbinde.

Für seinen Bruder August Wilhelm Schlegel wird Don Quijote angesichts des Bedeutungszerfalls der antiken Mythologie zum Paradigma einer neuen **Kunstmythologie**. Die natürliche Harmonie bei den Griechen sei durch das Bewusstsein einer inneren Entzweiung ersetzt worden, die durch den christlichen Glauben das Unendliche als unerreichbar dem Endlichen gegenübergestellt hat. Der

---

² Johann Gottfried Herder, Sämtliche Werke, Bd. XIV, Bernhard Suphan (Hg.), Hildesheim 1967, S. 460.
³ Friedrich Schlegel, Vorlesungen über Universalgeschichte, Jean-Jacques Anstett (Hg.), München 1960, S. 178f.

ungeteilten Welt der Griechen mit ihrer Harmonie zwischen Unendlichem und Endlichem, zwischen Realem und Idealem, steht nunmehr eine geteilte Welt gegenüber, in der das Ideale mit dem Realen kämpft. Jede Darstellung, in der das Besondere das Allgemeine bedeutet oder das Allgemeine im Besonderen angeschaut wird, wird – wie Don Quijote – zum neugeschaffenen Mythos. In vergleichbarer Weise fordert auch Friedrich Schelling das Schaffen neuer, künstlicher Mythen durch die Dichtung. Don Quijotes und Sanchos Abenteuer, wie das mit den Windmühlen, erscheinen als mythische Erzählungen, die zugleich im Kampf des Idealen mit dem Realen den Vorzug einer philosophischen Basis bilden. A. W. Schlegel vergleicht Calderón 1803 in seinem *Aufsatz über das spanische Theater* als Vertreter des romantischen Dramas mit Shakespeare und wichtigen mittelalterlichen Autoren. Schlegel war 1801 nach Berlin gegangen, wo er mit Tieck, Novalis, Fichte und Schelling einen ersten romantischen Zirkel bildete.

Die **romantische Spanienbegeisterung** bedeutete einen Impuls für außeruniversitäre hispanistische Studien. Ansätze des im deutschen Sprachraum aufkeimenden Spanieninteresses belegen allerdings schon frühere Übersetzungen, Anthologien und Studien.[4] Als Beispiele seien genannt Gotthold Ephraim Lessings *Hamburgische Dramaturgie* (1767/69), in der er die Mischung von Tragischem und Komischem durch den *gracioso* bei Lope de Vega als nachahmenswerte Alternative zum klassisch-französischen Theater sieht, seine 1752 veröffentlichte Übersetzung von Juan Huartes *Examen de ingenios para las ciencias*, Johann Andreas Diezes 1769 veröffentlichte Bearbeitung der spanischen Literaturgeschichte des Luis José Velázquez, Friedrich Justin Bertuchs 1775/77 herausgegebene *Don Quijote*-Übersetzung und sein von 1780 bis 1782 herausgegebenes *Magazin der spanischen und portugiesischen Literatur*. Johann Gottfried Herder beschäftigte sich mit den spanischen Romanzen, da in ihnen gemäß seiner Vorstellung vom „Volkslied" die Eigenart der Volksseele zum Ausdruck komme. So veröffentlichte er in seiner Sammlung der *Volkslieder* (1778/79) neben Romanzen aus dem Mittelalter auch fünf von Góngora verfasste Romanzen. Auch im *Don Quijote* sah Herder die spezifische Denkweise des spanischen Volkes ausgedrückt. Es folgte Friedrich Bouterweks 1804 publizierte *Geschichte der spanischen Poesie und Beredsamkeit*. Ludwig Tieck übersetzte von 1799 bis 1801 *Don Quijote* und machte August Wilhelm Schlegel mit Calderón bekannt. Goe-

---

[4] Vgl. Gerhart Hoffmeister, Spanien und Deutschland. Geschichte und Dokumentation der literarischen Beziehungen, Berlin 1976, S. 86ff; Manfred Tietz (Hg.), Das Spanieninteresse im deutschen Sprachraum. Beiträge zur Geschichte der Hispanistik vor 1900, Frankfurt 1989; Ludwig Schrader, El interés por el mundo ibérico y los orígenes del hispanismo científico en los países de lengua alemana (siglo XIX), in: Christoph Strosetzki, Jean-François Botrel, Manfred Tietz (Hg.), Actas del I Encuentro Franco-Alemán de Hispanistas (Mainz, 9-12. 3. 89), Frankfurt 1991, S. 1-18.

the hatte Cervantes gelesen und geschätzt. 1802 überreichte ihm A. W. Schlegel seine Übersetzung von Calderóns *Andacht zum Kreuze*, ein Jahr später den ersten Band seiner Sammlung *Spanisches Theater*. Nach seiner Anstellung als Theaterdirektor in Weimar im Jahr 1971 lässt Goethe von Calderón 1811 den *Standhaften Prinzen*, 1812 *Das Leben ein Traum* und 1815 die *Große Zenobia* aufführen. Ihn fasziniert das Fremde, Mittelalterliche, Arabische bei Calderón: „Nur wer Hafis liebt und kennt / Weiß was Calderon gesungen."[5] Friedrich Schiller sieht in Cervantes' *Don Quijote* und im Gegensatz zwischen dem edlen Idealisten Don Quijote und Sancho als dem Vertreter der prosaischen Wirklichkeit ein Paradebeispiel für die sentimentalische Dichtung: „Der sentimentalische Dichter hat es daher immer mit zwei streitenden Vorstellungen und Empfindungen, mit der Wirklichkeit als Grenze und mit seiner Idee als dem Unendlichen zu tun."[6] Die Aufrechterhaltung der Spannung zwischen Wirklichkeit und Ideal sei charakteristisch für moderne satirische Dichtung. Schopenhauer übersetzt 1832 Baltasar Graciáns *Oráculo manual*. Es zeigt sich also bei den Autoren der deutschen Klassik und Romantik eine deutliche Bevorzugung des Mittelalters und des *Siglo de Oro* (16. und 17. Jahrhundert), das als dessen Verlängerung betrachtet wurde.

Das spanische *Siglo de Oro* und seine Beliebtheit bei den deutschen Romantikern leiteten vielfach noch das Spanieninteresse in Deutschland bis 1960. Das Paradigma einer geschichtslosen *España eterna* verstellte den Blick auf weitere geschichtliche Epochen ebenso wie auf die Gegenwart. Das Spanien unter dem Diktator Franco schien der Beachtung nicht wert, zumal man die interessanten Autoren im Exil vermutete und zudem seit Ende der sechziger Jahre ein durch die Opposition gegen die USA bestärktes Interesse an Lateinamerika und seiner mit revolutionärem Gedankengut verbundenen Literatur bestand.[7] Sieht man von vereinzelten Studien und Übersetzungen ab, wird das moderne Spanien erst zu Beginn der achtziger Jahre umfassend wahrgenommen. Zu einem **Spanienboom** kommt es 1991 im Zusammenhang mit dem Spanienschwerpunkt der Frankfurter

---

[5] Johann Wolfgang Goethe, West-östlicher Divan. Teil I, Hendrik Birus (Hg.), in: J. W. Goethe, Sämtliche Werke. Briefe, Tagebücher und Gespräche, Bd. 3/1, Frankfurt 1994, S. 66; vgl. auch: Brief an Gries vom 29. 5. 1816; zur französischen, orientalisch geprägten Vorstellung eines „andalusischen Paradieses" vgl. Friedrich Wolfzettel, Spanien als europäischer Orient und die (romantische) Andalusienreise: Edgar Quinets *Mes vacances en Espagne* im Kontext, in: Werner Helmich, Helmut Meter, Astrid Poier-Bernhard (Hg.), Poetologische Umbrüche. Romanistische Studien zu Ehren von Ulrich Schulz-Buschhaus, München 2002, S. 90-104.

[6] Friedrich Schiller, Ausgewählte Werke, Bd. 5, Ernst Müller (Hg.), Darmstadt 1954, S. 409.

[7] Vgl. Hans-Jörg Neuschäfer, Schwierige Annäherung. Die spanische Gegenwartsliteratur in Deutschland (seit 1950), in: Henning Krauß (Hg.), Offene Gefüge. Literatursystem und Lebenswirklichkeit. Festschrift für Fritz Nies, Tübingen 1994, S. 261-270.

Buchmesse und 1992, als die Olympiade in Barcelona stattfindet, die Weltausstellung in Sevilla gezeigt wird und Madrid Kulturhauptstadt ist. Nachhaltig steigern die Demokratisierung mit einer neuen Verfassung von 1978 und der Beitritt zur Europäischen Gemeinschaft 1985 Spaniens Präsenz in den deutschen Medien und in der öffentlichen Aufmerksamkeit.

1b Interesse an Lateinamerika

So förderlich Herder und die deutsche Romantik für das Spanieninteresse waren, so abträglich waren Herder und Hegel für das Lateinamerikainteresse. Für **Herder** war Amerika von fast kindlicher Art und Unschuld, für **Hegel** ein geschichtsloses, noch nicht fertiges Anhängsel Europas. Es sei ein Land der Zukunft, interessant für diejenigen, die die Geschichte des alten Europa langweilt. Die von **Cornelius De Pauw** in Berlin 1768/69 veröffentlichten *Recherches philosophiques sur les Américains* sehen in den Ureinwohnern Amerikas wenig intelligente, schwerfällige und unbegabte Wesen, deren unterentwickelten Zustand auch die zurückgebliebene amerikanische Flora und Fauna spiegelten. Friedrich II. hatte demgegenüber 1755 in seinem Opernlibretto *Montezuma* Grausamkeit und Habgier der Spanier kritisiert, die die unschuldigen Azteken unterwarfen. Hier wird die Idee des Indios als *edlem Wilden* mit der der *leyenda negra* verbunden. Letztere beschuldigte die Spanier der Brutalität bei der Eroberung der Neuen Welt und im Zusammenhang mit der Inquisition.[8] Sie geht zurück auf spanische Kritik der spanischen Hegemonie im 16. Jahrhundert, wie z.B. in Las Casas' *Brevísima relación de la destrucción de las Indias* (1552) und Reinaldo González Montanos' *Integro, amplio y puntual descubrimiento de las bárbaras, sangrientas e inhumanas prácticas de la Inquisición española contra los pro-testantes* (lat. 1567) oder Rafael Peregrinos' (Pseudonym für A. Pérez) *Relaciones* (1594).[9]

Infolge der südamerikanischen Entdeckungsreisen **Alexander von Humboldts**, der alle beobachteten Einzelheiten von Natur und menschlichem Zusammenleben genau beschrieb, begannen Geografen, Zoologen und Botaniker sich mit Amerika zu beschäftigen. Ethnologen untersuchten die Ureinwohner wie Naturvölker ohne schriftliche Überlieferung. Auslandskunde in einem sehr umfassenden Sinn war daher das Anliegen des 1917 in Hamburg gegründeten *Ibero-Amerikanischen Forschungsinstituts* und des 1923 an der Universität Bonn ge-

---

[8] Vgl. Dietrich Briesemeister, Lateinamerikaforschung in Berlin im 19. Jahrhundert, in: Hans-Otto Dill, Gabriele Knauer (Hg.), Diálogo y conflicto de culturas, Frankfurt 1993, S. 187-203.

[9] Vgl. Gerhart Hoffmeister, Spanien und Deutschland. Geschichte und Dokumentation der literarischen Beziehungen, Berlin 1976, S. 34.

gründeten, 1930 nach Berlin verlegten *Ibero-Amerikanischen Instituts*[10]. Innerhalb der Universitäten etablierte sich das Studium der kulturell hochstehenden Indiovölker des alten Amerika als „**Altamerikanistik**", widerlegte die These von der geschichtslosen „Neuen Welt" und wurde der auf die griechische und römische Antike bezogenen Altertumskunde bzw. Altertumswissenschaft gegenübergestellt. Gründer der deutschen Altamerikanistik ist Eduard Seler (1849-1922), der sich dank der Bemühungen Humboldts über in Berlin einsehbare altmexikanische Bilderhandschriften habilitierte. Auch Wilhelm von Humboldt beschäftigte sich mit dem Altmexikanischen, aber auch mit der alten peruanischen Schrift.[11] Die Beschäftigung mit lateinamerikanischer Literatur in spanischer oder portugiesischer Sprache fand dagegen nur vereinzelt und im Allgemeinen außerhalb der Universität statt. Frühe Beispiele sind Rudolf Lenz' *Beiträge zur Kenntnis des Amerikanospanischen* (1892/93), Max Leopold Wagners *Die spanischamerikanische Literatur in ihren Hauptströmungen* (1924) oder Hellmut Petriconis *Spanisch-amerikanische Romane der Gegenwart* (1938). Während in Chile längst deutsche Forstwissenschaftler und Geologen forschen, bleiben auf Lateinamerika bezogene literaturwissenschaftliche Forschungen bis in die sechziger Jahre des 20. Jahrhunderts sporadischen Einzelinitiativen zu verdanken.[12]

Der **Lateinamerikaboom** setzte 1966 mit der deutschen Übersetzung von Vargas Llosas *La ciudad y los perros* ein und erreichte 1970 einen ersten Höhepunkt mit der Übersetzung von García Márquez' *Cien años de soledad*. Wie bereits erwähnt, trug dazu die Politisierung der 68er-Generation bei, die den Vietnamkrieg der USA kritisierte, sich auf die Seite der Gegner der USA stellte und daher Revolutionäre wie Che Guevara und Fidel Castro zu Kultfiguren machte. Auch die allgemeine Kritik der 68er-Generation an den bestehenden Verhältnissen im eigenen Land ließ das Interesse für das völlig Fremde und Exotische, das die lateinamerikanische Literatur bot, steigen. Von einem nun auch universitär institutionalisierten Interesse an lateinamerikanischer Literatur konnte man sprechen, als zwischen 1968 und 1973 gleich sieben wichtige wissenschaftliche Publikationen über lateinamerikanische Literatur erschienen. Autoren waren L. Pollmann, R. Grossmann, G. W. Lorenz, D. Reichhardt, G. Siebenmann und R. Daus. 1976 wird Lateinamerika auch Schwerpunktthema der Frankfurter Buchmesse.

---

[10] http://www.iai.spk-berlin.de/Biblioth/biblkatd.htm; vgl. auch Ulrike Mühlschlegel, Kontinuität und Wandel. Das Ibero-Amerikanische Institut in Berlin, in: Hispanorama 88, 2000, S. 72-75.

[11] Vgl. Dietrich Briesemeister, Lateinamerikaforschung in Berlin im 19. Jahrhundert, a.a.O., S. 197f.

[12] Vgl. Gustav Siebenmann, Los estudios latinoamericanos en los países de habla alemana, in: Anales de literatura hispanoamericana 13, 1984, S. 37-47.

1c Geschichte von Hispanistik und Romanistik

Das Fach Hispanistik hat eine gewisse Selbständigkeit an den deutschen Hochschulen erst im letzten Drittel des 20. Jahrhunderts erlangt. Abgeleitet ist das Wort aus den Bezeichnungen „Hispania Ulterior" („Lusitania" und „Baetica") bzw. „Hispania Citerior" („Tarraconensis"), die der westliche bzw. östliche Teil der Iberischen Halbinsel gegen 100 v. Chr. als Bestandteil des Römischen Reichs trug. Unter Kaiser Augustus (gest. 14 n. Chr.) war die gesamte als **„Hispania"** bezeichnete Halbinsel mit dem heutigen Portugal, mit Galicien, mit Katalonien und dem Baskenland römische Provinz. Daher wäre es nicht völlig falsch, dem Fach „Hispanistik" auch die portugiesische, galicische, katalanische und baskische Sprache und Literatur zuzuordnen. Im Allgemeinen aber bezieht sich das Wort „Hispanistik" auf das Spanische in Spanien und Lateinamerika, da sich z.b. das Portugiesische in der Lusitanistik und das Katalanische in der Katalanistik ausgegliedert haben. Da sich ja das „Spanische", geht man von der Bezeichnung der römischen Provinz aus, auch auf das Katalanische und Portugiesische bezieht, kann leicht eine Verwirrung entstehen. Um diese zu vermeiden, hat man, in der Absicht zu präzisieren, den Begriff des Kastilischen eingeführt, der sich auf die Sprache bezieht, die sich mit der Reconquista in Spanien gegenüber z.b. dem Asturisch-Leonesischen oder dem Navarro-Aragonesischen als weiteren iberoromanischen Dialekten durchgesetzt hat. Da diese Binnenverhältnisse im Ausland nicht wahrgenommen werden, hat sich die Bezeichnung „Spanisch" für die kastilische Sprache verbreitet, wobei die etymologische Bedeutung ebenso wenig wie ein möglicher Dominanzanspruch Berücksichtigung finden. Bekanntlich wurde unter den „staatsnationalistischen" Diktaturen Primo de Riveras und Francos die Zentralgewalt auf Kosten von Katalonien und dem Baskenland, den beiden einzigen in ihrer Industrialisierung seit dem 19. Jahrhundert fortgeschrittenen Regionen Spaniens, gestärkt. Franco wollte das „ewige" und „eine" Spanien gleichermaßen vor Klassenkampf, Parteienwettbewerb und Separatismus schützen.

Die demokratische Verfassung nach Franco sieht **Dezentralisierungsmaßnahmen** für sämtliche Regionen Spaniens vor, deren Ausgestaltung im einzelnen aber immer wieder Gegenstand von Verhandlungen ist. Dem Baskenland, Katalonien, Galicien und Andalusien werden besonders viele politische Kompetenzen zugestanden. Dennoch wollte 1991 der nationalistische Präsident der katalanischen Regierung, Jordi Pujol, Katalonien prinzipiell dieselben Rechte zugebilligt wissen wie Litauen oder Slowenien nach Beendigung der Diktaturen in der UdSSR und in Jugoslawien. Daraufhin konstatierte 1992 der damalige spanische Ministerpräsident Felipe González für Spanien die Gefahr einer territorialen

Auflösung,[13] womit das fragile Gleichgewicht zwischen der Zentralgewalt und den autonomen Regionen deutlich wird.

Will man die Anfänge der **Entwicklung der Literaturwissenschaft** verstehen, kann man bis auf die Antike zurückgehen. Die Heldenepen des Homer gehörten bei den Griechen und die *Aeneis* bei den Römern zum Bildungsgut, das in Schulen gelehrt wurde. Zwar wollte der Philosoph Platon die Literatur aus dem Staat verbannt wissen, da sie den Blick auf das Wesentliche verstellte, doch rehabilitierte der Rhetoriker Isokrates die Beschäftigung mit Literatur als Vorbereitung auf die Philosophie. Diese propädeutische Funktion behielt sie lange bei. Im Mittelalter verbreitete Wissenschaftssprache war in Europa das Lateinische. Man richtete also unter der Bezeichnung *artes liberales* eine Art Propädeutikum ein, das Vorbereitung und Voraussetzung war für ein Studium in der medizinischen, juristischen und theologischen Fakultät. Die Bezeichnung *artes liberales* (freie Künste), leitet sich aus der Tatsache ab, dass es sich um Studien handelte, die eines freien Mannes würdig erachtet wurden und nicht dem Gelderwerb dienten. Zu den *artes liberales* gehörten das Trivium mit Grammatik, Rhetorik und Dialektik und das Quadrivium mit Arithmetik, Geometrie, Musik und Astronomie. Zu Anfang wurde der Schüler mit dem Trivium vertraut gemacht, was noch die Bedeutung des Ausdrucks *trivial* (einfach, abgedroschen) widerspiegelt.

Die Grammatik lehrte ihn den sprachlich fehlerfreien Umgang mit dem Lateinischen, die Rhetorik die überzeugende Ausgestaltung einer Rede und die Dialektik das Vermeiden logischer Fehler. Aus Grammatik und Rhetorik haben sich die späteren Philologien entwickelt. Da die Rhetorik nach wie vor als Hilfsmittel der Literaturwissenschaft gilt und auch zahlreichen Poetiken als Vorlage gedient hat, wird später (2b) auf sie eingegangen. In der **Grammatik** sah Quintilian (II, 1, 4) „recte loquendi scientiam et poetarum enarrationem", d.h. die Beschäftigung mit dem Vokabular und den sprachlichen Regeln des Lateinischen, aber auch die Bereitstellung und Erklärung von Texten, die sprachlich und – angesichts des Alters der Schüler – auch moralisch vorbildlich zu sein hatten. Aus beiden Beschäftigungsfeldern hat sich später die Arbeitsteilung von Sprachwissenschaft und Literaturwissenschaft ergeben. Während „Grammatik" vom griechischen Wort *gramma* (Buchstabe) abgeleitet ist, heißt die lateinische Übersetzung von „Buchstabe" *littera*, was sich im Plural *litterae* dann auch auf Schriftstücke und literarische Werke bezog. In allen mittelalterlichen Darstellungen der *artes liberales* nimmt das Trivium den größten Raum ein und innerhalb des Triviums ist die Grammatik die mit Abstand am ausführlichsten dargestellte Disziplin. Dabei ge-

---

[13] Vgl. Peter A. Kraus, Nationalitätenprobleme – Lösungsformen und Entwicklungstendenzen im spanischen Autonomiestaat, in: Hans-Peter Burmeister (Hg.), Spanien – die Entdeckung einer europäischen Kultur, Loccum 1998, S. 99-118, hier S. 99.

hört in den Bereich der Wortlehre auch die Betrachtung der Abweichungen von der grammatikalischen Norm, hervorgerufen z.b. durch Barbarismen, d.h. durch von „Barbarenvölkern" eingeschleppte Sprachfehler, oder durch dichterische Freiheiten wie Metaplasmen, die die grammatischen Regeln verletzen, aber mit Rücksicht auf die Metrik erlaubt sind. Zur Grammatik wurden im Mittelalter auch die Metrik und die Redefiguren gezählt.

Zwar änderte sich die Zusammensetzung der *artes liberales* im Laufe der Jahrhunderte immer wieder. Wirklich Neues ereignete sich jedoch erst im 19. Jahrhundert, als der am Lateinischen und Griechischen orientierten **Klassischen Philologie** eine **Neuphilologie** gegenübergestellt wurde. Dies hatte zur Folge, dass die bisher verbreitete ahistorische Vorgehensweise, die sich an einer Sprache und beliebig aus ihr gewählten Beispielen orientierte, durch den Blick auf geschichtliche Verläufe unterschiedlicher nationaler Literaturen überwunden wurde. Leicht hat es die Neuphilologie nicht, sich zu etablieren. Im *Archiv für das Studium der neueren Sprachen und Literaturen* wird 1847 „der modernen Philologie" „fortdauernde Rücksicht auf die antike empfohlen". Niemand solle sich mit einer fremden Literatur beschäftigen, wenn er nicht „seinen Weg dahin über Rom und Athen genommen" hat.[14]

Während im 19. Jahrhundert von einzelnen Neuphilologen an der Universität noch mehrere Nationalsprachen und Literaturen vertreten wurden, ist die weitere Entwicklung durch zunehmende Spezialisierung und Ausdifferenzierung gekennzeichnet. Auch die Romanistik, aus der heraus sich die Hispanistik emanzipiert hat, entwickelte sich im 19. Jahrhundert. Getragen wurde die Romanistik wie auch die Germanistik vom **Bildungsbürgertum**, das auf kulturelle und ethische Wissenselemente mehr Wert legte als auf funktionale Wissensbereiche, die zur beruflichen Qualifikation dienen. Bis in die sechziger Jahre des 20. Jahrhunderts war die Beschäftigung mit Literatur und Literaturwissenschaft mit dem elitären Habitus der Gebildeten und in das Wesen des Dichterischen Eingeweihten umgeben, dann führten die Erweiterung des Literaturbegriffs und die Entmythifizierung von Literatur durch transparentere und von jedem erlernbare Methoden zu einer Art Demokratisierung.

Wilhelm von Humboldt, der die Berliner Universität gründete, propagierte eine Bildungsidee, nach der Wissenschaft etwas nie ganz Gefundenes, sondern immer Aufzusuchendes ist, so dass das problemorientierte Forschen im Mittelpunkt ste-

---

[14] Vgl. Christoph Strosetzki, Die Beschäftigung mit den spanischen Humanisten im Deutschland des 19. Jahrhunderts, in: Manfred Tietz (Hg.), Das Spanieninteresse im deutschen Sprachraum. Beiträge zur Geschichte der Hispanistik vor 1900, Frankfurt 1989, S. 22-33, hier S. 26.

hen soll, bei dem der Staat nur hinderlich sei, wenn er sich einmische. Der Staat solle von den Universitäten nichts fordern, sondern überzeugt sein, dass sie von einem höheren Gesichtspunkt aus optimal in seinem Sinn arbeiten, wenn er sich nicht einmischt. Durch Humboldts Revolutionierung ist die Universität aus einer Zweckveranstaltung des Staats zum Raum zweckfreier Forschung ohne den bisherigen Schulcharakter geworden, ist ihre Würde die des Geltungsanspruchs des freien Geistes moderner Wissenschaft, wobei gerade die **Philosophische Fakultät** paradigmatischen Charakter hat. Ihr geht es nach Immanuel Kant in erster Linie um Wahrheitsfindung und Gelehrsamkeit, während in den anderen Fakultäten nützliche Zwecke im Vordergrund stehen: „nach dem Tode selig, im Leben unter anderen Mitmenschen des Seinen durch öffentliche Gesetze gesichert, endlich des physischen Genusses des Lebens an sich selbst (d.i. der Gesundheit und langen Lebens) gewärtig zu sein."[15]

Die ersten Professuren für deutsche Philologie wurden 1801 in Münster, 1805 in Göttingen und 1810 in Berlin besetzt, das erste Germanistische Seminar wurde 1858 in Rostock eingerichtet. In der frühen Germanistik standen wie in der Romanistik nach dem Vorbild der Altphilologie Quellensicherung und Textedition im Vordergrund. In der Mitte des 19. Jahrhunderts war „Germanistik" die Beschäftigung mit insbesondere mittelalterlichen Erscheinungsformen der germanischen Kultur in Geschichte, Rechtswesen, Literatur und Sprache. Sie entsprach dem politischen Wunsch, das Gefühl für eine nationale Identität, ein Nationalbewusstsein für ein Jahrhunderte lang in Kleinstaaten zerfallenes Deutschland zu schaffen. 1846 lösten sich die Historiker aus der Germanistenversammlung in Frankfurt und gründeten wie später die Juristen ihren eigenen Verband. Ende des 19. Jahrhunderts hatten sich auch die Niederlandisten und die Skandinavisten verabschiedet, so dass die deutsche Philologie übrig blieb.

Die Idee von der **„Romania"**, also der Gesamtheit der vom römischen Latein abstammenden Sprachen und Kulturen, geht auf Herders Vorstellung vom **„Volksgeist"** zurück, der sich in Sprache, Literatur, Kunst, Sitten und Recht manifestiere. Sie wurde in der zweiten Hälfte des 19. Jahrhunderts durch die Völkerpsychologie unterstützt, die Moriz Lazarus, Heymann Steinthal und Wilhelm Wundt zu einer eigenständigen Wissenschaftsdisziplin gemacht hatten. Das Lateinische als gemeinsame Ausgangssprache erschien zugleich als Basis für eine homogene Mentalität in der Romania.[16] Der Gründer der Romanischen Philolo-

---

[15] Immanuel Kant, Streit der Fakultäten, Klaus Reich (Hg.), Hamburg 1959, S. 23.

[16] Vgl. im folgenden Vorwort zu Willi Hirdt (Hg.), Romanistik. Eine Bonner Erfindung. I Darstellung, Bonn 1993; Frank-Rutger Hausmann, Auch eine nationale Wissenschaft? Die deutsche Romanistik unter dem Nationalsozialismus. 1. Teil, in: Romanistische Zeitschrift für Literaturgeschichte 22, 1998, S. 1-39; Hans Helmut Christmann, Deutsche Romanisten als Verfolgte des Nationalsozialismus – Vermächtnis

gie, Friedrich Diez (1784-1876), erhielt in Bonn ab 1830 eine Professur, nachdem er dort seit 1821 als Lektor Spanisch, Italienisch und Portugiesisch lehrte. Dass er nicht auch das Französische vertrat, lässt sich auf die antifranzösische Haltung der deutschen Romantik zurückführen, die, nicht zuletzt gegen die Napoleonische Besetzung gewandt, das Französische verdrängt wissen wollte. Bereits 1808 greift Johann Gottlieb Fichte in seinen *Reden an die deutsche Nation* die „Neulateiner" an und meint damit die Franzosen, deren Wesen steril, oberflächlich, unernst und faul sei, während die germanische Psyche tief, gemütvoll, ernst und fleißig sei. Nur das Mittelalter sei in der Romania von Interesse, da es germanisch geprägt sei, wie die Ritterepik zeige, in Spanien aber noch stärker als in Frankreich. So ist es nicht erstaunlich, dass auch Diez in seiner Besprechung von Jacob Grimms *Silva de romances viejos* 1815 erfreut in den Romanzen den Sagenkreis über Karl den Großen und seine zwölf Genossen, den Geist der gotisch-germanischen Feudalordnung und tiefes deutsches Gemüt entdeckt, während er im spanischen Heldenepos *Cid* gar den Nibelungengeist verspürt. Später, nach dem gegen Frankreich verlorenen ersten Weltkrieg, war es Karl Vossler, der 1926 die Beschäftigung mit Frankreich durch die mit Spanien ersetzt wissen wollte. Nicht selten ist es in der Geschichte der Romanistik die Abwendung von Frankreich, die eine Hinwendung zu Spanien mit sich bringt. Bereits 1806/07 hatte man in der Auseinandersetzung mit dem französischen Klassizismus, der französischen Aufklärung und mit der Französischen Revolution jene für Deutschland charakteristischen Stereotypen, wie Einfühlung, Naturgefühl, Drang ins Unendliche, Treue zum Alten, Arbeitsamkeit, Sachlichkeit, Heiligung der Weiblichkeit, Freiheitsliebe und Schicksalsglaube entwickelt, die 1927 Eduard Wessler in *Esprit und Geist. Versuch einer Wesenskunde des Deutschen und des Franzosen* den entsprechenden französischen entgegensetzte.[17] Es fällt auf, wie sehr einige dieser „deutschen" Stereotypen jenen ähneln, die die deutsche Romantik den Spaniern zuschrieb.

Einen Rahmen bietet also zunächst die **Romanische Philologie**, die sich mit Sprachen und Literaturen der Regionen beschäftigt, in die das umgangssprachliche Latein (Vulgärlatein) der Römer und ihrer Legionäre gelangt ist. Das Vulgärlatein wird zum Ausgangspunkt für die romanischen Sprachen: Französisch, Provenzalisch, Katalanisch, Spanisch, Portugiesisch, Italienisch, Sardisch, Räto-

---

und Verpflichtung, in: ders. (Hg.), Deutsche und österreichische Romanisten als Verfolgte des Nationalsozialismus, Tübingen 1989, S. 249-262.

[17] Vgl. Michael Nerlich, Romanistik: Von der wissenschaftlichen Kriegsmaschine gegen Frankreich zur komparatistischen Konsolidierung der Frankreichforschung, in: Romanistische Zeitschrift für Literaturgeschichte 20, 1996, S. 396-436, hier S. 404-406; vgl. auch Frank-Rutger Hausmann, „Aus dem Reich der seelischen Hungersnot". Briefe und Dokumente zur Fachgeschichte der Romanistik im Dritten Reich, Würzburg 1993.

romanisch, Rumänisch und Dalmatinisch. Inzwischen hat sich das geografische Gebiet der Romanistik beträchtlich erweitert. Dazu gehören nicht mehr nur West- und Südeuropa, sondern auch der Spanisch sprechende Teil der USA, Lateinamerika, Brasilien, die Karibik, das französischsprachige Kanada, das frankophone und portugiesischsprachige Afrika sowie spanische und portugiesische Enklaven in Asien. In jüngerer Zeit wird das Spanische zunehmend isoliert betrachtet, ohne dass dabei der Hintergrund des Romanischen gesehen würde.

Der internationale Hispanistenverband, *Asociación Internacional de Hispanistas* (AIH), wurde 1962 in Oxford gegründet. Während an den deutschen Hochschulen der *Romanistenverband*[18] bereits seit 1953 existierte, wurde der *Deutsche Hispanistenverband*[19] erst im Jahr 1977, der *Deutsche Spanischlehrerverband*[20] 1970 gegründet. Die Namen einiger seit dem 19. Jahrhundert neu gegründeter wissenschaftlicher Zeitschriften veranschaulichen die Entwicklung: *Archiv für das Studium der neueren Sprachen und Literaturen* (seit 1846); *Romanische Forschungen* (seit 1883); *Zeitschrift für Romanische Philologie* (seit 1877); *Iberoromania* (1969); *Iberoamericana* (1977). Das späte Aufkommen spezifisch hispanistischer Zeitschriften zeigt, dass die Hispanistik erst spät im Kontext der universitären Romanistik eine Eigenständigkeit entwickelt hat. Romanistik studieren hieß infolge der Versöhnung mit Frankreich nach dem Zweiten Weltkrieg bis in die sechziger Jahre des 20. Jahrhunderts Konzentration auf Frankreich, ergänzt durch eine zweite romanische Sprache, wobei zunächst noch die italienische, wohl der Italienbegeisterung Goethes folgend, bevorzugt wurde.

1d Methodengeschichte

Der hispanistischen Literaturwissenschaft stellen sich vier zentrale Aufgaben: die Edition von Texten, deren Kommentierung, deren Interpretation und viertens die Herausbildung von Methoden und Theorien zu den Texten. Während die ersten beiden Aufgaben die deutsche Mittelalterforschung des 19. Jahrhunderts prägten,[21] stehen heute in der deutschsprachigen Hispanistik Interpretation und Theoriebildung im Mittelpunkt. Sieht man von den Editionsprojekten des Verlages Reichenberger ab, erscheinen kritische Textausgaben meistens in Spanien. Ihre

---

[18] http://www.romanistica.info/; http://www.romanistik.de/; der Romanistische Dachverband ist unter http://romanistik.com/ zu erreichen.

[19] http://www.hispanistica.de/; vgl. zur einschlägigen Bibliografie: http://www.uni-muenster.de/Hispanistikbibliographie/

[20] http://www.hispanorama.de/

[21] Vgl. Franz Lebsanft, Filología románica (e hispánica) y crítica textual, in: Notas 1, 1994, S. 3-11.

Herausgeber sind nur in Ausnahmefällen deutschsprachige Hispanisten.[22] Die **kritische Edition von Texten** ist nicht nur in der Literatur, sondern auch in der Philosophie oder in der Musik erforderlich.[23]

Schon im 3. und 2. Jahrhundert v. Chr. gab es in Alexandria eine Philologenschule, die es sich zur Aufgabe machte, die in handgeschriebenen Abschriften überlieferten Texte Homers und der Dramatiker Aischylos, Sophokles und Euripides kritisch zu prüfen. Dabei etablierte sie die Trennung von Text und Apparat. Der überlieferte Text wurde stehengelassen und Kommentare wie Verbesserungen bildeten den Apparat am Seitenrand als Randnotizen. Zur Zeit der Renaissance und des Humanismus hatte man die Texte der europäischen Antike, die nicht in Originalen überliefert sind, aufgrund verschiedener Abschriften im genauen Wortlaut zu rekonstruieren. Die Verfahrensweisen des Editors, der aus den Varianten den Originaltext herzustellen beansprucht, finden sich bereits in der Rhetorik des Römers Quintilian. Es handelt sich um *detractio* (Streichung), *adjectio* (Einfügung), *immutatio* (Überschreibung) und *transmutatio* (Umstellung).

Galt zunächst das Interesse den Überlieferungsvarianten, die Abschreiber durch Fehler oder Korrekturen verschuldet hatten, richtet sich im 19. Jahrhundert die Aufmerksamkeit auf die Varianten, die der Autor selbst im Laufe der Arbeit an seinem Text zu verantworten hat. Letzteres Anliegen findet durch **Karl Lachmann** (1793-1851) eine wissenschaftliche Methode, die er für seine Ausgabe der Werke Lessings 1838-1840 erstmalig zur Anwendung brachte. Sein Ziel ist es, den ursprünglichen Text des Autors, die gemeinsame Vorlage aller erhaltenen Handschriften also, durch Aufzeigen der Verwandtschaftsverhältnisse und der Filiation zu rekonstruieren. Dabei sieht es der Herausgeber auch als seine Aufgabe, Stellen im ursprünglichen Text zu verbessern, die er aufgrund seiner Kenntnis der unterschiedlichen Lesarten für Fehler hält. Im 20. Jahrhundert kam man dann zur Auffassung, dass jeder neu bearbeitete Text einen Eigenwert hat und ein in sich vollendetes Kunstwerk sein kann, so dass gerade Entwicklung und Wachstum des Kunstwerkes von Interesse sind. Die Einbeziehung der abgeschlossenen und vorläufigen Fassungen eines Werkes, aber auch der nicht vom Autor beabsichtigten Druckfassung, die eine große Wirkung auf das Publikum hat, verändert den Textbegriff und macht aus ihm ein dynamisches Phänomen. In jedem Fall gilt es, zunächst alle vorhandenen Überlieferungsträger eines Textes zusammenzutragen. Dann ist das Mitüberlieferte auszusondern, d.h. das, was nicht zum

---

[22] Z.B. Alfonso X, El Sabio, Cantigas de Santa María, herausgegeben von Walter Mettmann, 3 vols., Madrid, Castalia 1986-89.

[23] Vgl. Werner Schröder, Textüberlieferung und Textkritik (Kleinere Schriften. 1965-93), Stuttgart, Leipzig 1994; Kurt Gärtner, Hans-Henrik Krummacher (Hg.), Zur Überlieferung, Kritik und Edition alter und neuerer Texte. Beiträge des Colloquiums zum 85. Geburtstag von Werner Schröder, Mainz, Stuttgart 2000.

Text gehört. Schließlich sind die im Laufe der Abschriften z.B. eines mittelalter-lichen Textes verfälschten Stellen zu kennzeichnen. So umfasst eine **kritische Ausgabe** neben dem edierten Text, gegebenenfalls mit mehreren Fassungen, auch einen Apparat mit Editionsprinzipien, Zeugnissen, Erläuterungen, Angaben zu Varianten und Register. Eine **historisch-kritische Ausgabe** liegt vor, wenn die Verwandtschaft aller unterschiedlichen erhaltenen Texte durch den Vergleich der Lesarten erschlossen, die ursprüngliche Lesart von den als fehlerhaft einzu-stufenden Varianten getrennt ist und aus dem Apparat die Textgenese deutlich wird. Gegebenenfalls können auch neben dem gesicherten, von Fehlern und fremden Einflüssen gereinigten Text in originaler Orthografie und Interpunktion mehrere weitere vorliegende Fassungen vollständig abgedruckt werden.

Ende des 19. Jahrhunderts war die mit dem Mittelalter beschäftigte *école alle-mande* international in der Wissenschaft im Bereich von Edition und Kommentar als so führend anerkannt, dass nicht nur selbstverständlich in deutscher Sprache publiziert wurde, sondern sogar ausländische Romanisten Deutsch lernten, um auf diesem Gebiet mitreden zu können.[24] Heutzutage bemühen sich deutsche His-panisten und Romanisten, ihre Forschungsergebnisse auch in der jeweiligen Fremdsprache zu publizieren, da Veröffentlichungen in deutscher Sprache im Ausland nur in Ausnahmefällen zur Kenntnis genommen werden.

In den Anfängen beschäftigten sich Romanisten wie Friedrich Diez oder Gustav Gröber nicht mit den Literaturen der Gegenwart. Dies ist nicht allein auf be-wusste politische Enthaltsamkeit zurückzuführen, sondern, wie erwähnt, auch auf die Auseinandersetzung und den Wettbewerb mit der prestigereichen Altphilolo-gie, die sich mit antiken Texten beschäftigte. So wurden auch in der Romanistik ältere Texte ediert und mit Vorworten versehen, die die wichtigsten Daten zum Autor und zur Beschaffenheit des Textes lieferten. Diese insbesondere auf das Mittelalter bezogene positivistische Vorgehensweise, bei der sprachwissen-schaftliche und literaturwissenschaftliche Perspektive noch nicht getrennt waren, sondern zusammenwirkten, war sehr erfolgreich, hatte aber den Nachteil, dass auf weitergehende Interpretation oder kultur- und ideengeschichtliche Situierung verzichtet wurde.

Der Begriff **Positivismus** bezieht sich ursprünglich auf eine philosophische Richtung des 19. Jahrhunderts. Im Laufe des 20. Jahrhunderts hat sich eine neue, diesmal negative Bedeutung entwickelt: Der Vorwurf des Positivismus wurde allen denen entgegengehalten, die sich damit begnügten, Fakten zu sammeln, ohne diese theoretisch zu reflektieren.

---

[24] Vgl. Vorwort zu Willi Hirdt (Hg.), Romanistik. Eine Bonner Erfindung. I Darstel-lung, Bonn 1993, S. 8.

Im 19. Jahrhundert war es der Franzose **Auguste Comte**, der mit seinem sechsbändigen Werk *Cours de philosophie positive* (1830-1842) den Positivismus begründete. Den Fortschrittsgedanken der Aufklärung aufnehmend geht er von drei Stadien in der Entwicklung der Menschheit aus: dem theologischen, dem metaphysischen und dem positiven. In ersterem werden Naturerscheinungen aus dem Willen der Objekte selbst oder aus dem Willen eines übernatürlichen Wesens erklärt, wobei Fetischismus, Polytheismus und Monotheismus aufeinander folgten. In der zweiten Phase werden zur Erklärung verborgene Ursachen und Wesenheiten wie Lebenskraft und Endzweck angenommen. Im positiven, dritten Stadium schließlich geht man von Beobachtungen und Experimenten aus, um eine Tatsache mit vorausgegangenen Bedingungen zu verknüpfen und so Gesetze zu erschließen. Dies fordert Comte gerade auch für die Gesellschaftslehre, für die er das Wort *sociologie* schafft. Da die einzelnen Wissensdisziplinen auf dem Weg durch die drei Stadien unterschiedlich weit sind, regt er eine Anordnung der Wissenschaften nach ihrem jeweiligen Fortschrittsgrad und nach ihrer Allgemeinheit an. Die Mathematik wird zur Basis aller Wissenschaften, da sie mit den allgemeinsten Merkmalen der Dinge zu tun hat. Schließlich aber lässt er den Positivismus in einen religionsähnlichen Kult münden, der der Menschheit als dem *grand être* gilt, Liebe als Prinzip, Ordnung als Grundlage und Fortschritt als Ziel postuliert. Er erfindet einen positivistischen Kalender, der das Gedenken an bedeutende Männer zu bestimmten Festtagen in einem öffentlichen Kult wach halten soll. Zentraler Punkt bei Comte bleibt jedoch die Forderung, von Beobachtungen und Experimenten auszugehen. Allerdings soll dies nach Comte zur Auffindung von Gesetzen führen, ein Aspekt, der bei der im 20. Jahrhundert verbreiteten polemischen Verwendung des Wortes meist übersehen wird.

Hervorzuheben ist, dass Comte die Geisteswissenschaften nach dem Modell der Naturwissenschaften konzipiert. Er unterscheidet sich darin von den **Neukantianern**, die für beide einen prinzipiell unterschiedlichen Ansatz postulieren. Während es in den Naturwissenschaften darauf ankomme, etwas zu erklären, wolle man in den Geisteswissenschaften verstehen, schreibt Wilhelm Dilthey. Nach Wilhelm Windelband sind die Naturwissenschaften nomothetisch, da sie nach Gesetzen suchen, und die Geisteswissenschaften idiografisch, da sie sich mit einzelnen Kunstwerken beschäftigen. Das Spezifische der Kunstwerke präzisiert Heinrich Rickert, indem er als ihr Charakteristikum die Wertbeziehung sieht, die bei den Gegenständen der Naturwissenschaften fehle.[25]

Wiederum in Frankreich war es **Hippolyte Taine** (1828-1893), der den comteschen Positivismus im Bereich der Literatur, Kunst und Geschichte zur Anwen-

---

[25] Vgl. Heinrich Rickert, Die Probleme der Geschichtsphilosophie, Heidelberg 1924, S. 54 ff.

dung brachte. Er hält jedes Kunstwerk und jedes Ereignis für erklärbar aus den vorausgehenden und gleichzeitigen Umständen, in die es eingebettet ist. Die drei Faktoren Rasse, d.h. Vererbung, gesellschaftliches Milieu und geschichtlicher Moment sind es, die für die Erklärung eines menschlichen Werkes notwendig und ausreichend sind. In Deutschland schloss sich **Wilhelm Scherer** (1841-1886) Taine an, als er für die Erklärung eines Werkes das Erlebte, Ererbte und Erlernte berücksichtigt wissen wollte und dabei die drei Faktoren Taines von ihrer im Subjekt verinnerlichten Seite her betrachtete. Sie ergeben „die Psychologie eines Individuums, oft eines Jahrhunderts", und Literatur wird zum „Abbild umgebender Sitten."[26] In dieser Ausrichtung führte das positivistische Programm in der Literaturwissenschaft zu zahlreichen Forschungen über das Leben des Autors und über seine Quellen, da man meinte, das Werk aus vergleichbaren Erlebnissen des Autors und den von ihm benutzten Quellen erklären zu können. Heute lässt man zwar derartige Versuche nicht gelten, was aber nicht daran hindert, die mit der positivistischen Betrachtungsweise aufgearbeiteten Materialien, insbesondere die der positivistischen Textedition, als Hilfsmittel zu nutzen.

In der Romanistik wurde Diez' Positivismus zu Beginn des 20. Jahrhunderts von Karl Vosslers (1872-1949) **Idealismus** abgelöst, wie schon dessen paradigmatisches Werk *Positivismus und Idealismus in der Sprachwissenschaft. Eine sprachphilosophische Untersuchung* (Heidelberg 1904) ankündigt. Vossler will eine Trennung zwischen der bloßen Beschreibung des Textes und der Erklärung durch außertextuelle historische, kultur- und geistesgeschichtliche Bezüge. Anlässlich des Neuphilologentages 1920 in Halle hatte der Romanist Oskar Schultz-Gora seine Kollegen Victor Klemperer[27] (1881-1960) und Ernst Robert Curtius (1886-1956) kritisiert und gefordert, die Romanistik möge sich von Synthesenbildung, Philosophie und gegenwärtiger Literatur fernhalten, nicht ohne den Widerspruch Eduard Wechsslers (1869-1949) hervorgerufen zu haben, der für die universitäre Beschäftigung mit moderner französischer Literatur plädierte. Klemperer gründete zusammen mit Eugen Lerch (1888-1952) 1925 das drei Jahre lang erscheinende *Jahrbuch für Philologie*, das die neue „idealistische" Position der positivistischen entgegenhält, jedoch dabei die Frage der Gewichtung von Ästhetik und Geschichte offen lässt. Auch in Spanien bewegt sich die Literaturwissenschaft in der ersten Hälfte des 20. Jahrhunderts zwischen Positivismus und Idealismus.[28]

---

[26] Erich Schmidt, Die litterarische Persönlichkeit, Berlin 1909, S. 15f.

[27] Vgl. Dietrich Briesemeister, Victor Klemperer, Spanien und die Renaissance, in: Christoph Rodiek (Hg.), Dresden und Spanien, Frankfurt 2000, S. 159-178.

[28] Vgl. José Portolés, Medio siglo de filología española (1896-1952). Positivismo e idealismo, Madrid, Cátedra 1986.

Nach der deutschen Niederlage im Ersten Weltkrieg gab es eine landeskundliche, auf das gegenwärtige Frankreich bezogene Strömung, die sich zur Aufgabe gemacht hatte, das „**Wesen**" des französischen Erbfeindes zu erkunden, um ihn so in einer späteren Auseinandersetzung besser besiegen zu können. Obwohl Karl Voretzsch sich beim 20. Neuphilologentag 1926 in Düsseldorf gegen eine derartige „**Kulturkunde**" wandte, konnte der Nationalsozialismus daran anknüpfen. Nicht lange nach der nationalsozialistischen Machtübernahme 1933 war fast ein Viertel der romanistischen Professoren aus rassistischen und politischen Gründen entlassen worden. Zu ihnen zählten Helmuth Hatzfeld, Victor Klemperer und Leo Spitzer. Letzterer ging zunächst 1933 als Professor für „europäische Philologie" nach Istanbul. Als er drei Jahre später in die USA wechselte, übernahm Erich Auerbach seine Stelle in Istanbul, wo er sein Werk *Mimesis* schrieb. Von den in die USA emigrierten Romanisten ging eine an der **Stilforschung** orientierte Richtung aus.[29] Die in Deutschland gebliebenen Romanisten, soweit sie nicht linientreu waren, konzentrierten sich meist auf unpolitische und historisch zurückliegende Themen.

Ernst Robert Curtius, der in seinem Werk *Europäische Literatur und lateinisches Mittelalter* (1948) die Topoi als **Konstanten der europäischen Literatur** in den Mittelpunkt stellte, oder Erich Auerbach, der in *Mimesis* (1946) die Wirklichkeitsdarstellung zum ästhetischen Unterscheidungsmerkmal machte, legten die Aufhebung der Beschäftigung mit der Romanistik als Einzeldisziplin nahe. Der an den Universitäten Konstanz und Bielefeld Ende der sechziger Jahre des 20. Jahrhunderts von Wolfgang Iser und Harald Weinrich initiierte Versuch, anstelle der philologischen Fächer Romanistik, Germanistik, Anglistik und anderer einzelsprachlicher Philologien die allgemeinen Studienfächer Literaturwissenschaft und Sprachwissenschaft zu setzen, ist ein weiteres Beispiel, das sich allerdings in der Praxis mangels ausreichend umfassender Sprachkenntnisse relativiert fand.

Bessere Durchführbarkeit lässt der neuere Vorschlag einer „Europäischen Literaturwissenschaft" erwarten, die sich besonders auf das Mittelalter konzentriert, da dort wegen der großen Bedeutung lateinischer Texte, die der gebildete mittelalterliche Schüler immer auch neben den jeweils volkssprachlichen konsultierte, die Grenzen einer Nationalliteratur ohnehin immer überschritten werden.[30] Einen anderen Stellenwert hat das Konzept einer „allgemeinen Literaturwissenschaft". Es analysiert das Sozialsystem Literatur mit den vier Handlungsrollen Produktion, Vermittlung, Rezeption und Verarbeitung von für literarisch gehaltenen Phä-

---

[29] Vgl. Hans Ulrich Gumbrecht, Leo Spitzers Stil, Tübingen 2001.

[30] Vgl. Meinolf Schumacher, Auf dem Weg zur Europäischen Literaturwissenschaft, in: Rüdiger Zymner (Hg.), Allgemeine Literaturwissenschaft – Grundfragen einer besonderen Disziplin, Berlin 1999, S. 197-207.

nomenen, d.h. mit den Prototypen zur Einübung und Bestätigung literaturadäquaten Handelns, Erfahrungen Sammelns und Kommunizierens.[31]

Besonderer Beliebtheit erfreute sich in Deutschland nach 1945 die **immanente Methode**, bis sie in den 1960er Jahren von neomarxistischer Seite als „bürgerlich" abgelehnt und damit relativiert wurde. Sie ist nicht nur als Gegenentwurf zum immer noch verbreiteten Positivismus entstanden, sondern auch als Möglichkeit der Ausklammerung der gesellschaftlichen und politischen Realität. Zurück geht sie auf Emil Staiger, der in *Die Zeit als Einbildungskraft des Dichters* (1939) die Dichtung selbst untersucht wissen will, nicht etwas, das dahinter oder zugrunde liegt. Er will begreifen bzw. in seinen Schriften begreiflich machen, was ihn im Erlebnis des Umgangs mit der Dichtung ergreift. Nicht also um die Erklärung von möglichen Ursachen, sondern um die wissenschaftliche Beschreibung des Werkes und der in ihm ausgedrückten Welt der Dichtung gehe es. Wenn aber dabei das subjektive Erleben im Vordergrund steht, wird die Interpretation leicht zur objektiv nicht nachvollziehbaren Nachdichtung, zumal Lesende und Forschende dieselben sind und damit die Trennung zwischen zu untersuchendem Objekt und untersuchendem Subjekt schwierig wird. Steht aber die Beschreibung des Werkes im Mittelpunkt, geht es also primär um sprachliche, rhetorische und stilistische Formen, Gattungen, Verse etc., aus denen allein Dichtung als in sich geschlossenes sprachliches Gebilde lebe, dann handelt es sich um die werkimmanente Methode, die Wolfgang Kayser 1948 in *Das sprachliche Kunstwerk* vorführt. Sie hat gegenüber der von Staiger initiierten den unbestreitbaren Vorteil, objektiv überprüfbare Formelemente zu zeigen.

Als Weiterführung der immanenten Methode lassen sich **Formalismus** und **Strukturalismus** verstehen, die ihrerseits vom historischen Kontext des Textes abstrahieren. Schon ab 1920 hatte die Prager Schule Positivismus, Biografismus und Marxismus abgelehnt und für die Literatur Autonomie beansprucht. Das System der Sprachzeichen in der Dichtung schien ihnen besonders charakterisiert durch die Abweichung von der alltäglichen Art zu sprechen. Dieses Kriterium traf für die damals zeitgenössischen avantgardistischen Strömungen zu, weniger allerdings für ältere Literatur. Eine wegweisende Rolle für den Strukturalismus spielte der Sprachwissenschaftler **Ferdinand de Saussure** mit seinem *Cours de linguistique générale* (1916). Er unterscheidet zwischen dem Einzeltext oder einer einzelnen Äußerung (*parole*) und dem diesem zugrundeliegenden Regelsystem der Sprache (*langue*), die im Einzelfall zur Anwendung kommt und aktualisiert wird, ansonsten aber verborgen bleibt und erschlossen werden muss.

---

[31] Vgl. Siegfried J. Schmidt, Allgemeine Literaturwissenschaft – ein Entwurf und die Folgen, in: Carsten Zelle (Hg.), Allgemeine Literaturwissenschaft, Opladen 1999, S. 98-111.

Saussure unterscheidet des Weiteren Diachronie, die historische Entwicklung der Sprache, und Synchronie, die Betrachtung des Sprachzustandes eines einzelnen Zeitraums. „Paradigmatisch" ist für ihn das, was durch etwas Vergleichbares ersetzt werden könnte, wie das Pronomen „dir" durch das Pronomen „uns"; „syntagmatisch" dagegen stehen die Wörter des Satzes „Morgen kommt der Weihnachtsmann." zueinander. Syntagmatische Beziehungen sind sichtbar, paradigmatische nicht. Letzteres Schema nutzt z.b. Roland Barthes in seinem Buch *Mythologies* (1957), um Zeichensysteme moderner Gesellschaften zu analysieren, und sieht etwa in einer Speisekarte die Gänge paradigmatisch aufgeführt unter Vorspeise, Hauptspeise, Nachspeise, während bei der Bestellung oder beim Verzehr der dann ausgewählten Speisen eine syntagmatische Folge zu beobachten ist. Hier wie auch bei Barthes' strukturalen Analysen bleiben Kontext und Autor unberücksichtigt. Es geht ihm nicht um Inhalte, sondern um die Bedingungen des Inhalts, um Variationen der in den Werken angelegten und anlegbaren Bedeutungen, nicht um die erfüllten Bedeutungen der Werke.

Methoden wie Strukturalismus und Formalismus stehen nicht im Zentrum des Interesses der neueren hispanistischen Forschungen. Sie sind dennoch von Bedeutung, da sie den Gegensatz von hermeneutischem und nicht-hermeneutischem Ansatz in einem frühen Stadium verdeutlichen. Während es den Vertretern des ersteren um einzelne Texte und deren Verständnis geht, bemühen sich die Vertreter des nicht hermeneutischen Ansatzes um zugrundeliegende Strukturen und Diskurse. Beide Ansätze haben ihre Berechtigung, sind jedoch methodologisch deutlich voneinander zu unterscheiden.

2 Ausgangspunkte und Hilfsmittel

2a Semiotik, Hermeneutik und Rezeptionsästhetik

„Sprache sei ein Organum, um einer dem anderen etwas mitzuteilen über die Dinge." So hat K. Bühler den sprachlichen Kommunikationsvorgang, an Platon anknüpfend, allgemein beschrieben.[1] Wenn das ausgesagte „etwas" schriftlich oder bildlich festgehalten wird, kann der „andere" auch sehr lange, nachdem das Festhalten der Aussage stattgefunden hat, sie zur Kenntnis nehmen. Das, was gesagt wird, kann auf einem Hinweisschild wie „Ausfahrt freihalten", auf einem Verkehrsschild wie „Einbahnstraße" oder in einem literarischen Text wie einem Gedicht stehen. Alle Arten von Zeichen, die etwas mitteilen, sind Gegenstand der Semiotik, der Lehre von den Zeichen. Was diese aussagt, gilt für alle Zeichen, also auch für literarische. Die **Semiotik** unterscheidet beispielsweise zwischen **Pragmatik, Semantik und Syntaktik**.[2] Bei dem bereits genannten Satz „Der eine sagt dem anderen etwas über die Dinge." beschäftigt sich die Pragmatik mit den dabei handelnden Personen, dem Autor und dem Interpreten, die Semantik mit dem Gemeinten, d.h. dem Denotat, und die Syntaktik mit dem Verhältnis der unterschiedlichen im Zeichenträger untergebrachten Zeichen zueinander. Bezieht man das auf die Literatur, dann würden Wirkungs- und Rezeptionsgeschichte zur Pragmatik, die Analyse von Ideen, Begriffen und Motiven zur Semantik und die formalistische und strukturalistische Betrachtung der Kommunikation zur Syntaktik gehören. Der Wert der semiotischen Veranschaulichung des Kommunikationsvorgangs besteht darin, dass sie verdeutlicht, was beim Umgang mit Zeichen immer vorhanden ist und wo eine Analyse ansetzen kann. Dort allerdings, wo es um spezifischere Betrachtungsweisen, wie einer intertextuellen, einer ideologiekritischen, psychoanalytischen oder dekonstruktivistischen Sicht geht, sind die Grenzen der Veranschaulichung durch das semiotische Modell überschritten.

Etwas ausführlicher sei auf die Analyse von sprachlichen Zeichen durch Ferdinand de Saussure eingegangen, der im *Cours de linguistique générale* (1916) als Zeichen das definiert, was aus Bezeichnendem (frz. *signifiant*) und Bezeichnetem (frz. *signifié*) besteht. Ersteres ist z.B. die Druckerschwärze, mit der die Buchstaben auf dem Papier markiert sind, letzteres ist die Bedeutung bzw. das Objekt der

---

[1] K. Bühler, Sprachtheorie, Stuttgart, New York 1982, S. 24 (Erstausgabe 1934).
[2] Vgl. Charles W. Morris, Grundlagen der Zeichentheorie. Ästhetik und Zeichentheorie, München 1972, S. 94.

Wirklichkeit, das gemeint ist. Erst beides zusammen ergibt das **Zeichen** (frz. *signe*). Nun kann man diese Zeichen analysieren, wie sie im alltäglichen oder literarischen Gebrauch verfertigt werden. Derartige bereits gesprochene und geschriebene, d.h. empirisch vorliegende, Texte zählt Saussure zum Bereich der Textempirie (frz. *parole*). Bedingung der Möglichkeit der Verfertigung von Texten aber ist eine zugrundeliegende grammatische Kompetenz, die zur richtigen Anwendung von regelhaften Strukturen anleitet. Da es ohne diese Kompetenz keine korrekten Sätze gäbe, erscheint ihre Analyse wichtiger als die der einzelnen empirischen Sätze. Saussure sieht diese Kompetenz in dem zusammengefasst, was er *langue* nennt und der *parole* gegenüberstellt.[3] Noam Chomsky spricht in einem vergleichbaren Zusammenhang von einer Tiefenstruktur, die mit ihren Strukturen den jeweiligen Text der sprachlichen Oberflächenstruktur generiert.[4] Deutlich wird auch hier die höhere Bewertung der zugrundeliegenden Strukturen gegenüber den einzelnen empirischen Texten, die sich insofern auf die Literaturwissenschaft übertragen hat, als auch sie, wenn sie strukturalistisch orientiert ist, zugrundeliegenden Strukturen mehr Aufmerksamkeit schenkt als einzelnen vorliegenden literarischen Kunstwerken.

Nun darf aber nicht vergessen werden, dass zugrundeliegende Strukturen nicht auf Sprachliches beschränkt sind. Gesellschaftliche Gewohnheiten werden zu institutionalisierten Strukturen: Dadurch, dass man etwas sagt, tut man etwas. Das Wort „Ja" bedeutet im Kontext der Trauung: „Ich nehme die hier anwesende XY zur Frau." Oder ein Satz wie „Otto kommt zum Geburtstag." kann als Proposition durch unterschiedliche **illokutionäre Akte** ganz andere Bedeutungen erhalten. Denn man kann auffordern, feststellen, danken, den Rat geben, warnen, beglückwünschen, dass Otto zum Geburtstag kommt, oder fragen, ob Otto zum Geburtstag kommt. Immer handelt es sich um Otto, der zum Geburtstag kommt. Welche gesellschaftliche institutionalisierte Handlung damit gemeint ist, die erst den Sinn festlegt, muss zusätzlich verbal oder nonverbal bestimmt werden.[5] Vergleichbare institutionalisierte Festlegungen zeigen sich dort, wo literarische Gattungen vorliegen, die bestimmen, ob ein Text z.B. als Autobiografie, Märchen, Chronik oder Roman zu lesen ist. (vgl. 2c)

Hermeneutik ist die Lehre vom Verstehen. Abgeleitet ist das Wort vom griechischen *hermeneuein* (reden, verstehen) und wird gebildet mit der auch bei dem Wort „Logik" geläufigen Endung *-ikos*, was soviel wie „zugehörig zu" meint.

---

[3] Vgl. Ferdinand de Saussure, Cours de linguistique générale, Paris, Payot, 1982, S. 36ff.
[4] Vgl. Noam Chomsky, Aspekte der Syntax-Theorie, Frankfurt 1969.
[5] Vgl. J. L. Austin, Zur Theorie der Sprechakte, Stuttgart 1972, S. 26; John R. Searle, Sprechakte, Frankfurt 1971, S. 100-107.

Das Verb hängt zusammen mit dem Namen des griechischen Götterboten Hermes, der die Botschaften der Götter entschlüsselte, um sie den Menschen mitzuteilen. Im Mittelalter entwickelt sich die Lehre vom vierfachen Schriftsinn der Bibel, die dem Verstehen Suchformeln an die Hand gibt, wie es die Rhetorik für das Verfertigen von Reden tut. Es handelt sich also hier um eine Technik mit der Intention der Verfahrenserleichterung. Ab 1800 erhebt die Hermeneutik den Anspruch, das zu beschreiben, was beim Vorgang des Verstehens passiert, und setzt dabei ausgehend vom Geniekult der zeitgenössischen Romantik die Individualität des Autors und die Bedeutsamkeit und Einmaligkeit des Werkes voraus. Sie wird damit zu einer Art Grundlagenreflexion über die Tätigkeit des Rezipienten, bei der die Frage berechtigt ist, ob das Verstehen ohne sie zwar unreflektiert, aber ebenso effizient möglich ist.

Dem mittelalterlichen Leser der Bibel wurde nahegelegt, seinen Text in Hinblick auf vier mögliche Sinnebenen zu betrachten. Der Litteralsinn, d.h. der wörtliche Sinn, z.B. des Wortes „Jerusalem" bezieht sich auf die geografisch und historisch zu situierende Stadt. Zweitens sieht der allegorische Sinn in der Stadt ein Bild für die Kirche. Drittens bezieht der moralische bzw. tropologische Sinn das Wort oder den Text auf das, was es für die Handlungen des einzelnen bedeutet. Im Fall von „Jerusalem" könnte man es auf die Seele beziehen, die sich zwischen richtigen und falschen Handlungen zu entscheiden hat. Viertens gibt es den anagogischen bzw. eschatologischen Sinn, der einen Text einordnet in das weltgeschichtliche Geschehen aus biblischer Sicht von der Schöpfung bis zum Jüngsten Tag. So gesehen kann „Jerusalem" stehen für das himmlische Jerusalem, die Gottesstadt. Wenn also Wörter und Texte aus der Perspektive des **vierfachen Schriftsinns** Dinge meinen, die sie direkt ersichtlich nicht aussagen, kann man auch im Alten Testament Vorzeichen und Präfigurationen des Neuen Testaments sehen. Adam verheißt schon Christus, Eva verweist bereits auf Maria. Eine solche Deutung wird typologisch genannt, da eine Figur des Alten Testaments prophetisch auf das Neue bezogen wird, das somit zu dem Neuen Testament in einem Verhältnis von Verheißung und Erfüllung steht. Entsprechend ist man auch mit der antiken Mythologie verfahren, wenn z.B. der leidende und angekettete Prometheus, der den Menschen das Feuer brachte, als Präfiguration des für die Menschheit am Kreuz leidenden Christus gesehen wird.

Die spanischen **Bibelhermeneutiker** des *Siglo de Oro* übernehmen die Lehre vom vierfachen Schriftsinn von Thomas von Aquin, schenken allerdings dem *sensus litteralis* größere Aufmerksamkeit als das Mittelalter. In seinen *Regulae de sensibus scripturae* (1587) stellt Sebastian Pérez 35 hermeneutische Regeln zur Erleichterung des Bibelverständnisses auf. Ganz im Sinne des Humanismus fordert er vom Bibelleser eine umfassende Bildung.[6] In seiner dritten Regel fordert er Vertrautheit mit Sinn und Absicht des Textes, also eine Art Vorverständnis, das jeder Beschäftigung mit der Bibel vorausgehen soll. In der neunten Regel erscheint ihm eine vorausgehende Kenntnis des gesamten Textes als Voraussetzung für das Verständnis einer einzelnen Textstelle. Hier deutet sich also bereits das an, was Hans Georg Gadamer im 20. Jahrhundert mit dem Vorverständnis und der Zirkelhaftigkeit des Verstehens zur Diskussion bringen wird. Die Dunkelheit einzelner Stellen kann nach Pérez an den Aussagen, den Wörtern oder den Gegenständen liegen, an letzteren insbesondere weil in der Bibel von vielen Gegenständen die Rede ist, die nicht mehr existieren. Dunkelheit der Aussagen ergebe sich nicht zuletzt aus der hebräischen Sprache, die gern Gleichnisse und Rätsel benutze.

In der siebten Regel geht es um die Voraussetzungen des Bibelinterpreten: Er soll den Text nicht nur in Latein, sondern auch in den Originalsprachen Griechisch und Hebräisch lesen können, soll über Kenntnisse der Logik verfügen, die er für die Argumentation und die richtigen Schlüsse benötige, ferner der Rhetorik, der Mathematik, ohne die er die Aufteilung des Gelobten Landes nicht nachvollziehen könne, der Astronomie zum Ausrechnen der Breiten- und Längengrade und damit zur Situierung der biblischen Orte, der Philosophie, die den Leser erst in aufmerksames Interesse versetze, und der Geschichte, um die biblischen Geschichten, die aus erzähltechnischen Gründen mal in umgekehrter Reihenfolge, mal resümierend, mal vorwegnehmend aufgeführt sind, in eine chronologische Reihenfolge bringen zu können. Schließlich zeige der Blick auf die Geschichte auch, welche Lehrmeinungen sich zeitbedingt verändert haben und welche nicht. Auch erscheint Geschichtlichkeit nicht nur konstitutiv für die Bibel und die Kirchenlehre, sondern auch für den Leser der Bibel selbst, womit erneut ein Grundsatz moderner Hermeneutik vorweggenommen wird. Insgesamt fordert Pérez vom Bibelleser das enzyklopädische Wissen, das der Humanist vom Leser profaner Texte forderte, wenn er dem *poeta eruditus* einen gleichrangigen *lector eruditus* gegenüberstellte. Perez' letzte drei Regeln thematisieren Sinn und Nutzen einer Bibellektüre, wobei sie unterscheiden zwischen öffentlichem Gebrauch z.B. im Schulunterricht und privatem Gebrauch des einzelnen Lesers für sich selbst. Letzterer soll sich nicht auf die Befriedigung bloßer Neugier beschränken, sondern zur Praxis führen und zu moralischer Lebensform anleiten. Mit der Applikation auf das persönliche Leben des einzelnen ist erneut ein Grundsatz neuerer Hermeneutik vorweggenommen.

---

[6] Vgl. im Folgenden Christoph Strosetzki, Literatur als Beruf. Zum Selbstverständnis gelehrter und schriftstellerischer Existenz im spanischen *Siglo de Oro*, Düsseldorf 1987, S. 161-196.

Auch bei anderen spanischen Humanisten gibt es hermeneutische Ansätze. Bekanntlich handelt Cervantes' *Don Quijote* nicht zuletzt von der Problematik dessen, der als Leser das Gelesene unkritisch für wahr hält und die ebenso fiktionalen wie fiktiven Protagonisten des Gelesenen ohne Rücksicht auf seine eigene Realität imitiert. Die Prinzipien der religiösen allegorischen Interpretation ließen sich auf die humanistische **Interpretation profaner Texte** der Antike übertragen, zumal schon im 5. Jh. v. Chr. in den Homerischen Göttern die vier Grundelemente Luft, Erde, Feuer und Wasser verkörpert gesehen wurden. Und Vergils *Aeneis* stellt nach mittelalterlicher Meinung die Bildung des Menschen dar und kann so die Entwicklung eines jeden Lesers fördern. In der spanischen Renaissance gab es Sammlungen antiker Mythen mit Verständnishilfen. In Pérez de Moyas *La philosophia secreta* (1585) gelten Mythen als bildhafte Geschichten, durch die ein Sachverhalt dargestellt wird und die nach einem mehrfachen Schriftsinn zu verstehen sind. Herkules, der nach dem siegreichen Abschluss seiner Arbeiten in den Himmel kommt, z.B. stehe im moralischen Sinn für den Sieg über die Laster, im anagogischen für den Aufstieg der Seele, die weltliche Dinge zugunsten der himmlischen verachtet, und nach dem physischen Sinn stehe er für die Sonne und seine zwölf Heldentaten für die zwölf Zeichen des Tierkreises.

Im Übrigen sei das Verstehen beim Lesen oft schwieriger als das Verfassen von Schriften, merkt Francisco Sánchez in *De auctoribus interpretandis* (1581) an. Bei Begabung und Kenntnis der rhetorischen Regeln könnten flinke Autoren ohne allzu große Mühe und mit schneller Feder Bücher schreiben. Müssten diese Schnellschreiber aber einmal das Werk eines Dichters oder Redners interpretieren, würden sie aus Unwissenheit verstummen oder – und dieser Fall sei häufiger – unter großem Aufgebot ihrer geistigen Kräfte Unsinn reden. Hier zeigt sich, dass offenbar die Aufschlüsselung eines vorliegenden Textes nach rhetorischen Regeln als schwerer gilt als das Verfassen eines entsprechenden Textes, dass in jedem Fall aber eine Korrespondenz von **Rhetorik und Hermeneutik** deutlich wird. Allerdings gibt es nach dem spanischen Humanisten Juan Luis Vives systematisch geordnete Schriften, die man so oft lesen soll, bis sie abgegriffen sind, weitläufige und verworrene, die man weniger häufig lesen soll, und solche, bei denen es ausreiche, sie einmal zu lesen. Andere schließlich brauche man überhaupt nicht zu lesen. Sie befinden sich in Bibliotheken, wo man bei Bedarf nachschlagen kann. Nach Vives erhöht sich der Wert eines Textes, wenn er nicht nur einen Litteralsinn, sondern auch einen allegorischen Sinn hat. Würden die *Eklogen* nicht mehr bedeuten als die Wörter wörtlich sagen, dann hätte Vergil nicht drei Jahre dafür gebraucht, um sie auszufeilen, zumal er das meiste ohnehin von Theokrit entlehnt habe. Bei der allegorischen Deutung könne man als Interpret ohne weiteres über die Intention des Autors hinausgehen und in manchen Versen Allegorien sehen, an die der Autor nicht dachte. Dies sei für den Leser der Interpretation weder unwillkommen, noch unnütz.

Mit der Romantik tritt ein Verständnis von Hermeneutik auf, nach dem es darum gehen soll, sich in den Autor hineinzuversetzen, um sein Werk kongenial zu verstehen. Wie absurd eine solche Vorstellung ist, hat Jorge Luis Borges in seiner kleinen Erzählung *Pierre Menard, autor del Quijote* (1939) veranschaulicht. Borges zieht aus der Möglichkeit, sich in den Autor, d.h. in seine Welt und sein Denken, hineinzuversetzen, den Schluss, dass man dann im Optimalfall auch in der Lage wäre, den Text selber zu schreiben. Eben dies, erzählt Borges in oben erwähnter Kurzgeschichte, sei zu Anfang des 20. Jahrhunderts die Intention Pierre Menards gewesen, der zwei Kapitel des *Don Quijote* schreiben wollte. Veranlasst dazu habe ihn vor allem ein Fragment von Novalis, in dem dieser das Thema der völligen Identifikation mit einem bestimmten Autor darstellt. So wollte Menard nicht einen neuen *Don Quijote* schreiben, sondern nichts Geringeres als den *Don Quijote*. Um dies zu erreichen, musste er zunächst die spanische Sprache erlernen, den katholischen Glauben annehmen, gegen die Mauren oder Türken zu Feld ziehen und vor allem die europäische Geschichte zwischen 1602 und 1918 vergessen. Er musste Miguel de Cervantes sein. In der zweiten, fortgeschrittenen Phase kam ihm die Methode des **Sich-Hineinversetzens** zu einfach vor. Sehr viel reizvoller erschien es ihm, Pierre Menard zu bleiben und mit seinen eigenen Erfahrungen zum *Don Quijote* zu gelangen. Dabei erwies sich jedoch seine Aufgabe schwieriger, als es die des Cervantes war. Denn für Menard existierte der *Don Quijote* bereits, als er ihn erstmalig schreiben wollte. Schließlich, so konstatiert der Erzähler, ist Menards Projekt Erfolg beschieden, und er zitiert einen Satz von Menard und den entsprechenden von Cervantes. Der Leser der Erzählung stutzt, da beide Sätze vollständig identisch sind, wird aber vom Erzähler aufgeklärt, dass der von Menard unendlich viel reicher und „más sutil que el de Cervantes" sei. Die Geschichte konfrontiert also die romantische Hermeneutik mit mehreren Aporien. Wie sollen im Wortlaut identische Texte vom Sinn her unterschiedlicher Qualität sein? Und ist die Idee des Sich-Hineinversetzens in einen Autor vergangener Zeiten nicht ebenso phantastisch wie die Hoffnung, unter Überbrückung der Zeitdifferenz mit einem anderen Verstehenshorizont ein Werk zu schreiben, das dasselbe ist wie das des Cervantes? Ist Verstehen eines Werkes nur in Kongenialität mit dessen Autor denkbar, was im Optimalfall dazu befähigt, dasselbe Werk zu schreiben? Oder handelt es sich in diesem Fall vielleicht gerade um jene falsche Nachahmung, der auch Don Quijote selbst zum Opfer fiel, als er auszog, um den Stoff der Ritterromane in seinem eigenen Leben nachzuahmen?

Eine Neufundierung der Hermeneutik aus Martin Heideggers Existentialphilosophie unternahm **Hans-Georg Gadamer** mit *Wahrheit und Methode* (1960). Ihm geht es nicht darum, ein System von Kunstregeln zu entwickeln, die das methodische Verfahren der Geisteswissenschaften beschreiben oder leiten sollen, sondern das in Frage zu stellen, „was über unser Wollen und Tun hinaus mit uns geschieht."[7] Verstehen ist „die ursprüngliche Vollzugsform des Daseins, das In-der-Weltsein ist,"[8] wie Gadamer unter Rückgriff auf die heideggersche Terminologie versichert. Das Verstehen als universale Bestimmtheit des Daseins mit seinem Entwurfscharakter, d.h. der Zukünftigkeit des Daseins, spezifiziert Gadamer: „Wer einen Text verstehen will, vollzieht immer ein Entwerfen. Er wirft sich einen Sinn des Ganzen voraus, sobald sich ein erster Sinn im Text zeigt. Ein solcher zeigt sich wiederum nur, weil man den Text schon mit gewissen Erwartungen auf einen bestimmten Sinn hin liest. Im Ausarbeiten eines solchen Vorentwurfs, der freilich beständig von dem her revidiert wird, was sich bei weiterem Eindringen in den Sinn ergibt, besteht das Verstehen dessen, was dasteht."[9] So ergibt sich z.B. bei der Lektüre eines Romans zunächst ein durch das Vorwissen über den Autor, das Layout, den Titel bedingtes Vorverständnis vom Ganzen, das die Lektüre des einzelnen Kapitels leitet. Letztere verändert wiederum das Verständnis des Ganzen, das, wieder erneut verändert, die Lektüre des nächsten Kapitels prägt. Dies ergibt das, was als **Zirkelhaftigkeit des Verstehens** bezeichnet wird und eigentlich wegen der Fortschritte eher dem Bild einer Spirale entspricht. Auch hier wieder gilt: „Der Zirkel des Verstehens ist also überhaupt nicht ein ‚methodischer' Zirkel, sondern beschreibt ein ontologisches Strukturmoment des Verstehens."[10]

Das Vorverständnis ist geprägt durch den jeweiligen Standort des einzelnen, durch die Situation, die die Möglichkeiten des Sehens beschränkt. Gadamer spricht hier vom Horizont: „Horizont ist der Gesichtskreis, der all das umfaßt und umschließt, was von einem Punkte aus sichtbar ist. In der Anwendung auf das denkende Bewußtsein reden wir dann von Enge des Horizontes, von möglicher Erweiterung des Horizontes, von Erschließung neuer Horizonte usw."[11] Beim Verstehen eines überlieferten Textes begegnet nun der eigene Horizont einem anderen, der als ihm fremder entworfen und von dem eigenen Verstehenshorizont der Gegenwart eingeholt wird. Beim Verstehen geschieht nun eine **Horizontverschmelzung**, wobei der historische Horizont zugleich entworfen und, da mit dem eigenen Horizont vermittelt, aufgehoben wird. Das Verstehen erweist sich also als eine Art Wirkung, als eine Art Applikation. Der Philologe und der Historiker finden sich in der Grundlage ihres Tuns, dem wirkungsgeschichtlichen Bewusstsein, zusammen. Sie folgen hierbei dem Modell der juristischen Hermeneutik, bei der die Aufgabe des Auslegens die Konkretisierung des Gesetzes im jeweiligen Fall ist, also die der **Applikation**. Ein Gesetz soll in erster Linie nicht historisch

---

[7] Hans-Georg Gadamer, Wahrheit und Methode, Tübingen 1960, S. XIV.
[8] Ebda., S. 245.
[9] Ebda., S. 251.
[10] Ebda., S. 277.
[11] Ebda., S. 286; vgl. im Folgenden S. 323, 312, 292.

verstanden werden, sondern soll sich in seiner Rechtsgeltung durch die Auslegung konkretisieren. So findet im Verstehen immer etwas wie die Anwendung des zu verstehenden Textes auf die gegenwärtige Situation des Interpreten statt. Anwendung gehört nach Gadamer zum hermeneutischen Vorgang ebenso wie Verstehen und Auslegen. Gerade im Postulat der Applikation unterscheidet sich Gadamer von der romantischen Hermeneutik: „Es ist ganz abwegig, die Möglichkeit des Verstehens von Texten auf die Voraussetzung der ‚Kongenialität' zu gründen, die Schöpfer und Interpret eines Werkes vereinigen soll."[12]

Aber auch Gadamers Hermeneutik muss sich seit den siebziger Jahren des 20. Jahrhunderts der Kritik stellen. Nochmals sei erinnert an Ferdinand de Saussures *Cours de linguistique générale* (1916), der zwischen empirisch vorliegenden Texten (frz. *parole*) und der zugrundeliegenden grammatischen strukturellen Kompetenz unterscheidet, die wichtiger erscheint als die einzelnen empirischen Sätze. Einzelne literarische Texte sind der *parole* zugeordnet und daher verglichen mit zugrundeliegenden, der *langue* vergleichbaren Strukturen untergeordnet. Wer sich nun mit den Strukturen beschäftigt, kann dem Verstehen des einzelnen Textes nichts abgewinnen. Er wird zum Antihermeneutiker. Der Hermeneutiker dagegen geht von drei Voraussetzungen aus, deren Gültigkeit von den antihermeneutischen Strömungen bestritten wird. Erstens: der Text ist ein kohärentes und deutbares Sinngebilde; zweitens: der Autor ist ein das Werk schaffendes Subjekt; drittens: die Geschichte ist als sinnvolles Ganzes zu konzipieren. Dagegen wird gehalten die Unlesbarkeit des Textes, das Verschwinden des Subjekts und die Textualität der Geschichte, so dass nicht mehr nach der Bedeutung, sondern nur noch nach den Praktiken der Konstitution gefragt werden kann. Dies ist der Fall in der Diskursanalyse Michel Foucaults (vgl. 4b), bei der die herrschende Episteme oder die herrschenden Diskurse zu finden sind, die bestimmen, ob ein Text „im Wahren" ist oder nicht. Es geht also dort nicht darum, ein Subjekt zu verstehen, sondern um das Aufzeigen der Bedingungen der Möglichkeit von Aussagen. Vergleichbares gilt auch für den **Dekonstruktivismus**, der nicht danach fragt, was der Text sagen will, sondern in unbewussten Brüchen und internen Widersprüchen sucht, was der Text verschweigen will, und seine Konstruiertheit auflöst. Gerade dort sind antihermeneutische Ansätze besonders beliebt, wo davon ausgegangen wird, dass Texte in der Mehrheit der Fälle nicht mehr produziert werden, um verstanden zu werden. Solche Texte verstehen zu wollen, hieße sich inadäquat zu verhalten. Es ist daher nicht verwunderlich, dass Jacques Derrida als Vertreter **antihermeneutischer Methoden** gern auf moderne lyrische Texte wie z.B. von Mallarmé zur Veranschaulichung zurückgreift, während Gadamer als Vertreter der hermeneutischen Methode vorzugsweise Klassiker wie Goethe anführt.

---

[12] Ebda., S. 294.

Während sich die Hermeneutik mit den Verstehensvorgängen auf der Seite des Interpreten beschäftigt, stellt die **Rezeptionsästhetik** eben diesen als Rezipienten in den Mittelpunkt des Interesses und geht dabei von der Hermeneutik aus. Einen frühen theoretischen Ansatz zur Wirkung eines Textes schlug bereits Aristoteles vor, als er der Tragödie die Fähigkeit zuerkannte, durch Katharsis auf die Affekte des Publikums einzuwirken. Man kann sich die Frage stellen, ob es sich mit einem Text wie mit dem Bauplan eines Architekten verhält, dessen Wirkung das reale fertiggestellte Haus ist, so dass auch dem Text erst durch seinen Leser oder Zuschauer zur Realität verholfen würde. Angesichts der Interaktion zwischen Textwirkung und Leseraktivität scheint es dann nicht möglich, von einem Textsinn zu sprechen, der von einem Leser unabhängig ist. Die Wirkung eines Textes auf den Leser oder den Zuschauer einzuschätzen, versucht der Verlagsunternehmer; sie zu lenken der Autor; sie zu beeinflussen das begleitende Marketing. Erich Auerbach hatte sich 1933 in seinem Buch *Das französische Publikum des 17. Jahrhunderts*, aber auch in weiteren Schriften, mit den Themen Rezeption und Wirkung beschäftigt. Levin Schücking hatte 1923 eine *Soziologie der literarischen Geschmacksbildung* veröffentlicht. Walter Benjamin fragte 1931 nach den Gründen für Erfolg und Misserfolg von literarischen Werken. Derartige rezeptionsorientierte Ansätze sind durch die nach dem Zweiten Weltkrieg verbreitete immanente Methode in Vergessenheit geraten.

Mit seiner Konstanzer Antrittsvorlesung[13] richtete **Hans Robert Jauß** den Blick der Literaturwissenschaft auf den Leser bzw. Zuschauer und konnte damit angesichts der bislang dominierenden Methoden einen Paradigmenwechsel bewirken, der an seiner Bedeutung auch heute nichts verloren hat. Der formalistischen und immanenten Methode wirft er ebenso wie der marxistischen vor, im geschlossenen Kreis von Produktions- und Darstellungsästhetik zu verharren und die Dimension von Rezeption und Wirkung zu vergessen. „Leser, Zuhörer und Zuschauer, kurzum: der Faktor des Publikums spielt in beiden Literaturtheorien eine äußerst beschränkte Rolle."[14] Das literarische Werk kann nicht als für sich bestehendes Objekt, das für jeden Betrachter zu jeder beliebigen Zeit dasselbe ist, gesehen werden. Vielmehr schlägt Jauß vor, die Geschichte der Literatur zu betrachten als Prozess der Aktualisierung literarischer Texte durch Leser, Kritiker und durch den seinerseits Texte lesenden und produzierenden Schriftsteller. Er greift dabei den durch Hans-Georg Gadamers Hermeneutikstudien eingeführten Begriff des Verstehenshorizonts und den durch den Soziologen Karl Mannheim

---

[13] Hans Robert Jauß, Literaturgeschichte als Provokation der Literaturwissenschaft, in: Rainer Warning (Hg.), Rezeptionsästhetik, München 1975, S. 126-162; vgl. auch Harald Weinrich, Für eine Literaturgeschichte des Lesers, in: Ders. (Hg.), Literatur für Leser, Stuttgart 1967, S. 23-34; Gunter Grimm, Rezeptionsgeschichte, München 1977.

[14] Hans Robert Jauß, a.a.O., S. 126.

geprägten Begriff des **Erwartungshorizonts** auf, der auf einen Leser bezogen und aus dessen Vorverständnis der jeweiligen Gattung und der Kenntnis vergleichbarer bereits bekannter Werke konstruiert werden kann. „Der so rekonstruierbare Erwartungshorizont eines Werkes ermöglicht es, seinen Kunstcharakter an der Art und dem Grad seiner Wirkung auf ein vorausgesetztes Publikum zu bestimmen. Bezeichnet man den Abstand zwischen dem vorgegebenen Erwartungshorizont und der Erscheinung eines neuen Werkes, dessen Aufnahme durch Negierung vertrauter oder Bewußtmachung erstmalig ausgesprochener Erfahrungen einen ‚Horizontwandel' zur Folge haben kann, als ästhetische Distanz, so läßt sich diese am Spektrum der Reaktionen des Publikums und des Urteils der Kritik (spontaner Erfolg, Ablehnung oder Schockierung; vereinzelte Zustimmung, allmähliches oder verspätetes Verständnis) historisch vergegenständlichen."[15] Zu unterscheiden sind nun zwei Perspektiven: die vom Text bedingte Wirkung und die Rezeption als die vom Rezipienten ausgehende Aktivität. Zu letzterer gehören auch Tradition und Selektion durch Kritik, Edition und Interpretation sowie die Erstellung eines Kanons.

Wolfgang Iser hat den Begriff des „**impliziten Lesers**" in die Diskussion eingebracht.[16] Dabei handelt es sich nicht um den fiktiven Leser, der im Text angesprochen wird, auch nicht um den Adressaten, an den der Autor beim Schreiben denkt, und schließlich auch nicht um den empirisch festzustellenden Leser, der den Text tatsächlich liest. Der „implizite Leser" ist eine Konstruktion des Literaturwissenschaftlers, der die spezifischen Wissenskompetenzen zusammenstellt, über die ein Leser verfügen muss, um einen Text zu verstehen. Diese werden dann der Konstruktion des „impliziten Lesers" zugeschrieben. Des Weiteren charakterisiert Iser die Leseraktivität als Einbringen des eigenen Vorwissens beim Auflösen von „Unbestimmtheitsstellen" bzw. „Leerstellen" im Text. Vorausgesetzt wird dabei, dass der Text nicht alle Einzelheiten präzisiert, sondern Informationen offen lässt, die der Leser durch seine Vorstellungskraft füllt. Lesererwartungen können aufgebaut und enttäuscht werden und so den Leser zum Widerspruch provozieren. Hier spricht Iser von Negationspotenzialen der Texte, deren Analyse Aufgabe der Wirkungsforschung sei. Es ist das unbestreitbare Verdienst der Rezeptionsästhetik, in der Literaturwissenschaft die Aufmerksamkeit auf Rezeptions- und Wirkungsvorgänge gelenkt zu haben. Zwar werden diese gegenwärtig nicht mehr unbedingt mit der Begrifflichkeit der siebziger Jahre des 20. Jahrhunderts, sondern eher empirisch analysiert, haben sich aber als fester Bestandteil der hispanistischen Forschung etabliert.[17]

---

[15] Ebda., S. 133.

[16] Vgl. Wolfgang Iser, Der implizite Leser, München 1972.

[17] Vgl. z.B. Wilfried Floeck, Ist Spanien anders? Zur Problematik ausländischer Kulturrezeption am Beispiel des modernen spanischen Theaters, in: Ders. (Hg.), Spanisches

2b Rhetorik und Stilistik

Betrachtet man die Geschichte der Rhetorik, gelangt man zu den Ursprüngen der universitären Beschäftigung mit Literatur. Die Universität des Mittelalters hatte drei „höhere" Fakultäten: Theologie, Medizin und Jurisprudenz. Da der Unterricht in lateinischer Sprache erteilt wurde, gab es eine propädeutische Phase, die vorgeschaltet war: die Fakultät der *artes liberales*. Mit „freien" Künsten sind solche gemeint, die eines freien Mannes würdig seien. Die *artes liberales* wurden in zwei Gruppen eingeteilt, das Trivium mit Grammatik, Rhetorik und Dialektik und das Quadrivium mit Arithmetik, Geometrie, Musik und Astronomie. Die Grammatik lehrt das sprachlich richtige, die Rhetorik das überzeugende und die Dialektik das widerspruchsfreie Sprechen. Mit Dialektik war also gemeint, was heute Logik heißt. Die Grammatik hatte als *recte loquendi scientia* einerseits die Regeln und Lexika für den Spracherwerb, andererseits als *poetarum enarratio* auch Übungstexte bereit zu stellen. (vgl. 1c)

Die Rhetorik ist konzipiert zur Unterstützung einer Rede vor Gericht, einer politischen Rede in einer Versammlung und einer Lobesrede. Entsprechend unterscheidet man drei **Gattungen**: *genus iudiciale, deliberativum* und *demonstrativum*. Im ersten Fall ist z.B. der Richter von der Schuld oder Unschuld des Angeklagten zu überzeugen, im zweiten z.B. das Publikum von der politischen Notwendigkeit einer Maßnahme und im dritten z.B. die Zuhörerschaft von den Verdiensten des Jubilars. In jedem dieser drei Fälle hilft die Rhetorik bei unterschiedlichen **Phasen**: *inventio* bei der Stoffsammlung, *dispositio* bei der Gliederung, *elocutio* bei der Textgestaltung und Formulierung, *memoria* beim Auswendiglernen und *actio* bei der Realisierung der Rede durch Sprechen und begleitende Gesten. Vor allem die Regeln der *elocutio* sind nach wie vor so verbreitet, dass manchmal der Eindruck entsteht, die Rhetorik bestünde nur aus ihnen. *Inventio* und *dispositio* hängen insofern zusammen, als rhetorische Suchhilfen unterscheiden, welche Materialien sie für den Anfang, den Hauptteil oder für das Ende einer Rede bereitstellen.

Will man z.B. anlässlich des Geburtstages einer Person eine **Lobrede** halten, dann gibt die Rhetorik Anhaltspunkte, die berücksichtigt werden können: Das Herkunftsland, die Vorfahren und die Eltern können besonders gewürdigt wer-

---

Theater im 20. Jahrhundert, Tübingen 1990, S. 3-17; Dietrich Briesemeister, Die Rezeption der chilenischen Literatur in Deutschland, in: Claudius Armbruster, Karin Hopfe (Hg.), Horizont-Verschiebungen: interkulturelles Verstehen und Heterogenität in der Romania. Festschrift für Karsten Garscha zum 60. Geburtstag, Tübingen 1998, S. 413-424; Gustav Siebenmann, Zu Lorcas Rezeption in Lateinamerika, in: Ex nobili philologorum officio: Festschrift für Heinrich Bihler zu seinem 80. Geburtstag, Berlin 1998, S. 501-512.

den, gleichgültig ob es sich um eine berühmte Dynastie oder um bescheidene Verhältnisse handelt. Vielleicht gab es positive Vorzeichen oder Vorhersagungen vor der Geburt. Aus dem Leben des Jubilars ist hervorzuheben seine Entwicklung von der Kindheit über die Jugend hin zu späteren Altersstufen. Dabei sind besondere Eigenschaften wie Stärke, Gerechtigkeitssinn und andere Vorzüge hervorzuheben. Aufzuzählen sind die Leistungen, die er als erster oder als einer von wenigen erbracht hat, bzw. solche, die über den Erwartungen liegen. Dem sind positive Urteile seiner Zeitgenossen über ihn hinzuzufügen. Mit Blick auf seine äußere Erscheinung kann die stattliche, ästhetisch ansprechende Erscheinung und eine kraftvolle Energie hervorgehoben werden. Glücksfälle oder Schicksalsschläge lassen sich erwähnen. Sollte es sich nicht um einen Geburtstag, sondern um einen Gedenktag handeln, dann kann noch das Urteil der Nachwelt hinzugefügt werden, wie es sich aus den Büchern entnehmen lässt. Inwiefern die Person ein gutes Beispiel gegeben hat, ob sie Städte gegründet, Gesetze oder Verordnungen bewirkt, Künste oder Institutionen erfunden hat, auch das kann in der Lobrede angeführt werden.

Die Rhetorik zeigt also gewissermaßen Schubladen an, in denen Stoff für die jeweilige Rede zu finden ist. Das hat zur Folge, dass in Epochen, in denen die Rhetorik noch Allgemeingut war, einschlägige Reden stark schematisch aufgebaut waren.

Aber auch einzelne bewährte rhetorische Muster finden sich immer wieder. E. R. Curtius bezeichnet als **Topos** ein rhetorisches Element, das bereits in der Antike existierte, über das lateinische Mittelalter überliefert wurde und noch in der europäischen Literatur von der Neuzeit bis in die Gegenwart weiter in Gebrauch ist.[18] Dazu gehört die affektierte Bescheidenheit als Möglichkeit, das Wohlwollen des Publikums zu Beginn einer Rede durch den Hinweis zu gewinnen, man sei eigentlich gar nicht ausreichend kompetent, mangelhaft vorbereitet und habe sich widerstrebend dazu bewegen lassen, die Rede zu halten. Allerdings ist die Bescheidenheit deshalb nur affektiert, da der Redner in Wirklichkeit von sich überzeugt ist und nur das Publikum wohlwollend, aufmerksam und gefügig stimmen will.

Ein anderer Topos ist der des *locus amoenus*, des Lustortes, der einen idealen Zustand der Landschaft beschreibt. Zu seiner Mindestausstattung gehören Baum, Wiese und Bach. Während die Wiese zum Verweilen einlädt, dienen Baum und Bach dem Schutz vor der ansonsten eine angenehme Temperatur verbreitenden Sonne. Es gibt Weiterentwicklungen des Grundmusters bis hin in den lateiname-

---

[18] Vgl. Ernst Robert Curtius, Europäische Literatur und lateinisches Mittelalter, Bern 1948.

rikanischen Urwald, wo die lockende Sinnlichkeit eines weiblich konnotierten Naturraums dem männlichen zivilisatorischen Herrschaftsanspruch ein dankbares Betätigungsfeld gibt.[19] (vgl. 4c)

Zur *elocutio* gehören die rhetorischen Figuren: Erwähnt seien nur die Ironie, bei der das Gegenteil von dem Gesagten gemeint ist, die Litotes, bei der etwas durch die Verneinung des Gegenteils ausgedrückt wird (z.B. ‚nicht wenig Mühe') und der Euphemismus, bei dem etwas Unangenehmes oder Gefährliches wie im Fall des „Kaps der guten Hoffnung" durch das Gegenteil bezeichnet wird. Die Metapher ist ein Vergleich, der ohne das Wort „wie" ausgeführt wird, was auch der Fall ist bei der Metonymie, bei der zusätzlich aber eine Beziehung besteht z.B. vom Autor zum Werk (‚Cervantes lesen') oder vom Gefäß zum Inhalt (‚ein Glas trinken'). Ein Oxymoron verbindet zwei Vorstellungen, die sich wie im Fall der „finsteren Sonne" oder der „süßen Bitterkeit" eigentlich ausschließen. Da es sehr viele rhetorische Formen gibt, seien hier nur einige Beispiele aufgeführt.[20]

Interessant ist das rhetorische Postulat des *aptum*, das fordert, dass sich die Teile zu einem Ganzen harmonisch zu fügen haben. Dies gilt im inneren Bereich eines beliebigen Textes, aber auch im äußeren, insofern ein Text ein soziales Faktum ist, bei dem die Situation, der Sprecher, das Publikum sowie Zeitpunkt und Ort der Rede besonders zu berücksichtigen sind. Eine entsprechende Forderung wird auch für die Literatur erhoben, was verdeutlicht, dass zahlreiche rhetorische Regeln auch in der Poetik gültig sind. So könnte man vermuten, dass auch der Theaterbesucher erwartet, dass die auf der Bühne agierenden Figuren dem rhetorischen Postulat des *aptum* entsprechen und die ganze Theatervorstellung nicht den Rahmen dessen sprengt, was tatsächlich in der kurzen Zeit einer Vorstellung passieren kann. Von dieser Vermutung ausgehend hat Aristoteles unter Berücksichtigung der Theaterstücke, die er kannte, seine Regeln der Wahrscheinlichkeit formuliert. Damit verbunden war die aristotelische Trennung der **Stilebenen** in eine höhere und eine niedere. Mit dem höheren Stil sollte die obere Gesellschaftsschicht korrespondieren, deren Sprache und Problematik der Tragödie würdig erschien, während der unteren Gesellschaftsschicht mit ihrer einfachen Art, sich auszudrücken, die Komödie zugeordnet wurde. Auch diese Differenzierungen, die die Aristoteleskommentatoren für das französische 17. Jahrhundert erfolgreich durchgesetzt hatten, wurden in Spanien bewusst im Interesse des Publikums durchbrochen. (vgl. 2e)

---

[19] Vgl. Karl Hölz, Lustorte der grünen Hölle. Männliche Zivilisationsphantasien in der Selvaliteratur bei Rómulo Gallegos und José Eustasio Rivera, in: Herbert Uerlings (Hg.), Das Subjekt und die Anderen: Interkulturalität und Geschlechterdifferenz vom 18. Jahrhundert bis zur Gegenwart, Berlin 2001, S. 237-257.

[20] Weitere rhetorische Figuren finden sich bei Heinrich Lausberg, Handbuch der literarischen Rhetorik, München 1960; Clemens Ottmers, Rhetorik, Stuttgart 1996.

Zur Unterscheidung von **Parodie, Travestie und Pastiche** wird auf die Stilhöhe zurückgegriffen. Die Parodie ahmt einen Originaltext nach und verspottet dabei dessen Autor, die Meinung oder den Text selbst. Dabei wird die stilistisch hohe Ebene des Originaltextes beibehalten, der Inhalt aber auf eine niedrige Ebene gezogen. In der Travestie passiert das Umgekehrte: Der Stil wird bei Beibehaltung des Inhalts auf die niedere Ebene transponiert. Die Komik der Travestie beruht auf der Diskrepanz zwischen bekanntem alten Inhalt und neuem stilistischen Gattungsniveau. Letzteres wird z.B. in Scarrons *Virgile travesty* deutlich, wo Aeneas, von einem Seesturm überrascht, bedauert, nicht heldenhaft vor Troja gefallen zu sein, und versichert, es wäre ihm lieber gewesen, im schönen Süßwasser zu ertrinken als im bitteren Salzwasser von Hering, Kabeljau, Seezunge und Steinbutt gefressen zu werden. Ein Pastiche schließlich ist die dem Original möglichst nahe kommende Nachahmung des Stils eines Autors oder eines konkreten Textes. Inkongruenz im Verhältnis zum Original ist hier ebenso wenig intendiert wie eine ironisch distanzierende oder komische Wirkung. [21]

Stil beginnt bei der **Wortwahl**. Von der hohen über die mittlere zur niederen Stilebene bewegen sich die Wortreihen: „Antlitz, Gesicht, Fresse" oder „Ross, Pferd, Gaul". Die unterschiedlichen stilistischen Wortverwendungen verweisen auf denselben Gegenstand, so dass sich Stil als formale Unterschiedlichkeit bei gleichbleibender Referenz erweist. Vergleicht man den Stil mit der Sprachnorm, könnte man zu dem Schluss kommen, dass Stil alles das umfasst, was von der Sprachnorm abweicht. Da aber auch stilistische Eigenheiten in die Sprachnorm übergehen können und also die Grenzen zwischen Norm und Stil fließend sind, ist ein solcher Schluss kaum erhellend. Konkretere Resultate dagegen versprechen ein stilistischer Vergleich von Textvarianten, z.B. im Zusammenhang mit einer textkritischen Ausgabe, eine quantitative Stiluntersuchung z.B. der Satzlänge oder der Zahl der Attribute und eine Rezipientenbefragung, bei der empirisch der Stil aus der Leserreaktion ermittelt wird.

Da bis ins 18. Jahrhundert hinein die antike Rhetorik als gültig betrachtet wurde, war die Stilanalyse Teil der *elocutio*. Erst der Comte de Buffon machte mit seiner Formulierung „Le style c'est l'homme même." den Stil zu etwas Individuellem, für einen Autor oder eine Zeit Charakteristischem. Mit der romantischen Genieästhetik wurde im 19. Jahrhundert im Stil der Ausdruck der gesamten Persönlichkeit des Autors gesehen. In der ersten Hälfte des 20. Jahrhunderts erreichte im Zusammenhang mit der idealistischen Stilforschung Karl Vosslers und Leo Spitzers die Analyse des Autorenindividualstils einen Höhepunkt. O. Walzel und F. Strich hatten die von H. Wölfflin für die kunstgeschichtliche Unterscheidung

---

[21] Vgl. Wido Hempel, Parodie, Travestie und Pastiche. Zur Geschichte von Wort und Sache, in: Germanisch-Romanische Monatsschrift 15, 1965, S. 150-176.

von Renaissance und Barock eingeführten Stilmerkmale von Geschlossenheit und Offenheit bzw. Linearem und Malerischem auf die Literaturwissenschaft übertragen. Helmut Hatzfeld versuchte, durch stilistische Mittel, die die Beliebtheit des rhetorischen Ornats sowie die Fragwürdigkeit der Realität und ihrer Erkenntnis belegen, Cervantes' *Don Quijote* als barockes Werk auszuweisen.[22] Obwohl **Epochenstile** ebenso wie Gattungsstile und **Individualstile** nicht unproblematische Generalisierungen von Einzelbeobachtungen darstellen, kann man ihnen jedenfalls einen heuristischen Wert zubilligen. Hatzfeld führt Beispiele für die Andeutung der barocken Themen der Täuschung, der Unsicherheit der Wahrheitserkenntnis und der Entlarvung von Täuschungen an. Stilistisch finde dies in Wörtern und Satzteilen einen Niederschlag, die wie Echos wiederholt werden: „El eco repite el nombre de Leandra. […] Leandra resueñan los montes, Leandra murmuran los arroyos y Leandra nos tiene a todos suspensos." (I, 51)[23] Als besondere Art von Echo kann die Wiederholung gleicher Wörter gesehen werden: „Este es engaño, engaño es éste." (II, 56) oder „Caminos sin camino." (II, 28) Auch die im *Don Quijote* beliebten irrealen Bedingungssätze verwehren den Einblick in fest gefügte Realitätsstrukturen: „Hubiera hecho en tu venganza más daño que hicieron los griegos por la robada Elena. La cual, si fuera en este tiempo, o mi Dulcinea fuera en aquél, pudiera estar segura que no tuviera tanta fama de hermosa como tiene." (I, 21) Ungewissheit drücke sich auch in der häufig verwendeten Formel des „no sé qué" aus. Hier wird also der sprachliche Stil zum Indiz für einen Mentalstil *avant la lettre*. In der „**Mentalstilistik**" der 1990er Jahre werden z.B. Struktur der erzählerischen Vermittlung, Multiperspektivität, Sprecherzuordnung, Figurenkonstellation, Erzählmodi und Arten der Informationsvergabe betrachtet. Analysiert werden die Wortwahl auf der Wortebene, die Wortstellung auf der Phrasenebene, die Satzstruktur auf der Satzebene und schließlich die Funktionalisierung auf der Sprechaktebene, wobei Sprachwissenschaft und Literaturwissenschaft interdisziplinär zusammenwirken können.

2c Poetik

Das Wort „Poetik" ist vom griechischen Verb *poiein* abgeleitet, das „machen, hervorbringen" bedeutet. Der lateinische Ausdruck *ars poetica* entspricht dem deutschen Ausdruck Dichtkunst. Unterscheiden lassen sich **normative** von **deskriptiven** Poetiken. Während erstere die Regeln zu verbindlichen Vorschrif-

---

[22] Vgl. Helmut A. Hatzfeld, Why is Don Quijote Baroque?, in: Philological Quarterly 51, 1972, S. 158-176.

[23] Miguel de Cervantes, El ingenioso hidalgo Don Quijote de la Mancha, Vicente Gaos (Hg.), Madrid, Gredos 1987, Bd. 1, S. 950; vgl. im Folgenden ebda., Bd. 2, S. 786, 419, Bd. 1, S. 412.

ten machen, beschreiben letztere die Regeln, nach denen vorliegende Werke verfasst sind. Allerdings ist diese Trennung nicht ganz eindeutig zu vollziehen, denn Aristoteles hatte seine Regeln zur Tragödie deskriptiv ausgehend von den ihm vorliegenden griechischen Theaterstücken formuliert. Dennoch wurde sein Werk als normatives rezipiert. Poetiken beschäftigen sich mit dem Ursprung der Dichtung, den Beziehungen der Dichtung zu anderen Künsten und zur gesellschaftlichen Wirklichkeit, mit ihrer gesellschaftlichen Legitimation, mit den Regeln der Gattungen, dem idealen Dichter, den Produktions- und Rezeptionsbedingungen, den Stilen, der Verslehre und schließlich der Kritik.

Grundlegende Fragen nach der Definition dessen, was Literatur ist, sind auf allgemeiner Ebene nach wie vor Gegenstand der poetologischen Diskussion. Seit dem 19. Jahrhundert stellt man eine **Hochkultur** mit Theater, klassischer Musik und klassischer Literatur der **Populärkultur** mit Vaudeville, Kabarett und Popmusik gegenüber. Wenngleich seit Bourdieu bekannt ist, dass die Kompetenz, zwischen beiden Bereichen zu unterscheiden, nicht zuletzt als kulturelles Kapital zur Verbesserung der eigenen Position eingesetzt werden kann, gilt doch weiter M. Horkheimers und Th. W. Adornos Warnung vor einer amerikanisierten Massenkultur, der nur durch das Korrektiv einer intellektuellen Hochkultur zu begegnen sei. Da jedoch auch unter dem Begriff Literatur zunehmend nicht mehr nur die Meisterwerke der Dichtung, sondern auch Texte der Trivialliteratur bzw. Texte verstanden werden, von denen kulturgeschichtliche Erkenntnisse zu erwarten sind, bestimmt sich die Definition von Literarizität neu. „Trivialliteratur" wird zwar von Kritikern und Bildungstheoretikern als Schundliteratur betrachtet und als bedenkliches Produkt der Konsum- und Unterhaltungsindustrie abgelehnt. Vor dem Hintergrund der Postmodernediskussion erscheint aber die Ablehnung der Trivialliteratur als verwerfliche logozentristische Ausgrenzung von Sentimentalität und Emotionalität, zumal dort hohe Literatur Elemente der trivialen und triviale Literatur Elemente der hohen aufnimmt. Denkt man allerdings in Spanien an die ebenso zahlreichen wie populären Theaterstücke Lope de Vegas oder die Erfolgsserien Ritterroman, Schäferroman und Schelmenroman mit zahlreichen Fortsetzungen oder in Lateinamerika an Elemente des populären Tango in der hohen Literatur, dann erweist sich die Auflösung der Grenzen von Hochkultur und Populärkultur als nicht besonders neu.[24]

Zu differenzieren ist des Weiteren zwischen dem **Fiktionalen**, das eine Darstellungsweise meint, bei der das Dargestellte nicht existiert, und dem **Fiktiven**, das

---

[24] Vgl. Michael Rössner, Die Populärkultur und der Groß-Romancier. Zu Mario Vargas Llosas *La tía Julia y el escribidor*, in: José Morales Saravia (Hg.), Das literarische Werk von Mario Vargas Llosa, Frankfurt 2000, S. 125-135.

sich auf die Existenzweise von Gegenständen bezieht, die nicht existieren.[25] Cervantes' Don Quijote ist z.B. eindeutig fiktional und fiktiv. Jedoch ist auch der Figur des Freiheitskämpfers Lateinamerikas Bolívar in García Márquez' Roman *El general en su laberinto* Fiktionalität und Fiktivität zuzuschreiben, obwohl Bolívar tatsächlich gelebt hat. Zwar ist die Figur Bolívar der historischen Person sehr ähnlich, aber sie ist nicht identisch mit ihr. Wenn Dichtern vorgeworfen wird, sie seien berufsmäßige Lügner, wird von der Voraussetzung ausgegangen, dass fiktionale Texte etwas behaupteten. Man kann aber auch den fiktionalen Text als Scheinbehauptung sehen und mit dem Logiker Gottlob Frege den Theaterdonner nur als Scheindonner, das Theaterduell nur als Scheinduell und die Theaterbehauptung als Scheinbehauptung sehen. Was eine Scheinbehauptung ist, lässt sich mit der Sprechakttheorie Searles näher charakterisieren. Sprechakte, auch illokutionäre Akte genannt, sind es, die festlegen, wie ein Satz gemeint ist. Der propositionale Gehalt „dass ich kommen werde" kann verschiedenen illokutionären Rollen, z.B. „Ich verspreche, dass" oder „Ich warne, dass" oder „Ich behaupte, dass" oder „Ich frage, ob...", untergeordnet werden.[26] Wer einen fiktionalen Text schreibt, bedient sich eines entsprechenden illokutionären Aktes mit der Konvention, dass Behaupten, Beschreiben und Erklären des Fiktionalen nur zum Schein geschieht. Wie steht es aber mit fiktiven Gegenständen, die nicht existieren? Kann man über sie wahre Aussagen machen? Ist die Behauptung: „Don Quijote kämpft gegen Windmühlen" auch dann eine wahre Aussage, wenn „Don Quijote existiert nicht" ebenso eine wahre Aussage ist? Geht man nun davon aus, dass fiktive Gegenstände nur mit Bezug auf einen bestimmten Kontext identifiziert werden können, in dem sie beschrieben werden, wie z.B. in Cervantes' Werken, dann muss der Sachverhalt anders umschrieben werden: „In den Werken Miguel de Cervantes' gibt es die Beschreibung eines Ritters, der Don Quijote heißt und gegen Windmühlen kämpft." So lässt sich der scheinbare Widerspruch zur zweiten Behauptung auflösen, die nunmehr wie folgt in eine wahre Feststellung transponiert wird: „Don Quijote existiert in den Werken des Miguel de Cervantes."

Die Poetik ist insofern eine **Spezialistenkunst**, als sie sich auf dichterische, nicht auf beliebige Texte bezieht. Sie hatte daher auf der Ebene der *artes liberales*, der mittelalterlichen sieben freien Künste, keinen Platz. Lediglich innerhalb der Grammatik ist sie bei der *poetarum enarratio*, der Erklärung der musterhaften Übungstexte, beteiligt. Von der Rhetorik aber kann sie als abgeleitet betrachtet werden, insofern auch sie von den Hilfen der rhetorischen *inventio, dispositio*

---

[25] Vgl. im Folgenden Lutz Rühling, Fiktionalität und Poetizität, in: Heinz Ludwig Arnold, Heinrich Detering (Hg.), Grundzüge der Literaturwissenschaft, München 1999, 3. Aufl., S. 25-51.

[26] Vgl. John R. Searle, Sprechakte, Frankfurt 1971, S. 100-106.

und *elocutio* profitiert. Aber auch die Lehre vom *aptum*, der Angemessenheit, ist, wie bereits erwähnt (2b), Rhetorik und Poetik gemein, da jedes Werk im rechten Verhältnis zu seinem Fachwissen, zur abgebildeten Realität, zu seinem Produzenten, zu seinem Publikum und zur gesellschaftlichen Situation steht.[27]

Die erste, allerdings nur fragmentarisch erhaltene Poetik ist die des Philosophen **Aristoteles** aus dem Jahr 335 v. Chr., die insbesondere nach ihrer Kommentierung in der Renaissance bis ins 18. Jahrhundert Orientierungspunkt blieb, und dies auch in Spanien, obwohl sich hier die Theaterautoren des 17. Jahrhunderts für einen ihr entgegengesetzten Weg entschieden. Dichtung ist für Aristoteles wie Geschichtsschreibung Nachahmung (griech. *mimesis*)[28] menschlichen Handelns, und die Freude an der Nachahmung ist dem Menschen angeboren. Während die Geschichtsschreibung nur Einzelheiten aus der Realität wiedergebe, habe die Dichtung den Vorzug, am konkreten Einzelnen eine allgemeine Idee zu veranschaulichen. Insofern ist sie philosophischer als die Geschichtsschreibung. (vgl. 4e) Zudem kann das Publikum nach Aristoteles durch die Dichtung moralisch gereinigt werden, z.B. in der Katharsis der Tragödie. Der griechische Philosoph **Platon** hatte dagegen eine kritischere Haltung zur Dichtung, sah sie als Ursache für Verweichlichung und Vernachlässigung sozialer Pflichten und unnötige Entfernung von der wirklich wesentlichen Welt der Ideen, von denen die Realität schon ein Abbild und die Dichtung ein Abbild des Abbildes sei. Der Römer **Horaz** dagegen betont, dass Dichtung das Angenehme mit der nützlichen Belehrung verbinde: „aut prodesse volunt aut delectare poetae." In der Zeit der Renaissance kam zur Nachahmung der Wirklichkeit (*mimesis*) auch noch die Nachahmung der als vorbildlich empfundenen Autoren der Antike (*imitatio*) hinzu, und in der Frage, ob die antiken Autoren in ihrem Niveau zu erreichen oder sogar zu übertreffen seien, war die vermittelnde Antwort, die moderne Dichtung sei einem Zwerg vergleichbar, der zwar klein, aber, da auf den Schultern eines Riesen sitzend, doch größer als dieser sei.[29] Mit der **Romantik** zu Beginn des 19. Jahrhunderts und deren Vorstellung vom genialen dichterischen Subjekt endet die Anerkennung der antiken Poetik als Maßstab. Zahlreiche Einzelpoetiken in Form von Essays, Vorworten, Manifesten und brieflichen Äußerungen von Dichtern treten an ihre Stelle. Eine dynamische Entwicklung führt von der romantischen über die

---

[27] Vgl. Heinrich Lausberg, Handbuch der literarischen Rhetorik, München 1960, S. 553f.

[28] Erich Auerbach analysiert in seinem im Istanbuler Exil zwischen 1942 und 1945 verfassten Hauptwerk *Mimesis* (1946) Möglichkeiten der Wirklichkeitsdeutung in der abendländischen Literatur. Vgl. Ulrich Schulz-Buschhaus, Erich Auerbach und die Literaturwissenschaft der neunziger Jahre, in: Sprachkunst 30, 1, 1999, S. 97-119.

[29] Vgl. José Antonio Maravall, Antiguos y modernos. La idea de progreso en el desarrollo inicial de una sociedad, Madrid, Sociedad de estudios y publicaciones 1966.

realistische und naturalistische Poetik zum *modernismo*, hin zu den „ismen" von Surrealismus, *creacionismo*, *ultraísmo*, *posmodernismo* und weiter darüber hinaus. Alle diese Poetiken formulieren Programme, mit denen sie sich meistens von Vorgängern distanzieren.

2d Epochenbegriffe

Man hat sich daran gewöhnt, die Geschichte der Literatur in Epochen einzuteilen: In Spanien wird die Renaissance dem 16., der Barock dem 17. Jahrhundert zugeordnet. Beide zusammen bilden das Goldene Zeitalter, *Siglo de Oro*, dem im 18. Jahrhundert die Aufklärung folgt. Das 19. Jahrhundert beginnt mit der Romantik und führt über den Realismus und Naturalismus zur 1898er Generation. Bei letzterer mischte sich eine Identitätskrise infolge des Verlustes der letzten spanischen Kolonien mit der europäischen Befindlichkeit des *fin de siècle*, währenddessen sich in der Lyrik der *modernismo* konstituiert hatte, der im frühen 20. Jahrhundert von der historischen Avantgarde überboten wird. Epochenbildend ist nun der Bürgerkrieg, da die Literatur in die Zeit vorher, währenddessen und danach unterteilt wird, sowie die Ära Franco mit ihren Restriktionen, die in einer Übergangszeit, der *transición*, ausläuft und in eine postmoderne Phase mündet. So sieht die Abfolge der Epochen aus, wenn man sie oberflächlich betrachtet. Bei genauerem Hinsehen erweist sich diese Betrachtung differenzierungs- und ergänzungsbedürftig.

Begriffe wie „Barock" oder „Romantik" stehen für bestimmte poetologische Merkmale. Insofern diese unterschiedlichen Zeiten zugeschrieben werden, erscheinen sie als **Stilbegriffe** und sind ahistorisch. Als Epochenbegriffe dienen sie aber auch der Bezeichnung eines bestimmten historischen Zeitraums. Es gibt Epochenbegriffe wie „Mittelalter", die im nachhinein geprägt wurden. Häufiger aber definiert sich eine Epoche selbst in Abgrenzung zu der ihr vorausgehenden. Gerade dies ist es, was die Betrachtung der Abfolge der einzelnen Epochen in einer Literaturgeschichte interessant macht. Allerdings kann ein Epochenbegriff nicht einfach als ein Allgemeinbegriff wie „Wasser" oder „Tanne" verstanden werden, denn seine Definition hängt von den Elementen ab, die ihm zugeordnet werden. Betrachtet man z.B. den neoklassizistischen Theaterautor des 18. Jahrhunderts Leandro Fernández de Moratín als Teil der spanischen Aufklärung, dann wird man diese anders definieren, als wenn Moratín als Teil einer eigenen und der Aufklärung vorausgehenden Epoche des Neoklassizismus gesehen wird. Epochenbegriffe sind also, ebenso wie Gattungsbegriffe, relative Allgemeinbegriffe, deren Definition in Abhängigkeit von den ihnen subsumierten Elementen erfolgt. Orientieren können sich Epochenbegriffe an historischen Daten, die Einschnitte bedeuten. So gilt z.B. 1492 als Beginn der Neuzeit in Spanien oder 1975 als Ende der Literatur der Franco-Zeit. Ein struktureller Epochenbegriff bezieht sich auf einen längeren Zeitraum wie Altertum, Mittelalter und Neuzeit, kann aber auch einen kulturgeschichtlichen Abschnitt wie Aufklärung und Romantik charakterisieren. Ein weiteres Verständnis sieht Epochen durch Paradigmenwechsel und Zeitschwellen bestimmt. Schließlich können Lang- und Kurzzeitphänomene unterschiedlicher Epochen koexistieren und sich überschneiden, was die ansonsten gewünschte Ordnungsfunktion des Epochenbegriffs erheblich einschränken kann.

Dass sich die neuen Autoren von ihren Vorgängern distanzieren, hat Tradition. In der Antike stellten sich die *moderni* gegen die *antiqui*, im französischen 17. Jahrhundert gab es die *Querelle des Anciens et des Modernes*. Da die **Neuen** von heute die **Alten** von morgen sind, hat die Abfolge einen zyklischen Charakter und erscheint als sich wiederholender Topos einer „Revolte der Jugend". Als *moderni* werden z.B. die christlichen Schriftsteller des Mittelalters den griechischen und römischen *antiqui* der heidnischen Antike gegenübergestellt. Bernhard von Chartres vermittelte zwischen Bewunderung der Antike und Selbstbewusstsein der christlichen Gegenwart, indem er auf das Bild der Zwerge auf dem Rücken von Riesen zurückgreift. Die Renaissance macht sich diese Vorstellung zueigen, wenn sie die antiken Autoren zugleich imitiert und durch *aemulatio* überbietet. Die Romantik A. W. Schlegels greift auf das mittelalterliche Verständnis zurück und versetzt das klassische Altertum in eine vollendete Vergangenheit, der ein neues Zeitalter, das Mittelalter und Gegenwart umfasst, gegenüberzustellen und als romantisches zu bezeichnen ist. Man kann durchaus dem amerikanischen Literaturtheoretiker **Harold Bloom** Recht geben, nach dem ein Künstler vor allem in Konkurrenz zu seinen Vorläufern steht, vor allem zu demjenigen, der ihn in seinen frühen Erfahrungen am meisten beeindruckte. Vor ihm empfindet er eine „anxiety of influence".[30] Es sind psychoanalytisch gesehen literarische Vaterfiguren. Damit diese seine Schaffenskraft nicht lähmen und er neuen Raum zur Entfaltung findet, muss er das idealisierte poetische Über-Ich zerstören. Epochenbegriffe zeugen von diesem Machtkampf, der zur Folge hat, dass literarische Texte immer auch in verschiedenen Stufen Repression, Deformation und Transformation ihrer maßgeblichen Vorläufer sind. Entsprechendes lässt sich auch auf von Autoren entworfene Epochenkonzepte beziehen. Im Folgenden sollen exemplarisch zwei Epochenbegriffe vorgeführt werden: Avantgarde und Postmoderne.

---

[30] Vgl. Harold Bloom, The Anxiety of Influence, New York 1997 (erstmals 1973).

Avantgarde

Unter dem Begriff „**Avantgarde**" werden Strömungen vom italienischen Futurismus über den deutschen Dadaismus und den lateinamerikanischen *ultraísmo* und *creacionismo* bis zum französischen Surrealismus zusammengefasst, die in Europa und Lateinamerika von 1909 bis Ende der dreißiger Jahre aufkamen. Von heute aus gesehen spricht man wegen des zeitlichen Abstandes auch von der historischen Avantgarde. Ihre Ziele artikulierten die einzelnen Richtungen in Manifesten, die von einzelnen oder von Gruppen unterzeichnet wurden. Von der Internationalität der Avantgarde zeugt, dass oft Schriftsteller unterschiedlicher Herkunftsländer gemeinsam ein Manifest unterzeichnet haben. Einige Manifeste sind auch mehrsprachig, andere erscheinen unmittelbar nach ihrem Erstabdruck im einen Land in einem anderen in Übersetzung. Den Anspruch, Vorhut zu sein, einen Skandal zu provozieren und dem verbreiteten Geschmack eine Ohrfeige zu erteilen, konnten programmatische Manifeste am besten verdeutlichen, aber auch avantgardistische Prosa, Lyrik und Theater wurde geschrieben. In dem Maß, wie sich die Wirklichkeit mangelhaft zeigte, sollte das Kunstwerk nicht mehr Nachahmung der Wirklichkeit sein, sondern autonom werden.[31] Schließlich begnügt sich die Kunst nicht mehr damit, die Lebenswelt zu kritisieren und Zukunftsvisionen zu entwerfen, sondern sie geht in die Offensive und postuliert, nicht die Kunst müsse sich am Leben, sondern das Leben an der Kunst orientieren. Der Mensch habe selbst eine bessere Welt zu schaffen. Als mit der **Erfindung des Rades** der menschliche Gang ersetzt werden sollte, war das Rad dem Bein so überlegen, dass das vom Menschen geschaffene Unnatürliche als wahre und bessere Realität erschien. Zahlreiche Erfindungen wie elektrisches Licht, Eisenbahn, Automobil, Flugzeug, Telegrafie gaben ein so eindrucksvolles Bild von einer künstlich geschaffenen Welt, dass der Futurismus 1909 die Technik verherrlichte. Der Optimismus nahm ein jähes Ende, als der Erste Weltkrieg die Technik als Vernichtungsmaschinerie entlarvte. Die Gesellschaftsordnung wurde ebenso fragwürdig wie das bürgerlich-nationale Denken. Beides wollte der international ausgerichtete Dadaismus ab 1916 überwinden. Gerade nach den Erfahrungen des Ersten Weltkrieges artikulierten die Surrealisten ab 1924 Misstrauen gegenüber der Rationalität, den sprachlichen Normen und der Logik, indem sie eine Erneuerung durch Aufwertung des von gesellschaftlichen Konventionen unterdrückten Unbewussten propagierten, wie es sich z.B. im Traum zeige. Da Tradition, Zivilisation und Kultur zu Aggressionen führen, die mit Krieg enden, habe man einen mit dem Unbewussten verbundenen poetischen Urzustand des Menschen zu suchen.

---

[31] Vgl. Harald Wentzlaff-Eggebert, Avantgarde in Hispanoamerika, in: Ders. (Hg.), Europäische Avantgarde im lateinamerikanischen Kontext, Frankfurt 1991, S. 3-29.

Hinter allen Unterschieden der einzelnen Strömungen der Avantgarde lässt sich als Gemeinsamkeit die Utopie eines Ganzheitsentwurfs festhalten, der mit der verbreiteten Trennung von Kunst und Lebenspraxis brechen will. Gemeinsam ist auch die Verweigerung von Sinnstiftung im traditionellen Sinn. Mit alten Kommunikationsmustern soll zugunsten neuer Kommunikationsformen, wie z.b. die als Kunst definierten Vorführungen der Happenings, gebrochen werden. Dass dies in den Manifesten leicht zu postulieren, in der Wirklichkeit aber schwer zu realisieren war, ändert nichts am Anliegen der Avantgarde, angesichts wachsender Bedeutungslosigkeit der Kunst den Führungsanspruch des Künstlers in der bürgerlichen Gesellschaft noch einmal deutlich hervorzuheben. Man könnte fragen, ob es berechtigt ist, die historische Avantgarde als **Epochenbegriff** zu bezeichnen, da sie doch nur von einer Minderheit und nicht von der Mehrheit getragen wurde. Da mit diesem Argument aber auch die Berechtigung des Epochenbegriffs der Romantik, die gleichfalls als internationales Phänomen nicht von der Mehrheit der Bevölkerung getragen wurde, in Zweifel gestellt würde, ist es nicht überzeugend. Auch dann, wenn man geltend machen würde, die weitreichenden gesellschaftsverändernden und emanzipatorischen Ansprüche der Avantgarde gingen über das unter einen Epochenbegriff zu Subsumierende hinaus, könnte ein Hinweis auf die Romantik das Gegenteil belegen.

Am Anfang steht F. T. Marinetti mit seinem futuristischen Manifest von 1909. „Der futuristische Aufbruch der Avantgarde vollzieht sich im musealen Italien, wo der Alp der Vergangenheit für die junge oppositionelle Intelligenz offenbar besonders drückend war; ihrer Gier nach ‚Modernisierung' des Lebens, den neuesten Maschinen, nach Geschwindigkeit stand wie sonst nirgendwo die passatistische Macht eines Kulturerbes entgegen, dessen Reichtum die futuristischen Zerstörungsphantasien besonders beflügelt hat. So wird das ‚passatistische Venedig', dieser Lieblingsort der *Décadence*, zur futuristischen Zielscheibe, und der futuristische Aufbruch reklamiert in seinem Modernisierungskonzept von Anfang an nicht allein ästhetische, sondern auch massive politisch-gesellschaftliche Veränderungen, zu deren Trägerin die Avantgarde sich selbst beruft."[32] Schon hier ist die Frage zu stellen, inwieweit ein Totalität beanspruchender Ansatz nicht auch durch totalitäre politische Ansprüche der Rechten oder der Linken instrumentalisiert werden kann. In **Spanien** gibt es seit den letzten Jahren des Ersten Weltkrieges avantgardistische Strömungen, z.B. in Barcelona um Francis Picabia und Gabrielle Buffet. Dalí entwickelt in Spanien eine eigenständige Richtung, während der Chilene Vicente Huidobro, der aus Paris nach Madrid gekommen war, den *creacionismo* verkündet. Dessen Grundgedanke ist es, eine Antithese

---

[32] Wolfgang Asholt, Walter Fähnders, Einleitung, in: Dies. (Hg.), Manifeste und Proklamationen der europäischen Avantgarde (1909-1938), Stuttgart, Weimar 1995, S. XXIf.

zur aristotelischen Vorstellung von der Dichtung als Abbildung der Realität zu formulieren. Dichtung habe nicht Realitäten abzubilden, sondern eigene Realitäten zu erschaffen, denen eine Existenz eigener Art, unabhängig von der alltäglichen Realität, zukomme. Da Dichter und Dichtung autonom sind und die Dichtung ihren Sinn in sich selbst hat, kann die Referenz auf die Wirklichkeit wegfallen, kann Verzicht auf grammatische oder logische Ordnung geübt und können ungewöhnliche Metaphern erprobt werden.

Jorge Luis Borges kehrt 1921 nach Argentinien zurück und vertritt dort eine Zeit lang den bereits von ihm in Spanien entworfenen *Ultraísmo*, den er in seiner Zeitschrift *Martín Fierro* von 1924-27 pflegt. Für Borges ist *Ultraísmo* eine Synthese von Expressionismus, Futurismus, Kubismus, Dadaismus und *creacionismo*. Am deutschen Expressionismus schätzt Borges die Wendung vom Objekt zum Subjekt, da nicht mehr die Realität abgebildet werden sollte, sondern das Ich und seine Gefühlswelt danach drängten, sich auszudrücken. Mit seiner geometrischen Anschauungsform erscheint auch der Kubismus als Absage an die realistische Mimesis, während der Dadaismus die Antikriegshaltung beisteuerte und falschen Werten wie leeren Worthülsen die Babylaute „dada" entgegenschleuderte. In *Martín Fierro* veröffentlicht Oliverio Girondo 1924 ein avantgardistisches Manifest. Der Spanier Guillermo de Torre hatte Anfänge der Avantgarde in Paris miterlebt, hatte 1918 in Madrid den *grupo ultra* mitbegründet und später in Buenos Aires gewirkt. Der Peruaner José Carlos Mariátegui, der während eines Europaaufenthaltes 1919-23 die Avantgarde in Frankreich, Italien und Deutschland kennengelernt hatte, gab nach seiner Rückkehr von 1926-30 die Zeitschrift *Amauta* heraus, die ursprünglich *Vanguardia* heißen sollte, die dann aber die Bezeichnung für den Intellektuellen in der Inkakultur als Namen erhielt. Während Mariátegui in seinen eigenen Schriften den Marxismus zum Schlüssel für die erhoffte Veränderung der Gesellschaft Perus machte, bot er in der Zeitschrift eine breite Plattform, auf der ebenso Artikel über die peruanischen Inkas, über die Sowjetunion, über das Verhältnis zu den USA und die *peruanidad*, wie solche über weltweit zu erwartende Umbrüche und die Zukunftsperspektive eines *mundo nuevo* Platz fanden.[33] Überhaupt waren Zeitschriften wie die bereits erwähnten, aber auch *Revista de Antropofagia* aus São Paulo und *Contemporáneos* aus Mexiko, als Diskussionsforum der Avantgarde in **Lateinamerika** wichtig. Erwähnt sei schließlich, dass Autoren wie Miguel Angel Asturias, Alejo Carpentier, Julio Cortázar und Octavio Paz[34] zeitweise mit dem Surrealismus in Verbin-

---

[33] Vgl. Harald Wentzlaff-Eggebert, Mariáteguis Avantgarde-Begriff, in: José Morales Saravia (Hg.), José Carlos Mariátegui, Frankfurt 1997, S. 95-109.

[34] Vgl. Klaus Meyer-Minnemann, Octavio Paz in den dreißiger Jahren: Rekonstruktion einer mexikanischen Avantgarde, in: Karl Hölz (Hg.), Literarische Vermittlungen: Geschichte und Identität in der mexikanischen Literatur, Tübingen 1988, S. 121-169.

dung standen. In Lateinamerika war es weniger der Erste Weltkrieg, eher waren es die Oktoberrevolution in Russland, die mexikanische Revolution und die zunehmende Rolle der USA als wirtschaftlicher Bezugspunkt, die den avantgardistischen Anti-Diskurs prägten. Da sich letzterer gegen die traditionelle Literatur richtet, wendet er sich auch gegen die traditionelle Literaturkritik und Literaturwissenschaft, die entweder völlig ignoriert oder ironisch und verachtend behandelt werden.[35] Während die kanonisierten Werke der Literatur als Ausprägungen der bürgerlichen Kultur abgelehnt werden, erscheinen die eigenen Werke den Avantgardisten über alle Kritik erhaben und den technischen Hervorbringungen wie Fotografie, Telefon oder Grammophon vergleichbar.

Spanien ist das Land, in dem Marinettis futuristisches Manifest gleich nach Erscheinen in spanischer Version von Ramón Gómez de la Serna im April 1909 in der Zeitschrift *Prometeo* bekannt gemacht wird, und ein Jahr später wendet sich Marinetti selbst in einer *Proclama futurista* an die Spanier.[36] In Spanien wird also die Avantgarde sehr früh rezipiert, aber erst ab 1916 gibt es nennenswerte avantgardistische Zirkel in Barcelona, und 1925 sieht Guillermo de Torre im Ultraismus die eigentliche spanische Avantgardebewegung, in deren Zentrum das Motto „Kreation" steht. Uneinigkeit herrscht in der Frage, ob die Autoren der 27er-Generation zur Avantgarde zu zählen sind. Dafür spricht ihr Experiment mit neuen Formen, dagegen, dass sie sich auf Góngora, d.h. auf die literarische Tradition, berufen und dass die Internationalität bei ihnen eine geringere Rolle spielt. Jedenfalls muss man annehmen, dass angesichts der geringen Zahl sonstiger Dokumente Ortega y Gassets Essay *La deshumanización del arte* (1925) für die poetologische Diskussion der Avantgarde von zentraler Bedeutung ist. Ortega y Gasset hatte konstatiert, dass der Mensch in der Kunst keine Rolle mehr spiele, Kunst in erster Linie Spiel mit Formen, Selbstzweck und Ironie ohne Tiefgang sei. Wenn, wie es bei Ortega heißt, der Künstler dort beginnt, wo der Mensch aufhört, dann dient die realitätsferne Avantgarde als Selektionsmechanismus, der die verständnislose und ablehnende Masse von den wenigen Kennern, den Besten, trennt.[37] Der antibürgerliche Impetus der Avantgarde bekommt hier einen antidemokratischen Beigeschmack, der den Gleichheitsgedanken der Französischen Revolution zu verwerfen scheint. In einem zweiten Schritt der Entwick-

---

[35] Vgl. Harald Wentzlaff-Eggebert, Vorkämpfer der einzig wahren Welt. Die Literaturkritik im Schussfeld hispanoamerikanischer Avantgardisten, in: Thomas Bremer, Jochen Heymann (Hg.), Sehnsuchtsorte: Festschrift zum 60. Geburtstag von Titus Heydenreich, Tübingen 1999, S. 223-233.

[36] Vgl. Wolfgang Asholt, Manifeste und Manifestantismus der Avantgarde in Spanien, in: Wolfgang Asholt, Walter Fähnders (Hg.), „Die ganze Welt ist eine Manifestation". Die europäische Avantgarde und ihre Manifeste, Darmstadt 1997, S. 161-183.

[37] Vgl. im Folgenden Mechthild Albert, Avantgarde und Faschismus. Spanische Erzählprosa 1925-1940, Tübingen 1996.

lung erscheint 1930 die Kunst der Avantgarde als verantwortungsloses, ichbezogenes Treiben, hinter dem sich eine reaktionäre politische Haltung verwöhnter Bürgersöhne verstecke. Das Konzept der Avantgarde, der Vorhut, wird aufs Politische, insbesondere auf den Faschismus, übertragen, so dass nun die künstlerische Avantgarde als *Arrière-garde* erscheint. Sie wird durch die literarische *Avanzada* abgelöst, die sich über den Vitalismus im Sinne Nietzsches definiert, engagiert für gesellschaftliche Verantwortung eintritt und damit die Enthumanisierung auflöst, ohne allerdings in den mimetischen Stil des 19. Jahrhunderts zurückzufallen. Schließlich erfolgt der Wandel **vom Avantgardisten zum Faschisten**, wofür Ernesto Giménez Caballero mit seiner *Gaceta Literaria* (1927-1932) ein frühes Beispiel ist. Dies war möglich, da sich Faschismus und Avantgarde gleichermaßen als Alternative zum bürgerlichen Kultur- und liberalen Gesellschaftsideal verstanden. Der Phase der deshumanisierten Avantgarde von 1925-30 folgt also in Spanien die der Rehumanisiserung, d.h. der *Avanzada*, von 1930-35, die schließlich 1937-40 in die propagandistische Bürgerkriegsliteratur mündet. Es zeigt sich also, dass die Avantgarde in Spanien eine Pervertierung erfuhr, die in vielfacher Hinsicht zu ihrer Antithese geführt hat. Dennoch wird man in der Phase von 1909-30 den Kernbereich der Epoche der Avantgarde sehen, deren Anziehungskraft und Wirkung aber über diesen Zeitraum hinausgeht.

Postmoderne

Ende des 20. Jahrhunderts sieht sich die **Postmoderne** als neueste, eine Epoche begründende Strömung, d.h. als aktuelle Avantgarde, die es von der soeben vorgestellten „historischen" zu unterscheiden gilt. Dabei gibt es durchaus Ansätze der Postmoderne bereits bei Autoren der historischen Avantgarde. Jean-François Lyotard sieht bei Borges den in der postmodernen Weltsicht zentralen Gedanken der Relativität vorgeprägt. In der Tat erhebt Borges mit seinen Erzählungen den Anspruch, die Metaphysik zum Zweig phantastischer Literatur zu machen, so dass die Metaphysiker von Tlön aus *Ficciones* (1944) nicht mehr die Wahrheit, auch nicht die Wahrscheinlichkeit, sondern nur das Erstaunen suchen. Buchstaben und Zahlen, Labyrinth, Schachspiel, Spiegel und Bibliothek werden zu inneren Bildern, Dichtung wird zur ewigen Wiederkehr des Gleichen und Weltgeschichte zum Variationsspiel einiger weniger Metaphern. Für Lyotard ist zudem die Annahme ausschlaggebend, „dass die *Moderne* mit den ‚großen Erzählungen' beschäftigt war und noch ist, während die *Postmoderne* das Gefühl vermittelt, dass jene nicht mehr funktionieren."[38] Für ihn ist Postmoderne ein Geisteszu-

---

[38] Jean-François Lyotard, Eine post-moderne Fabel über die Postmoderne oder: In der Megalopolis, in: Robert Weimann, Hans Ulrich Gumbrecht (Hg.), Postmoderne – globale Differenz, Frankfurt 1991, S. 291-304, hier S. 293.

stand, der bereits dort in der Moderne angelegt ist, wo diese Zielscheibe der Kritik, der Skepsis und der Perspektivierung wird. Sieht man einmal von der Problematik des Beginns der Postmoderne ab, dann ist noch die Frage der Definition der Moderne zu klären, von der sich die Postmoderne abwendet. Jürgen Habermas nannte die Moderne ein unvollendetes Projekt, das mit der Aufklärung eingesetzt habe und eine Zukunft herrschaftsfreier Verständigung verspreche.

Wie steht es mit den Projekten der historischen Avantgarden? Die Begeisterung für die neuesten Maschinen und für Geschwindigkeit wurde durch den radikal modernisierten Krieg gedämpft, der die Technisierung und die Geschwindigkeit in der Vernichtungsmaschinerie einsetzte. Wenn man wie Roland Barthes davon ausgeht, dass die Avantgarde einen Kanon des nicht mehr Schreibbaren, d.h. den allzu konventionellen Bereich dessen, was moderne und anspruchsvolle Autoren nicht mehr schreiben können, aufgestellt hat, und dieser Bestand des Verbotenen tendenziell ansteigt, dann werden für den innovativen Künstler immer mehr Möglichkeiten und Materialien ausgeschlossen, bis schließlich die Grenze zum Verstummen erreicht ist. Hier ist der Punkt, wo ein Wandel zwingend wird, den man als den Übergang von der Moderne zur Postmoderne oder auch von der Avantgarde zur Post-Avantgarde sehen kann. Die Texte sollen nunmehr Referentialität und Lesbarkeit zurückgewinnen, aber „ohne die Erfahrung der Avantgarden schlicht zu ignorieren."[39]

Vorsicht ist geboten bei der Verwendung der spanischen Termini, die nichts mit der neueren Postmodernediskussion zu tun haben: *Modernismo* bezeichnet die mit Rubén Darío verbundene Lyrik Ende des 19. Jahrhunderts, während sich *posmodernismo* auf die spanische Dichtung der zwanziger und dreißiger Jahre bezieht, die wir als Avantgarde bezeichnet haben. Der spanische Terminus *posmodernismo* bezieht sich also häufig auf einen anderen Sachverhalt als das Wort Postmoderne in Deutschland, von dem wir im Folgenden ausgehen.

Im Allgemeinen wird unter **Moderne** die mit dem rationalistischen Projekt des Descartes verbundene Neuzeit verstanden, die sich seit dem 17. Jahrhundert zum Herrn und Besitzer der Natur machen will. Manchmal wird unter Moderne die Zeit der Meta-Erzählungen verstanden, die wie die Emanzipation der Menschheit, die Teleologie des Geistes, die Hermeneutik des Sinns, Projekte des 18. und 19. Jahrhunderts sind. Es kommt aber auch vor, dass der Beginn der Moderne bei Augustinus angesetzt wird oder erst im 20. Jahrhundert gefunden wird. Ebenso wenig unstrittig wie die genaue Datierung der Moderne ist die der Postmoderne.

---

[39] Ulrich Schulz-Buschhaus, Funktionen des Kriminalromans in der postavantgardistischen Erzählliteratur, in: Ulrich Schulz-Buschhaus, Karlheinz Stierle (Hg.), Projekte des Romans nach der Moderne, München 1997, S. 331-368, hier S. 341.

Fest steht jedenfalls, dass insbesondere in den 80er und 90er Jahren des 20. Jahrhunderts zahlreiche Texte als postmodern gelten.

Was aber sind die Charakteristika der **Postmoderne?** Sechs Hauptthesen seien nach Wolfgang Welsch[40] unterschieden: 1. Postmoderne bedeutet die Anerkennung pluraler Sinn- und Aktionsmuster in der Lebenswirklichkeit. 2. Wahrheit, Gerechtigkeit und Menschlichkeit resultieren aus unterschiedlichen Sichtweisen, Wissensformen und Handlungsmustern, werden in ihrer Eigenheit anerkannt und stehen daher im Plural. 3. Aus letzterem folgt eine anti-totalitäre Ausrichtung: Das Eintreten für Vielheit bedingt die Ablehnung alter und neuer Hegemonieanmaßungen ebenso wie absoluter Wahrheitsansprüche. 4. Pluralität ist die zentrale Idee der Postmoderne. 5. Einerseits ist Postmoderne die Fortsetzung und Steigerung moderner Ansätze des 20. Jahrhunderts, andererseits und vor allem richtet sie sich gegen die Moderne im Sinne der Neuzeit, deren Einheitsträume und Sozialutopien sie als Obsessionen von sich weist. Die Postmoderne sieht in neuzeitlichen Entwürfen die Gefahr der totalitären Einlösung und lehnt Innovation, Überholung und Überwindung als Ideologien ab. Letzteres bringt sie in die Nähe zur *Posthistoire*, nach der fortan keine Innovationen mehr zu erwarten sind, da alle geschichtlichen Möglichkeiten durchgespielt sind. Zitathaft können daher Elemente unterschiedlichster zeitlicher und räumlicher Herkunft in einem postmodernen Text Aufnahme finden. 6. Die neu gewonnene Pluralität mit ihren Freiheitsgewinnen und Problemverschärfungen soll nicht im Geist des Supermarktkunden auf die Maxime hinauslaufen „alles ist erlaubt", sondern erfordert eine neue Art des praktischen und theoretischen Umgangs, d.h. eine neue Ethik.

Pluralität, der Schlüsselbegriff der Postmoderne, zeigt sich in der radikalen Vielfalt von Themen, Stilen und Formen. Dekonstruktion, Fragmentierung, Polysemie und Offenheit kennzeichnen die innovative postmoderne Ästhetik. Anhand von zwei **Beispielen** soll das Konzept der Postmoderne verdeutlicht werden: beim neueren spanischen Theater und beim neueren spanischen Kriminalroman. Die bekanntesten Autoren des **postmodernen Theaters** der achtziger und neunziger Jahre des 20. Jahrhunderts sind José Sanchis Sinisterra, José Luis Alonso de Santos und Fermín Cabal. Sie schreiben angesichts eines deutlichen Funktionsverlustes des Theaters zugunsten von Film und Roman und in den neunziger Jahren auch angesichts zurückgegangener finanzieller Subventionen im Vergleich zu den achtziger Jahren. Die gemeinsame kulturelle Erfahrung der Autoren „ist geprägt durch den Verlust ihres Vertrauens in politische Utopien, totalitäre Problemlösungen, logozentrische Wahrheitserkenntnis, kohärente Sinnstiftungen sowie in die Fähigkeit der Sprache zu einer objektiven Wirklichkeitswiedergabe. Sie ist ferner durch eine Wahrnehmung geprägt, die sich an der fragmenta-

---

[40] Vgl. Wolfgang Welsch, Unsere postmoderne Moderne, Weinheim 1988, 2. Aufl.

rischen und elliptischen Struktur sowie der raschen Bild- und Tonfolge von Film, Fernsehen, Videoclip und Comic orientiert."[41]

Zentral ist im postmodernen Theater die Erfahrung des Verlustes der linken Utopien und der Hoffnung auf radikale Weltveränderung. Als Folge daraus ergibt sich ein Verzicht auf gesellschaftspolitisches Engagement. Während das oppositionelle Theater der Franco-Zeit auf ideologische Lösungen vertraute, erhofft man nun nicht mehr kollektive und strukturelle Veränderungen, sondern setzt beim einzelnen an. Die Figuren erschließen sich aus Worthülsen und fragmentierten Situationen. Sie sind nicht psychologisch rational verstehbar, sondern durch Brüche, Leerstellen und unklare Identität gekennzeichnet. Alltagsprobleme oft marginalisierter jüngerer Leute aus der Großstadt rücken ins Zentrum der Darstellung, wobei Drogen, Beziehungen, Sexualität, Fremdenhass, Rassenkonflikte und Gewalt thematisiert werden. Unter Gewalt ist dabei nicht die politische Unterdrückung, sondern das Potenzial privater zwischenmenschlicher Gewaltausbrüche zu verstehen. Realistische, leicht nachvollziehbare Handlungen werden in der Umgangssprache bzw. im Gruppenargot dialogisiert, wodurch ein junges Publikum angesprochen und für das Theater gewonnen werden soll. Im Interesse des Publikumserfolges wird weder der Kontakt zu Privatbühnen noch das Abgleiten in Sentimentalismus und vereinfachende Harmonisierung gescheut. Der Humor gewinnt an Bedeutung, wird selbstironisch und subversiv, wobei er eine ebenso distanzierte wie heitere Gelassenheit angesichts der Problematik des Alltags ausdrückt. Der postmoderne Neorealismus verarbeitet veränderte Wahrnehmungsgewohnheiten und ist von Film und Fernsehen beeinflusst, deren Montagetechniken und simultane Raumgestaltungen er übernimmt. Dabei können auch Ebenen des Unbewussten, der Erinnerung und der Phantasie sichtbar gemacht werden. Charakteristisch ist schließlich der Selbstbezug durch Reflexion über das Theater, das Kino, die Oper und die Intertextualität. Ein Blick auf zwei Stücke von **Sanchis Sinisterra** (*1940) möge dies veranschaulichen.

In dem erfolgreichen Stück *Ñaque o de piojos y actores* (1980) treten zwei Wanderschauspieler auf, wie sie im *Siglo de Oro* tatsächlich existierten und mit der Darbietung von *entremeses, autos sacramentales,* Farcen und Lobgedichten, also kleineren, zwischen den Akten dargebotenen Unterhaltungselementen, ihr Geld verdienten. Das Stück bedient sich des autobiografischen Prosatextes, den Agustín de Rojas Villandrando, ein Mitglied einer fahrenden Schauspielgruppe im *Siglo de Oro*, 1603 geschrieben hat, und entnimmt daraus, dass diese Schauspieler zufrieden leben, in zerschlissenen Kleidern schlafen und übers Land rei-

---

[41] Wilfried Floeck, Das Theater auf der Iberischen Halbinsel zwischen Postmoderne und Engagement, in: Grenzgänge 9, 2002, H. 18, S. 6-31, hier S. 9; vgl. auch im Folgenden ders., Spanisches Gegenwartstheater I, Tübingen, Basel 1997, S.41ff.

sen, wie ein *pícaro* mit Heißhunger essen und sich im Sommer in den Weizen-
feldern entlausen. All dies gibt Anlass für Dialoge über das Phänomen Theater,
die Bedeutung des Publikums, die kleinen Unterhaltungsgattungen und die Lage
des Schauspielers. Wenn die beiden ihre Zeit mit komisch-ernsten Dialogen über
Theoretisches und Praktisches, Existenzielles und Naheliegendes verbringen,
erinnert das an Wladimir und Estragon in Samuel Becketts *En attendant Godot*
(1952). Das postmoderne Stück bietet also jene Vielfalt, die schon das Publikum
des Barock liebte. Es ist autoreferenziell und verzichtet auf politisches Engagement, thematisiert Marginalisierte in ihrer Alltagswelt, sucht und findet den Pu-
blikumserfolg.

Ähnlich erfolgreich ist *¡Ay, Carmela!* (1987), ein Stück, das in zahlreiche Sprachen übersetzt und 1990 von Carlos Saura verfilmt wurde. Es spielt 1938 in einer
kleinen Stadt in Aragón während des spanischen Bürgerkriegs, obgleich Sanchis
Sinisterra betont, es handle sich nicht um ein Werk über den Bürgerkrieg, sondern um eines unter den Bedingungen eines Bürgerkrieges. Auch hier stehen mit
Paulino und Carmela zwei Darsteller im Mittelpunkt. Diesmal allerdings bieten
sie Variété auf hohem Niveau und sollen dies auch tun, als sie in die Reihen der
mit den spanischen Faschisten verbündeten Italiener gelangen. Um drohenden
Bestrafungen zu entgehen, machen sie gute Miene zum bösen Spiel. Als allerdings die republikanische Fahne vor einer Gruppe von zu Exekutierenden verun-
glimpft werden soll, stimmen diese das republikanische Lied „¡Ay, Carmela!" an.
Auf der Bühne will Carmela mitsingen, weshalb sie von jemandem aus dem Publikum erschossen wird. Auf der Theaterbühne sind zugleich die dargestellte Va-
riétébühne und das Variétépublikum zu sehen. Die Handlung wird im Stück
fragmentiert und durch Rückblenden abgespult, indem sich die tote Carmela mit
Paulino trifft und an die Vergangenheit denkt, aber auch von ihrer imaginären
Begegnung mit García Lorca berichtet. Getrieben sind beide Schausteller vor
allem von dem Wunsch, mit heiler Haut aus der schwierigen Lage herauszu-
kommen, was sie aber nicht an zahlreichen amüsanten und interessanten Ausrut-
schern hindert, die das Stück bereichern. Auch hier kann man wegen der vorge-
führten Heterogenität von einem postmodernen Stück sprechen: Politische Utopien fehlen ebenso wie totalitäre Problemlösungen, logozentrische Wahrheitserkenntnis oder kohärente Sinnstiftungen. Der fragmentarische und elliptische Charakter der Sprache ist durch die Situation der Darbietung auf der Bühne geprägt.

Als weiteres Beispiel für postmoderne Literatur lassen sich die Kriminalromane
Manuel **Vázquez Montalbáns** anführen, der Einblicke in die Zeit nach Franco
eröffnet. Der desillusionierte Privatdetektiv Carvalho hat Gelegenheit, bei seinen
Ermittlungen Sieger und Verlierer des Systemwandels kennenzulernen, wobei
seine Sympathie letzteren gilt. Aber auch die Drogenproblematik, Sex und Gewalt spielen eine zentrale Rolle. Wenn Carvalho einen Fall gelöst hat, wird nicht

Gerechtigkeit hergestellt, da sich niemand mehr für die Lösung interessiert oder er sie für sich behält, um die Seite der Verlierer zu schützen. Mit seinem Assistenten Biscuter, den er während seiner Gefängniszeit kennengelernt hat, und seiner Geliebten Charo, einer Prostituierten, wird Carvalho zur Parodie der klassischen Helden der Kriminalliteratur, zumal materielle Genüsse wie gutes Essen und Trinken ebenso wie unverbindliche Erotik ihn mehr interessieren als intellektuelle. Seine Skepsis gegenüber Bildungstraditionen unterstreicht er, indem er immer wieder einmal nach der Lektüre ein gutes Buch im Kaminfeuer verbrennt.[42]

Als Detektiv wird er nicht nur immer desillusionierter, sondern schließlich in *El hombre de mi vida* (2000) selbst zum Täter. Es steht nicht mehr ein moralisch einwandfreier Detektiv einer verdorbenen Gesellschaft gegenüber, sondern die Krise aller Werte hat auch ihn erreicht. Im zuletzt genannten Roman werden Handlungsstränge aus früheren Romanen wieder aufgenommen und in der Zeit vom Sommer 1999 bis zum 31. 12. 1999 weitergeführt. Carvalho wie seine nach acht Jahren Aufenthalt in Andorra zurückgekehrte Geliebte Charo stellen fest, dass sie älter geworden sind. Eine damit verbundene Depression versucht letztere zu überwinden, indem sie sich von einem guten Kunden ein Reformhaus eröffnen lässt, während Carvalho erwägt, sich am Neuaufbau des katalanischen Geheimdienstes zu beteiligen. Hinter mehreren Morden steht der Sexologe Jordi Anfrúns, der früher Carvalho beriet und Ideologe der katalanischen Kommunisten war. Nun wird es Carvalho sein, der ihn erschießt. Anfrúns hatte ihn zur Beendigung seiner Nachforschungen über eine mordende Neokatharer-Sekte bewegen wollen, indem er ihn mit kompromittierenden Fotos, die ihn mit einer Freundin zeigen, erpresste. Als dies nicht fruchtete, zeigte Anfrúns die Fotos dem Ehemann der Freundin, was zu ihrer Ermordung führte. Am Ende schlägt der zum Mörder gewordene Detektiv noch vor Beginn des neuen Jahrtausends seinem Assistenten Biscuter vor, mit ihm gemeinsam eine Weltreise zu unternehmen.

---

[42] Vgl. Angelica Rieger, Der Detektiv an der Jahrtausendwende, in: Tranvía 62, 2001, S. 29-33; Hartmut Stenzel, Manuel Vázquez Montalbán: Die Kriminalromane – Pepe Carvalho auf der Suche nach der Identität des postfranquistischen Spanien, in: Dieter Ingenschay, Hans-Jörg Neuschäfer (Hg.), Aufbrüche. Die Literatur Spaniens seit 1975, Berlin 1993, 2. Aufl., S. 175-184; Ulrich Schulz-Buschhaus, Funktionen des Kriminalromans in der post-avantgardistischen Erzählliteratur, in: Ulrich Schulz-Buschhaus, Karlheinz Stierle (Hg.), Projekte des Romans nach der Moderne, München 1997, S. 331-368; vgl. auch Albrecht Buschmann, Die Macht und ihr Preis. Detektorisches Erzählen bei Leonardo Sciascia und Manuel Vázquez Montalbán, im Druck.

Das postolympische Barcelona erscheint im Roman als Stadt am Meer mit einem schönen neuen Gesicht, ist aber nicht mehr die Stadt der kleinen Leute, sondern der Bourgeoisie, der Politiker und Sektenführer, wie Carvalho resigniert konstatiert. Er selbst fühlt sich zu alt, um den Geist der neuen Zeit zu verstehen, „el espíritu de lo que algunos pedantes llamaban ‚la posmodernidad' y que Carvalho pensaba era un tiempo tonto entre dos tiempos trágicos."[43] Die Ablehnung von Postmodernität, wie sie das Zitat nahe legt, ist insofern selbst postmodern, als sie den Begriff ebenso spielerisch wie distanziert gebraucht, was aber nichts daran ändert, dass zahlreiche der oben genannten Charakteristika auf die Romane Vázquez Montalbáns zutreffen. So wird aus der Gattungstradition mit der Intention der Parodie, der Neukombination, der Umkehrung, der Falsifikation und der Verfremdung geschöpft. Die Spannung ergibt sich weniger aus dem zu lösenden Fall, als vielmehr aus der labyrinthischen Anlage des Erzählens dessen, was in Barcelona ökonomisch, politisch und psychologisch relevant ist. Konnte die Aufklärung eines Falls beim konventionellen Kriminalroman noch Moral und Gerechtigkeit und damit das bürgerliche Ordnungsgefüge wiederherstellen, so wirkt ein offenes Ende beunruhigend.

2e Gattungen

Im Folgenden sollen einige Beschreibungsformen narrativer, dramatischer, lyrischer und weiterer Gattungen vorgeführt und durch kurze Beispiele veranschaulicht werden. Gattungen klassifizieren Texte, indem sie Merkmale festlegen, die der genauen Unterscheidung dienen. Gattungen können aber auch als Institutionen verstanden werden, die im geschichtlichen Ablauf entstehen und wieder vergehen und daher nach historischen Kriterien festgelegt werden. So unterscheidet Klaus Hempfer z.B. das Narrative und das Dramatische als ahistorische Schreibweisen von den historischen Gattungen wie Novelle und Epos.[44] Erstere lassen sich deduktiv erschließen, letztere können ausgehend vom empirisch vorliegenden Material induktiv gewonnen werden und haben dann wie Epochenbegriffe nur eine relative Allgemeinheit. Gattungsbegriffe greifen auf unterschiedlichen Abstraktionsebenen und können vom Allgemeinen zum konkreten Text führen, z.B. vom Narrativen über den Roman, den autobiografisch angelegten Roman, den Schelmenroman zum *Lazarillo de Tormes*.

---

[43] Manuel Vázquez Montalbán, *El hombre de mi vida*, Barcelona, Planeta 2000, S. 19.
[44] Vgl. Klaus Hempfer, Gattungstheorie, München 1973.

Erzählliteratur

Die Erzählforschung, auch Narratologie oder im deutschsprachigen Bereich Narrativik genannt, beschäftigt sich mit allgemeinen Charakteristika und Beschreibungsmöglichkeiten von erzählten Texten. Tatsächliche oder erfundene Ereignisse werden gern erzählt. Aristoteles spricht in diesem Zusammenhang von dem dem Menschen angeborenen Nachahmungstrieb, der ihn im Gegensatz zu den Tieren dazu bringt, handelnde Menschen direkt wie im Schauspiel oder indirekt wie in der Erzählung nachzuahmen. Erzählungen gibt es von erfundenen oder von realen Ereignissen, weshalb man von fiktionalen und faktualen Erzählungen spricht. Wie sehr das Wort „Novelle" sich auch auf letztere beziehen kann, zeigt ein Blick auf die französische Konversationskultur des 17. Jahrhunderts, wo Mlle de Scudéry von „espions publics" spricht, die nichts Besseres zu tun haben, als von Haus zu Haus zu gehen und über andere zu klatschen. Bei den anderen hat sie den Eindruck, dass sie nur über große politische Ereignisse sprechen und dass die Welt sich nur verändere, damit ihnen der Gesprächsstoff nicht ausgehe. Zu unterscheiden sei daher zwischen den politischen „nouvelles" und dem Klatsch des Viertels, den **„nouvelles de quartier"**. La Bruyère nennt eine Person, die alle Neuigkeiten anderer hört, sie weitergibt und über alle Gerüchte der Stadt informiert ist, „nouvelliste".[45] Tatsächlich sind faktuale Erzählgattungen wie Autobiografie, Biografie und Geschichtsschreibung auch Gegenstände neuerer Forschungen.

Fiktionale Erzählungen wie Märchen dagegen wurden zum Objekt struktureller Analysen, als **Vladimir Propp**[46] 1928 bei russischen Zaubermärchen folgende Konstanten vorfand: Handlungsträger bzw. Aktanten sind z.B. der Held und sein Gegenspieler, der Helfer, der Auftraggeber des Helden, die Herrschertochter und der Herrscher. Eine konkrete Interaktion von Aktanten wird als Funktion (z.B. Aufbruch, Kampf, Sieg, Rückkehr, Belohnung) bezeichnet. Die Zahl der Funktionen ist beschränkt und die Reihenfolge festgelegt. Derartige strukturale Merkmale gelten allerdings nicht nur für russische Märchen, sondern auch für angelsächsische Agentenfilme wie die des James Bond.

Was erzählt wird, situiert sich in Raum und Zeit. Der Raumbezug kann wesentlich sein, wie in einem realistischen Roman, in dem die Darstellung des Wohnorts und der Wohnverhältnisse bereits einen Rückschluss auf finanzielle Lage, Charakter und gesellschaftlichen Rang des Bewohners zulässt; er kann aber auch unwichtig und daher kaum expliziert sein, wenn es z.B. in einem philosophischen

---

[45] Christoph Strosetzki, Konversation. Ein Kapitel gesellschaftlicher und literarischer Pragmatik im Frankreich des 17. Jahrhunderts, Frankfurt 1978, S. 44.

[46] Vgl. Vladimir Propp, Morphologie des Märchens, Frankfurt 1975.

Dialog des 16. oder 18. Jahrhunderts vor allem um die theoretischen Positionen der Dialogpartner geht. Raumbezug steht in der Erzählforschung weniger im Mittelpunkt als der Zeitbezug. Eine wichtige Unterscheidung ist die zwischen **Erzählzeit und erzählter Zeit**, die von Eberhard Lämmert eingeführt und von Gérard Genette differenziert worden ist.[47] Die erzählte Zeit bezieht sich auf die Dauer der Ereignisfolge, von der die Rede ist, während die Erzählzeit die Dauer meint, die benötigt wird, um einen Text zu erzählen bzw. zu lesen. Wenn wie bei der Wiedergabe von Dialogen beides zusammenfällt, liegt zeitdeckendes Erzählen vor. Ist die Erzählzeit länger als die, z.b. bei Bewusstseinsvorgängen, sehr kurze erzählte Zeit, dann ist das Erzählen zeitdehnend. Dagegen ist die Erzählzeit kürzer als die erzählte Zeit beim zeitraffenden Erzählen, das unwichtige Ereignisse auslässt, Zeitsprünge und Zeitraffungen vornimmt und mit Formeln wie „immer wieder" gleichartige Vorgänge zusammenfasst bzw. mit „zehn Jahre lang" einen längeren Zeitraum bündelt. Möglich sind Umstellungen in der Zeitfolge dadurch, dass Rückwendungen Vorausgegangenes nachholen oder Vorausdeutungen z.B. zu Beginn des Textes Künftiges vorwegnehmen. Bei Genette heißen Abweichungen von der Chronologie der Ereignisse Anachronien, die Rückwendung nennt er Analepse, die Vorwegnahme Prolepse. Beim Unterschied zwischen Erzählzeit und erzählter Zeit heißt die Zeitraffung *Summery*, die Zeitdeckung Szene, die explizite oder implizite Auslassung Ellipse und die Einfügung reflexiver oder beschreibender Elemente, durch die die Ereignisse nicht vorangetrieben werden, Pause. Unter dem Stichwort „Frequenz" unterscheidet er z.B. einmalige Ereignisse, die mehrfach aus unterschiedlicher Perspektive erzählt werden, und wiederholte z.B. gewohnheitsmäßige, die nur einmal erzählt werden.

Erzählt werden kann aus drei unterschiedlichen **Erzählerdistanzen**.[48] Nach Genette würde eine Stelle in Anlehnung an Proust, die ein zwischen Mutter und Erzähler geführtes Gespräch resümiert, im *discours narrativisé ou raconté* lauten: „Ich unterrichtete meine Mutter von meiner Entscheidung, Albertine zu heiraten." Im *discours transposé* der indirekten Rede würde die Formulierung lauten: „Ich sagte zu meiner Mutter, dass ich unbedingt Albertine heiraten muss." In der dritten, der ‚mimestischsten' oder dramenähnlichen Form, dem *discours rapporté*, könnte es lauten: „Ich sagte meiner Mutter (oder ich dachte): Es ist absolut erforderlich, dass ich Albertine heirate." Es ist die Rede der erlebenden und handelnden Figur, die der Erzähler vorbringt. Diese Form ist vom modernen Roman insofern ins Extreme geführt worden, als dieser auch die letzten Spuren der Erzählerinstanz verwischt hat und die Figur sofort zu Wort kommen lässt, indem

---

[47] Vgl. Eberhard Lämmert, Bauformen des Erzählens, Stuttgart 1991, 8. Aufl. (1. Aufl. 1955); Gérard Genette, Die Erzählung, München 1998, 2. Aufl.

[48] Vgl. Gérard Genette, Figures III, Paris, Seuil 1972, S. 191-193.

die Anführungsstriche wegfallen. Wesentlich ist also, dass die Rede unvermittelt durch die Erzählerinstanz und gleich mit den ersten Linien einsetzt. Daher wäre die Bezeichnung *discours immédiat* besser als die geläufigen Namen *innerer Monolog* oder *stream of consciousness*. Das Beispiel würde lauten: Es ist absolut erforderlich, dass ich Albertine heirate. Dieser Satz würde im Roman ohne Anführungsstriche stehen, und es würden sich noch zahlreiche weitere Gedanken daran anschließen. Bekanntestes Beispiel für letztere Erzähltechnik ist James Joyce' *Ulysses* (1922).

Franz K. Stanzel war es, der 1955 die drei **typischen Erzählsituationen** unterschied.[49] Auktorial ist die Erzählsituation, wenn ein allwissender Erzähler über Vorgänge und Handlungen zu unterschiedlichen Zeiten und Räumen informiert ist und durch Vorgriffe oder Rückgriffe berichtet. Eine personale Erzählsituation beschränkt sich dagegen auf die Perspektive einer der im Roman vorkommenden Figuren. Bei der Erzählsituation aus der Ich-Perspektive wird das erlebende zum schreibenden Ich, und die 1. Person im Singular wird z.B. im autobiografischen Roman zum Träger in einem Spezialfall der personalen Erzählsituation. Nun kann man aber Stanzel vorwerfen, nicht zwischen der grammatischen Erzählperson und der Sehperspektive unterschieden zu haben. So sind auktoriale und personale Sehperspektiven bei Erzählungen in der dritten Person möglich. Oder beim Schelmenroman, in dem der geläuterte und gealterte Schelm rückblickend von den Untaten seines früheren Lebens erzählt, kann das in der ersten Person erzählende Ich als auktorial gelten, da es rückblickend aus einer hinsichtlich der Vergangenheit allwissenden Perspektive berichtet. Die Berücksichtigung der Unterscheidung zwischen der grammatischen Erzählperson und der Sehperspektive ergibt also eine Vermehrung der typischen Erzählsituationen je nach Kombinationsmöglichkeiten. Weiter kann die Erzählsituation auch dadurch kompliziert werden, dass unterschiedliche Erzähler, Quellen, Übersetzer und Überlieferungen als Beteiligte der fiktional eingebundenen Entstehungsgeschichte angeführt werden. Schließlich können bekannte Elemente anderer Gattungen intertextuell entweder zitathaft oder verfremdet und parodistisch eingefügt werden. Dann können sich Interferenzen zwischen den alten und neuen Erzählsituationen ergeben.

Gérard Genette[50] unterscheidet allgemein bei der **Transtextualität** fünf Typen: 1. die Intertextualität, d.h. die Kopräsenz zweier oder mehrerer Texte oder die effektive Präsenz eines Textes in einem anderen Text z.B. als Zitat, Plagiat oder Anspielung; 2. den Paratext, d.h. den Titel, Vorworte, Widmungen, Fußnoten, Illustrationen, Umschlag, das Motto, aber auch Entwürfe, Skizzen oder Ideen-

---

[49] Vgl. Franz K. Stanzel, Typische Formen des Romans, Göttingen 1964.
[50] Vgl. Gérard Genette, Palimpseste. Die Literatur auf zweiter Stufe, Frankfurt 1993, S. 9-18.

sammlungen; 3. den Metatext, der sich als Kommentar mit einem früheren auseinandersetzt, ohne ihn unbedingt zu nennen; 4. den Hypertext, der einen Hypotext auf eine Weise überlagert, die nicht die des Kommentars ist, sondern, wie im Fall der Hypertexte von Vergils *Aeneis* und James Joyce' *Ulysses* gegenüber Homers Hypotext *Odyssee* deutlich wird, in einer Art Abhängigkeit oder Transformation. Der Architext 5. bleibt, weil evident, unausgesprochen oder ordnet taxonomisch als Paratext einen Text in sein Gattungssystem als Roman, Erzählung oder Gedicht ein. Durch diese transtextuellen Möglichkeiten kann sich ein Text auf eine Gattung, in der er konzipiert ist oder von der er sich distanzieren soll, beziehen, also eine Art Autoreflexivität herstellen.

Zur Veranschaulichung sei Miguel de Cervantes' *Don Quijote* angeführt.[51] Deutlich wird bei allen drei Ausritten das von Don Quijote intendierte Handlungsschema der Ritterromane mit den propp'schen Aktanten Aufbruch, Kampf, Sieg, Rückkehr und Belohnung. In der Durchführung allerdings erfolgt der Aufbruch nicht infolge einer Aufforderung durch einen Auftraggeber, die Kämpfe mit Windmühlen und Schafherden sind so wenig heldenhaft wie siegreich, und auch die Rückkehr ist weder triumphal noch von einer Belohnung gekrönt. Schon der Blick auf die Aktanten zeigt also den Roman als Gegenstück zu traditionellen Heldengeschichten. Wie wesentlich ist der Raumbezug? Dass die Handlung ihren Ausgangspunkt in jenem namentlich nicht angegebenen Ort der Mancha nimmt, trägt erneut zum kontrastierenden Vergleich mit den Ritterromanen bei, wo die Herkunftsgebiete größer und bekannter sind, ist aber für die Handlung weniger bedeutend als die Tatsache, dass es sich um drei räumlich und zeitlich immer weiter ausgreifende Ausfahrten handelt, die neue Begegnungen erst ermöglichen. War Don Quijotes zuhause Ort der Lektüre, ist der Weg des Reiters der Ort des Abenteuers.

Durch Unterbrechung der **Erzählzeit** wird die Erwartung dessen, was in der erzählten Zeit folgt, gesteigert, z.B. wenn im 35. Kapitel des ersten Teils die Erzählung der eingeschobenen Geschichte über den *Curioso impertinente* durch den lärmenden Don Quijote unterbrochen wird, der sich gerade mit den Weinschläuchen ein Gefecht liefert. Mit den Möglichkeiten der Frequenz wird gespielt, wenn dieselben Inhalte mehrfach erzählt werden. Sancho berichtet der Herzogin von der Verzauberung der Dulcinea und von der Cueva de Montesinos. Dieselben Ereignisse erzählt Don Quijote Don Juan und Don Jerónimo. Den ersten Teil seiner und Doroteas Geschichte erzählt Cardenio zweimal, zunächst dem Ziegenhirten, Don Quijote und Sancho, dann dem Barbier und dem Pfarrer. (I, 27) Teile dieser Geschichte greift Dorotea im darauf folgenden Kapitel auf.

---

[51] Vgl. Christoph Strosetzki, Miguel de Cervantes. Epoche – Werk – Wirkung, München 1991.

Die Perspektivierung der **Erzählsituation** ist nicht einheitlich, wie aus dem Vergleich der drei verschiedenen Strukturen der einzelnen Abenteuer deutlich wird. Im ersten Fall teilt der Erzähler dem Leser zunächst mit, was ein bestimmter Gegenstand in Wirklichkeit ist. Unmittelbar danach erfährt der Leser von Don Quijote, welche davon unterschiedene Deutung er vornimmt. So ist von einem Wirtshaus die Rede, bevor Don Quijote darin eine Burg sieht. (I,2) Im zweiten Fall hat der Leser keinen Wissensvorsprung. Er erfährt von Don Quijote, dass dieser etwas unklar sieht und noch nicht identifizieren kann. Was es in Wirklichkeit ist, erfährt der Leser erst später. Bei der Staubwolke vermuten Don Quijote und Sancho von ihrem Hügel aus, es handele sich um zwei feindliche Heere, die aufeinander losgehen. Während Don Quijote noch als Anführer den Kaiser Alifanfarón und den König Pentapolín erkennt, erfährt der Leser, dass es sich in Wirklichkeit um zwei Schafherden handelt. (I,18) Beim dritten Fall, der vor allem im zweiten Teil des Werkes vorkommt, erkennt Don Quijote die Erscheinungen als das, was sie in Wirklichkeit sind. Dies fällt ihm leicht, da man die Dinge und Personen für seine Anschauungsweisen ausgestattet hat, um sich dann besser über ihn lustig machen zu können. Der Leser aber erfährt z.B. erst im 14. Kapitel, dass der Ritter und der Knappe, die im Kapitel 12 des zweiten Teils aufgetreten sind, in Wirklichkeit der Bakkalaureus Sansón Carrasco und Sanchos Nachbar Tomé Cecial sind.

Das **Spiel mit mehreren Erzählern, fiktionalen Verfassern und Übersetzern** wird im *Don Quijote* auf die Spitze getrieben: So ist von einem ersten Verfasser die Rede, der das Manuskript gerade in dem Moment abbrechen lässt, in dem der Biskayer und Don Quijote mit hocherhobenem Schwert kampfbereit aufeinander zugehen. In der Meinung, es müsse weitere Quellentexte in den Archiven geben, die über den Ausgang des Zweikampfes berichten, macht sich ein zweiter Verfasser auf die Suche und stößt auf ein paar Hefte mit arabischen Buchstaben, deren Verfasser der arabische Geschichtsschreiber Cide Hamete Benengeli ist. Als der zweite Verfasser sich den arabischen Originaltext von einem Übersetzer in spanischer Fassung vortragen lässt, findet er eben die Fortsetzung des Zweikampfes mit dem Biskayer. (I, 8-9) Nun manifestiert sich der zweite Verfasser durch seine Erzählerkommentare. Im Zusammenhang mit der Löwengeschichte versäumt er es nicht, Cide Hametes lobende Äußerungen und begeisterte Ausrufe zu kommentieren und zu konstatieren, dass nunmehr der Faden der Geschichte wieder aufgenommen wird. (II,17) Noch einmal ist zu Beginn des zweiten Teils die Rede von einem Geschichtsschreiber. Hier allerdings wird ironisch auf Avellaneda Bezug genommen, als Sancho Don Quijote von dem Buch erzählt, das nach Sansóns Aussagen von ihnen berichtet. Avellaneda hatte zum ersten Teil von Cervantes' *Don Quijote* eine Fortsetzung geschrieben, ohne dazu autorisiert worden zu sein. Sancho versteht nicht, wie es diesem Geschichtsschreiber, Avellaneda also, gelingen konnte, die Gespräche wiederzugeben, die zwischen ihm und Don Quijote unter vier Augen geführt wurden. (II,2) Mit dem 9. Kapitel des ersten Teils ändert sich auch die Erzählperspektive: Es ist nun nicht mehr das anonyme Ich des ersten Satzes des ersten Kapitels („En un lugar de la Mancha, de cuyo nombre no quiero acordarme"[52]), sondern Cide Hamete, der den ersten Verfasser und die vielen Quellen ablöst, von denen zu Anfang des ersten Kapitels die Rede war. Der neue Haupterzähler Cide Hamete wird zwar häufig vom zweiten Verfasser unterbrochen, entwickelt sich aber im zweiten Teil geradezu zur Romanfigur, die – ähnlich wie der Übersetzer seines Textes – den Leser mit Kapiteleinteilungen und ironischen Kommentierungen informiert. (z.B. II, 10, 17, 44, 53)

Eindeutig liegt die Perspektive des zweiten Erzählers vor, wenn die Geschichte von Cide Hamete hinsichtlich ihrer Wahrscheinlichkeit (I, 9) bewertet wird oder wenn auf mögliche Einwände gegen die Erzählung eingegangen wird, um diese dann umso besser zu widerlegen. (z.B. I, 22) Verglichen mit Cide Hamete tritt der fiktionale zweite Verfasser als allwissender Erzähler auf, wenn er z.B. erzähltechnische Kunstgriffe des Cide Hamete erklärt: „quiso Cide Hamete declarar luego, por no tener suspenso al mundo". (II, 62)[53] Häufig sind die Fälle, in denen Cervantes bewusst oder aus Unachtsamkeit offen lässt, wer gerade spricht. Dies ist der Fall beim Ausruf: „¡Válame Dios, y cuántas provincias dijo, cuántas naciones nombró!" (I, 18) oder im *pluralis majestatis* bei „nuestro Don Quijote" (I, 16). Verwirrung entsteht, wenn die Fiktion des Chronisten vergessen wird und der zweite Erzähler in die Ichform des Anfangs zurückfällt: „Digo pues" (I, 16).

Paratexte im *Don Quijote* sind das Vorwort sowie die Sonette und Lobreden. Letztere sind üblicherweise von großen und berühmten Leuten verfasst. Da der Autor damit aber nicht aufwarten kann, führt das Vorwort einen fiktionalen Dialog des Autors mit einem Freund vor, der ihm rät, diese einfach zu erfinden. Lobgedichte findet man dann z.B. von Urganda, einer Zauberin aus dem *Amadís*, an das Buch *Don Quijote*, von Amadís selbst an Don Quijote, von Oriana aus dem *Amadís* an Dulcinea, von Amadís' Schildknappen Gandalín an Sancho, vom Rasenden Roland an Don Quijote, und ein Sonett in Dialogform zwischen Babieca, dem Pferd des Cid, und Rocinante schließt den Vorspann ab. Da es literarische Figuren der Ritterromane sind, die als Verfasser angegeben werden, wird die satirische Absicht der Auseinandersetzung mit der Tradition der Lobgedichte deutlich. Das Vorwort selbst ist nicht weniger satirisch, da der Freund des Autors Ratschläge gibt, wie man ohne viel Mühe als gelehrter Schriftsteller erscheint. Man solle einfach ein Verzeichnis der konsultierten Autoren von einem anderen

---

[52] Miguel de Cervantes, El ingenioso hidalgo Don Quijote de la Mancha, Vicente Gaos (Hg.), Madrid, Gredos 1987, Bd. 1, S. 49.
[53] Ebda., Bd. 2, S. 886; vgl. im Folgenden, Bd. 1, S. 353, 307, 314.

Buch abschreiben, ein paar bekannte lateinische Zitate einfügen und einige Namen mit Fußnoten erläutern. Da das Ganze eine Satire auf die Ritterbücher sei, die bei Aristoteles und Cicero nicht vorkämen, sei ohnehin keine besondere Rücksicht auf Regeln oder Gelehrsamkeit erforderlich. So ist also auch das Vorwort eine Satire, diesmal auf die Tradition der Vorworte.

Intertexte, Hyper- und Hypotexte sind im *Don Quijote* zahlreich, da er sich nicht nur mit dem Ritterroman, sondern auch mit dem Schäfer- und Schelmenroman auseinandersetzt und zudem die Rezeption des ersten Teils sowie die der Fortsetzung Avellanedas im zweiten Teil thematisiert. Ohnehin baut der Roman auf der Wirkung auf, die literarische Werke ausüben. So lässt sich der erste Teil aus den Büchern ableiten, die Don Quijote gelesen hat. Der zweite Teil wiederum hat sein Fundament im ersten, dessen Wirkung den zweiten Teil ebenso bestimmt wie die Wirkung der Ritterromane den ersten. So ändert Don Quijote ganz „bewusst" im zweiten Teil (Kap. 59) seine Reisepläne, um die Fortsetzung des ersten Teils durch Avellaneda Lügen zu strafen, und reist nicht nach Zaragoza, sondern nach Barcelona, womit zugleich die aristotelische Unterscheidung zwischen historisch Realem und Fiktionalem, zwischen Chronik und Dichtung entkräftet wird. Ganz gezielt parodieren einzelne Passagen Szenen aus Ritterromanen, z.B. das Abenteuer der Cueva de Montesinos eine Episode aus *Las Sergas de Esplandián* oder die Buße in der Sierra Morena explizit den *Amadís*. Im Gegensatz zum Ritterroman steht jedoch, dass das Geschehen nicht in entfernte Zeiten und Räume versetzt, sondern zeitlich und räumlich nahe liegend ist: „En un lugar de la Mancha de cuyo nombre no quiero acordarme, no ha mucho tiempo que vivía un hidalgo [...]." Während für den Helden der Ritterromane Geld kein Thema ist, hat Don Quijote mit der Schwierigkeit zu kämpfen, Rechnungen bezahlen zu müssen.

Vielleicht gibt es aber noch eine grundlegendere Transtextualität, einen **Architext**. Wenn in Sebastián de Covarrubias' *Tesoro de la lengua castellana o española* (1611) Ritterbücher als „ficciones gustosas y artificiosas de mucho entretenimiento y poco provecho" gekennzeichnet werden, Don Quijote deren Helden nachahmt und auch die Lebenswelt der Ritterromane seiner eigenen Realität überstülpt, also uneingeschränkt alles Gelesene übernimmt, liegt eine Übersteigerung dessen vor, was im gewöhnlichen Leseakt erfolgt. Es handelt sich dann um eine Parodie des Lesens von fiktionaler Unterhaltungsliteratur im Allgemeinen, aus der sich die Parodie des Ritterromans zwangsläufig als abgeleitetes Phänomen ergibt.

Drama

Beim Theater ist der **Text**, den man auch lesen kann, vom Ereignis der Aufführung, bei der visuelle und akustische Eindrücke hinzukommen, zu unterscheiden. Geht man davon aus, dass die Aufführung das Ziel ist, dann ist der Text nur ein Teil des Theatergeschehens. Man kann zwischen dem Haupttext, den Dialogen also, und den Szenen- und Regieanweisungen, dem Nebentext, unterscheiden. Ein Regisseur kann durch Kürzungen oder Umstellungen im Haupttext seine individuelle Inszenierung hervorbringen. Die **Aufführung** kann sich eng am Text orientieren oder aber ihn nur zum Ausgangspunkt für etwas Neues nehmen und z.B. ein Stück „nach" Calderón inszenieren.

Diente der Dialog lange Zeit dem Ausdruck zwischenmenschlicher Beziehungen, so wurde er in Theaterstücken der Moderne hinsichtlich seiner kommunikativen Fähigkeit problematisiert und zum Gegenstand von Experimenten. In diesem Zusammenhang hat Volker Klotz die Unterscheidung zwischen **geschlossener** und **offener Form** eingeführt. Bei ersterer wird in einem regelhaften und kunstvoll vollendeten Stück eine Aussage ablesbar, in letzterer wird durch Fragmentarisierung ein Krisen- und Diskontinuitätsbewusstsein ausgedrückt. Erstere sei tektonisch und zeige im Ausschnitt ein Ganzes, wobei das Innere vor dem Äußeren, das Ganze vor dem Einzelnen und die Idee vor dem Stoff Vorrang habe, letztere sei atektonisch und zeige das Ganze in Ausschnitten.[54]

Entwickelt hat sich das Theater in der griechischen Antike aus kultischen Spielen, den Dionysien, bei denen einmal im Jahr im März anlässlich eines Wettstreits eine Folge von drei Tragödien und einem Satyrspiel aufgeführt wurde, wobei die Tragödien Konflikte zwischen Verhaltensnormen, z.B. zwischen göttlichem und menschlichem Gesetz, thematisierten. Die Handlung wurde durch einen Chor begleitet, der durch seine Kommentare das dargestellte Geschehen für den Zuschauer einordnete und beurteilte. Ein solcher Chor wird im 20. Jahrhundert erneut von García Lorca eingesetzt, nicht um zu Entfremdung und Reflexion zu führen, sondern zur Illusionssteigerung. Als sich die Romantik in ganz Europa von den aristotelischen Einheiten und Stiltrennungen befreite, konnte die spanische Romantik auf das *Siglo de Oro* zurückgreifen, wo Aristoteles bereits überwunden war. Ende des 19. Jahrhunderts entstehen unter dem Einfluss S. Freuds psychologisch geprägte Stücke, in denen die Einheit nicht mehr durch die Handlung, sondern durch das Bewusstsein der Protagonisten konstituiert wird. Im epischen Theater Brechts sollen nicht mehr Furcht und Mitleid, sondern Kritikfähigkeit und Verhaltensänderung bewirkt werden, indem die Illusionsvermittlung

---

[54] Vgl. Volker Klotz, Geschlossene und offene Form im Drama, München 1972, 6. Aufl.

auf der Bühne gezielt unterbrochen und verfremdet wird. Demgegenüber bemüht sich nach Ende des Zweiten Weltkrieges das absurde Theater, die Einsicht in die Sinnlosigkeit des menschlichen Handelns zu vermitteln. Daran anknüpfend stellt sich in der Postmoderne die Frage, ob Theater überhaupt Lösungsvorschläge zur Veränderung der Gesellschaft anbieten kann oder sich nicht vielmehr mit dem spielerischen Aufweis von Widersprüchen begnügen muss. (vgl. 2d)

Die **Poetik des Aristoteles** aus dem 4. Jahrhundert bietet die erste Dramentheorie, ist aber nur fragmentarisch überliefert. Sie geht aus von den im 5. Jahrhundert v. Chr. aufgeführten Tragödien von Aischylos, Sophokles und Euripides. Das Drama ist die Nachahmung handelnder Menschen. So ist die Komödie für Aristoteles die nachahmende Darstellung niederer Menschen, deren unschöne Gemeinheiten zwar lächerlich wirken, aber niemandem weh tun. Streng zu trennen und nicht mit der Komödie zu vermischen ist die Tragödie als „Nachahmung einer guten und in sich geschlossenen Handlung von bestimmter Größe, in anziehend geformter Sprache, wobei diese formenden Mittel in den einzelnen Abschnitten je verschieden angewandt werden – Nachahmung von Handelnden und nicht durch Bericht, die Jammer und Schaudern hervorruft und hierdurch eine Reinigung von derartigen Erregungszuständen bewirkt."[55] Sie hat sechs wesentliche Bestandteile: Handlung, Charaktere, Stil, Gedankenführung, äußere Ausstattung und musikalische Komposition. Die Handlung ist am wichtigsten, da die Tragödie in erster Linie die Darstellung handelnder Menschen ist.

Während die Geschichtsschreibung darstellt, was wirklich geschehen ist, zeigt der Dichter nach Aristoteles bekanntlich, was wahrscheinlicherweise hätte geschehen können. Deshalb ist die **Wahrscheinlichkeit** ein zentrales Postulat für die Tragödie. Sie ist abzuleiten aus der Forderung der Rhetorik nach dem *aptum* (grie. *prépon*), wonach sich die Teile der Rede im Inneren harmonisch zu einem Ganzen zu fügen haben und im Äußeren den sozialen Umständen angepasst sein sollen, d.h. Sprecher, Publikum, Zeitpunkt und Ort der Rede zu berücksichtigen sind. Daraus folgt für das Theater, dass bei einem königlichen Protagonisten der sprachliche Stil nicht niedrig und die Handlungen nicht komisch sein dürfen. Weitere Postulate der aristotelischen Wahrscheinlichkeit sind die Einheit der Handlung, die alle Handlungsstränge zu einem Ganzen fügt, und die Einheit der Zeit, nach der sich die Handlung innerhalb eines einzigen Tages abspielen soll. Die Einheit des Ortes haben Aristoteleskommentatoren der frühen Neuzeit hinzugefügt. So komplex soll die Handlung sein, dass eine Peripetie möglich ist, eine sich aus dem vorhergehenden Handlungsteil ergebende, aber dennoch völlig unerwartete Wendung der Handlung in eine gegenteilige Richtung, z.B. vom

---

[55] Aristoteles, Poetik, Griechisch/Deutsch, Manfred Fuhrmann (Hg.), Stuttgart 1982, S. 19.

Glück zum Unglück. Diese Richtungsänderung kann durch einen plötzlichen Erkenntnisvorgang hervorgerufen werden, z.b. bei Ödipus, dem der Bote die erfreuliche Nachricht überbringen will, dass er ihn im Gebirge ausgesetzt gefunden habe, als er Schafe hütete, dass er also nicht Sohn des Königs Polybos sein könne. Ödipus erkennt nun aber mit einem Mal, dass er gerade deswegen zum Mörder seines Vaters, des Königs Laios, geworden sein könnte, da er einmal an einer Weggabelung eine Person getötet hatte. Er hatte nicht wissen können, dass die Person sein ihm unbekannter Vater war. Diese Erkenntnis versetzt Ödipus in Unruhe und führt zu seinem tragischen Ende. Sophokles' Tragödie von Ödipus entspricht damit der weiteren aristotelischen Forderung, dass der Übergang vom Glück zum Unglück einen Menschen treffen soll, der eine gesellschaftlich herausragende Position einnimmt und dessen Sturz ins Unglück nicht durch moralische Schlechtigkeit, sondern ohne schlechte Absicht durch einen Unglücksfall bedingt sein soll.

Der wichtigste Aristoteleskommentator der spanischen Renaissance war Alonso López Pinciano mit seiner Poetik *Philosophia antigua poetica* (1596), von der noch das Theater des Miguel de Cervantes stark beeinflusst war. Als aber Lope de Vega 1609 gegen die aristotelischen Regeln *El arte nuevo de hacer comedias* schrieb, setzte sich in Spanien die *comedia* durch, in der die geforderten Einheiten durchbrochen, der Haupthandlung die Nebenhandlungen der *graciosos* hinzugefügt und komische Elemente in die Tragödie sowie tragische Elemente in die Komödie eingefügt werden. Es entwickelt sich also in Spanien eine andere Theatertradition als in Frankreich, wo das 17. Jahrhundert weitgehend aristotelisch geprägt ist. Daher ist nach der antiaristotelischen *comedia* des *Siglo de Oro* die spanische Entwicklung weniger eine **Auseinandersetzung mit Aristoteles** als z.B. in Deutschland. Einen reichen Bauern und Bürgermeister als tragischen Helden gab es schon in Calderóns *El alcalde de Zalamea*. In Deutschland hatte Lessing in seiner *Hamburgischen Dramaturgie* noch 1767 fordern müssen, Bürger nicht nur als komische Figuren in Komödien, sondern auch als Helden in Tragödien auftreten zu lassen. Im bürgerlichen Trauerspiel, das das Selbstverständnis der wohlhabenden Hamburger Bürger spiegelte, sollte man nach Lessing nicht mit Königen und Fürsten, sondern mit bürgerlichen Helden fühlen. Mit seiner Deutung von *phobos* und *eleos* als Furcht und Mitleid hat Lessing die Diskussion über das Verständnis von Katharsis eingeführt. Wenn mit der Katharsis als der Reinigung der Erregungszustände bzw. Affekte gemeint ist, dass die Affekte als Mittel der Reinigung zum Einsatz kommen, dann handelt es sich um einen Genetiv instrumentalis. Es kann jedoch auch im Sinne eines Genetivs der Trennung eine Reinigung von den Affekten gemeint sein, die als abträglich betrachtet und entfernt werden. Oder sollen schließlich im Sinn eines Genetiv objectivus die Leidenschaften selbst gereinigt und dabei in tugendhafte Fertigkeiten verwandelt werden, wie es Lessing vorschlägt?

Sollte dies für die Tragödie gelten, so gibt es doch seit der Antike schon Mischformen, wie die Tragikomödie *Amphitryon* des Plautus oder Terenz' *Praenota-
menta* mit einer Mischung von Stilen, von Freud und Leid und mit einer durch
Lachen hervorgerufenen Katharsis. Auch im Mittelalter waren die Stile in der
Hagiografie wie in der Epik gemischt. So ist es der erst in der Renaissance wieder zu Ehren gekommene Aristoteles, gegen den sich Lope de Vegas *El arte
nuevo de hacer comedias en este tiempo* wendet, die 1609 in den an die Madrider Akademie gerichteten *Rimas* erscheint und als Programmschrift des Theaters
des 17. Jahrhunderts gilt. „Comedia" ist dabei der Oberbegriff zu Komödie, Tragikomödie und Tragödie. Lope allerdings wünscht im Interesse größerer Realitätsnähe die Mischung von tragischen und komischen Elementen und damit die
Vermischung sprachlicher Stile und gesellschaftlicher Ebenen, etwa von Herrschaft und Dienerschaft, in einer Handlung. Trotz Mischung können aber doch
Tragödie und Katharsis erhalten bleiben, da in der Tragödie komische Figuren
oder Figuren, von denen man Komisches erwartet, die Tragik noch erhöhen. Allerdings ist umstritten, ob die Tragödie sich nun dadurch von der Komödie unterscheidet, dass sich der Zuschauer in ihr mit dem Protagonisten identifiziert und
ängstigt, während in der Komödie eine Distanzierung, eine affektive Anästhesie
herrscht. Ist es wirklich so, dass tragische Todesfälle Mitleid erregen, während
die Todesfälle der Komödie, soweit überhaupt vorhanden, vergnüglich und un-
terhaltsam wirken? Gilt das für den Tod des *gracioso* Clarín in *La vida es sueño*?
Oder ist die Ermordung einer Nebenfigur zwar nicht als tragisch, aber doch als
bedauerlich einzustufen? Jedenfalls scheint der tragische Konflikt in den Dramen
zu Anfang des 17. Jahrhunderts dadurch gelöst zu werden, dass sich die ältere
Generation oder die ihre Stelle einnehmenden Brüder oder Ehemänner durchsetzen, während nach dem zweiten Viertel des 17. Jahrhunderts die jüngere Generation den Sieg davonträgt. Schließlich kann man die Frage diskutieren, ob es
überhaupt gerechtfertigt ist, von Tragödie zu sprechen, wenn sich tragische Konflikte im spanischen *Siglo de Oro* in einem frommen Ende lösen. Dass jedenfalls
ein Stück nicht eine Tragödie, sondern eine Komödie ist, merkt der Zuschauer
nicht erst am Ende, sondern an zahlreichen komischen Gattungssignalen in Sprache, Gestik, Mimik, Dekoration und Bühnenbild.[56]

Da ein Drama von den Aufführungsbedingungen abhängt, ist es wichtig zu wissen, dass sich die **Theaterpraxis** des *Siglo de Oro* von der heutigen unterscheidet. Schriftsteller verkauften ihre Stücke mit sämtlichen Rechten an die Thea-
terdirektoren, die *autores* genannt wurden, so dass sie an der Publikation kein
Geld verdienten. Nicht selten entstanden Stücke in Teamwork, wobei der bekannte Autor mit seinen Schülern zusammenarbeitete. Bei der Theateraufführung
eines Stückes mit drei Akten, in dessen Pausen *entremeses* aufgeführt wurden,

---

[56] Vgl. Christoph Strosetzki, Calderón, Stuttgart 2001.

gab es ein Vorprogramm, z.B. mit einer *loa*, d.h. einer lobenden Publikumsansprache in Monolog- oder Dialogform, und ein Nachprogramm, z.B. mit einer *mojiganga*, einem lustigen Stück zum Abschluss. Drei **Spielstätten** gab es im 17. Jahrhundert für das Theater. Das Corraltheater war im Innenhof eines Hauses eingerichtet, das in einer Reihe mit anderen stand. Vorführungen begannen hier im Sommer um 16 Uhr und im Winter um 14 Uhr. Ein Dach fehlte, dafür gab es Bühne, Parkett, Logen und Ränge, so dass die Trennung des Publikums nach sozialer Hierarchie möglich war. Ein Stehplatz kostete weniger als ein Fünftel eines Tageslohnes, war also für jeden erschwinglich. Hauptsächlich waren es die Eintrittsgelder des Tages, die die Vorführungen finanzierten, allerdings erwarb sich der Adel durch die jährlich von ihm gemieteten Logen ein Mitspracherecht in Aufsichtsgremien. Das exklusive Recht, gewinnbringend Theaterstücke aufzuführen, wurde Bruderschaften verliehen, die sich verpflichteten, mit dem Gewinn für die Ernährung und Kleidung von Armen zu sorgen oder Krankenhäuser zu finanzieren.

Eine weitere Spielstätte war das Palasttheater am königlichen Hof, wo alles noch prachtvoller und aufwendiger war als im Corraltheater. So gab es nun einen Vorhang und künstliche Beleuchtung. 1640 wurde das *Coliseo* im Palast des *Buen Retiro* eröffnet. Hier saß der König in der Ehrenloge der Bühne gegenüber und seine Reaktionen waren für die Zuschauer auf den seitlichen Rängen nicht weniger interessant als das Geschehen auf der Bühne. Vor allem mythologische Stücke mit vielen Kulissenwechseln und technischen Effekten entfalteten eine Pracht, die z.B. bei Feierlichkeiten der Königsfamilie repräsentativen Zwecken diente. Der dritte Schauplatz war die Straße, wo anlässlich des Fronleichnamsfestes auf mehreren transportablen Wagen mit turmartigem Kulissenaufbau ein *auto sacramental*, d.h. ein religiöses Stück mit nur einem Akt, zum Lob des Sakraments der Eucharistie aufgeführt wurde. Es handelte sich dabei um eine Glorifizierung des Christentums, eine öffentliche Demonstration seiner Bedeutung, zugleich aber um eine allegorische Form der Belehrung durch „sermones puestos en verso, en idea representable, cuestiones de la Sacra Teología que no alcanzan mis razones a explicar ni comprender", wie Calderón schreibt. Dass an diesem öffentlichen Fest Stadt und Kirche finanziell beteiligt waren, ermöglichte auch hier aufwendige Inszenierungen. Um möglichst allen den Zugang zu gestatten, wurden mehrere Aufführungen an unterschiedlichen Orten der Stadt angesetzt. Die Schauspielerinnen und Schauspieler profitierten von den drei Theatertypen, da sie je nach Bedarf in unterschiedlichen Bereichen tätig werden konnten. Unterschiedliche Fächer hatten sich herausgebildet: die schöne, reiche und verliebte Dame; der ebenso schöne, reiche und verliebte Liebhaber; der König oder Machthaber; der ehrenwerte Alte; der untergeordnete männliche und der weibliche *gracioso*. Diese Fächer entsprachen den vorliegenden Stücken, waren aber auch eine bestimmende Vorgabe für neue.

Im Folgenden soll kurz ein Blick geworfen werden auf Stücke mit Ehrenthematik, mit philosophischer Thematik und solche mit mythologischem Inhalt. Die **Ehre** und deren Aufrechterhaltung, Gefährdung, Verlust und Wiederherstellung stehen im Zentrum von komischen und tragischen Stücken. Während in Calderóns Tragödie *El médico de su honra* der Ehemann die Frau, von der er sich betrogen fühlt, ermorden lässt, um seine Ehre wiederherzustellen, wird in der Komödie *La dama duende* die gefährdete Ehre durch Heirat gerettet. Nach dem Ehrenkodex nämlich ist die Ehre des Mannes durch den Betrug der Ehefrau verloren und kann nur durch Rache wiederhergestellt werden. Dabei reicht in *El médico de su honra* dem Ehemann der bloße und unbegründete Verdacht aus, dem sich seine Frau durch unüberlegte Handlungen ausgesetzt hat. Das Stück wirkt derart konstruiert, dass es sich wohl um eine wenig realistische Denkübung handelt, da in der historischen Realität betrogene Ehemänner ihre untreuen Frauen einfach verließen oder schon damals eine Scheidungsklage einreichten. Konstruierte Modellfälle konnte aber auch die theologische Kasuistik bieten, die als Orientierungshilfe für den die Beichte abnehmenden Geistlichen zur Einschätzung des Schuldmaßes bei normverletzenden Handlungen diente. Hier waren die strittigsten Beispielfälle die interessantesten. Dies mag der Grund dafür sein, dass auch die Ehrentragödien überspitzte Fälle vorführen. Ein weiterer Grund aber ist, dass so von Calderón die Unsinnigkeit eines als unchristlich abzulehnenden Ehrenkodex am deutlichsten demonstriert werden konnte.

Auch wenn in Calderóns *La vida es sueño* die **philosophischen Themen** überwiegen, gibt es doch auch eine Nebenhandlung mit Ehrenthematik: Rosaura reist Astolfo nach, der ihr die Ehe versprochen und sie verlassen hat, um die Einlösung des Versprechens zu erzwingen oder um sich, wenn nötig, zu rächen. Insgesamt aber ist die Handlung komplexer: Segismundo ist von seinem Vater, dem König Basilio, in einem Turm eingesperrt worden, damit er nicht zum grausamen Tyrannen wird, wie ihm astrologisch vorausgesagt wurde. In zwei Versuchen wird nun erprobt, ob die Vorhersage stimmt. Als er das erste Mal in den Palast geführt wird, benimmt er sich der Vorhersage gemäß. Zurück im Turm, glaubt er, seinen Aufenthalt im Palast geträumt zu haben. Beim zweiten Mal widerlegt er die Vorhersage durch kluges und gutes Handeln. Auf Drängen der Volksmenge dankt Basilio ab, und Segismundo wird König. Ein zentrales philosophisches Thema ist der im Barock beliebte Gegensatz von Schein und Sein, *engaño* und *desengaño*: Segismundo glaubt, den ersten Auftritt im Palast geträumt zu haben, und entscheidet, künftig gut zu handeln, da auch das Leben eine Art Traum sei. Diese Erfahrung kann man verallgemeinern zur These: Alles Irdische ist Schein. Der sich daran anschließende paradoxe Titel *La vida es sueño* macht bereits insofern neugierig, als Leben normalerweise mit dem Zustand des Wachens verknüpft und Gegensatz zum Traum des Schlafes ist. Die Problematik der Prädestination wird mit der Vorhersage für Segismundo angedeutet. Hier geht es um die

Willensfreiheit, aber auch um die Möglichkeit oder Unmöglichkeit der Gewinnung göttlicher Gnade durch gute Taten. Aus dem Schicksal des *gracioso* Clarín, der tödlich getroffen wird, obwohl er sich während des Kampfes versteckt hat, lässt sich die These ableiten, dass keiner seinem Schicksal entgeht. Auch die Erkenntnisproblematik wird angedeutet, da Segismundo die von ihm in unterschiedlichen Zuständen und Situationen wahrgenommene Welt nicht richtig deutet. Das Verhältnis von Körper und Seele wird insofern thematisiert, als die von der Astrologie gedeuteten Sterne nur den menschlichen Körper beeinflussen, aber machtlos sind angesichts des freien Willens der Seele. Wie die väterliche Fürsorgepflicht mit der Staatsräson zu vereinbaren ist, wie sich ein kluger König zu verhalten hat, um nicht zum Tyrannen zu werden, und ob eine Auflehnung gegen einen Tyrannen legitim ist, sind Fragen der politischen Philosophie. Gerade weil Basilio die väterliche Fürsorgepflicht dem Schutz des Volkes vor der möglichen Tyrannei durch seinen Sohn opfert, wird er zum Tyrannen, den das Volk stürzt. Zahlreich sind also die philosophischen Themen des Stücks, das zwar, sieht man vom *gracioso* Clarín ab, ein glückliches Ende hat, aber dennoch nicht als Komödie, sondern als *comedia seria*, d.h. als ernstes Stück, zu bezeichnen ist.

Theaterstücke, die auf **antike Mythen** zurückgreifen, waren besonders geeignet, anlässlich von höfischen Festtagen Macht und Bedeutung des Königs prunkvoll zur Schau zu stellen und damit die Monarchie zu verherrlichen. Andererseits wurden die Mythen auch als Geschichten gesehen, hinter denen viele nützliche Lehren versteckt sind. Derartige Lehren wurden in Büchern wie *La philosophia secreta* des Pérez de Moya zusammengestellt. (vgl. 2a) Circe z.B., die Odysseus auf ihrer Insel verführt, deutet Pérez de Moya als die Art von Liebe, die die Weisesten und Verständigsten in die wildesten Tiere verwandelt. Eben deshalb werden in Calderóns *El mayor encanto, amor* die Kameraden des Odysseus in Tiere verwandelt.[57] Allegorische Deutungen sind auch im Stück *Eco y Narciso* möglich, wo der Infantin Marguerite 1661 zum zehnten Geburtstag in der Figur Ecos die Lehre mitgegeben wird, dass sie sich im Spannungsfeld der Grundaffekte Lust und Leid vor Selbstaufgabe und Identitätsverlust schützen soll.

---

[57] Vgl. Ludwig Schrader, Odysseus im *Siglo de Oro*. Zur mythologischen Allegorie im Theater Calderóns und seiner Zeitgenossen. Fritz Schalk zum 70. Geburtstag, Frankfurt 1973, S. 401-439.

Lyrik

Aristoteles und Horaz sprechen in ihren Poetiken von der epischen und dramatischen, nicht aber von der lyrischen Literatur. Eine allgemeine Theorie für die Lyrik fanden Romantik und die Subjektphilosophie des deutschen Idealismus und behaupteten, in der Lyrik spreche sich das Subjekt selbst aus, während in narrativen und szenischen Gattungen im Sinne der Mimesis die Objektwelt abgebildet werde. **Techniken** zur Anfertigung von Versen und **Typisierungen** sind dagegen seit der Antike geläufig. Antike Gattungen wie die vom griechischen Dichter Pindar entwickelte Ode mit ihrem erhabenen und oft lobenden Stil und die Verssatire mit ihren Schmähungen hatte die Renaissance wiedereingeführt. Daneben gab es als erzählende Form die Ballade. Weitere Gattungen sind *villancico, glosa, cosante, sextina,* Renaissance-Kanzone oder Sonett. Mit der Romantik und dem Symbolismus setzt eine Entwicklung ein, die zu stärkerer Hermetik der Dichtung in der Moderne führt. Lyrik wird nun durch ihre zahlreichen Abweichungen von den Regeln der Alltagssprache charakterisierbar, die sich z.B. in einer ungewöhnlichen Anordnung der Wörter, im Verzicht auf Interpunktion oder in Neologismen zeigen. Im Folgenden seien einige Techniken bzw. Beschreibungsmöglichkeiten spanischer Lyrik exemplarisch vorgestellt.[58] Danach wird nur ein Beispieltext mit drei Repliken kurz angeführt, da man sich ausführlich in zwei umfassenden Sammlungen repräsentativer Gedichtinterpretationen informieren kann.[59]

Der **Vers** wird gebildet durch Intensitätsakzente, metrische Pausen am Vers- oder Reihenschluss und gegebenenfalls Zäsur. Je nach Silbenzahl wird der Vers z.B. als 4-Silber, 8-Silber oder 14-Silber bezeichnet. Gezählt wird von der ersten Silbe eines Verses an eine Silbe über die letzte betonte Silbe hinaus, gleichgültig ob sie fehlt oder vielleicht zwei Silben der letzten betonten Silbe folgen. „Cual flecha se disparó" ist also ebenso ein 8-Silber wie „florida de los apóstoles". Der Wortakzent muss nicht mit dem Versakzent, der durch den Rhythmus des jeweiligen Verses bedingt ist, übereinstimmen. So kann sich der Rhythmus z.B. an antiken Versfüßen wie den Jamben (oó), den Trochäen (óo), den Daktylen (óoo), den Amphibrachys (oóo) und den Anapästen (ooó) orientieren. Metrische Pausen

---

[58] Vgl. im Folgenden Rudolf Baehr, Spanische Verslehre auf historischer Grundlage, Tübingen 1962; José Domínguez Caparrós, Diccionario de métrica española, Madrid, Alianza Editorial 1999.

[59] Manfred Tietz (Hg.), Die spanische Lyrik von den Anfängen bis 1870, Frankfurt 1997; Manfred Tietz (Hg.), Die spanische Lyrik der Moderne. Einzelinterpretationen, Frankfurt 1990; zu neueren Entwicklungen: Klaus Dirscherl, „Allerneueste" spanische Lyrik: Vom Maskenspiel zur Wiederentdeckung der Subjektivität, in: Dieter Ingenschay, Hans-Jörg Neuschäfer (Hg.), Aufbrüche. Die Literatur Spaniens seit 1975, Berlin 1993, 2. Aufl., S. 192-198.

gibt es am Strophenende (*pausa mayor*), in der Strophenmitte (*pausa media*) und am Ende eines Verses (*pausa menor*). Durch Enjambement (*encabalgamiento*) werden sinngemäß und syntaktisch zusammengehörige Wörter ans Ende eines Verses und an den Anfang des darauf folgenden platziert, so dass eine *pausa menor* vermieden wird. Eine Zäsur (*cesura*) dagegen markiert einen durch den Rhythmus erzielten Einschnitt im Vers selbst.

Zu unterscheiden sind Verse mit fester **Silbenzahl** und unregelmäßige. Die Zahl der grammatischen Silben kann von der der rhythmischen Silben abweichen, da bei letzterer die Vokale miteinander verschmelzen können. So hat folgender Vers grammatisch 14 Silben, rhythmisch wegen der Verschmelzung von o-a, e-e und a-e jedoch nur 11: „cuando amanece en la elevada cumbre." Eine Silbe hat einen Vokal und unterschiedlich viele Konsonanten, wobei <h> zwischen zwei Vokalen nicht ausgesprochen wird und daher eine Verschmelzung der Vokale nicht verhindert. Bei der Synärese (*sinéresis*) werden zwei im Wortinneren zusammentreffende Vokale zu einer Silbe zusammengezogen. („oe" bei „hé-roe") Bei der Diärese werden dagegen zwei als eine Silbe gesprochene Vokale (Diphthong) aufgelöst und als zwei Silben gesprochen. („glo-rio-so" wird zu „glo-ri-o-so".) Mit Bezug auf mehrere einander folgende Wörter spricht man von Synaloephe, wenn benachbarte Vokale unterschiedlicher Wörter miteinander verschmelzen („va_a_América"), und von Hiat bzw. Dialoephe, wenn benachbarte Vokale unterschiedlicher Wörter nicht verschmelzen, sondern ihren Wert behalten. („su / amo")

Reim ist ein wiederkehrender Gleichklang am Versende. Beim Vollreim (*rima consonante*) wiederholen sich der letzte betonte Vokal und die darauffolgenden Konsonanten und Vokale. („amor-dolor"; „pálido-válido") Bei der Assonanz (*rima asonante*) wiederholen sich der letzte betonte Vokal und die darauffolgenden Vokale, nicht die Konsonanten. („amigo-cinco"; „dar-verdad") Drei Reimtypen gibt es beim Vollreim: den männlichen Reim der letzten betonten Silbe (*rima aguda*), z.B. „tenor-director", „violín-clarín"; den weiblichen Reim der letzten betonten und der darauf folgenden Silbe (*rima llana*), z.B. „mudos-desnudos", „lecho-techo" und den gleitenden, noch eine weitere Silbe einbeziehenden Reim (*rima esdrújula*), z.B. „científicos-específicos", „orgánica-botánica". Dieselben drei Reimtypen gibt es auch bei der Assonanz. Vier Arten der Anordnung von Reimen lassen sich unterscheiden: der fortgesetzte Reim (*rima continua*) mit aaaa, der gepaarte Reim (*pareado*) mit aabbcc, der gekreuzte Reim (*rimas cruzadas*) mit abab und der umschlingende Reim (*rima abrazada*) mit abba. Möglich sind natürlich auch reimlose Verse (*versos sueltos, blancos, libres*), wobei sich die *versos libres* seit Ende des 19. Jahrhunderts in Spanien nicht nur durch fehlenden Reim, sondern auch durch unterschiedliche Silbenzahl der Verse charakterisieren.

Versarten werden je nach Zahl der Silben unterschieden. So gibt es den 2-Silber, den 3-Silber, den 4-Silber, den 5-Silber etc. Als Beispiel seien der 8-Silber und der 12-Silber angeführt. Der 8-Silber (*octosílabo* oder *verso de arte real*) ist in Spanien besonders verbreitet und wurde auch als Metrum der Romanzen verwendet. („mira por los capitanes") Der längere 12-Silber kann sich symmetrisch in zwei gleichlange Halbverse von je sechs Silben oder aber unsymmetrisch in 4+4+4, 7+5, 5+7 bzw. 8+4 gliedern. Im erstgenannten Fall kann er z.b. dem Rhythmus von Trochäen (óo) folgen: „Antes que la luna delatarnos pueda" (óo óo óo – óo óo óo). Je nach Art und Anzahl von Versen und Strophen haben sich unterschiedliche Gattungen wie 3-Zeiler (*terceto*), 4-Zeiler (als *redondilla, seguidilla, cuaderna vía* oder *cuarteto*) oder 8-Zeiler (als *copla de arte mayor* oder *menor*) herausgebildet.

Eine besonders reglementierte Form ist das **Sonett**. Es besteht im Allgemeinen aus vierzehn 11-Silbern mit zunächst zwei vierzeiligen Strophen und dann zwei dreizeiligen Strophen. Inhaltlich geht es darum, einen einzigen Gedanken zu entwickeln, wobei die ersten beiden Strophen in einer Art Exposition einen Sachverhalt darstellen und die darauf folgenden die Lösung oder Folgerung bieten sollen. Die Verse haben Vollreime, die der Quartette sind meist nach dem Schema abba angeordnet. Im 17. Jahrhundert ist das Sonett in Spanien besonders beliebt, und als Reimschemen der Terzette werden cdc dcd bzw. cde cde bevorzugt, aber auch wie im folgenden Beispiel Varianten wie cde dce zugelassen. Während die Regelhaftigkeit des Sonetts von den Romantikern nicht geschätzt wird, erreicht die Gattung mit dem *modernismo* eine neue Blüte.

Als ein Beispiel aus dem *Siglo de Oro* sei ein Sonett **Garcilaso de la Vegas** (1501?-1536) angeführt, der dem Hochadel entstammt, am Hof erzogen wurde, zeitweise als *regidor* von Toledo tätig war und viel Zeit im Kriegsdienst verbrachte, was ihn in unterschiedliche Länder führte.[60] Sein dichterisches Schaffen beeinflusste ein Aufenthalt in Neapel zwischen 1532-1534. In besonderer Weise verkörpert er die Verbindung von Waffenhandwerk und Literatur, die in der Renaissance unter dem Topos *armas y letras* besonderes Ansehen genoss. Sein Sonett XXIII greift den von Horaz geprägten *carpe diem*-Topos auf. Bei Horaz heißt es: „sapias, vina liques et spatio brevi / spem longam reseces. dum loquimur, fugerit invida / aetas: carpe diem quam minimum credula postero." („Sei klug, kläre den Wein und schneide weitausgreifende Hoffnungen auf ein kurzes

---

[60] Vgl. im Folgenden Georges Güntert, *Siglo de Oro*: Lyrik. Das 16. Jahrhundert, in: Christoph Strosetzki (Hg.), Geschichte der spanischen Literatur, Tübingen 1996, 2. Auflage, S. 119-160, hier S. 129ff; Dieter Janik, Sor Juana Inés de la Cruz. Este, que ves, engaño colorido, in: Manfred Tietz (Hg.), Die spanische Lyrik von den Anfängen bis 1870, Frankfurt 1997, S. 503-511.

Maß zurück. Noch während wir hier sprechen, entflieht die neidische Zeit. Genieße den heutigen Tag und vertraue dem kommenden so wenig wie möglich.")[61]

In knapper Formulierung wird bei Horaz also eine epikuräische Lebensweisheit ausgedrückt, nach der man dankbar die Gaben der gegenwärtigen Stunde genießen soll. Diesen Gedanken nimmt Garcilasos Sonett auf, konkretisiert ihn am Beispiel einer jungen Frau und fügt eine philosophische Reflexion hinzu.

> En tanto que de rosa y d'azucena
> Se muestra la color en vuestro gesto,
> y que vuestro mirar ardiente, honesto,
> enciende el corazón y lo refrena,[62]
>
> y en tanto que el cabello, que en la vena
> del oro s'escogió, con vuelo presto
> por el hermoso cuello blanco, enhiesto,
> el viento mueve, esparce y desordena:
>
> coged de vuestra alegre primavera
> el dulce fruto antes que el tiempo airado
> cubra de nieve la hermosa cumbre.
>
> Marchitará la rosa el tiempo helado
> Todo lo mudará la edad ligera
> Por no hacer mudanza en su costumbre.[63]

Die beiden syntaktisch parallel konstruierten Quartette widmen sich der Gegenwart und ihrer Faszination, indem sie die Schönheit einer Frauengestalt mit statischen Elementen wie dem schönen weißen Hals und dynamischen wie dem im Wind wehenden goldenen Haar beschreiben. Gegensätze bilden *ardiente* und *honesto, enciende* und *refrena,* aber auch grelle und zurückhaltende Farben. Wechsel finden auch formal bei den teils den Vers schließenden, teils durch Enjambements öffnenden Versenden statt. Mit den beiden Terzetten wird das Mo-

---

[61] Horaz, Oden I, 11, 6-8; zit. nach Horaz, Oden und Epoden. Lateinisch und deutsch, München 1971, S. 26f.

[62] Dieser vierte Vers ist auch in der Version „con clara luz la tempestad serena;" verbreitet.

[63] Solang Euer Antlitz Blütenfarben / Von Rosen und von Lilien trägt, / Und glühend scheu der Blick / Das Herz bald sprechen, bald verstummen lässt // Solang der Wind in schnellem Flug / Euer Haar, aus Gold geschaffen, / Den weißen, stolzen Hals umwehen lässt / Und es bewegt, zerwühlt und lockt: // Pflückt Eures heitren Frühlings / Süße Frucht, eh zürnende Zeit / Mit Schnee bedeckt das schöne Haupt. // Eisiger Wind lässt die Rose welken, / Raschen Wandel bringt die Zeit, / Und bleibt sich dennoch treu in ihrem Tun.

ment der zeitlichen Begrenztheit evoziert. Während das erste die zuvor skizzierte Frau aufruft, das Leben freudig zu genießen, solange noch Zeit dazu ist, bringt das zweite Terzett dafür die Begründung mit dem Hinweis auf die allgemeine, hier mit dem Bild der Rose exemplifizierte Veränderlichkeit der Dinge, die sich alle mit der Zeit wandeln, während der Wandel als Prinzip das einzig Beständige ist.

Der Barocklyriker **Luis de Góngora** (1561-1627) greift Garcilasos Thematik auf in seinem Sonett, das mit dem Vers „Mientras por competir con tu cabello" beginnt. Allerdings steht bei ihm nicht mehr die Lebensbejahung der Renaissance im Vordergrund, sondern das barocke Vanitas-Motiv und das Thema der Vergänglichkeit und Hinfälligkeit. Aus Garcilasos *mudanza* wird ein Bild des Verfalls, vor dessen Hintergrund die Scheinhaftigkeit des zunächst Evozierten deutlich wird. Zunächst werden in den beiden Quartetten zu Beginn die beiden Blumen Lilie und Nelke in den Farben Weiß und Rot vorgestellt und mit ihren Farbqualitäten zu den vier Körperteilen der Frau, der weißen Stirn, dem Hals, dem goldenen Haar und den Lippen sowie zu den Naturelementen Feld und Sonne in Beziehung gesetzt. Im Anschluss werden „die vier Körperteile und die vier Naturelemente […] im ersten Terzett summiert und im *Decrescendo* der Schlußstrophe wieder aufgenommen (wobei sich das leuchtende *oro* zum gräulichen *plata*, das helle *blanco* zum leichenblassen *víola* verfärbt), bis dann die Viererreihe der Vergänglichkeitssymbole (*tierra, humo, polvo, sombra*) durch das letzte, absolut gesetzte Glied *nada* aufgehoben und durch die – nur im Geiste mögliche – Erkenntnis des Nichts zugleich überhöht wird."[64] Das Wort *nada* ist am Ende der beiden Terzette, die im Folgenden wiedergegeben werden, dadurch hervorgehoben, dass es die Strophe unzulässig verlängert und damit die Sonettform sprengt.

> goza, cuello, cabello, labio y frente,
> antes que lo que fue en tu edad dorada
> oro, lilio, clavel, cristal luciente,
>
> no sólo en plata o víola troncada
> se vuelva, mas tú y ello juntamente
> en tierra, en humo, en polvo, en sombra, en nada.[65]

---

[64] Georges Güntert, *Siglo de Oro*: Lyrik. Das 16. Jahrhundert, a.a.O., S. 151.

[65] Ebda.: „erfreun sich Hals, Stirn, Haar und Lippen ganz in Ruh, / noch ehe sie in deiner Jugend goldnen Zeiten / als Lilie, Nelke, als Kristall und Goldgetu // nicht nur zum Wandel sich in Silber vorbereiten / und in gebrochnes Veilchen, sie, mit ihnen du: / zu Erde, Rauch und Staub, zum Schatten und zum Nichts ist euer Schreiten." (übers. von Sigrid Meuer).

Auch die mexikanische Schriftstellerin **Sor Juana Inés de la Cruz** (1651-1695) hat sich der barocken Thematik angenommen, die gleichermaßen antike wie christliche Wurzeln hat.[66] Zunächst wird ein Gemälde erwähnt, das eine schöne Frau, vielleicht die Dichterin selbst, porträtiert. Das Sonett selbst ist nun eine Auseinandersetzung mit der vermeintlichen Fähigkeit der bildenden Kunst, vergängliche Schönheit zu verewigen. Während die Quartette das Bild als listige Täuschung von Sinnen und Verstand, als Schmeichelei und als trügerischen Triumph über Alter und Vergessen ablehnen, bringen die abschließenden Terzette eine Steigerung und betonen die Vergeblichkeit des künstlerischen Bemühens, die Zeit zu besiegen. Das Gedicht schließt mit dem Vers „es cadáver, es polvo, es sombra, es nada" und verweist damit deutlich auf den letzten Vers des oben zitierten Gedichtes von Góngora.

Allerdings ist der Argumentationsgang bei Inés de la Cruz ein anderer, auch wenn die *conclusio* am Ende die gleiche ist. Nicht die Lebenswirklichkeit, sondern die Kunstwirklichkeit ist ihr Ausgangspunkt. Auch wenn Kunst den Veränderungen und Verderbnissen der Zeit scheinbar Widerstand leistet, ist für die Dichterin auch in ihr das Schöne der Nichtigkeit ausgesetzt. Nicht zuletzt kann dies als Kritik an der Diskussion über den Vorrang der *letras* gegenüber den *armas* gelten: Man hatte nämlich in der Renaissance argumentiert, die *letras*, also die Literatur, sei den *armas* überlegen, da sie die Helden der *armas* erst unsterblich mache. Inés de la Cruz widerlegt dieses Argument, beruft sich dabei allerdings nicht auf die männliche Welt der *armas*, sondern auf die Schönheit der Frau, und nimmt nicht die Literatur, sondern die bildende Kunst als Paradigma.

Weitere Gattungen

Neben Roman, Drama und Gedicht gibt es auch weniger bekannte Gattungen. Gérard Genette hat den am Anfang dieses Kapitels bereits erwähnten Begriff des **Paratextes** eingeführt und meint damit alle Texttypen, die mit einem zentralen veröffentlichten Text zusammenhängen. Dazu gehören auch Interviews mit dem Autor, vorläufige Textfassungen, Prospekte und Ankündigungen, vor allem aber Autorname, Titel, Vorwort, Widmung, Motto und Anmerkungen. Die Analyse dieser genannten Gattungen verspricht im Einzelfall Aufschluss über den Haupt-

---

[66] So heißt es bei Horaz, Carmen IV, 7, 14-16: „Sobald wir hinabgesunken sind, dahin wo der fromme Aeneas und der von den Göttern gesegnete Tullus und Ancus gingen, sind wir nur mehr Staub und Schatten." In 1. Mose 3, 19 steht: „denn du bist Staub und wirst wieder zu Staub." Und der 38. Psalm gibt zu bedenken: „Siehe, meinen Tagen hast du ein Maß gesetzt, und mein Wesen ist wie nichts vor dir. Nichtig ist doch alles; jeder Mensch, der lebt." Zit. nach Dieter Janik, Sor Juana Inés de la Cruz. Este, que ves, engaño colorido, a.a.O., S. 508-511.

text, dem sie zugeordnet sind. Ihre Betrachtung im Geschichtsverlauf kann Veränderungen im Umgang mit Texten aufdecken. Unabhängig von einem Haupttext sind Gattungen wie Brief, Essay, Reisebericht[67], Autobiografie, Tagebuch[68], Dialogliteratur[69], aber auch literarische Kleinformen[70] wie Parabel, Fabel[71], Sentenz, Witz, Rätsel und Aphorismus[72].

Auch der Ort der Entstehung bzw. des Vortrags von Literatur kann gattungsbildend wirken. So kann man der **Salonliteratur**[73] im Frankreich des 17. Jahrhunderts die Aphorismen zuordnen, die in den adligen Salons z.B. La Rochefoucauld verfasste. Seit dem 18. Jahrhundert ist das Kaffeehaus zum bürgerlichen Konkurrenten und Nachfolger des im 17. Jahrhundert besonders beliebten adligen Salons geworden. Kaffeehäuser gab es in West-, Mittel- und Osteuropa von Madrid über Paris bis nach Wien und Krakau, aber auch in Buenos Aires und Montevideo. Sie boten z.B. zwischen 1890 und 1950 Schriftstellern einen Aufenthaltsort, wo allein oder in Gesellschaft Literatur verfasst wurde. Kann man deshalb von einer Gattung der „**Kaffeehausliteratur**" sprechen?[74] Immerhin bestimmt die erwartete Reaktion des anwesenden Publikums die Produktion des Textes, der zum mündlichen Vortrag bestimmt ist. Kein Fall von Kaffeehausliteratur ist der an einem Einzeltisch allein sitzende, das Kaffeehaus als Wärmestube benutzende und vom geringen Konsumzwang profitierende Dichter, der an seinen Schriften feilt und das Kaffeehaus sogar als eigentliche Adresse angibt. Schließlich dient

---

[67] Vgl. Ottmar Ette, Est-ce que l'on sait où l'on va? Dimensionen, Orte und Bewegungsmuster des Reiseberichts, in: Walther L. Bernecker, Gertrut Krömer (Hg.), Die Wiederentdeckung Lateinamerikas: die Erfahrung des Subkontinents in Reiseberichten des 19. Jahrhunderts, Frankfurt 1997, S. 29-78.

[68] Z.B. Cristobal Colón, Diario de a bordo, Madrid, Historia 16 1985.

[69] Vgl. Dieter Janik, El *Diálogo de los Porteros* y otros diálogos políticos de la Revolución de la Independencia de Chile, in: Inke Gunia, Katharina Niemeyer, Sabine Schlickers, Hans Paschen (Hg.), La modernidad revis(it)ada, Berlin 2000, S. 41-54.

[70] Vgl. André Jolles, Einfache Formen, Tübingen 1968, 4. Aufl.

[71] Reinhard Dithmar, Die Fabel, Paderborn 1988, 7. Aufl.

[72] Vgl. Ulrich Schulz-Buschhaus, Gattungsbewußtsein und Gattungsnivellierung bei Gracián, in: Sebastian Neumeister, Dietrich Briesemeister (Hg.), El mundo de Gracián, Berlin 1991, S. 75-94; Rolf Kloepfer, Baltasar Graciáns *Oráculo manual* oder die Schulung der moralischen Produktivität, in: Sybille Große, Axel Schönberger (Hg.), Dulce et decorum est philologiam colere. Festschrift für Dietrich Briesemeister, Bd. 1, Berlin 1999, S. 351-375.

[73] Vgl. Brunhilde Wehinger, Conversation um 1800. Salonkultur und literarische Autorschaft bei Germaine de Staël, Berlin 2002.

[74] Vgl. im Folgenden Michael Rössner, Einleitung, in: Ders. (Hg.), Literarische Kaffeehäuser. Kaffeehausliteraten, Wien, Köln, Weimar 1999, S. 13-28; Ders. (Hg.), Das literarische Kaffeehaus in Madrid, ebda., S. 376-405; vgl. auch Andreas Gelz, Tertulia: Literatur und Gesellschaft im Spanien des 18. und 19. Jahrhunderts, im Druck.

das Kaffeehaus auch als Literaturbörse, wo Verleger, Vermittler und Autoren zusammenkommen, Verträge abgeschlossen und Projekte lanciert werden. Dort aber, wo wie in Spanien eine Kaffeehausrunde zu regelmäßigen Treffen, *tertulias*, zusammenkommt, werden Texte und Anekdoten nur für den mündlichen Vortrag dargeboten und bilden sich intellektuelle Hierarchien unter den Teilnehmern je nach Schlagfertigkeit und Ansehen.

In Madrid konkurrieren die Kaffeehäuser mit Restaurants, Weinschenken und Hinterzimmern von Buchhandlungen oder den *Ateneo* genannten Clubs und bieten nicht selten auch Speisen an. Besonders beliebt waren dort Kalauer, Bonmots und Pointen. Bekannter Autor der Kaffeehausszene ist Ramón del Valle-Inclán, der schon in der Generation von 1898 vor Rubén Darío und Pío Baroja brillierte und dies zur Zeit der Avantgarde fortsetzte. Der Atmosphäre des Kaffehauses sind die Dialoge in Valle-Incláns *Luces de bohemia* nachempfunden, die mit ihrer als *esperpento* bezeichneten Technik menschliche Tragödien grotesk und zynisch darstellen, wobei sie mit dem unmittelbaren Feedback von Verblüffung und Überraschung rechnen. In den zwanziger Jahren war es das Madrider *Café Pombo*, in dem Ramón Gómez de la Serna seine *Greguerías* zum Besten gab. Dort fanden sich neben Valle auch Azorín, Benavente und ausländische Besucher wie der Mexikaner Alfonso Reyes oder der Argentinier Oliverio Girondo ein. Auch die *Greguerías* könnten im Kaffeehaus im wetteifernden Spiel mit witzigen Pointen entstanden sein.

Die *Greguerías* werden erreicht durch Vermischen von grafischen und metaphysischen Ebenen, wenn die Klammer ( ) durch den Satz: „El beso es una nada entre parentesis." veranschaulicht wird. Antiromantische Ironie zeigt: „El poeta miraba tanto al cielo que le salió una nube en un ojo." Eine gewisse Absurdität haben folgende Beispiele: „Cuando funciona el aspirador eléctrico del vecino de arriba nos absorbe todas las ideas que teníamos." oder „Tan pequeño era el tiempo en su reloj de pulsera, que nunca tenía tiempo para nada." Aber auch poetische Melancholie kommt vor: „Cae la niebla sobre la ciudad para ver si consigue que el hombre se olvide un poco de la realidad." Bei allen zitierten *Greguerías* wird deutlich, dass sie für die Darbietung in der literarischen Kaffeehausatmosphäre gut geeignet sind und wohl als eine Art der Gattung Kaffeehausliteratur gelten können. Gerade das *Café Pombo* wird zum Ort, wo die antibürgerliche Bohème eine avantgardistische Gegenwelt schafft, und zum Schutzraum, wo jenseits der allzu komplexen Außenwelt eine überschaubare Mikrogruppe zu Gesprächsspielen in der Tradition der Salongeselligkeit des 17. Jahrhunderts einlädt, Sprichwörter zu erraten sind, Reime improvisiert werden und im Erfinden von Bonmots, Pointen und Aphorismen gewetteifert wird.

Mündlichkeit und Unmittelbarkeit dominieren. „Im Unterschied zum Typus des eher ungeselligen Intellektuellen, der wie Sartre ins Café geht, um zu schreiben, fungiert der Vater der spanischen Avantgarde [Ramón del Valle-Inclán] als Animateur eines Literatenzirkels, der das Leben als Kunst gestaltet und in der Tertulia verwirklicht."[75]

---

[75] Mechthild Albert, Spiele in der Krypta. Zur Kaffeehausästhetik der spanischen Avantgarde im „Café Pombo", in: Michael Rössner, Literarische Kaffeehäuser. Kaffeehausliteraten, Wien, Köln, Weimar 1999, S.406-419, hier S. 417.

3 Der Text und seine Anschauungsformen

3a Soziologische Perspektive

Die soziologische Perspektive sieht den Text in seinen Beziehungen zur Gesellschaft. Diese kann für ein literarisches Werk auf drei Ebenen von Bedeutung sein. Man kann betrachten, in welchem gesellschaftlichen Kontext ein Werk geschrieben worden ist, in welchem Kontext es rezipiert wird und welche gesellschaftlichen Gegebenheiten im Text selbst eine Rolle spielen. Im Einzelnen kann nach der sozialen Herkunft und dem Milieu des Autors, nach dem Bildungsgrad des Publikums oder nach Weltbildern und Interessen der Protagonisten gefragt werden. Auch Gattungen lassen sich als gesellschaftsbedingte konventionalisierte Kommunikationsformen betrachten. Alle drei Ebenen lassen sich auch in ihrem Zusammenspiel als „Literaturbetrieb" analysieren, bei dem Verkauf und Werbung durch Literaturpreise, aber auch Zensur zu berücksichtigen sind. (vgl. 6a)

Dass die Literatur einerseits einen **autonomen** und andererseits einen **sozialen** Charakter hat, löst Adorno in der *Dialektik der Aufklärung*, indem er sich zugunsten der Autonomie entscheidet: „Das Kunstwerk hat es noch mit der Zauberei gemeinsam, einen eigenen, in sich abgeschlossenen Bereich zu setzen, der dem Zusammenhang profanen Daseins entrückt ist."[1] Auf der anderen Seite verleiht gerade die Autonomisierung der Literatur einen sozialen Charakter durch das Verständnis von Autonomie als „Gegenposition zur Gesellschaft"[2]. Insofern sich die Literatur ein eigenes System ausdifferenziert hat, wird sie ein Teilsystem der Gesellschaft neben all den anderen Systemen der Gesellschaft.[3]

In Deutschland hatte sich in den ersten Jahrzehnten des 20. Jahrhunderts die „sozialliterarische Methode" als Gegenentwurf gegen die verbreitete Geistesgeschichte gebildet.[4] Man sah den Doppelcharakter der Kultur unter geistig-ideellen und wirtschaftlich-materiellen Gesichtspunkten. Als Grundlage der Geschichte galten nicht große Einzelleistungen, sondern materielle und geistige Zustände,

---

[1] Vgl. Max Horkheimer, Theodor W. Adorno, Dialektik der Aufklärung. Philosophische Fragmente, Frankfurt 1998, S. 25.

[2] Theodor W. Adorno, Ästhetische Theorie, Frankfurt 1993, 13. Aufl., S. 335.

[3] Niklas Luhmann, Die Kunst der Gesellschaft, Frankfurt 1995, S. 217.

[4] Vgl. Wilhelm Vosskamp, Literatursoziologie: Eine Alternative zur Geistesgeschichte?, in: Christoph König, Eberhard Lämmert (Hg.), Literaturwissenschaft und Geistesgeschichte 1910 bis 1925, Frankfurt 1993, S. 291-303.

Zeitstile und Geschmacksrichtungen, wobei **Hippolyte Taines** Faktoren von *race, moment* und *milieu*, die er seiner *Geschichte der englischen Literatur* (1863) im positivistischen Sinn zugrunde gelegt hatte, in modifizierter Form aufgenommen wurden. **Levin L. Schücking** will 1923 in seiner *Soziologie der literarischen Geschmacksbildung* relativ konstante Publikumsschichten als „Geschmacksträgertypen" verstanden wissen.[5] Auf der Produktionsseite seien der „soziologische Nährboden" mit Mäzenatentum und „Selbstnobilitierung" des Künstlers sowie auf der Distributionsseite Literaturkritik, Verlagswesen und Werbung als Mittel der Auswahl zu berücksichtigen.

Gegen das seit Beendigung des Zweiten Weltkrieges vorherrschende Verständnis von Literatur als autonomer Entität protestierten Ende der 1960er Jahre die Studierenden im Interesse einer Erneuerung des Faches durch Berücksichtigung sozialer Zusammenhänge. Dabei beriefen sie sich auf marxistische Autoren der Vergangenheit und Gegenwart, die behaupteten, die Ideen seien durch die materielle Basis, d.h. durch gesellschaftliche Produktionsverhältnisse, bedingt. Diese Basis finde sich auch im Überbau, d.h. im literarischen Werk, durch eine Wechselwirkung widergespiegelt, wobei sich in letzter Instanz die ökonomische Notwendigkeit gegenüber dem Autonomiepostulat der Literatur durchsetze. Nach **Georg Lukács** (1885-1971) erkennt man die Qualität der Literatur an dem Grad, wie sehr sich die soziale Wirklichkeit und ihre historische Tendenz in der Literatur vermittelt finden.

Lucien Goldmann (1913-1970) dagegen zeigt Homologien zwischen der Struktur eines Werkes und der gesellschaftlichen Gruppe der Autoren. In den Werken von Pascal und Racine findet er z.B. eine tragische Weltanschauung. Diese ist zugleich die Summe von Gefühlen und Vorstellungen der Mitglieder der religiösen Strömung des Jansenismus, dessen Beliebtheit seinerseits aus der prekären Situation einer mit dem Absolutismus unzufriedenen Adelsgruppe verstehbar wird. Auch auf die spanische Literatur ist Goldmanns Ansatz angewandt worden. So erscheinen in Mateo Alemáns *Guzmán de Alfarache* die Strukturen des Imaginären in der Literatur homolog oder verwandt den mentalen Strukturen gewisser sozialer Gruppen.[6] Es handelt sich um das Bürgertum, das sich mit dem Weg des *pícaros* verbunden fühlen konnte: „Sería el vehículo del irreprimible deseo del burgués que, lejos de resignarse a verse marginado por la Histora, pretendería imponer su Yo bajo la máscara acusadora del marginal por excelencia, el

---

[5] Levin L. Schücking, Soziologie der literarischen Geschmacksbildung, München 1923.

[6] Vgl. Michel Cavillac, Pícaros y mercaderes en el *Guzmán de Alfarache*, Granada, Universidad 1994, S. 23.

pícaro."[7] Dies gelte umso mehr, als Mateo Alemán der gebildeten Mittelschicht von Ärzten und Kaufleuten entstammt. Zum Schlüssel für das Verständnis der pikaresken Botschaft wird nun die Erforschung der Entwicklung des marginalisierten kastilischen Handelsbürgertums von 1540 bis 1600, das infolge der erstarkten Reaktion des Adels nach dem niedergeschlagenen Aufstand der *comuneros* schließlich adligen Lebensformen nacheiferte. Alemán schreibe also seinen Roman „con la mira puesta en el hundimiento de una burguesía culpable de haber pervertido el capitalismo."[8]

Als einen Marginalisierten stellt man sich auch den Autor des anonymen *Lazarillo de Tormes*, des ersten Schelmenromans in Spanien, vor. Wegen der Kritik am Klerus dachte man an einen Erasmisten, also einen Vertreter einer verinnerlichten Frömmigkeit, oder an einen *converso*, d.h. einen ehemaligen Juden, der vor noch nicht langer Zeit und vielleicht auch nur zum Schein zum Christentum konvertiert ist. Die seit dem Mittelalter durch Handel reich gewordenen Juden hatten den Sozialneid der verarmten, aber auf Ehre bedachten *hidalgos* auf sich gezogen, die ihnen mit Vorurteilen und Ausgrenzungen begegnen, wie Quevedos aus dem 17. Jahrhundert stammende Schriften belegen.[9] Nach anderer Meinung erscheinen die Vertreibungen der Juden, die zugleich auch in anderen europäischen Ländern stattfinden, „als Handlungsweisen eines aufstrebenden Bürgertums, das nun im Zeichen neuer Geschäftspraktiken traditionell jüdische Bereiche des Wirtschaftslebens für sich reklamierte und sich der religiösen Separation bediente, um Konkurrenten auszuschalten."[10] Dabei übernahm in Spanien anders als im übrigen Europa diese Aufgabe der Staat, der auf dem Weg zur frühabsolutistischen Vollendung die Herstellung eines gesellschaftlichen Konsenses als Grundlage für die monarchistische Machtausübung erstrebte.

Da besonders sozial engagierte Literatur die Brennpunkte sozialer Wirklichkeit zu ihrem Gegenstand macht, ist es naheliegend, dass sie auch zum beliebten Forschungsobjekt der gesellschaftskritischen Literaturwissenschaft wird. In dem Maß, wie in der soziologischen Betrachtungsweise die Gesellschaft zum Objekt wird, gerät allerdings die Würdigung des Werkes als Kunst aus dem Blickfeld. Problematisch wird dies insofern, als in einem bestimmten historischen Moment unterschiedliche Werke in unterschiedlichen Gattungen entstehen, deren Verschiedenartigkeit allein durch die Ableitung aus einem einzigen sozialen Substrat

---

[7] Ebda., S. 51; vgl. im Folgenden S. 52, 193ff.

[8] Ebda., S. 596.

[9] Vgl. Martin Franzbach, Zwischen Verdrängung und Verunglimpfung. Die Juden in der Literatur des *Siglo de Oro*, in: Norbert Rehrmann, Andreas Koechert (Hg.), Spanien und die Sepharden, Tübingen 1999, S. 43-50.

[10] Ludwig Vones, Geschichte der Iberischen Halbinsel im Mittelalter (711-1480), Sigmaringen 1992, S. 58.

nicht erfasst werden kann. Auf der anderen Seite gibt es auch soziale Parameter, die mehreren Jahrhunderten zugeordnet und daher wenig präzis sind. So ist zu fragen, ob die Vorstellung des seit dem 16. Jahrhundert aufsteigenden Bürgertums ausreichend differenziert ist. Ohne Zweifel aber hat die sozialgeschichtliche Ausrichtung dafür gesorgt, dass neue Gattungen und Textsorten wie Traktate, Erbauungsschriften, Gebrauchstexte und Trivialliteratur, die bislang im nach ästhetischen Gesichtspunkten wertenden Kanon nicht vorkamen, zu beliebten Forschungsobjekten wurden.

Betrachtet man die **Literatur als soziale Institution**, dann ist auch die Analyse von Status und Funktion der Literatur soziologisch. Institutionssoziologisch sind dann z.B. Aussagen über den Funktionswandel des Erzählens in der Literatur an der Wende vom 18. zum 19. Jahrhundert, von der Aufklärung zur Romantik: „Im Fortschrittsgedanken der Aufklärung gehen Moralerziehung, auf die Beherrschung der Natur gerichtete Vernunft und ästhetische Erfahrung eine enge Verbindung ein. [...] Die bürgerlich-autonome Institution Kunst/Literatur grenzt dagegen das Nützliche aus dem Bereich der Kunst aus. Das Schöne wird zum Gegenprinzip der ‚herrschenden Idee des Nützlichen‘.“[11] Während die methodologischen Festlegungen der Literatursoziologie aus den siebziger Jahren des 20. Jahrhunderts inzwischen kaum noch berücksichtigt werden, ist die gesellschaftliche Seite literarischer Werke nach wie vor von Interesse. Im Folgenden seien dafür einige **Beispiele** gezeigt.

Die Analyse des bereits erwähnten (2d) **Faschisierungsprozesses** der spanischen Avantgarde-Prosa ergibt drei Phasen: die der deshumanisierten Avantgarde von 1925-1930, die der Rehumanisierung bzw. einer neuen Romantisierung von 1930-1935 und schließlich die der propagandistischen Bürgerkriegsliteratur von 1937-1940. Dabei zeigt sich, dass sich das Credo der Avantgarde „El arte es un juego deshumanizado“, das sich in der ersten Phase in Form einer Ästhetik des Hässlichen ausdrückt, in der letzten Phase bei der Darstellung des Bürgerkriegs in einer Ästhetik des Grauens und der Grausamkeit aufgehoben wiederfinden kann. In seinem Versuch, wesentliche Krisenerscheinungen der Moderne zu lösen, verfährt der Faschismus im Sinne einer Reduktion von Komplexität. „Die Heterogenität moderner Wirklichkeitserfahrung wird in einem homogenen, auf wenige Begriffe reduzierten Weltbild aufgehoben. Der chaotischen Beliebigkeit setzt sie [die Reduktion] eine Werteordnung entgegen und begründet eine neue Form von Gemeinschaft, die dem entwurzelten Menschen der Moderne ein rettendes Beziehungsgefüge bietet. Sie verspricht, den Massenmenschen aus seiner

---

[11] Christa Bürger, Statt einer Interpretation. Anmerkungen zu Kleists Erzählen, in: David E. Wellbery (Hg.), Positionen der Literaturwissenschaft, München 1985, S. 88-109, hier S. 88f.

Anonymität zu erlösen, indem sie ihm individuelle Bewährung und künftiges Heldentum in Aussicht stellt. Sie verheißt existentielle Sinnstiftung, indem sie zum einen persönliche Identifikationsmodelle und zum anderen ein nationales historisches Telos vorgibt."[12] Deutlich zeigt sich hier der Bezug zwischen der Entwicklung der Romanästhetik und der Entwicklung der gesellschaftlichen Gruppe der Faschisten und ihrer Weltsicht.

Der Gegensatz zwischen Konservativen und Liberalen, der im 20. Jahrhundert mit dem spanischen Bürgerkrieg zur gewaltsamen Konfrontation führt, ist bereits im 19. Jahrhundert angelegt. Da sich beide Lager unversöhnlich gegenüberstehen, werden sie auch als *dos Españas* bezeichnet. Was passiert, wenn ein liberal denkender Ingenieur aus Madrid in eine konservative Kleinstadt der spanischen Provinz kommt, zeigt **Benito Pérez Galdós** in seinem realistischen Roman *Doña Perfecta* (1876). Die Stadt Orbajosa ist ohne intellektuelles Leben und hat wirtschaftliche Schwierigkeiten, wie an der großen Zahl der Bettler zu sehen ist. Von der übrigen Welt isoliert, leben die Einwohner selbstzufrieden und in einem Gefühl der Überlegenheit. Hierher kommt nun der junge Ingenieur Pepe Rey, der Rosario, die Tochter der wohlhabenden und einflussreichen Doña Perfecta heiraten soll. Letztere hört auf den geistlichen Rat des Domherrn Don Inocencio, dessen Nichte María Remedios einen Sohn namens Jacinto hat, der sich seinerseits für Rosario interessiert. Der Ingenieur Pepe Rey vertritt seinen wissenschaftsgläubigen und aufklärerischen Standpunkt so provozierend und kompromisslos, dass Familie und Freundeskreis Rosarios in ihm den nihilistischen Zerstörer ihrer wohlgeordneten Welt sehen. Da die Vertreter beider gesellschaftlicher Gruppen ausführlich Ansichten und Überzeugungen darlegen, hat man auch von einem Thesenroman gesprochen. So äußert sich Don Inocencio gegen die positivistisch geprägte Wissenschaft: „[...] la ciencia, tal como la estudian y la propagan los modernos, es la muerte del sentimiento y de las dulces ilusiones. Con ella la vida del espíritu se amengua; todo se reduce a reglas fijas, y los mismos encantos sublimes de la Naturaleza desaparecen. Con la ciencia destrúyese lo maravilloso en las artes, así como la fe en el alma." Pepe Rey kontert: „El mundo de las ilusiones, que es como si dijéramos un segundo mundo, se viene abajo con estrépito. [...] Adiós, sueños torpes, el género humano despierta y sus ojos ven la claridad. El sentimentalismo vano, el misticismo, la fiebre, la alucinación, el delirio, desaparecen, y el que antes era enfermo, hoy está sano y se goza con placer indecible en la justa apreciación de las cosas."[13]

---

[12] Mechthild Albert, Avantgarde und Faschismus. Spanische Erzählprosa 1925-1940, Tübingen 1996, S. 387.

[13] Benito Pérez Galdós, Doña Perfecta, Rodolfo Cardona (Hg.), Madrid, Cátedra 1984, S. 105.

Da es weder Vermittlung noch Verständnis gibt, endet der Roman mit der Ermordung Pepe Reys, die durch Doña Perfecta veranlasst wird, als dieser sich zum wiederholten Mal insgeheim mit Rosario treffen will.

Bedenkt man, dass sich in mehreren Bürgerkriegen, den Karlistenkriegen, die konservative ländliche Bevölkerung gegen die Zentralgewalt aus Madrid erhoben hatte und 1875 von neuem die Kräfte der burbonischen Restauration erstarkt waren, dann veranschaulicht der Roman die Spaltung der damaligen Gesellschaft und die daraus resultierenden gewalttätigen Konflikte. Als zentrales Charakteristikum hat man daher die Intoleranz auf beiden Seiten hervorgehoben: Während die Einwohner von Orbajosa fremde Ansichten nicht gelten lassen, erscheint Pepe Rey so unsensibel und blind, dass er die andere Seite immer wieder durch verletzende Äußerungen provoziert. Obwohl die Grenze zwischen Guten und Bösen im Roman nicht ganz eindeutig ist, wird doch behauptet, Galdós selbst ergreife die Partei der Liberalen und übe Kritik am traditionsorientierten ländlichen Spanien.

Dass dies nicht so einfach ist, verdeutlicht ein Blick auf das Kapitel „**Luz a oscuras**", in dem Pepe und Rosario sich nachts heimlich in der Hauskapelle treffen, sich umarmen und ihrer gegenseitigen Liebe versichern. Dabei zeigt sich, dass hier nicht etwa die Versöhnung der „zwei Spanien" angedeutet wird, sondern vielmehr der Rationalist Pepe nunmehr seinerseits ungewollt als wunderbarer Heilsbringer wirkt, bei Rosario fieberhafte extatische Delirien hervorruft und sich damit im emotionalen und imaginären Bereich als tatsächlich so inkompetent erweist, wie es für Don Inocencio die Verfechter der positivistischen, auf Sinnstiftung verzichtenden Wissenschaft sind. „Pepes Versuche der analytischen Erhellung von Rosarios bedrückender Situation sind verschränkt mit Verführungswünschen und ‚infernalischen' Racheimpulsen; die Sprache der Vernunft wird unterlaufen von Gesten der Aggression und der interessegeleiteten Suggestion. [...] Nimmt man diese Faktoren zusammen, dann stellt die Kapellenszene eher das Bild einer Katastrophe als das einer utopischen Verschmelzung zweier Welten"[14] dar, so dass bei Pérez Galdós die Skepsis gegenüber allen geltenden Wissensformationen und Erkenntnismodellen das gesellschaftspolitische Engagement überlagert. Der tatsächliche durch Don Inocencio und Pepe Rey verkörperte Gegensatz ist also der zwischen einer konservativ-integrativen und einer fortschrittszugewandten, aber defizitären Weltsicht, die beide charakteristisch für die spanische Gesellschaft in der zweiten Hälfte des 19. Jahrhunderts sind.

---

[14] Vgl. Johannes Hauck, Doña Perfecta und die Dialektik der Aufklärung, in: Wolfgang Matzat (Hg.), Peripherie und Dialogizität, Tübingen 1995, S. 91-113, hier S. 106.

Dass die *dos Españas* aber auch noch vor einem weiteren Hintergrund beurteilt werden können, zeigt ein Blick auf Pérez Galdós, der gewöhnlich dem fortschrittlichen, und Pereda, der gewöhnlich dem konservativen Spanien zugeordnet wird. Dass beide Autoren gut befreundet waren, wird nur verständlich, wenn das Gegensatzpaar der „zwei Spanien" einer genaueren Betrachtung unterzogen wird. So wäre es falsch zu meinen, kapitalistisches Gewinnstreben und Vorgehen bestimmten nicht auch die ländliche Produktion. Ebenso wenig war Pereda die Welt der Wirtschaft und des Auslands fremd, da sein älterer Bruder früh nach Kuba emigriert war, als Kaufmann tätig war und vor seiner Rückkehr nach Spanien in England gelebt hatte.[15] Pérez Galdós und Pereda modifizieren beide ihre ursprünglichen Einstellungen: Pereda bleibt nicht überzeugter Carlist, und Galdós wird vom Liberalen zum gemäßigten Konservativen. Als Schriftsteller heben beide die Veränderung der Welt durch die Technik hervor, wie das Beispiel der Eisenbahn zeigt. Beide unterstreichen die Dominanz der positivistischen Wissenschaft in der von ihnen dargestellten Gesellschaft. Vor diesem Hintergrund scheint es, dass sie nur zwei unterschiedliche Aspekte der kapitalistischen, industrialisierten Gesellschaft vorführen und zum Gegenstand ihrer Gesellschaftskritik machen. „La confianza en el progreso definido solamente en términos técnicos y financieros, la confianza en una técnica calculable dentro de un sistema de cálculos se nos convierte cada día más en escepticismo frente a un mundo social en el cual efectivamente ser humano y naturaleza se han convertido en materia de cálculo destructor por quedar ligado a una seudo-necesidad de plusvalía privatizada en empresas de poder mundial."[16] Hier zeigt sich ein Übergang von der soziologischen zur marxistischen Betrachtungsweise.

3b Marxistische Perspektive

Da für den Marxismus Geschichte wesentlich durch den Klassenkampf zwischen Kapitaleignern und Lohnabhängigen geprägt ist, sollen auch die literaturwissenschaftlichen Betrachtungen von dieser Situation ausgehen. Grundlage für die von Karl Marx geprägte Literaturwissenschaft ist die These, dass die materielle, d.h. ökonomische **Basis** den geistigen **Überbau**, zu dem auch die Literatur gehört, determiniert: Das Sein bestimmt also das Bewusstsein. Das Verhältnis zwischen der herrschenden Klasse, die über Produktionsmittel verfügt, und der beherrschten, die im Produktionsprozess arbeitet, ist konfliktgeladen und führt zum Klassenkampf, wenn die beherrschte Klasse, das Proletariat, Einsicht in ihre Lage gewinnt und ein revolutionäres Bewusstsein ausbildet. Wenn die Proletarier als

---

[15] Vgl. Manfred Engelbert, Pérez Galdós y Pereda: Dos enemigos amigos, in: Eberhard Geisler, Francisco Povedano (Hg.), Benito Pérez Galdós, Frankfurt 1996, S. 41-49.
[16] Ebda., S. 49.

Produzenten dank ihrer Revolution die Verfügungsgewalt über die Produktionsmittel gewinnen, ist der Klassenkampf beendet und eine klassenlose Gesellschaft
das Resultat.

In der **Germanistik** gab es schon früh durch den Marxismus angeregte Debatten.
Gegen Erich Schmidts große Biografie Lessings[17] richtete sich Franz Mehring in
seinem Buch *Lessing-Legende. Zur Geschichte und Kritik des preußischen Despotismus und der klassischen Literatur* (1893) und forderte die Berücksichtigung
von ökonomischer und politischer Geschichte bei der Beschäftigung mit Literatur. Diese sollte in der marxistischen Literaturtheorie aber nicht nur vorgeführt
werden, sondern auch zur Positionierung des Autors hinsichtlich seines Klassen-
bewusstseins dienen. Er kommt zum Schluss, Lessing habe aus dem Klassenbewusstsein des Proletariats geschrieben, dem Teile des Bürgertums zuzurechnen
gewesen seien. Lenin war es, der aus dem Klassenbewusstsein die Parteilichkeit
für die jeweilige gesellschaftliche Klasse ableitete und auch in der Wissenschaft
jegliche Objektivität als Objektivismus ablehnte. Er forderte auch den Wissenschaftler auf, bei der Bewertung eines jeden Ereignisses Standpunkt und Sicht
des Proletariats, so wie von der Partei vorgegeben und formuliert, einzunehmen.
Im Zusammenhang mit dem bürgerlichen Historikerstreit des Historismus hatte
bereits Droysen im 19. Jahrhundert die von Ranke geforderte Unparteilichkeit
des Wissenschaftlers als unerreichbar und dem jeweiligen Erkenntnisinteresse
abträglich abgelehnt.

Zwar ist es primär die Basis, die den Überbau bestimmt, doch kann auch eine
gewisse dialektische **Wechselwirkung** angenommen werden. Wenn das durch
Entfremdung geprägte Bewusstsein des produzierenden Arbeiters nur eine un-
vollständige Erkenntnis der Wirklichkeit zulässt, ist zu fragen, ob überhaupt eine
im Sinne des Marxismus verlässliche Erkenntnis möglich ist, die zudem noch
durch die Ideologie der Herrschenden verzerrt ist. Man kann nun den Überbau
sehr von der Basis abhängig sehen und die Partei zum Träger des Bewusstseins
des Proletariats machen, die die objektiv richtigen Einsichten hat, diese der Literatur und Kultur vermittelt und wie im Fall der kommunistischen Parteien zur
Zeit des Kalten Krieges in der Politik durchsetzen will. Demgegenüber gesteht
Th. W. Adorno als Vertreter des westlichen Marxismus der Frankfurter Schule
der Literatur die Möglichkeit zu, sich des direkten Einflusses der Ideologie zu
entziehen, womit er dem Überbau **Autonomie** gegenüber der Basis zubilligt.

Wie das Verhältnis zwischen den herrschenden und beherrschten Klassen einer
Gesellschaft durch Klassenkampf charakterisiert ist, so definiert der **Imperialis-**

---

[17] Erich Schmidt, Lessing. Geschichte seines Lebens und seiner Schriften, Berlin 1884
(Bd. 1), 1892 (Bd. 2).

mus das Verhältnis zwischen herrschenden und beherrschten Staaten, z.B. zwischen Kolonialmächten und Kolonien. Letztere erlauben den Kolonialmächten eine „ursprüngliche Akkumulation" von Kapital, die es ermöglicht, künftige Handelskriege der Kapitaleigner untereinander zu führen. „Die Entdeckung der Gold- und Silberländer in Amerika, die Ausrottung, Versklavung und Vergrabung der eingeborenen Bevölkerung in die Bergwerke, die Eroberung und Ausplünderung von Ostindien, die Verwandlung von Afrika in ein Gehege zur Handelsjagd auf Schwarzhäute, bezeichnen die Morgenröte der kapitalistischen Produktionsära."[18] Dort, wo der Besitzer seiner eigenen Arbeitsbedingungen sich selbst durch seine Arbeit bereichert statt den Kapitalisten, versucht dieser mit der Macht seines Mutterlandes im Rücken, „die auf eigener Arbeit beruhende Produktions- und Aneignungsweise gewaltsam aus dem Weg zu räumen."[19] W. I. Lenin sagte in *Der Imperialismus als höchstes Stadium des Kapitalismus* (1916/17) als Folge des Expansionismus, der durch Konzentration von Produktion und Kapital sowie durch Monopolisierung gekennzeichnet ist, den baldigen Zerfall des Kapitalismus voraus.

Zur Veranschaulichung soll kurz eine marxistische Betrachtung einiger Romane des guatemaltekischen Autors **Miguel Angel Asturias** vorgestellt werden. Seine Artikel, die er zwischen 1925 und 1930 in Frankreich schreibt und in der Presse Guatemalas veröffentlicht, prangern den Imperialismus der USA, die Korruption der herrschenden Klasse und die soziale Ungerechtigkeit an und verlangen die Enteignung der ausländischen Großgrundbesitzer zugunsten selbständiger Kleinbauern. In das Erbe der präkolumbianischen Kultur der Maya will er die nationale Identität projiziert sehen. Unterentwicklung und allgemeine Armut in Guatemala seien auf den alleinigen Anbau von Kaffee und Bananen, sowie auf das Interesse des Auslands an Vorkommen von Kupfer, Nickel und Wolfram zurückzuführen. „Zu einer Zeit, da der gesellschaftlich-historische Prozeß in Guatemala durch das Aufbrechen schärfster Widersprüche in Bewegung geriet, gestaltete er [Asturias] den Anspruch der vornehmlich agrarischen Bevölkerung auf Würde und Freiheit aus den in sich ruhenden Überlieferungen der Maya heraus."[20] *Hombres de maíz* (1949) erschien nach der bürgerlich-demokratischen Revolution, von der Asturias sich neue Perspektiven erwartete und infolge der er die Tradition der indianischen Bibel des *Popol-Vuh* als Orientierung wünschte. Nach indianischen Vorstellungen ist der Mensch aus Mais geschaffen worden. Der Roman handelt von den indianischen Bauern, die ihren Mais ausschließlich zum

---

[18] Karl Marx, Das Kapital. Kritik der politischen Ökonomie I, Frankfurt 1969, S. 694.

[19] Ebda., S. 707.

[20] Adalbert Dessau, Legendenbildung und Geschichtsdarstellung in den Romanen von Miguel Angel Asturias, in: Hermann Herlinghaus (Hg.), Romankunst in Lateinamerika, Berlin 1989, S. 75-90, hier S. 76.

Zweck ihrer Ernährung anbauten, ihn also nach seinem Gebrauchswert behandelten, und von den Mestizen der Stadt, die ihn hingegen produzieren wollen, um mit ihm geschäftlich zu handeln, also an seinem Tauschwert interessiert sind.

Der Imperialismus wird in Asturias' Bananentrilogie thematisiert, zu der *Viento fuerte* (1949), *El papa verde* (1954) und *Los ojos de los enterados* (1954 fertiggestellt) gehören. „Die literarische Auseinandersetzung des Romanciers mit der Ausbeutung und Beherrschung Guatemalas durch den Imperialismus dauerte reichlich zehn Jahre – ein Zeitraum, in dem die Liquidierung der bürgerlich-demokratischen, anti-imperialistischen Revolution in Guatemala 1954 eine entscheidende Zäsur darstellte und der an seinem Ende durch den Sieg der kubanischen Revolution überstrahlt wurde."[21] Im Mittelpunkt der Bananentrilogie steht die **United Fruit Company**, ein Bananenkonzern, der seit 1906 in Guatemala aktiv war und nicht nur Bananen exportierte, sondern auch Verkehrswege, Kommunikationswege und zahlreiche wichtige Unternehmen kontrollierte. Ein von diesem Konzern ruinierter Kleinbauer rächt sich im ersten Roman der Trilogie, indem er einem Schamanen seinen Kopf anbietet, damit dieser einen orkanartigen „viento fuerte" zur Vernichtung der Plantagen des Bananenkonzerns hervorrufe. Unterstützt wird die Gesellschaftskritik durch den *magischen Realismus*. (vgl. 4d) Schließlich sind im dritten Band die Kleinbauern Millionäre geworden und kooperieren nach dem Gesetz der kapitalistischen Akkumulation willig mit dem Bananenkonzern, wobei sie dem Volk den Rücken kehren, auf Kosten anderer leben und den Zugang zu Mythen und Legenden der Nation verlieren.

Asturias' Trilogie findet eine Fortsetzung in *Weekend en Guatemala* (1957), einem Sammelband mit mehreren Erzählungen, die von dem parasitären Verhältnis der Großgrundbesitzer zum Militär, von der Rache des einfachen Mannes, von trügerischer Propaganda und von der Kraft des magischen Mythos gegen alle Eindringlinge berichten. Die Titelerzählung handelt vom Eingreifen nordamerikanischer Truppen in Guatemala. Diese sollten aus Sicht der USA das Land vor dem drohenden Kommunismus schützen und daher die landeseigenen gegenrevolutionären Truppen unterstützen. Daher wurde der Präsident Arbenz Guzmán 1954 gestürzt, was der Präsident **Eisenhower** später im Jahr 1963 rechtfertigte: „Nos encontramos en aquel momento en Centroamérica en una situación desesperada o pensamos por lo menos que era así. Teníamos que liquidar un gobierno comunista que había subido al poder."[22] In Asturias' Perspektive war Drahtzieher die United Fruit Company, der es darauf ankam, Ländereien zurück-

---

[21] Ebda., S. 82; vgl. auch: Adalbert Dessau, Der mexikanische Revolutionsroman, Berlin 1967.

[22] Zit. nach Martin Franzbach, Sociedad y literatura: Ensayos críticos sobre temas hispanoamericanos, Guadalajara, México 1983, S. 22.

zubekommen, die ihr zuvor die revolutionäre Regierung weggenommen hatte, um sie Kleinbauern zu geben. Denn als der Anführer der gegenrevolutionären Invasion die Hauptstadt eingenommen hatte und Präsident wurde, gab er der United Fruit Company alle Rechte zurück, hob die Gesetze zur Landreform auf, schränkte die Sozialgesetzgebung ein und verbot alle Parteien.

Es hat sich gezeigt, dass der Entfremdung in der vom Kapitalismus geprägten Welt das Magisch-Mythische als Positivum entgegengehalten wird. Die **präkolumbianische Welt** der lateinamerikanischen Indios galt schon früh als vorbildlich. Da sie den Gegensatz zwischen Industrie- und Landarbeit, körperlicher und geistiger Arbeit abgeschwächt und Gemeinschaftsbesitz zum Zweck der Produktivitätssteigerung eingeführt hatte, galt sie als sozialistisch.[23] Für Rosa Luxemburg lebten die Incas in einem ursprünglichen Kommunismus, wobei zu beachten ist, dass sich hier utopische Traditionen nicht nur eines Platon, Thomas Morus und Campanella, sondern auch der *Comentarios Reales* (1609) des Inca Garcilaso de la Vega wiederfinden.

In diesem Zusammenhang bezeichnend für die Zeit des Kalten Krieges ist die im Jahr 1956 bei Rowohlt erschienene deutsche Übersetzung von Louis Baudins *L'empire socialiste des Inka* (1928), wo der Sozialismus der Incas als sozialistischer Staat bewertet wird, dessen Form der menschlichen Natur widerstrebe. Dabei fällt naturgemäß die Unterscheidung der Eigenschaften von Spaniern und Indios zuungunsten letzterer aus und trägt ihrerseits dazu bei, den Sozialismus zu diskreditieren. Diesem Ansatz lassen sich die *Siete ensayos de interpretación de la realidad peruana* (1928) von José Carlos Mariátegui gegenüberstellen, der in seiner marxistischen Gesellschaftskritik die Partei der Indios einnimmt.

3c Ideologiekritik

Beim Begriff der Ideologie ist im Allgemeinen das Verständnis des historischen Materialismus, wie ihn Marx und Engels geprägt haben, der Ausgangspunkt. Alles Geistige in Religion, Wissenschaft und Kunst ist in dieser Sicht als **ideologischer Überbau**, d.h. als Ausdruck der ökonomischen Verhältnisse, zu verstehen. Ideologie wird somit zum Ausdruck der materiellen Lage der Vertreter einer Klasse. „Die Gesamtheit dieser Produktionsverhältnisse bildet die ökonomische Struktur der Gesellschaft, die reale Basis, worauf sich ein juristischer und politischer Überbau erhebt und welcher bestimmte gesellschaftliche Bewußtseinsformen entsprechen. Die Produktionsweise des materiellen Lebens bedingt den sozialen, politischen und geistigen Lebensprozeß überhaupt. Es ist nicht das Be-

---

[23] Vgl. ebda., S. 7-16.

wußtsein der Menschen, das ihr Sein, sondern umgekehrt ihr gesellschaftliches Sein, das ihr Bewußtsein bestimmt."[24] Je nach den herrschenden Produktionsverhältnissen und den klassenbedingten Interessen ergeben sich also andere Ideologien, die Wahrnehmung und Erkenntnis verzerren. Es ist nach Marx die Aufgabe der Ideologiekritik, derartige durch die Ideologie bedingte Verzerrungen aufzudecken. Lenin polarisiert und stellt der bürgerlichen die sozialistische Ideologie gegenüber. Dabei ist die eine die falsche und die andere die richtige Ideologie, woraus er logisch den Schluss zieht, dass es ein Mittelding nicht gebe.

Andere, wie K. Mannheim, halten jede Art von Erkennen, auch den Versuch der Ideologiekritik, durch den jeweiligen Standort bedingt und damit eine objektive Ideologiekritik für unmöglich. **Weiterentwicklungen des Ideologiekonzepts** gehen von den sich aus der Körperlichkeit des Menschen ergebenden Bedürfnissen (T. Eagleton) oder von Institutionen als Systemen aus, in denen das Subjekt nur noch Funktionsträger ist, sich aber ideologisch als autonom missversteht (L. Althusser). Insofern Ideologie und Diskurs der Stabilisierung von Machtverhältnissen dienen können, werden auch die Grenzen zwischen diesen beiden Begriffen fließend, so dass neuere Verwendungen des Ideologiebegriffs auf die materielle oder ökonomische Basis als Ausgangspunkt weitgehend verzichten, wie auch folgende Beispiele zeigen.

So kann auch eine literarische Strömung als politische Ideologie funktionalisiert werden. **Faschismus und Avantgarde** ist die Tendenz gemeinsam, die Wirklichkeit auszulöschen und eine Welt des Mythischen zu wählen. Wie sich gezeigt hat, kann das Konzept der Avantgarde, der Vorhut, auf das Politische übertragen und vom Faschismus beansprucht werden, wobei dann die künstlerische Avantgarde als *Arrière-garde* durch die *Avanzada* abgelöst wird. (vgl. 2d) Zu beachten ist allerdings, dass in der zweiten Republik (1931-36) Spaniens der Faschismus nicht wie in Deutschland Fuß fassen konnte, da es eine nationale Identitätskrise nicht gab, eine starke Rechte als Alternative zu den Faschisten zur Verfügung stand, die starke Linke aber als Grund für eine faschistische Massenbewegung fehlte und die Wirtschaft des Landes agrarisch geprägt war. Die Oberschicht bediente sich daher des Militärs und war mit dem Militär auch nach dem Bürgerkrieg ein stärkerer Machtfaktor als der faschistische Flügel, so dass man von einer alles umfassenden Ideologie nicht sprechen kann, zumal in der späteren Phase der Franco-Zeit eine wirtschaftliche Modernisierung durch die Ideologie der Technokraten des Opus Dei erfolgte. „El resultado de la política franquista contradecía en casi todos los puntos a las intenciones originales. Al final de la era de Franco, la sociedad española estaba más politizada, urbanizada y secularizada

---

[24] Karl Marx, Friedrich Engels, Vorwort von Zur Kritik der Politischen Ökonomie, in: Dies., Werke, Bd. 13, Berlin 1974, S. 8f.

que nunca."[25] Dennoch gab es auch in Spanien faschistische Elemente wie z.B. einen Führerkult, einen zentralistisch und autoritär organisierten Staat, Massenveranstaltungen und faschistische Symbole, das Verbot fremder Parteien, einen allumfassenden Anspruch der Einheitspartei sowie auf die iberische Halbinsel bezogene imperialistische Überlegungen, verbunden mit einem staatlichen Unterdrückungsapparat.

Die politische Ideologie kann sich aber auch einer neuen Mythologie bedienen, die sie aus unterschiedlichen Quellen schöpft. Die seinerzeit beliebte Vorstellung vom **faschistischen Helden** bezieht Elemente aus der Verehrung römischer Herrscher und mittelalterlicher Heiliger ein. Sie orientiert sich am Höfling der Renaissance, an den Opern Richard Wagners sowie am Konzept des Übermenschen Nietzsches, aber auch an Zeitgenossen wie Hitler und Mussolini.[26] Untrennbar mit dem Helden verbunden sind der heroische Tod und Untergang. Hinzu kommt die Vorstellung von der spanischen Nation bzw. von der Masse des Volkes, das wie ein als Mutter Erde überhöhtes weibliches Wesen Liebe, Leidenschaft, Feste und Kriege verlange. Derartige mythische Versatzstücke sind es, mit denen sich die faschistische Ideologie Francos ausstattete.

Daneben bemüht die **faschistische Propaganda** aber auch noch andere Quellen. Das Theaterstück *Baile en capitanía* (1944) des Agustín de Foxá propagiert die Ideologie Francos, indem es melancholisch die gute alte Zeit der Karlistenaufstände des 19. Jahrhunderts evoziert und dabei zugunsten der traditionsorientierten Karlisten Position bezieht.[27] Der den vier Akten vorgeschaltete Prolog zeigt vier Jugendliche, die im Jahr 1936 bei ihrer Tante Eugenia nach Baskenmützen aus dem vorigen Jahrhundert suchen, die sie beim bevorstehenden Marsch auf Madrid tragen wollen. Dabei finden sie die Mütze des Verlobten der Tante, mit dem sie zwischen 1867 und 1874 befreundet war und der als Karlist von den Liberalen erschossen wurde – eine Geschichte, die in den darauffolgenden Akten vorgeführt wird. Gegenübergestellt werden dabei die traditionsverbundene und gefühlvolle Frau Eugenia ihrer modernen, intellektuellen und gefühlskalten Konkurrentin. Während letztere bereits durch Hässlichkeit gebrandmarkt ist, ist Eugenia fromm, geschickt beim Nähen und erinnert an *La perfecta casada* (1583),

---

[25] Walther L. Bernecker, El debate sobre el régimen franquista: ¿Fascismo, autoritarismo, dictadura de modernización?, in: Mechtild Albert (Hg.), Vencer no es convencer. Literatura e ideología del fascismo español, Frankfurt 1998, S. 29-49, hier S. 45.

[26] Vgl. Ulrich Prill, Mitos y mitografía en la literatura fascista, in: Mechtild Albert (Hg.), Vencer no es convencer. Literatura e ideología del fascismo español, Frankfurt 1998, S. 167-179.

[27] Vgl. Cerstin Bauer-Funke, *Baile en Capitanía* de Agustín de Foxá: poetización de la propaganda franquista, in: Mechtild Albert (Hg.), Vencer no es convencer. Literatura e ideología del fascismo español, Frankfurt 1998, S. 149-163.

zumal sie das gleichnamige Buch von Fray Luis de León vor ihrer geplanten Heirat als Geschenk erhielt. Nach dem Tod ihres Verlobten bleibt sie trauernd seinem Andenken treu und deutet mit ihrer moralischen Stärke jenen Sieg an, den die Anhänger der Falange anstrebten. Da im Stück fortschrittsgläubige Liberale wie ein Ingenieur oder ein französischer Spion als lächerlich dargestellt werden und der Verlobte nicht in offener Schlacht, sondern durch feige Erschießung zu Tode kommt, erscheint der Sieg der Falangisten im Nachhinein als verdient und gerecht. Indem also die Ideologie der Traditionalisten des 19. Jahrhunderts durch das Stück bestärkt wird, dient es der Propagierung der Ideologie Francos.

3d Kulturwissenschaftliche Sicht

Landeskunde ist seit langem in einigen Bundesländern Bestandteil des zum philologischen Staatsexamen führenden Studiums. Häufig werden entsprechende Lehrveranstaltungen von Lektoren angeboten oder bilden Teilaspekte in literatur- oder sprachwissenschaftlichen Seminaren. Landeskunde lässt sich definieren als die Summe der Kenntnisse über Fakten eines bestimmten Landes, die es ermöglichen, einzelne, z.B. literarische, sprachliche, politische, wirtschaftliche und soziale Erscheinungen dieses Landes besser zu verstehen.

Die landeskundlichen Kenntnisse beziehen sich ihrerseits auf die Geografie des Landes, die politischen Institutionen, die Gesellschaftsstruktur, Wirtschaft, Bildungswesen, Geschichte und die unterschiedlichen Bereiche von Kultur und Freizeitbeschäftigung. Dazu gehört auch der kulturspezifische Wortschatz, zu dem im Deutschen „Schützenfest", „Alm-Abtrieb", „Biergarten", „Heimatfilm", „Adventskranz" und „Bundesverdienstkreuz", im Spanischen *sangría, tertulia, tapas* und *rambla* zählen.[28]

Die einzelnen Bereiche kann man je nach ihrer historischen Beständigkeit und Dauer in vier Ebenen unterteilen: Phänomene kurzer Dauer gehören in die Ereignisgeschichte. Zu den Strukturen mittlerer und längerer Dauer gehört z.B. der Wortschatz. Klima und geografischer Raum schließlich gehören zur fast unbeweglichen Geschichte. Problematisch ist der Ganzheitsanspruch der Landeskunde, die Vollständigkeit und Totalität bei der Erforschung eines Landes fordert. Dieser könnte bestenfalls durch interdisziplinäre Bemühungen eingelöst werden.

---

[28] Vgl. Günther Haensch, Einige Gedanken zum Thema Landeskunde, in: Brigitte Schlieben-Lange, Axel Schönberger (Hg.), Polyglotte Romania. Homenatge a Tilbert Dídac Stegmann, Bd. 2, Frankfurt 1991, S. 1021-1033; Hans-Jürgen Lüsebrink, Romanische Landeskunde zwischen Literaturwissenschaft und Mentalitätsgeschichte, in: Klaus P. Hansen (Hg.), Kulturbegriff und Methode. Der stille Paradigmenwechsel in den Geisteswissenschaften, Tübingen 1993, S. 81-94.

Aber auch gestützt auf traditionell verbreitete literaturwissenschaftliche Ansätze kann sie als textbezogene Landeskunde verstärkt Trivialliteratur, Flugschriften, Presse, Öffentlichkeit und kulturelles Gedächtnis betrachten und Rezeptions- wie Mentalitätsgeschichte einbeziehen.

Einen Vorläufer hat die Landeskunde in der nach dem Ersten Weltkrieg ideologisch belasteten **Kulturkunde**, die nationalistisch ausgerichtet war und z.B. einen tiefschürfenden deutschen Geist einem zwar brillanten, aber oberflächlichen französischen *esprit* gegenüberstellte. Da das Wort „Kunde" wegen der Verwendung bei „Heimatkunde" oder „Berufskunde" keine besonderen wissenschaftlichen Ansprüche erwarten ließ, fanden später Wörter wie „Kulturwissenschaft" und „Auslandswissenschaft" bevorzugte Verwendung. Charakteristisch für Kultur in einem neuen, differenzierten Verständnis ist, dass sie ein menschliches Konstrukt ist. Sie wird durch Zeichen, wie z.B. den Ehering, vermittelt, denen die Gesellschaft eine bestimmte Bedeutung verleiht. Der Vergleich unterschiedlicher Kulturen zeigt, dass in ihnen Gegenstände verschiedene Bedeutungen erlangen können, wie z.B. Pfeil und Bogen, die im Spätmittelalter für den Krieger effektive Waffen waren, während sie heute für Spiel und Sport gebraucht werden. Damit erweist sich die Kulturwissenschaft als Semiotik, wenn sie hinter konkreten Erscheinungen Sinn und Bedeutungszusammenhänge sucht. Sie unterscheidet sich hierin von jener Landeskunde, die sich oft auf Sammlung und Vermittlung von Faktenwissen beschränkt. Mit Vorliebe widmet sich die semiotisch orientierte Landeskunde der Alltagskultur, aber auch der Subkultur, bei der ebenso wie bei der postkolonialen Kultur ein konfliktbeladenes Dominanzverhältnis im Hintergrund steht. Geht man nun davon aus, dass sich Kultur als Zeichensystem auch in Texten offenbart, dann ist die Nähe der Literaturwissenschaft zur Kulturwissenschaft evident. (vgl. 5c)

Wenn sich der deutsche Hispanist mit Spanien oder Lateinamerika beschäftigt, hat er es mit ihm (zumindest anfänglich) fremden Kulturen zu tun. So kann man gerade die Lateinamerikanistik als **Fremdkulturwissenschaft** betrachten.[29] Das Fremde wurde abgewehrt und ausgegrenzt mit dem bekannten Schlagwort vom kulturlosen Barbaren, oder aber mit dem Stereotyp vom „edlen Wilden" akzeptiert und assimiliert. Lateinamerikanische Romane interessierten in Europa zunächst nicht als ästhetisches Phänomen, sondern als Spiegel einer fremden Wirklichkeit. Daher versprachen Klappentexte „wilde Abenteuer", „tropische Fülle und Glut" oder eine „seltsam erregende und geheimnisvolle Welt". „Amerikani-

---

[29] Vgl. Frauke Gewecke, Perspektiven einer Lateinamerikanistik als Fremdkulturwissenschaft, in: Alois Wierlacher (Hg.), Kulturthema Fremdheit: Leitbegriffe und Problemfelder kulturwissenschaftlicher Fremdheitsforschung, München 1993, S. 243-256.

tät" bedeutete „Exotismus" und Alterität. Der Blickwinkel der Lateinamerikanistik ist dem der Auslandsgermanistik vergleichbar, die mit der Inlandsgermanistik in Konkurrenz tritt. Bei der Lateinamerikanistik sind die Verhältnisse jedoch insofern teilweise anders, als die lateinamerikanischen Eliten stark an europäischen, also eigentlich fremdkulturellen Denkmustern orientiert sind, so dass die konkurrierende eigenkulturelle Perspektive oft nicht zur Ausprägung kommt. Zudem darf nicht vergessen werden, dass z.b. in Argentinien, wo Autor und Leser der im Werk dargestellten Welt angehören, Kulturdifferenzen schwächer sind als in Guatemala, wo Autoren und Leser nicht selten außerhalb der indianisch geprägten Werkwelt stehen.

Die **kulturwissenschaftliche Ausrichtung** der Literaturwissenschaft hat drei Schwerpunkte gebildet: das Interesse für Ritualisierungen, für Körperlichkeit und für die Textualität der Kultur bzw. einen deutlich erweiterten Textbegriff. So kann das soziale Ritual von Tanz und Contre-Tanz Aggression zähmen und verdecken oder aber sich „als blindes, a-textuelles Dispositiv sozialer Macht und ihrer anonymen Dynamik, als ein ritueller Quellpunkt anarchischer Gewalt"[30] zeigen. Man kann Literatur als Kasuistik von Kulturthemen verstehen. Sie versammelt Fallstudien zum Thema Sexualität, indem sie Ritualisierungsmöglichkeiten von Ehe, Verführung, Verstoßung, Huldigung und Mesalliance vorführt. Zum Kulturthema der Nahrung zeigt sie ritualisierte Modelle wie das griechische Symposion, das christliche Abendmahl, die feudale oder bürgerliche Tischgesellschaft. Zum Thema der Aggression führt sie domestizierte Handlungs- und Sprachmuster vor, zeigt Duelle, Kriege, Wettspiele, Prozesse und Hinrichtungen. Vom Kulturthema des Todes führt die Literatur Inszenierungen wie den Liebestod, den Heldentod oder den Abschiedsbrief vor. Hier zeigt sich eine gewisse Nähe zur Thematologie. (vgl. 5c) Ritualisierungen bieten Leitmuster für Anfänge und für Schlüsse, für Wahrnehmungen des Neuen und des Bekannten. Damit dienen sie der Reduktion von Unsicherheit in der Lebenswelt, der Identitätsbildung in der Gesellschaft und der Sozialisation des Subjekts. Ein sakrales Verständnis eines Rituals schlägt in ein säkulares um, wenn z.B. der Zweikampf, der im Mittelalter noch ein dem göttlichen Willen unterworfenes Auskunftsmittel in Ehrenfragen war, nur noch dramentechnisch eindrucksvoller Beleg für die Geschicklichkeit des Siegers ist.

Im Mittelalter, als das **Subsystem Literatur** sich noch nicht ausdifferenziert hatte und eng mit anderen kulturellen Phänomenen verbunden war, sind die Grenzen zwischen Ritualisierungen, Kult, politischer Repräsentation und Fest

---

[30] Gerhard Neumann, Begriff und Funktion des Rituals im Feld der Literaturwissenschaft, in: Ders. u.a. (Hg.), Lesbarkeit der Kultur: Literaturwissenschaften zwischen Kulturtechnik und Ethnografie, München 2000, S. 19-52, hier S. 24.

fließend. Dies wurde erneut künstlich herbeigeführt, als die Avantgarden des 20. Jahrhunderts durch Überschreitungen der Grenze von Kunst und Nicht-Kunst provozieren wollten. „Grenzen müssen, so es sie überhaupt gibt, in jeder Epoche neu ausgehandelt werden."[31] Das mittelalterliche Geistliche Spiel gehört nicht mehr zur Liturgie, unterstützt sie aber. Man kann es als Abweichung vom theologischen Erlösungsdogma und Rückfall in ein archaisches Gegenritual verstehen.[32] Jedenfalls unterscheiden sich die theatralen Rituale von den kultischen durch den Charakter des „als ob", da bei ersteren die Handlungen keine sakramentale Wirkung haben.

Die **Ehrendramen** des *Siglo de Oro* erweisen sich bei näherer Betrachtung als einem ganz spezifischen Ritual, dem **Opferritual**, insbesondere dem Blutopfer, sehr nahestehend.[33] Man kann davon ausgehen, dass in archaischen Gesellschaften aufgrund ständiger Meinungsverschiedenheiten zwischen Eltern und Kindern, Mann und Frau, Herrschern und Beherrschten immer wieder soziale Krisen aufbrachen, in denen alle gegen alle kriegerisch gegeneinander antraten. Der Konflikt findet seine Lösung erst dann, wenn sich alle gegnerischen Parteien auf einen Sündenbock geeinigt haben, gegen den sie sich nun verbünden, um ihn zu opfern oder zu vertreiben. Die gegen den Sündenbock erfolgreich sozialisiert ausgeübte Gewalt stellt dann den gesellschaftlichen Frieden und eine neue Ordnung wieder her. Voraussetzung für das Funktionieren dieser Ritualisierung ist, dass sie von den Beteiligten nicht durchschaut wird. Demnach wird Ödipus in erster Linie nicht zum Sündenbock, weil er den Vater getötet und die Mutter geheiratet hat. Vielmehr weil man ihn zum **Sündenbock** machen will, beschuldigt man ihn seiner Vergehen. Der dramatische Held muss erst Fehlhandlungen begangen haben, um dann schließlich als plausibler Sündenbock mit einem blutigen Ende auf der Bühne akzeptiert zu werden. Calderóns *El médico de su honra* (1637) ist ein weiteres Beispiel: Der Ehemann lässt seine Frau, von der er aufgrund von Indizien und zu unrecht vermutet, sie habe ihn betrogen, durch einen Arzt ermorden, um seine Ehre wiederherzustellen. (vgl. 2e) Dieser nimmt an ihr wie an einem Opferlamm einen tödlichen Aderlass vor. Der Opferung des für die Irritationen zur Verantwortung gezogenen Sündenbocks stimmt auch der König

---

[31] Jan-Dirk Müller, Kulturwissenschaft historisch. Zum Verhältnis von Ritual und Theater im späten Mittelalter, in: Gerhard Neumann u.a. (Hg.), Lesbarkeit der Kultur: Literaturwissenschaften zwischen Kulturtechnik und Ethnografie, München 2000, S. 53-77, hier S. 54.

[32] Vgl. Rainer Warning, Funktion und Struktur. Die Ambivalenzen des Geistlichen Spiels, München 1974.

[33] Vgl. im Folgenden ausgehend von René Girard, La Violence et le Sacré, Paris 1972: Bernhard Teuber, La comedia considerada como rito sacrificial. Apuntes para una lectura antropológica del teatro de honor, in: Christoph Strosetzki (Hg.), Teatro español del *Siglo de Oro*. Teoría y práctica, Frankfurt 1998, S. 344-354.

3d Kulturwissenschaftliche Sicht

zu und stabilisiert die Situation, indem er neue Allianzen verordnet. Wenn man also der Kulturwissenschaft zustimmt, dass hinter dem Stück Calderóns vor allem ein uralter Opferritus steht, dann erscheinen rein literaturgeschichtliche Fragen, wie z.b. nach der gattungsgeschichtlichen Unterscheidung zwischen Komödie und Tragödie oder zwischen dem spanischen Barocktheater und dem Theater der französischen Klassik, auf einer völlig anderen Ebene.

Kulturwissenschaft kann sich auch einzelnen konkreten Phänomenen wie der Gesprächskultur oder dem **Taschentuch** widmen, an denen z.b. der Prozess der Zivilisierung ablesbar ist.[34] Je weiter man vom Mittelalter zur Neuzeit schreitet, desto verfeinerter sind die Taschentücher, so dass ihr Prestigewert steigt, ohne dass aber der alltägliche praktische Gebrauch vergessen wird.[35] Es dient zum Schmuck, aber zugleich dem Abwischen von Gesichtsschweiß. Dass die Tücher gesellschaftlicher Differenzierung dienen, zeigt Calderón, der fürstliche Figuren mit *lienzos* und weniger hochstehende Figuren mit *pañuelos* ausstattet. Auch der arme Don Quijote hat nur ein *pañuelo*. Die Kenntnis der italienischen Renaissancenovellistik hatte das Taschentuch auch in spanische Kurzerzählungen gebracht. In Cervantes' *Rinconete y Cortadillo* aus den *Novelas ejemplares* zieht Cortadillo dem Sakristan mit der Geldbörse auch den *pañuelo randado* aus der Tasche. Im Theater geben die Damen mit dem Taschentuch durch Winken Signale, machen auf ihre Anwesenheit aufmerksam oder verdeutlichen Leidenschaft und Schmerz, indem sie zum Weinen die *lienzos* benützen, während die *graciosos* ihr *pañuelo* benützen, um eine Ration Dörrfleisch zu transportieren. Das Taschentuch erweist sich also als kulturgeschichtlich belegter Bedeutungsträger, der standesspezifische Verhaltensformen sichtbar macht und unterstreicht.

Ein weniger konkreter Ansatz einer Kulturwissenschaft könnte sich mit der Bedeutung und **Veränderung von Werten** beschäftigen. Werte wollte Ortega y Gasset 1923 schematisieren. Er nimmt eine Hierarchie an, die von den nur nützlichen, über die vitalen bis hin zu den geistigen (intellektuellen, moralischen und ästhetischen) und den religiösen führt. Dabei stehen den positiven Werten negative Entsprechungen gegenüber: gesund – krank, gerecht – ungerecht oder schön – hässlich. Für die sechziger und siebziger Jahre des 20. Jahrhunderts hat man einen Wertewandel konstatiert und die Verbreitung postmaterialistischer Werte

---

[34] Vgl. Norbert Elias, Über den Prozeß der Zivilisation, Frankfurt 1977/78, 2 Bde.; zur ethisch, ästhetisch und utilitär fundierten Konversationstheorie vgl. Christoph Strosetzki, Sprache als Handlung in der spanischen Renaissance, in: Wolfenbütteler Renaissance-Mitteilungen 5/1, 1981, S. 43-49.

[35] Vgl. im Folgenden Hans Mattauch, *Fazzoletto-mouchoir-pañuelo*: das Taschentuch in den romanischen Literaturen bis zum Ende des Barocks, in: Sybille Große, Axel Schönberger (Hg.), Dulce et decorum est philologiam colere. Festschrift für Dietrich Briesemeister zu seinem 65. Geburtstag, Bd. 2, Berlin 1999, S. 1679-1698.

auf den in den Industriestaaten erreichten Wohlstand zurückgeführt. Allerdings ist beim Wertewandel genauer zu differenzieren zwischen der Wertsynthese, bei der vorhandene Werte durch neuere ergänzt werden und sich der Verhaltensspielraum erweitert, dem Wertverlust, bei dem aufgrund des Fehlens von Werten die Situationsabhängigkeit steigt, und dem Wertumsturz, bei dem bisherige durch gegensätzliche Werte ersetzt werden. Bezogen auf Lateinamerika lässt sich der in José Enrique Rodós *Ariel* (1900) konstatierte Gegensatz von angelsächsischer und lateinischer Welt als Unterschied gegensätzlicher Wertgemeinschaften sehen. Ernesto Sábatos *Sobre héroes y tumbas* (1961) zeigt den Übergang von der an traditionellen Werten ausgerichteten großbürgerlichen kreolischen Kultur hin zu einer modernen Gesellschaft, die sich an materiellen Werten orientiert. Marxistische Wertvorstellungen lassen sich bei Ernesto Cardenal und Julio Cortázar finden, während der fortschreitende Prozess der Globalisierung die Identität und Kohärenz eines lateinamerikanischen Wertesystems vor neue Herausforderungen stellt.[36]

Immer jedenfalls sollte eine Kulturwissenschaft so verständlich sein, dass auch der interessierte Laie angesprochen wird. Um zu erhellen, soll sie auch andere Künste und Wissenschaften in ihre Betrachtungen einbeziehen. Schließlich soll sie nicht nur die Meisterwerke der Weltliteratur lebendig halten, sondern auch das zu Unrecht Verdrängte oder noch gar nicht allgemein Bekannte ans Licht bringen.[37]

3e Psychologische Betrachtungsweise

Will man die Handlungen der in einem Text vorkommenden Figuren, des Autors oder des Lesers verstehen, ihren Sinn, ihre Intention oder Ursache erklären, dann greift man gern auf eigene psychologische Erfahrungen zurück. Erst wenn das Unbewusste zur Grundlage der Erklärung wird, spricht man von **Psychoanalyse**. Die Handlungen einer literarischen Figur lassen sich analysieren wie die einer realen Person, indem man sie einzeln erklärt oder pauschal aus dem Neurosentyp ableitet, unter dem die Figur leidet. So führt Sigmund Freud in einem Brief an Fließ vom 20. 6. 1898 seine Deutung der Novelle Conrad Ferdinand Meyers *Die Richterin* vor: Es gehe hier um die für das Kleinkind typische Phantasie, es sei in

---

[36] Vgl. Karl Kohut, Wert und Wertwandel als Konzepte der Literaturwissenschaft: Eine theoretische Betrachtung mit Ausblick auf die lateinamerikanische Literatur, in: Rolf Eschenburg u.a. (Hg.), Lateinamerika. Gesellschaft – Raum – Kooperation. Festschrift für Achim Schrader zum 65. Geburtstag, Frankfurt 1999, S. 251-258.

[37] Vgl. Hans-Jörg Neuschäfer, Philologie und Aufklärung. Über den kulturwissenschaftlichen Auftrag unseres Fachs, in: Romanistische Zeitschrift für Literaturgeschichte 26, 1/2, 2002, S. 171-182, hier S. 175.

Wirklichkeit Kind anderer, vornehmerer, besserer oder großartigerer Eltern, die Freud als den *Familienroman der Neurotiker* bezeichnet.[38] Eine dem entsprechende Phantasie entwickelt z.b. auch die Protagonistin in Pérez Galdós Roman *La desheredada*. Sie lebt als Bedienstete mit und von der Vorstellung, sie sei eigentlich Tochter hochgestellter adliger Eltern. Als sie in Madrid in einem Prozess ihre angeblichen Rechte als Enkelin einer hochgestellten Marquise geltend machen will, stellt sich heraus, dass die vorgelegten Dokumente Fälschungen sind, was ihr eine Gefängnisstrafe einbringt. Mit ihren Phantasien ist auch ihre Persönlichkeit zusammengebrochen, so dass sie sich nach ihrer Entlassung als Prostituierte verkauft.

Die „**Übertragung**" meint in der Psychoanalyse allgemein die Tatsache, dass sich in neuen zwischenmenschlichen Beziehungen oft unbewusst Einstellungen, Erwartungen und Gefühle aus früheren Beziehungen z.B. zu Eltern oder Geschwistern wiederholen, also die realitätsgerechte Wahrnehmung durch Projektion und Phantasie verzerrt wird. Im engeren Sinn wird unter „Übertragung" die Gefühlsbindung des Patienten an den Psychoanalytiker bezeichnet, in die gleichfalls Elemente der früheren Beziehungen projiziert werden. Vergleicht man die Rolle des Lesers mit der des Therapeuten, der sich den Bericht des Patienten anhört, dann kann man sein Verhalten mit der „Gegenübertragung", d.h. der Reaktion auf die „Übertragung" des Patienten, vergleichen. Die Gegenübertragungsanalyse und -kontrolle kann z.B. Abwehrmechanismen erkennen und lenken.

Wenn sich die Psychoanalyse schließlich mit dem Autor beschäftigt, dann besteht die Gefahr, dass der Text auf das reduziert wird, was zur Erschließung der Psyche des Autors hilfreich ist, und das Textverständnis einem Biografismus geopfert wird, bei dem Literatur als sublimiertes erotisches Verlangen erscheint, der Autor schöpferisch nur wegen seiner Neurosen ist und seine Kreativität zum Ausdruck einer größeren Durchlässigkeit der Zensurschranke wird. Etwas einfach gedeutet erscheint in diesem Zusammenhang auch Alfred Hitchcock, „der als sensibler Sohn eines Geflügelhändlers täglich angsterregende blutige Vorgänge mit ansehen mußte und als Filmkünstler dann seinerseits Millionen Zuschauern Angst einflößte. Aus dem passiven Zuschauer grausamer Szenen wurde der aktive Horrorproduzent."[39]

Erscheint jedoch die tatsächliche Biografie des realen Autors unergründlich, kann man einen vom Autor verschiedenen Erzähler oder einen impliziten Autor konstruieren und zum Gegenstand der Analyse machen. Der **literarische Text**

---

[38] Vgl. Walter Schönau, Einführung in die psychoanalytische Literaturwissenschaft, Stuttgart 1991, S. 41.
[39] Ebda., S. 12.

selbst lässt sich nach Freud analysieren wie ein **Traum**, bei dem die Traumarbeit den latenten Traumgedanken in einen manifesten Trauminhalt überführt hat. Genuss der Dichtung schließlich führt zur Befreiung von Spannungen der Seele.

Kritiker der psychoanalytischen Literaturbetrachtung halten ihr vor, sie gelte nicht für alle, sondern nur für solche Texte, die sich mit entsprechenden Inhalten beschäftigen. Wenn außerdem die Kunst als Sublimierung und Mittel der psychischen Ökonomie zu sehen ist, dann müsste sie konsequenterweise ebenso abgeschafft werden wie die Neurose des Patienten wegzuanalysieren ist. Sind die wesentlichen Traumata späte Folgen der frühen Kindheit, dann ist der Einfluss gesellschaftlicher Erfahrung ausgeschlossen. So kritisiert die literatursoziologische Sicht, dass man nur zu Fehlschlüssen kommen kann, wollte man z.B. die in der Trobadorlyrik zum Ausdruck kommende Subjektivität individualpsychologisch als Ausdruck einer Liebesbeziehung zwischen Trobador und Dame deuten. Denn das subjektive Moment ist seinerseits historisch und gesellschaftlich bestimmt und die Funktion von Literatur an die Interessen gesellschaftlicher Gruppen und Klassen gebunden.[40] Doch von derartiger Kritik ließ sich die psychoanalytische Betrachtungsweise nicht beirren.

Carl Gustav Jung geht von Freuds Lehre vom individuellen Unbewussten aus, konzentriert sich aber auf die Analyse literarischer Gestalten und Werke, in denen er überindividuelle Symbole, transkulturelle und transhistorische Handlungsmuster und Bilder findet. Er nennt sie Archetypen. Diese sind im Zusammenhang mit der Sozialisations- und Individuationsgeschichte des Menschen entstanden und in einem kollektiven Unbewussten seit Urzeiten überliefert. Verdienst der Literatur ist es, die kulturell verdrängten archetypischen Symbole zu hüten und so Kontinuität herzustellen. Der Archetyp Schatten z.B. ist eine Projektion der dunklen Seiten der eigenen Persönlichkeit auf den anderen, die Animafigur steht für das weibliche Gegenbild im Unterbewusstsein des Mannes, während der Animus das männliche Gegenbild bei Frauen ist, und das Selbst steht für das Einswerden von bewussten und unbewussten Kräften. Jung nennt noch weitere Archetypen wie z.B. den alten Weisen oder das göttliche Kind, und von seinen Anhängern sind noch andere, zum Teil in der fiktionalen Literatur als Mythen oder Motive vorzufindende oder auch national oder ethnisch eingeschränkte hinzugefügt worden, so dass die Liste Gefahr läuft auszuufern.

---

[40] Vgl. Hartmut Stenzel, Über die Möglichkeit der Verwendung psychoanalytischer Kategorien in einer historisch-soziologischen Literaturwissenschaft, in: Henning Krauß, Reinhold Wolff (Hg.), Psychoanalytische Literaturwissenschaft und Literatursoziologie, Frankfurt, Bern 1982, S. 11-28, hier S. 20.

Jacques Lacan sieht sich als Reformer der Psychoanalyse, wird aber in der Welt der Geisteswissenschaften stärker rezipiert als in der Welt der Psychoanalytiker. Er unterscheidet nicht zwischen Ich, Es und Über-Ich, sondern zwischen den drei Lebensbereichen des Realen, das unerkennbar ist, des Imaginären, das dem prä-ödipalen Spiegelstadium, in dem das Kind sich erstmalig im Spiegel erblickt, entstammt, und des Symbolischen, d.h. der Ordnung der Sprache. Das Unbe-wusste erscheint als Geschichte, die noch nicht oder nicht mehr erzählt werden kann. Lacan bedient sich der Zeichentheorie Saussures und verallgemeinert freudsche Begriffe, indem er sie nur hinsichtlich ihrer Wirkung in einem struktu-rellen Geschehen betrachtet. So bezeichnet „Vater" keine konkrete Person mehr, sondern einen abstrakten Aktanten. Vor diesem Hintergrund erhält die Sprache, da sie als Struktur immer schon vorhanden ist, eine fundamentale und apriorische Funktion. „Der Textkritiker, der das Unbewußte berücksichtigen will, sollte, nach Lacan, besonders die Lücken und Brüche in der Signifikantenkette beach-ten. Dort seien die Stellen, an denen das Latente sich vorzugsweise manifestie-re."[41]

Etwas ausführlicher sollen im Folgenden die Grundbegriffe der Psychoanalyse **Sigmund Freuds** vorgestellt werden. Der „**psychische Apparat**" besteht aus dem Es, dem Ich und dem Über-Ich. Inhalt des Es ist alles, was ererbt und bei Geburt mitgebracht wird. Hinzu kommen die in der Körperorganisation festge-legten Triebe. Als eine Art Rindenschicht um das Es herum hat sich zur Auf-nahme von Reizen der realen Außenwelt das Ich gebildet. Das Ich dient der Selbstbehauptung, sammelt bestimmte Reize, speichert sie als Erfahrungen, weicht anderen Reizen durch Flucht aus, verändert nach außen die Außenwelt und gewinnt nach innen die Herrschaft über die Triebansprüche. Die Erhöhung der Reizspannungen nimmt das Ich als Unlust wahr, während es deren Herabset-zung als Lust und erstrebenswert empfindet. Während der Kindheitsphase bildet sich infolge der Abhängigkeit von den Eltern ein Über-Ich aus, das später durch das soziale Milieu und persönliche Vorbilder verstärkt wird. „Eine Handlung des Ichs ist dann korrekt, wenn sie gleichzeitig den Anforderungen des Es, des Über-Ichs und der Realität genügt, also deren Ansprüche miteinander zu versöhnen weiß."[42]

Die Bedürfnisse des Es drücken sich in den Trieben aus, die als Mischungen von zwei Urkräften, **Destruktionstrieb** und **Libido**, auftreten. Letztere ist auch unter dem Namen Eros bekannt und umfasst Ichliebe wie Objektliebe. Da das Streben der Triebe nach sofortiger und rücksichtsloser Befriedigung zu Konflikten mit

---

[41] Walter Schönau, a.a.O., S. 156.
[42] Sigmund Freud, Abriß der Psychoanalyse. Das Unbehagen in der Kultur, Frankfurt 1970, S. 10.

der Außenwelt führen würde, schützt sich das Ich durch Einrichtung einer Realitätsprüfung. Destruktionstrieb und Libido treten auch in Kombination auf, z.B. wenn beim Essen ein Objekt zwecks Einverleibung zerstört wird. Falsche Dosierung hat weitreichende Folgen: Aus dem Liebhaber wird ein Lustmörder durch eine Überdosis von Aggression. Auf der anderen Seite kann eine durch das Über-Ich geforderte Zurückhaltung von nach außen gewendeter Aggression krankmachend wirken, den Trieb gegen das eigene Ich wenden und in Selbstzerstörung übergehen.

Eine Wahrnehmung kann bewusst sein oder, wenn sie vorbewusst ist, leicht bewusst gemacht werden. Das Unbewusste dagegen kann nur durch besondere Bemühung erschlossen werden. Sein Ort ist das Es. Das, woran wir uns nach dem Erwachen erinnern, ist nicht der wirkliche Traumvorgang, sondern eine Fassade, hinter welcher sich dieser verbirgt. „Dies ist unsere Unterscheidung eines *manifesten* **Trauminhaltes** und der *latenten* **Traumgedanken**. Den Vorgang, der aus den letzteren den ersteren hervorgehen ließ, heißen wir die *Traumarbeit*. Das Studium der Traumarbeit lehrt uns an einem ausgezeichneten Beispiel, wie unbewußtes Material aus dem Es, ursprüngliches und verdrängtes, sich dem Ich aufdrängt, vorbewußt wird und durch das Sträuben des Ichs jene Veränderungen erfährt, die wir als die *Traumentstellung* kennen."[43] Das Ich sträubt sich, veranlasst durch das Über-Ich, das gewisse latente Traumgedanken (unbewusste Wünsche oder unterdrückte Triebregungen) nicht zulässt und sie durch die Traumarbeit in den akzeptableren manifesten Trauminhalt verwandelt, an den sich der Erwachende erinnert. Die Traumarbeit operiert mit den Mitteln der Verdichtung, bei der die latent bleibenden Traumgedanken verkürzt und zu neuen Einheiten zusammengefasst werden, und der Verschiebung, bei der psychische Besetzungen von einem Element auf ein anderes verschoben werden, z.B. von einem wichtigeren auf ein nebensächlicheres. Das Reich des Unbewussten erweist sich als das der Unlogik, so dass im manifesten Trauminhalt jedes Element auch sein Gegenteil bedeuten kann. Der Psychoanalytiker kann nun über die Betrachtung der Assoziationsreihen des nach dem Traum Erwachten vom manifesten Trauminhalt auf den latenten Traumgedanken schließen. Wenn ein Schlafender Hunger verspürt, den Schlaf aber nicht beenden will, beseitigt er diese Störung, indem er von einer üppigen Mahlzeit träumt. Wunscherfüllung ist auch dort gegeben, wo der Schläfer sich nach dem Genuss eines verbotenen Sexualobjekts sehnt, aber eine andere Person stellvertretend einsetzt. Der Traum ist also eine Art Psychose, bei der das Ich sich von der Realität der Außenwelt ablöst.

---

[43] Ebda., S. 25.

Wenn das Ich im Wachzustand die Aufgaben, die Außenwelt und Gesellschaft ihm stellen, nicht mehr bewältigen kann, seine Aktivität durch strenge Verbote des Über-Ichs gehemmt ist und sich seine gesamte Energie auf den Versuch der Abwehr der Ansprüche des Es richtet, dann hat es eine **Neurose**. Auch wenn Neurosen sehr viel später ausbrechen können, haben sie in der frühen Kindheit bis zum 6. Jahr ein Vorspiel. In dieser Zeit hat sich das noch schwache Ich angesichts eines traumatischen Erlebnisses durch einen Fluchtversuch, d.h. eine Verdrängung, gewehrt, die später zu einer dauerhaften Einschränkung der Entwicklung führt. Bekanntes Beispiel ist der Ödipuskomplex, bei dem die kindliche Rivalität mit dem Vater um die Gunst der Mutter zu unterschiedlichen Fehlentwicklungen nach der Pubertät führen kann. Neurosen kann der Psychoanalytiker heilen, indem er Mitteilungen, freie Assoziationen, Träume und Fehlleistungen seines Patienten analysiert. „Setzt der Patient den Analytiker an die Stelle seines Vaters (seiner Mutter), so räumt er ihm auch die Macht ein, die sein Über-Ich über sein Ich ausübt."[44] Der Patient überträgt Gefühle und Reaktionen, die aus der Kindheit stammen, auf den Analytiker. Übertragung und Gegenübertragung führen dann zu einer vorteilhaften Ichveränderung des Patienten.

Anhand einiger **Beispielfälle** sei schließlich angedeutet, wo ein psychoanalytischer Ansatz bei der Deutung eines literarischen Werkes vielversprechend ist. Prinzipiell ist dies immer dann der Fall, wenn eine gestörte Persönlichkeit als Figur in Erscheinung tritt und während des Romans die Genese der Störung bis hin zur Kindheit durch Rückblenden zurückverfolgt wird. Ein typischer Fall ist der **Schelmenroman**, in dem von einem Endpunkt aus eine retrospektive Autobiografie des gescheiterten Schelms erzählt wird. Bei den meisten Schelmenromanen ist das familiäre Umfeld der Herkunft negativ dargestellt, begleiten Konflikte und Schrecken die Geburt, bleibt die Vaterschaft im Unklaren, sind Vater oder Mutter oder beide schon früh abwesend und ist die Armut prägend. Reaktion des Protagonisten kann nur die Flucht aus der Familie und die Überwindung durch Schaffung einer eigenen Familie sein. Die Geschichten des Schelms sind „una potencia actual, en la que el pasado se siente como presente y los displaceres antiguos son sentidos como actuales, aunque con menor fuerza que en el pasado, lo que provoca la imposición obsesiva de la neurosis. Este es el caso de la narración picaresca."[45]

Als in der Tradition des Schelmenromans stehend kann Camilo José Celas *La familia de Pascual Duarte* (1942) gesehen werden. Hier erzählt der Protagonist, ein Landarbeiter aus armen Verhältnissen und einer zerrütteten Familie, rück-

---

[44] Ebda., S. 34.
[45] José Luis Alonso Hernández, Lectura psicoanalítica de temáticas picarescas, in: Imprevue 1, 1981, S. 183-191, hier S. 191.

blickend sein gescheitertes Leben. Er befindet sich dabei in der Todeszelle des Gefängnisses kurz vor seiner Hinrichtung. Ermordet hat er seine Mutter, der er Verrat an der Familie vorwirft, den Zuhälter seiner Schwester und eine hochgestellte Persönlichkeit. Vergewaltigt hat er seine zukünftige Ehefrau. Eine Sammlung derartiger Untaten soll schockieren und wird deshalb von Cela als *tremendismo* bezeichnet. Sie lässt aber auch auf eine gestörte Persönlichkeit des Protagonisten schließen, was den Roman für die Psychoanalyse interessant macht, zumal auch hier wieder die Krankengeschichte erzählt wird. Gestört und vom Ich nicht kontrolliert ist der Aggressionstrieb, der sich hier als pathologischer *machismo* zeigt und aus einem zugrundeliegenden Unterlegenheitsgefühl resultiert. Man kann nun als Leser im Jahr 1942 versucht sein, Hass, Schuld und Gewaltsamkeit des Bürgerkrieges auf den Roman zu beziehen und eine Psychoanalyse der Geschichte zu betreiben. „La violenta psicopatología de Pascual quizá reflejara el fondo psicológico de todos los que participaron en la guerra civil. Si, por un lado, Pascual presentaba una caricatura grotesca del revolucionario psicótico, por otro ofrecía un espejo deformador ante los que se sentían igualmente justificados en su odio contra el enemigo."[46]

Auch ein neuerer Roman wie Josefina Molinas **Cuestión de azar** (1997) handelt von einer Familiengeschichte mit psychoanalytisch relevantem Hintergrund.[47] Die 24-jährige Dolores erfährt nach einer Blutuntersuchung, dass sie Leukämie hat. Da die Information auf einer Verwechslung beruht, ist sie in Wirklichkeit gesund. Dies wird sie aber nicht mehr erfahren, da sie eine baldige Selbsttötung vorbereitet. Nun nimmt sie sich die Zeit, assoziativ auf ihr vergangenes Leben zurückzublicken. In der frühen Kindheit lieblos von den Eltern zurechtgewiesen, dabei mit dem Nutzwert eines Schweins verglichen, in der Entfaltung ihrer Sexualität mit Verboten belegt, nach Familienstreitigkeiten in Gesellschaft schweigsam und unsicher, ist sie unfähig, sich aus der Familie zu lösen und einen Partner zu finden. Erst am Ende erfährt man das wohlgehütete Familiengeheimnis, das Ursache der Krisen ist: Dolores' Mutter ist ihrerseits vom Wahn besessen, sie habe durch ihren Weggang von zuhause bewirkt, dass ihre Mutter ihretwegen vor Kummer gestorben ist. Nun erscheint ihre narzisstische Inanspruchnahme der Tochter als Folge des verdrängten Schuldgefühls, und dieses Geheimnis der Mutter ist es, das indirekt ihren Umgang mit den sie umgebenden Personen determiniert und die Tochter in den Tod treibt.

---

[46] A. Hoyle, *La familia de Pascual Duarte*: psicoanálisis de la historia, in: David Kossoff u.a. (Hg.), Actas del VIII Congreso de la Asociación Internacional de Hispanistas, Madrid 1986, S. 1-11, hier S. 10.

[47] Vgl. Thoma M. Scheerer, Ein Beschwerdebuch. Zur Psychologie des „Familiengeheimnisses" im spanischen Gegenwartsroman (Josefina Molina, *Cuestión de azar*, 1997), in: Romanistische Zeitschrift für Literaturgeschichte 25, 2001, S. 467-483.

Als besonders anschauliches Modell für den psychischen Apparat Freuds kann Federico García Lorcas *La casa de Bernarda Alba* (1936) gesehen werden. Die Titelfigur wacht nach dem Tod ihres Mannes streng über die Einhaltung der achtjährigen Trauerzeit und Zurückgezogenheit der Töchter. Diese jedoch zieht es nach draußen. Während des gesamten Stücks ist aber nur der Innenraum zu sehen. Von außen hört das Publikum nur Geräusche, die auf ein heimliches Stelldichein der jüngsten Tochter Adela mit Pepe Romano schließen lassen, der aber die älteste Tochter heiraten sollte. Die Großmutter träumt und erzählt von früheren Erlebnissen der Freiheit, während Bernarda Alba über Disziplin, Ordnung, Ruhe, Anstand und guten Ruf wacht. Bedenkt man, dass in den dreißiger Jahren bei den Surrealisten die Psychoanalyse Sigmund Freuds eine große Rolle spielte, dann ist deren Bedeutung auch für Lorcas Stück nicht von der Hand zu weisen. Freud unterteilt das Subjekt in das Über-Ich, das Ich und das Es. Das Über-Ich steht für die Erziehung und deren Normen, das Es umfasst Leidenschaften und sexuelle Triebe, während das Ich die Aufgabe hat, in einer gegebenen Situation zwischen Über-Ich und Es zu vermitteln. Sollte das Es einen sexuellen Wunsch haben, den das Über-Ich ablehnen muss, dann unterdrückt ihn das Über-Ich in der Realität, wie Bernarda Alba Adelas Leidenschaft für Pepe. Dieser Mechanismus funktioniert auch im freieren Raum des Traums. Hier würde ein unerlaubter sexueller Akt oder Wunsch als latenter Gedanke von der „Traumzensur" des Über-Ich im Trauminhalt gestrichen, nach Freud entweder durch Verdichtung, Verschiebung, Verbildlichung oder Umkehrung bzw. Verwandlung ins Gegenteil. Geradezu allegorisch veranschaulicht letzteres Bernarda Alba, wenn sie behauptet, Adela sei als Jungfrau gestorben und es sei eigentlich nichts geschehen. Psychoanalytisch verstanden veranschaulicht das Stück also die verheerenden Auswirkungen der Zensur, die das Über-Ich (Bernarda Alba) über das Es (Adelas Liebe) ausübt und dabei das Ich (Adela) in den Tod treibt. Das nach außen verschlossene Haus der Bernarda Alba kann also gesehen werden als der psychische Apparat im Sinne Freuds, mit seinen Reaktionen auf die auf der Bühne nicht sichtbare Außenwelt. (vgl. 6b)

4 Heuristische Modelle

4a Dialogizität und Karneval

Heuristik ist die Kunst, Neues zu finden und zu erfinden. Werden allgemeine Modelle auf unterschiedliche empirische Sachverhalte bezogen, dann liegt ihr heuristisches Potenzial darin, dass sich immer wieder neue Einsichten ergeben, vor allem dann, wenn sich Diskrepanzen zwischen Modell und Empirie schieben und sich die Empirie nicht gleich vom Modell vereinnahmen lässt. Als heuristisch besonders fruchtbar erweist sich das Modell von Dialogizität und Karneval des Russen **Michail Michailovic Bachtin** (1895-1975). Er wurde international erst postum in den achtziger Jahren des 20. Jahrhunderts rezipiert. Er war aus politischen Gründen 1929 verhaftet und in die Provinz verbannt worden, bis er 1960 rehabilitiert wurde. In seinen Werken ist die persönliche Erfahrung des totalitären stalinistischen Staats immer dort deutlich, wo er dem Prinzip der Monologizität das des Dialogs entgegenhält. Seine wichtigsten Werke sind *Rabelais und seine Welt* (geschrieben 1940, erschienen 1965) und *Probleme der Poetik Dostoevskijs* (1929, überarbeitet 1963). Die darin thematisierten Phänomene, wie **Monologizität** und **Dialogizität**, sind so allgemein, dass sie als anthropologische Konstanten gelten können, die im historischen Ablauf in jeweils unterschiedlichen Kräfteverhältnissen und Dosierungen zu konstatieren sind. Während Monologizität hierarchisch aufgebaute Gesellschaften und deren Literaturen charakterisiere, trete das dialogische Prinzip mit dem subversiven Gegendiskurs des karnevalesken Lachens hervor, wobei es antihierarchisch und demokratisierend wirke: Als monologisch lehnt Bachtin L. Tolstois Romane ab, als dialogisch lobt er die Romane Rabelais', die eine karnevaleske Gegen- und Lachkultur präsentieren, in der die üblicherweise strengen Grenzen zwischen Ernst und Spaß, Oben und Unten, Innen und Außen sowie Kunst und Leben aufgehoben werden. F.M. Dostoevskij (1821-1881) habe den polyphonen Roman geschaffen, in dessen karnevalistischer Relativierung jedes Prinzip auf der Kippe zu seinem Gegenstück steht: Liebe zum Hass, Glaube zum Atheismus, edle Gesinnung zur Gemeinheit, Tugend zum Laster. Alle unterschiedlichen Elemente werden vom Autor im polyphonen Roman kombiniert und orchestriert.

Eine gewisse **Redevielfalt** ist schon für den Roman als Gattung konstitutiv. „Der Roman als Ganzes umschließt viele Stile, verschiedenartige Reden und verschiedene Stimmen. [...] Der Roman ist künstlerisch organisierte Redevielfalt, zuweilen Sprachvielfalt und individuelle Stimmenvielfalt.“[1] Bei Hans Jacob Christoph von Grimmelshausen, Miguel de Cervantes, François Rabelais, Henry Fielding und Laurence Sterne sind die Parodien, die verbalen Maskierungen, die Formen des nicht direkten Sprechens und der Organisation der Redevielfalt ausgeprägter als bei anderen Autoren.[2] Der von diesen Autoren vertretene humoristische Roman führt eine Vielfalt von Sprachen und verbal-ideologischen Horizonten ein. Dazu gehören z.B. „gattungs- und berufsspezifische, ständisch-gruppenspezifische (Sprache des Adligen, des Pächters, des Kaufmanns, des Bauern) Sprachen von Richtungen, Alltagssprachen (Sprachen des Klatschsüchtigen, der vornehmen Konversation, die Sprache der Lakaien).“[3] Diese werden erst eingeführt, um dann als verlogen und eigennützig entlarvt und zerstört zu werden.

Hybridisierung

Das Prinzip der Dialogizität geht so weit, dass durch die Vermischung zweier oder mehrerer unterschiedlicher Elemente etwas Neues entsteht. Diese Vermischung wird als Hybridisierung bezeichnet. Was ist **Hybridisierung**? „Sie ist die Vermischung zweier sozialer Sprachen innerhalb einer einzigen Äußerung, das Aufeinandertreffen zweier verschiedener, durch die Epoche oder die soziale Differenzierung (oder sowohl durch diese als auch durch jene) geschiedener sprachlicher Bewußtseine in der Arena dieser Äußerung.“[4] So kann ein Autor seiner Romanfigur einen Standpunkt in den Mund legen, der deutlich von seinem eigenen abweicht: Die Figur drückt nun zugleich ihre Meinung und die von ihrer Meinung abweichende Position des Autors aus. Oder der Autor nimmt mit seiner Äußerung auf eine fremde Äußerung Bezug, so dass wiederum in der Äußerung zwei Äußerungen enthalten sind. So gesehen ist jeder Roman eine beabsichtigte und künstlerisch organisierte Hybride.

---

[1] Michail M. Bachtin, Die Ästhetik des Wortes, herausgegeben von Rainer Grübel, Frankfurt 1979, S. 156f. „Der Romancier [...] nimmt die Redevielfalt und die Sprachvielfalt von literarischer und außerliterarischer Sprache in sein Werk auf, ohne sie abzuschwächen, ja er betreibt sogar ihre Vertiefung [...]“, ebda., S. 189.

[2] Vgl. ebda., S. 168.

[3] Ebda., S. 201.

[4] Ebda., S. 244.

Chronotopos

Das so verstandene Prinzip der Dialogizität kann auch – ebenso wie Bachtins Begriff des „Chronotopos" – ohne Karnevalisierung vorkommen. So zeigt sich Dialogizität als Grundprinzip in Cervantes' *Novelas ejemplares*.[5] Der Terminus „**Chronotopos**" ist aus dem Griechischen – *chronos* (Zeit) und *topos* (Ort) – abgeleitet und bezieht sich auf einen räumlich und zeitlich festgelegten Punkt. Er entstammt der Einsteinschen Relativitätstheorie und wird von Bachtin als Metapher auf die Literaturwissenschaft übertragen. „Für uns ist wichtig, dass sich in ihm der untrennbare Zusammenhang von Zeit und Raum (die Zeit als vierte Dimension des Raumes) ausdrückt. Wir verstehen den Chronotopos als eine Form-Inhalt-Kategorie der Literatur."[6] Der Chronotopos der Begegnung ist durch Raum- und Zeitbestimmungen festgelegt. Der Chronotopos des Weges eröffnet die Möglichkeit zu Begegnungen, etwa auf der Landstraße. Im statischen Chronotopos des antiken abenteuerlichen Prüfungsromans zwischen dem 2. und 4. Jahrhundert, wie den *Aithiopika* des Heliodor, wird am Ende die Identität alles dessen bestätigt, was bereits am Anfang existierte, so dass die Abenteuerzeit keine Spuren hinterlässt. Das private und – wie die Sexualsphäre – nicht öffentliche Leben ist der Ort, den Lucius in Apuleius' *Goldenen Esel*, einem Vorläufer des Schelmenromans, erlebt. „Für den *Don Quijote* ist charakteristisch, daß sich in ihm der Chronotopos des Ritterromans (der der ‚fremden wunderbaren Welt') mit dem des Schelmenromans (dem der ‚Landstraße durch die heimatliche Welt') auf parodistische Weise überschneidet."[7]

Karnevalisierung

Bachtin beschäftigt sich also mit einzelnen sprachlichen Äußerungen (*parole*) und nicht mit dem System der sprachlichen Äußerungen (*langue*). (vgl. 2a) Die Mimik und Gestik sowie der konkrete situative Bezug der mündlichen Kommunikation müssen bei der schriftlichen Kommunikation ersatzweise als Entstehungskontext und fiktionale Kommunikationssituation, z.B. der Romanfiguren,

---

[5] Das Spiel mit dualen Strukturen steht hinter Adligen und deren Dienerschaft, unterschiedlichen Paaren, den Tätigkeiten in *armas* und *letras*, Verkleidung und Wirklichkeit etc., wie Georges Güntert auch mit Blick auf Bachtin herausgearbeitet hat: Georges Güntert, Dialogizität in den *Novelas ejemplares: Las dos doncellas*, in: Wolf-Dieter Lange, Wolfgang Matzat (Hg.), Sonderwege in die Neuzeit. Dialogizität und Intertextualität in der spanischen Literatur zwischen Mittelalter und Aufklärung, Bonn 1997, S. 1-24.

[6] Michail M. Bachtin, Formen der Zeit im Roman. Untersuchungen zur historischen Poetik, herausgegeben von Edward Kowalski, Frankfurt 1989, S. 7.

[7] Ebda., S. 99.

konstruiert werden. Dabei ist die Position des Sprechenden bzw. Schreibenden mit seiner beruflichen, sozialen und ideologischen Situiertheit und seinem Hintergrundwissen ebenso zu berücksichtigen wie der Bezug zum jeweiligen Gesprächspartner oder Leser. Da also in jede Äußerung derart unterschiedliche Elemente eingehen, zeigt sich erneut, dass eigentlich jede Rede zunächst einmal dialogisch ist. Von dieser grundsätzlichen Dialogizität muss aber jene darüber hinaus gehende unterschieden werden, die Bachtin der Monologizität gegenüberstellt. In letzterem spezifischen Sinn stehe die **Hochkultur** mit ihren zentripetalen Kräften der Vereinheitlichung und Zentralisierung den marginalisierten Bereichen mit ihren zentrifugalen Kräften der Dezentralisierung und Differenzierung gegenüber. Die Hochkultur drücke sich in monologischen Werken aus, die marginalisierten Bereiche in dialogischen. Das Mittelalter ist ein Beispiel für eine zentralisierte Hochkultur, der die subversiven Elemente des Karnevals in der marginalisierten Volkskultur gegenüberstehen. Diese Gegen- und Lachkultur findet in der Renaissance Eingang in die Hochkultur. Beispiel dafür ist François Rabelais' Roman *Gargantua et Pantagruel* (1532/1564), wo die **Karnevalisierung** an vier Kriterien zu erkennen ist: 1. *Familiarität* sorgt dafür, dass Standesgrenzen aufgehoben werden. 2. *Exzentrizität* zeigt sich in der Maßlosigkeit und Obszönität körperlichen Verhaltens. 3. Als *Mesalliance* kann die Verbindung von z.B. Hohem und Niedrigem, Weisem und Törichtem bezeichnet werden. 4. Zur *Profanierung* kommt es, wenn auch das Sakrale Gegenstand des Lästerns, der Parodie und der Obszönität wird. Bachtin geht davon aus, dass solche Methoden der Karnevalisierung die anerkannte bestehende Wertordnung relativieren. Sie folgen dem Modell des als Volksfest immer wiederkehrenden Karnevals, der den normalerweise Beherrschten für einen begrenzten Ausnahmezeitraum bis zur kirchlichen Fastenzeit symbolische Teilhabe an der Herrschaft gewährt, einen zum Karnevalskönig erhebt, der am Ende der Ausnahmezeit entthront und erniedrigt wird.

Unabhängig davon, wie zutreffend Bachtins historische Analysen zum Mittelalter und zur Renaissance im einzelnen sind, seine Kategorien sind in jedem Fall von hohem heuristischen Wert, zumal sie sich auch auf Texte späterer Jahrhunderte anwenden lassen. Dabei ist nicht zu vergessen, dass es eine genuine Lachkultur bereits in der Literatur der Antike und des Mittelalters gibt, wobei die Zuordnung zu „**Volkskultur**" und „**offizieller Kultur**" nicht immer ganz eindeutig zu bestimmen ist. Bachtin analysiert selbst an anderer Stelle das Werk *Satiricon* des Petronius und den *Goldenen Esel* des Apuleius.[8] Beide Romane haben eine parodisch-satirische Grundhaltung. In ersterem ist der Held ein Zerrbild des Odysseus und der Roman eine Parodie auf den Liebesroman, letzterer ist ein Unterhaltungsroman mit eingefügten Novellen, dessen Protagonist in einen Esel verwan-

---

[8] Vgl. ebda., S. 38ff.

delt wird. In beiden Fällen stellt sich die Frage, warum sie nicht mit gleichem Recht der Hochkultur zuzurechnen sind wie Rabelais' Roman. Eine entsprechende Frage stellt sich für die Gattung der Farce im Mittelalter, die als unterhaltsames Vor-, Zwischen- oder Nachspiel im Rahmen der geistlichen Mysterienspiele, deren Handlung auf biblischen Begebenheiten basiert, üblich war. Mit Blick auf diese Gattung lässt sich eine **Gegenthese zu Bachtin** formulieren: „es geht bei Rabelais und im *Lazarillo de Tormes* nicht um den adäquaten, authentischen Ausdruck volkstümlicher, kollektiver Formen der Komik, sondern, wie die Rezeption der mittelalterlichen Farcen zeigt, um die Reflexion und Problematisierung der Farcenkomik selbst."[9] In beiden Fällen ist die Komik der mittelalterlichen Farce mit ihrem völlig unbekümmerten Lachen bekannt und vorausgesetzt. Sie wird genutzt und zugleich problematisiert, z.B. bei der Darstellung von Streichen gegen den Blinden, einen Behinderten also, wobei die Möglichkeit des Umschlags zur Tragik mitbedacht wird. Dies wird durch das dialogische Verhältnis zwischen dem erzählten Pikaroleben und dem Erzählrahmen unterstützt, das zugleich als dialogisches Verhältnis zwischen Volkskultur und offizieller Kultur gesehen werden kann, d.h. „zwischen dem karnevalesken Diskurs, in dem die das Pikaroleben konstituierende Sequenz der *burlas* dargestellt wird, und dem gesellschaftskonformen, an den Ehrennormen oder an religiösen Werten orientierten Diskurs, dem sich der Erzähler immer wieder anzunähern sucht."[10] Hier stellt sich die allgemeine Frage, ob sich die Karnevalisierung subversiv immer auch gegen eine „offizielle" Kultur richten muss oder ob sie auch beliebige konventionalisierte Vorstellungen, literarische Gattungen oder aber verbreitete Regeln der Etikette zur Zielscheibe werden lassen kann.

Lazarillo de Tormes raubt dem blinden Bettler, dessen Diener er ist, im ersten Kapitel eine Wurst und legt eine Rübe an ihre Stelle. Als der Bettler Verdacht schöpft, sperrt er gewaltsam Lazarillos Mund bis zu den Ohren auf und steckt seine lange und spitze Nase hinein beim Versuch, die verspeiste Wurst zu riechen. Da die Nasenspitze unangenehm lang ist und bis in Lazarillos Schlund reicht, die Wurst aber sich in seinem Magen noch nicht gesetzt hat, bekommt Lazarillo einen Brechreiz, der die Wahrheit zugleich mit dem Leckerbissen an den Tag bringt und seinem rechtmäßigen Herrn wiedererstattet, so dass die Nase des blinden Bettlers und die fatale, schlecht gekaute Wurst gleichzeitig Lazarillos Mund verlassen. Auch hier kann man eine Anknüpfung an die mittelalterliche

---

[9] Volker Roloff, Mittelalterliche Farcenkomik bei Rabelais und im *Lazarillo de Tormes*, in: Zeitschrift für romanische Philologie 103, Heft 1/2, 1987, S. 49-67, hier S. 51.

[10] Wolfgang Matzat, Dialogizität und Marginalität im Roman des Siglo de Oro, in: Wolf-Dieter Lange, Wolfgang Matzat (Hg.), Sonderwege in die Neuzeit: Dialogizität und Intertextualität in der spanischen Literatur zwischen Mittelalter und Aufklärung, Bonn 1997, S. 67-82, hier S. 77.

Farcentradition vermuten. Im Sinne der **karnevalesken Dialogizität** kann man aber auch eine Vorlage annehmen, deren groteske Parodie die geschilderte Szene ist, zumal nach Bachtin für das groteske Bild gilt: „Le nez est toujours le substitut du *phallus*.“[11] Zu denken wäre hier etwa an die neuplatonische Liebeslehre und deren beliebte Metapher, nach der sich die Liebenden gegenseitig verspeisen, wie man sie z.B. im Schäferroman *Los siete libros de la Diana*, aber auch bei Ficino und León Hebreo findet.[12] Dann lebt der eine im anderen und der andere im einen; oder beider Seelen werden zu einer, die beide Körper leitet; oder der Liebende lebt im Körper der Geliebten. Im *Lazarillo* wird dies auf die karnevaleske Ebene von Nahrungsaufnahme, Verdauung und Nahrungsausscheidung transponiert. Der spontane Auswurf der Nahrung stellt einen karnevalesken Bezug zur gewaltsamen Trennung von Ich und Du und zur Konstitution des Ichs her. Im Falle des Don Quijote wird letztere bekanntlich ihrerseits karnevalisiert, da er am Anfang im zweiten Kapitel des ersten Teils in der Schänke so ritterliche Attribute wie Helm und Kinnstück der Rüstung nicht ablegen will und daher von einem der Mädchen gefüttert wird und den Wein nur mit einem Strohhalm trinken kann.

Beispielhaft lassen sich **Monologizität** und **Dialogizität** konstatieren beim Vergleich der Eigennamen, des Sinns von zeichenhaften Phänomenen und der Bedeutung des Pferdes im Ritterroman *Amadís de Gaula* und im ***Don Quijote***. So trägt Amadís' Sohn unter der rechten Brustwarze weiße und unter der linken rote Flecken: erstere geben seinen Namen Esplandian an und definieren ihn in seiner wesentlichen Eigenschaft als einen, der strahlende Taten vollbringt, während die roten Flecken die Buchstaben des Namens seiner künftigen Frau bezeichnen. Damit besteht eine Analogie zwischen Namen und künftigem eindeutig festgelegtem Schicksal. Entsprechendes gilt für den Titelhelden Amadís, der durch die Ableitung seines Namens aus dem Heiligen Amatus oder dem Heiligen Amadeus (der Gott lieben Sollende) bereits in einen christlich-religiösen Kontext gestellt wird, der ihn durch Gottesdienst und Frauendienst zum Ritter macht. Der Name „verspricht seinem Träger eine feste Identität und ist ihm nicht nur Garantie, sondern zugleich auch Verpflichtung, das in ihm liegende Bedeutungspotential im Raum des Romans durch Handeln einzulösen.“[13] Die Namensgebung des Don Quijote ist dagegen nicht nur eine dialogische Replik auf Amadís, sondern enthält ihrerseits in ihrer Indeterminiertheit Dialogizität. Unklar ist dem Erzähler, ob der Protagonist *Quijada*, *Quesada* oder *Quijana* heißt, bis er sich selbst auf den

---

[11] Mikhail Bakhtine, L'œuvre de François Rabelais et la culture populaire au Moyen Age et sous la Renaissance, Paris, Gallimard 1970, S. 314.

[12] Vgl. Gerhard Penzkofer, Ingestión y expulsión – el problema de la identidad en el *Lazarillo de Tormes*, in: Christoph Strosetzki (Hg.), Actas del V congreso de la Asociación Internacional Siglo de Oro, Münster 1999, Frankfurt 2001, S. 988-994.

[13] Horst Weich, *Don Quijote* im Dialog, Passau 1989, S. 54.

Namen *Don Quijote de la Mancha* tauft, aber am Ende zugeben muss, dass er eigentlich *Alonso Quijano* heißt. Der Name ist also kein verlässlicher Sinnstifter mehr. „Die Wahrheit des Namens wird zum Problem, die Namensabundanz und die entgegengesetzte Struktur der Zuweisung mehrerer Referenten zum selben Namen führen zu einer irreparablen Identitätskrise. Die Polyonomasie steht nun im Dienst dialogischer Öffnung des Sinns."[14] Ähnliches gilt für Träume und Vorhersagungen. Im *Amadís* sind sie Wegweiser in eine sichere Zukunft. Die Vielfalt der Zeichen mündet in einen Sinn, den der Ritter aufdeckt, bestätigt und stabilisiert.

Das auf den Helden ausgerichtete Zeichenuniversum wird dagegen im *Don Quijote* von unterschiedlichen Figuren, den Nachbarn, den Freunden, Sansón Carrasco oder den Herzögen inszeniert und kann daher nicht mehr nach einem verbindlichen Code entschlüsselt werden. Don Quijote, der dies dennoch versucht, erscheint als Narr. Diese Vielfalt entspricht der der Erzählebenen im *Don Quijote*, wo Autoren, Erzähler, Übersetzer und Manuskripte miteinander dialogisch konkurrieren, während im *Amadís* ein auktorialer Erzähler monologisch eine geschlossene Welt schafft. Und auch Don Quijotes Pferd ist nicht mehr das, was noch aus Amadís einen Reiter/Ritter machte: Es ist nicht mehr eingebunden in den Dienst der Providenz, sondern als eigenständiger Handlungsträger instinkt- und impulsgeleitet, verantwortlich für den unrühmlichen Ausgang einiger Abenteuer, an deren Ende Don Quijote auf dem Erdboden liegt. Es ist nicht Mittel der Erhöhung, sondern im wörtlichen Sinn der Herabsetzung seines Herrn.

Körperlichkeit

Das Karnevaleske im Sinne Bachtins ist aber auch zu verstehen als „thematisches Dispositiv, welches epochen-, gattungs- und formübergreifend wirksam ist und mithin an generisch unterschiedlichen Stellen zutage treten kann."[15] Es manifestiert sich u.a. in Themen von **Obszönität** und **Körperlichkeit**. Da seit der Renaissance körperliche Bedürfnisse wie Erotik und Ausscheidung durch einen Prozess der Zivilisierung mit einer Schamschwelle belegt und aus dem Bereich des öffentlich Sichtbaren verdrängt wurden und der höfische bzw. bürgerliche Mensch körperliche Selbstbeherrschung übt, kann ihm als sein karnevaleskes Gegenstück der groteske Körper gegenübergestellt werden, der in jeder Hinsicht unabgeschlossen ist und mit Geschlechtsteilen, Mund, Nase etc. Fremdes in sich aufnimmt und Eigenes nach außen abgibt. Für diesen grotesken Körper, der sich

---

[14] Ebda., S. 85.
[15] Bernhard Teuber, Sprache, Körper, Traum: zur karnevalesken Tradition in der romanischen Literatur aus früher Neuzeit, Tübingen 1989, S. 11.

im Laufe der Geschichte gegenüber der offiziellen Etikette nicht durchsetzen konnte, bietet noch Rabelais' Werk zahlreiche Beispiele.[16]

Schon in Quevedos Schelmenroman *El Buscón* zeigen sich Auflösungsersscheinungen des vertrauten Gegensatzes von Kultur und karnevalesker Gegenkultur. Wenn im Buscón der „Rey de gallos", der Hahnenkönig der Fastnacht, auf einem Pferd reitend einem aufgehängten Hahn im Galopp den Kopf abschlagen soll, das ausgehungerte Pferd sich aber zuvor auf dem Marktplatz an Gemüseständen sättigt, weggejagt wird, sich aufbäumt und mit seinem Reiter in eine Jauchengrube fällt, wo es sein rasches Ende findet, wird nicht der Vertreter der Fastnacht (der Reiter), sondern der Vertreter der Fastenzeit, der ausgehungerte Gaul, hingerichtet. „Die vormals getrennten Lebensformen des Karnevals und der Fastenzeit werden in unserer Episode vom Hahnenkönig hybridisiert: Fülle trägt die Züge des Mangels und umgekehrt; Nahrungsaufnahme endet in den Fäkalien; der Versuch der Lebenserhaltung führt schnurstracks in den Tod."[17] Es findet also eine Dekonstruktion des herkömmlichen Oppositionspaars von Fasching und Fasten statt.

Dekonstruktion und damit die Möglichkeit **diskurskritischer Reflexion** ist nicht selten das Resultat einer Karnevalisierung. Auch jenseits der von Bachtin analysierten Zeiträume sind derartige Verfahrensweisen gebräuchlich und erkennbar. So kann man bei Gabriel García Márquez in *Cien años de soledad* eine Karnevalisierung der biblischen Apokalypse finden.[18] Der Untergang des Orts Macondo durch einen biblischen Sturm wird als eine durch Weissagungen und eine Reihe von Plagen lange vorher angekündigte Katastrophe dargestellt. Zahlreiche Details sind der Offenbarung des Johannes entnommen und werden so verfremdet, dass ihr Ernst in Frage gestellt wird. Das biblische Tier (13,1) z.B. ist ein groteskes Wesen, eine Mischung aus Engel, Mensch und Tier, dem aber in Macondo niemand gesteigerte Aufmerksamkeit widmet, so dass es auf einem Mandelbaum am Dorfplatz aufgehängt und erst verbrannt wird, als es bereits zu verfaulen beginnt. Ein Zwischenwesen ist auch Melquíades, der mehrfach stirbt und wieder aufersteht. Als Magier inspiriert er Gründung und Aufbau Macondos und als Prophet beschreibt er dessen Untergang. Wenn Aureliano das apokalyptische Geschehen, z.B. den Anblick des von Ameisen zerfressenen Kindes, mit heiterer Distanz als Steigerung des Glücks und der Selbsterkenntnis erlebt, dann ist das

---

[16] Vgl. die systematische Zusammenstellung in: Mikhail Bakhtine, L'œuvre de François Rabelais et la culture populaire au Moyen Age et sous la Renaissance, Paris, Gallimard 1970, S. 315f.

[17] Bernhard Teuber, a.a.O., S. 193.

[18] Vgl. Volker Roloff, Die Karnevalisierung der Apokalypse. Gabriel García Márquez: „Hundert Jahre Einsamkeit", in: Gunter E. Grimm u.a. (Hg.), Apokalypse. Weltuntergangsvisionen in der Literatur des 20. Jahrhunderts, Frankfurt 1986, S. 68-87.

eine Umkehrung der gewohnten Reaktionen. Gerade jene Ereignisse wie Geburt, Tod, Begräbnis und Zeugung, die normalerweise tabuisiert und sakralisiert werden, erscheinen hier als karnevaleske Gaukelei. Damit erweist sich García Márquez, wie er selbst unterstreicht, der Narrheit eines Rabelais sehr viel näher als der Strenge eines Descartes.

Bachtins karnevaleske Umkehrung der normalerweise körperfeindlichen Verhältnisse und Foucaults Beschäftigung mit der Geschichte der Sexualität haben das Interesse an der **Körperlichkeit als Forschungsthema** gefördert.[19] Dies wird verständlich, wenn man die Geschichte der Beurteilung des Verhältnisses von Körper und Bewusstsein betrachtet. Zunächst sind Teile des Körpers in unterschiedlichem Maß dem Willen unterworfen. Während die Finger als die Fortsetzung des Bewusstseins in die äußere Welt betrachtet werden können, trifft dies für die Zehen oder für die Verdauung weniger zu. Nur der dem Geist gehorsame Körper kann zur Verantwortung gezogen werden und juristisch als Vollzugsorgan der Person behandelt und sanktioniert werden. „Der historische Zusammenhang der Radikalisierung der begrifflichen Konzeption vom Körper als einem einheitlichen System, einer Maschine eben, und den in der frühen Neuzeit entstehenden Verfahren zur Steigerung der Niveaus von Überwachung und Kontrolle ist keinesfalls als zufällig anzusehen. Das haben auf verschiedene Weise und für verschiedene Gruppen Foucault, Elias, Weber und Marx gezeigt."[20] Einerseits ist der Körper Vollzugsorgan des Informationswillens eines Bewusstseins, andererseits aber auch Manifestation von Tatsachen, die das Bewusstsein lieber verschwiegen hätte. Dort, wo hohe Körperdisziplin herrscht, werden latente Informationen der Entdeckbarkeit entzogen. Da aber mit totaler individueller Verfügung über den eigenen Körper nie zu rechnen ist, behält der eigene Körper eine gewisse Fremdheit und wird systemtheoretisch zur „Umwelt" für das psychische System.

Mit dieser Ambivalenz hängt zusammen, dass dem Körper in vielen Kulturen mit Misstrauen begegnet wurde. Er wurde als Lustorgan und aus christlicher Sicht nach dem Sündenfall als Gefahr für das eigene Seelenheil interpretiert. Seine optimale Beherrschung setzten sich daher die Mönche des Mittelalters zum Ziel, denen es um die Herrschaft über die äußeren Körpervorgänge und über die innere Spontaneität ging. Auf der anderen Seite werden das Ich und sein Körper so voneinander distanziert, dass Niesen, Schweißausbrüche, Nasenbluten und Lachan-

---

[19] Vgl. Bernhard Teuber, Horst Weich (Hg.), Iberische Körperbilder im Dialog der Medien und Kulturen, Frankfurt 2002.

[20] Vgl. im Folgenden Alois Hahn, Rüdiger Jacob, Der Körper als soziales Bedeutungssystem, in: Peter Fuchs, Andreas Göbel (Hg.), Der Mensch – das Medium der Gesellschaft?, Frankfurt 1994, S. 146-188, hier S. 152.

fälle nicht dem Ich, sondern nur seinem Körper zugeordnet werden. Krankheiten dagegen können als selbstferne, fremde Ereignisse oder aber als Prüfung, als Schande oder Strafe gedeutet werden.

Der Körper als Quelle von Lustmöglichkeiten wird zum Ausgangspunkt von Selbstthematisierungen, in denen es um den Kampf mit den Bedürfnissen des Körpers, um Siege und Niederlagen des Bewusstseins und in der christlichen Kasuistik um die unterschiedlich als Sünde zu bewertenden Formen der Sexualität geht. Dass die Dramatisierung sexueller Thematik keine Erfindung des Christentums ist, hat **Foucault** in den kurz vor seinem Tod erschienenen Schriften[21] über die Sexualität der Antike eindrucksvoll belegt, indem er insbesondere die moralische Problematisierung von **Vergnügen und Sexualität bei Xenophon** darstellt.[22] In der griechischen Antike erweist sich Lustzähmung als Moment der Selbstästhetik und Selbstbeherrschung und damit als Voraussetzung für die Beherrschung anderer; sie ist daher nicht auf Religion bezogen, sondern auf Macht. „In gewisser Weise handelt es sich [bei der Lustzähmung] um das genaue Gegenteil einer Selbstverleugnung, als deren Moment die Bekämpfung der Sünden im Christentum immer erscheint, [nämlich] um eine Form der Selbstvergottung."[23] Im Übrigen erscheinen in der Antike die von Hunger und Durst entfachten Verwerfungen gravierender als die sexuellen.

Der propagierte Triebverzicht und die praktizierte Lustzähmung suchten sich immer wieder Ventile. Ein **Beispiel** dafür ist Francisco Delicados in Venedig veröffentlichter Dialogroman *La Lozana andaluza* (1528), ein weiteres Beispiel ist die Zeit Spaniens nach Beendigung des Franco-Regimes, in der eine bislang eher seltene Thematisierung der Körperlichkeit zur Mode wurde. *La Lozana andaluza* vertritt gegenüber dem herrschenden als körperfeindlich verstandenen theologischen Diskurs und gegenüber dem zeitgleichen von Garcilaso de la Vega nachgeahmten petrarkistischen neuplatonischen Liebesdiskurs subtil den konsequenten Hedonismus und feiert eine Kultur körperlicher Lust.

„Das Ich ist ausschließlich materiell – über das Fleisch – definiert; die Bestimmung des Ich aus dem Fleisch schafft die ökonomische Basis für seine Selbstbestimmung, und sie wird zudem geschlechterspezifisch akzentuiert, insofern die

---

[21] Michel Foucault, Histoire de la sexualité, Paris, Gallimard 1976; vgl. auch ders., Histoire de la sexualité II. L'usage des plaisirs, Paris, Gallimard 1984.

[22] Vgl. Xenophontos Oikonomikos, oder: Xenophon, Vom Haus-Wesen, Hamburg 1734 (als Faksimile mit Begleitband Hg. von Bertram Schefold, Verlagsgruppe Handelsblatt, Düsseldorf 1998).

[23] Alois Hahn und Rüdiger Jacob, Der Körper als soziales Bedeutungssystem, a.a.O., S. 162.

Hauptfigur weiblich ist."[24] Während die geistige Liebe die körperliche Schönheit zum Geist und zum Göttlichen hin transzendiert, bewegt sich die hedonistische Liebe auf der Stufe animalischer Triebhaftigkeit. Nach einer „wilden Ehe" geht die Protagonistin nach Rom, wo sie eigene Liebhaber erwählt, neue Kunden, die sie ihren Kurtisanen vermittelt, die sie selbst ausprobiert und an die sie sich gegen Geld oder Geschenke gewinnbringend verkauft, ohne dabei ihre Unabhängigkeit zu verlieren. Hier wird kein Diskurs des frustrierten Begehrens geschrieben, sondern ein subversives Programm von Genuss und Vergnügen, obwohl dies oft nur durch Mehrdeutigkeiten erreicht wird. In Spanien unmittelbar nach Beendigung der Franco-Zeit hat man derartige Indirektheiten nicht mehr nötig. Hier führen der Wegfall der eher körperfeindlichen Zensur und die Abrechnung mit der Vergangenheit zu besonders offener Zurschaustellung sexueller Gegebenheiten, seien dies Abtreibung, Homosexualität, Fetischismus, Aids, Sexualpraktiken oder Körperlichkeitsphilosophien.[25]

4b Diskurstheorie

Die Diskursanalyse stützt sich im Allgemeinen auf den französischen Theoretiker **Michel Foucault** (1924-1984), der schon in seiner Antrittsvorlesung am Collège de France 1970 programmatisch wichtige Axiome und Forschungsschwerpunkte vorführt. Ausgangspunkt ist, dass nicht jeder bei jeder Gelegenheit das Recht hat, von allem zu sprechen. In jeder Gesellschaft werden Diskurse kontrolliert, selektiert, organisiert und kanalisiert. Bekannte Mittel dazu sind die Ausschließung und das Verbot. Angewandt werden sie entsprechend der Tabuisierung des Gegenstandes, der Ritualisierung der Umstände und der Macht des sprechenden Subjekts. Tabuisiert sein können z.B. Gegenstände aus Bereichen von Sexualität und Politik. Das Ritual definiert die Qualifikation des Sprechenden, seine Gesten, die Verhaltensweisen und die Zeichen, die den Diskurs begleiten müssen. Für die Ohnmacht eines Sprechenden ist der Wahnsinnige ein Beispiel, dessen Wort seit dem Mittelalter weder Wahrheit noch Bedeutung hat. Derartige Mechanismen wirken auch auf der Ebene der Wissenschaften: „Vom Ende des 17. Jahrhunderts an muß z.B. ein Satz, um ein ‚botanischer' Satz zu sein, die sichtbare Struktur der Pflanze, das System ihrer nahen und fernen Ähnlichkeiten oder die Mechanik

---

[24] Horst Weich, Die Definition des Subjekts aus dem Fleisch, in: Wolfgang Matzat, Bernhard Teuber (Hg.), Welterfahrung – Selbsterfahrung: Konstitution und Verhandlung von Subjektivität in der spanischen Literatur der frühen Neuzeit, Tübingen 2000, S. 47-64, hier S. 48.

[25] Vgl. Dieter Ingenschay, Die Thematisierung von Körperlichkeit im postfrankistischen Roman Spaniens, in: Rudolf Behrens, Roland Galle (Hg.), Menschengestalten. Zur Kodierung des Kreatürlichen im modernen Roman, Würzburg 1995, S. 251-268; vgl. auch Kap. 4c.

ihrer Flüssigkeiten betreffen (und er durfte nicht, wie noch im 16. Jahrhundert, ihre symbolischen Bedeutungen einbeziehen oder gar die Gesamtheit der Kräfte und Eigenschaften, die man ihr in der Antike zusprach).“[26] Bevor ein Satz als wahr oder falsch beurteilt werden kann, muss er gleichsam „im **Wahren**“, d.h. in den herrschenden Denkmechanismen, sein: „Mendel sagte die Wahrheit, aber er war nicht ‚im Wahren‘ des biologischen Diskurses seiner Epoche: biologische Gegenstände und Begriffe wurden nach ganz anderen Regeln gebildet. [...] Es ist immer möglich, daß man im Raum eines wilden Außen die Wahrheit sagt; aber im Wahren ist man nur, wenn man den Regeln einer diskursiven ‚Polizei‘ gehorcht, die man in jedem seiner Diskurse reaktivieren muß.“[27] Dies setzt voraus, dass es einen herrschenden Diskurs gibt und nicht mehrere nebeneinander koexistieren, es verdeutlicht aber in jedem Fall den Kampf eines herrschenden Diskurses um den Machterhalt.

Foucaults Diskursanalyse ist keine Textinterpretation oder Kommentierung im traditionellen literaturwissenschaftlichen Sinn. Traditionell werden religiöse, juristische und literarische Texte zwar glossiert und kommentiert, doch nach Foucault beschränkt sich der **Kommentar** auf „die Aufgabe, das schließlich zu sagen, was dort schon verschwiegen artikuliert war. Er muß (einem Paradox gehorchend, das er immer verschiebt, aber dem er niemals entrinnt) zum ersten Mal das sagen, was doch schon gesagt worden ist, und muß unablässig das wiederholen, was eigentlich niemals gesagt worden ist.“[28] Während die Methode des Kommentars von der Vorstellung der Unausschöpfbarkeit eines ursprünglichen Sinngehalts ausgeht, ergibt sich in der **Diskursanalyse** der Sinn einer Aussage vielmehr im Sinne des strukturalistischen Systemgedankens aus der Differenz zu anderen möglichen Aussagen. Auch die romantische Auffassung eines genialen Autors verschwindet und wird in der Diskursanalyse zum „Prinzip der Gruppierung von Diskursen, als Einheit und Ursprung ihrer Bedeutungen, als Mittelpunkt ihres Zusammenhalts.“[29]

Foucault lehnt sich an Friedrich Nietzsche an, der seinerseits Wahrheit genealogisch von Wahrheitsspielen und Machtbeziehungen ableitete. Insgesamt lassen sich in Foucaults Arbeit **vier Phasen** unterscheiden.[30] Von 1961-67 steht die

---

[26] Michel Foucault, Die Ordnung des Diskurses, Frankfurt 1991, S. 23.

[27] Ebda., S. 25.

[28] Ebda., S. 19.

[29] Ebda., S. 20.

[30] Vgl. im Folgenden: Gerhard Plumpe, Clemens Kammler, Wissen ist Macht. Über die theoretische Arbeit Michel Foucaults, in: Philosophische Rundschau 27, 1980, S. 185-218; Gerhard Plumpe, Clemens Kammler, Antikes Ethos und postmoderne Lebenskunst. Michel Foucaults Studien zur Geschichte der Sexualität, in: Philosophische Rundschau 34, 1987, S. 186-194.

Analyse diskursiver Konfigurationen bei der Entstehung der Humanwissenschaften im 18. und 19. Jahrhundert im Vordergrund. Zu dieser Phase gehört *Wahnsinn und Gesellschaft* (1961), wo Foucault zeigt, wie sich nach Descartes' *Meditationen* und der Gründung des Hôpital général in Paris im Jahr 1656 insbesondere im Zeitalter der Aufklärung die Vernunft durch die Diskriminierung ihres Gegenstücks, der Unvernunft, durchsetzt. Da das vor allem für die hispanistische Literaturwissenschaft am wichtigsten gewordene Werk dieser Phase *Die Ordnung der Dinge* (*Les mots et les choses*, 1966) ist, wird es im Folgenden ausführlicher vorgestellt, auch wenn Foucault später bedauert, darin die spezifischen Machtwirkungen nicht ausreichend einbezogen zu haben. Die zweite Phase 1968-71 ist gekennzeichnet durch die methodologische Fundierung der Diskurstheorie in der *Archäologie des Wissens* (1969), während die dritte von 1972-76 Forschungen zur Theorie der Macht in *Überwachen und Strafen* (1976) und in *Dispositive der Macht* (1978) vorstellt. Hier zeigt er die subtilen Machtbeziehungen jenseits des Politischen und Ökonomischen z.B. zwischen Mann und Frau, Lehrer und Schüler, in der Normalisierung und Disziplinierung von Individuen, in der Produktion, Verteilung, Aneignung und Einbehaltung von Wissen. Auch Galilei hatte die „wahre" Vorstellung von der Welt, aber er unterlag den Machthabern seiner Zeit, musste sein Wissen widerrufen, statt es erfolgreich verbreiten zu können. Am Beispiel Galileis, der mit seinem neuen und wahren Weltbild im Kampf um die Distribution des Wissens unterliegt, wird deutlich, dass die Macht des herrschenden Diskurses für den Fortschritt der Wissenschaft durchaus von Nachteil sein kann. Zur letzten Phase 1977-84 gehört die Konstitution der Subjektivität als Resultat unterschiedlicher Regelsysteme im Umgang mit Sexualität, Erotik, Diätik und Oikonomik (Haushaltsökonomie), wobei die antike Lebenskunst ästhetische Wertmaßstäbe zur Verfügung stellt, die zu einer neuen Ethik für die permissiven Gesellschaften des Westens verhelfen könnten.

Michel Foucault geht im Vorwort zu *Les mots et les choses* (1966) von der Irritation aus, die folgende Gruppierung der Tiere hervorruft, die Borges einer chinesischen Enzyklopädie entnommen zu haben vorgibt: „a) Tiere, die dem Kaiser gehören, b) einbalsamierte Tiere, c) gezähmte, d) Milchschweine, e) Sirenen, f) Fabeltiere, g) herrenlose Hunde, h) in diese Gruppierung gehörige, i) die sich wie Tolle gebärden, k) die mit einem ganz feinen Pinsel aus Kamelhaar gezeichnet sind, l) und so weiter, m) die den Wasserkrug zerbrochen haben, n) die von weitem wie Fliegen aussehen."[31] Jedes logische und systematische Denken muss vor dieser Aufzählung kapitulieren. Denn unerlässlich für die Errichtung der einfachsten Ordnung ist eine Schwelle, oberhalb derer es einen Unterschied und unterhalb derer es Ähnlichkeit gibt.

---

[31] Michel Foucault, Die Ordnung der Dinge, Frankfurt 1974, S. 17.

In der abendländischen Kultur sind nach Foucault die Ordnungssysteme nicht immer gleich geblieben. Von Beispielen vor allem aus der Wissenschaftsge-schichte und philosophischen Wissenschaftstheorie Frankreichs geht er aus und bezieht mehrfach die angelsächsische und deutsche Situation ein. Dabei konsta-tiert er zwei große **Brüche**: den ersten in der Mitte des 17. Jahrhunderts und den zweiten gegen Anfang des 19. Jahrhunderts. Im ersten Fall erfolgt ein Wechsel vom Ordnungsschema der Ähnlichkeit zu dem der „représentation" (Darstel-lung), das dann im zweiten Fall durch eine allgemeine Historisierung abgelöst wird. Angesichts dieser tiefgreifenden Brüche, die Foucault ausgehend von Frankreich verdeutlicht, erscheinen ihm sonst noch vorhandene Kontinuitäten von Ideen und Themen als bloße Oberflächenphänomene. Das Wahre und Fal-sche gilt also nicht aus sich selbst heraus, sondern in Abhängigkeit vom Diskurs, d.h. von einer Art mit Machtstrukturen verbundenem Wahrheitsspiel nach Re-geln, die festlegen, ob ein bestimmtes Ergebnis als gültig oder nicht, als Sieger oder als Verlierer zu betrachten ist. So wurden die Erkenntnisse des bereits er-wähnten großen Botanikers J. G. Mendel in der Biologie des 19. Jahrhunderts 40 Jahre lang nicht beachtet, da sie dem herrschenden Diskurs nicht entsprachen.

Ähnlichkeit, représentation*, Geschichte*

Das Ordnungssystem vor dem ersten Bruch im 17. Jahrhundert ist also gekenn-zeichnet durch das Prinzip der **Ähnlichkeit**, das Foucault durch *convenientia, aemulatio,* Analogie und Sympathie konkretisiert. *Convenientia* ist eine Ähn-lichkeit, die, wie die von Seele und Körper, durch unmittelbare Nachbarschaft entsteht, sich aber auch dort zeigen kann, wo Gott und Materie als die extremen Glieder einer Kette miteinander verknüpft erscheinen. *Aemulatio,* d.h. Nachah-mung, wird deutlich, wo der menschliche Geist die Weisheit Gottes reflektiert oder wo jedes Gras oder jede Pflanze als irdische Spiegelung eines Sterns am Himmel erscheint. Als Beispiel für die **Analogie** lässt sich die Form der Pflanze anführen, die in gewisser Weise der Form des Tieres gleicht. Die Sympathie zieht z.B. das Schwere zur Schwere des Bodens und das Leichte zum gewichtlo-sen Äther. Während die **Sympathie** zur transformierenden Assimilation tendiert, wirkt die Antipathie wie das heiße und trockene Element des Feuers gegenüber dem kalten und feuchten Wasser gegenläufig. Foucault sieht zahlreiche Zeichen, Chiffren, Wappen und Dinge, die auf die genannten Ähnlichkeiten aufmerksam machen. Wenn die Griechen in kräftigen und wohlentwickelten Extremitäten Anzeichen für die Kräftigkeit von Tieren sahen, dann wird beim Menschen in vergleichbarer Weise eine Ähnlichkeit zwischen Hand und Gesicht einerseits und Seele andererseits angenommen. So wird Sinnfindung schon ermöglicht durch das Auffinden einer Ähnlichkeit. Schließlich spricht Foucault von einer Schrift, die so aus den Zeichen der Natur zusammengesetzt ist, dass sie ihr ähnelt.

Paradigma einer problematisch gewordenen Ähnlichkeit ist für Foucault Don Quijote, der nicht nur mit seiner mageren langen Gestalt wie ein Buchstabe aussieht, sondern auch in seiner eigenen Welt die Ähnlichkeit zwischen seiner Realität und den von ihm in den Büchern gelesenen Dingen sucht und in Herden Armeen, in Dienerinnen Edeldamen und in Herbergen Schlösser erkennt. Da aber bereits ein Paradigmenwechsel eingesetzt hat, das Zeitalter der Ähnlichkeit abgelöst wurde durch jenes der *représentation*, wo das Ordnungsprinzip von Identitäten und Differenzen dominiert, erscheint Don Quijote als Verrückter, der im 19. Jahrhundert ein Fall für die Psychiatrie geworden wäre. Mit dem 17. Jahrhundert beginnt also nach Foucault das Zeitalter der *représentation*, ein Wort das in der deutschen Übersetzung durch „Repräsentation" nur unzureichend wiedergegeben wird, da es im Französischen auch Darstellung und Vorstellung bedeutet. Da sich Foucault an französischen Beispielen orientiert, nennt er das 17. Jahrhundert auch Zeitalter der Klassik. Nunmehr besteht in der Sicht der Logik von Port-Royal, dem Zentrum des französischen Jansenismus, das Zeichen aus zwei getrennten Vorstellungen, der darstellenden und der dargestellten. Das Erfahrungswissen wird nach Identitäten und Unterschieden in *tableaux* angeordnet. Foucault exemplifiziert dies mit der Geldtheorie, der allgemeinen Grammatik und schließlich der Naturbetrachtung eines Linné, der alle Lebewesen klassifizieren und taxonomisch erfassen wollte. Eine „Naturgeschichte", wie die von Jonston, ist eigentlich keine „Geschichte" im Sinne von Genese und Entwicklung, sondern sie beschäftigt sich mit den Gegebenheiten z.B. des Pferdes nach dem Ordnungsschema: Name, Anatomie, Ort, Alter, Vermehrung, Stimme, Bewegungen usw.; Linné legt ein ähnliches Schema für jede Tierbetrachtung zugrunde: Name, Theorie, Gattung, Art, Eigenschaften, Gebrauch, Literaturhinweise. Je nach Auswahl des arbiträr gewählten wesentlichen distinktiven Merkmals, z.B. Blüte und Frucht bei Pflanzen, fallen andere Merkmale, wie z.B. Unterschiede der Blätter, der Stiele oder Wurzeln, aus der Betrachtung. Ausgangspunkt der Ökonomie der Klassik ist die Analyse des Reichtums, der durch Preise und Geld messbar und austauschbar wird, wobei die Beziehungen der Dinge zueinander durch ihren Wert bestimmt und in einem *Tableau* darstellbar werden.

Das 19. Jahrhundert charakterisiert Foucault als Zeitalter der **Geschichte**. Philologie, Biologie und Politische Ökonomie fragen nach Ursprüngen und Evolutionen. Sprache und Ökonomie scheinen sich nunmehr nach eigener Notwendigkeit und nach autochthonen Gesetzen zu entwickeln. Die Historizität der Grammatik entspricht jener der Wissenschaft vom Lebendigen. Der wirtschaftliche Wert ist nicht mehr ein bloßes Zeichen, sondern in seiner jeweiligen Historizität ein Produkt von Arbeit. Arbeit und Leben werden zu neuen Bedingungen der Möglichkeit von Erkenntnis. In der Biologie geht man von den Organen an der Oberfläche zu den geheimnisvollen verborgenen Funktionen wie Atmung, Verdauung, Zirkulation und Bewegung und sieht darin eine tiefere und wichtigere Schicht als die der Erscheinungen. Sogar die Philosophie orientiert sich am neuen nach Quellen und Ursprüngen suchenden Ordnungsschema, das in Lebensphilosophie und Willensphilosophie den Blick auf die Endlichkeit und Geschichtlichkeit des menschlichen Individuums richtet.

Mit den genannten Beispielen veranschaulicht Foucault **drei** voneinander unterschiedene **Ordnungssysteme**: das erste, das bis zum 17. Jahrhundert dauert, das zweite, das bis Ende des 18. Jahrhunderts gültig ist, und das dritte, das danach im 19. Jahrhundert dominiert. Dabei bezeichnet er das Ordnungssystem, d.h. die Gesamtheit der regelmäßigen Beziehungen innerhalb der Wissenschaften einer Zeit, als Episteme. Das Wort „Diskurs" ist nicht eindeutig festgelegt, sondern bezieht sich auf „allgemeines Gebiet der Aussagen", „Gruppe von Aussagen" oder „regulierte Praxis".

Foucaults Ansatz ist nicht selten Gegenstand der **Kritik** geworden oder hat Anlass zu Modifikationen gegeben. Klaus W. Hempfer fragt nach der Bedeutung des Bruches mit der mittelalterlichen Vergangenheit, den die Autoren der Renaissance ihrer Zeit bescheinigten, und führt als zentralere Charakteristika die Neubewertung der *studia humanitatis* und die Reetablierung der platonischen Philosophie an. Weniger sieht er als Epochenspezifikum den Status einer „Verfallstufe" mittelalterlicher Episteme als vielmehr die Heterogenität von Wahrheit, da das Erkenntnisprinzip auf der Auslegung von Texten beruhte und die Pluralisierung von deren Autoren zu einer Pluralisierung von Autoritäten führte.[32] Auch wenn Hempfer für das Mittelalter die *analogia entis* als zentrale Denkfigur sieht, kritisiert er an Foucaults Prinzip der **Ähnlichkeit**, dass offen bleibt, ob es im Mittelalter oder schon in der Antike einsetzt, sowie dass die wenigen Belege, die Foucault für das 16. und das beginnende 17. Jahrhundert bietet, keine ausreichende Materialbasis bilden, um von einer *zentralen* epistemologischen Konfiguration zu sprechen. Schließlich sei es außerstande, den im Selbstverständnis der Zeit deutlichen und belegbaren Epochenbruch zwischen Mittelalter und Renaissance zu erklären.

Nicht weniger problematisch ist das 17. Jahrhundert. Foucaults Betrachtung des Don Quijote brachte das **gleichzeitige Vorhandensein zweier Diskurse** zutage. Auch wenn man sich Emblembücher des ausgehenden 16. und beginnenden 17. Jahrhunderts anschaut, stößt man auf zwei gleichzeitig vorhandene Diskurse. Denn die analogische Struktur des einzelnen Emblems wird ergänzt durch die taxonomische Struktur des jeweiligen Emblembuches, das die Embleme nach

---

[32] Klaus W. Hempfer, Probleme traditioneller Bestimmungen des Renaissancebegriffs und die epistemologische ‚Wende', in: Ders. (Hg.), Diskursstrukturen und epistemologische Voraussetzungen, Stuttgart 1993, S. 9-45, hier S. 10.

Themengruppen anordnet.[33] Auch darf man nicht vergessen, dass im Zusammenhang mit der Aristotelesrezeption des 16. Jahrhunderts durch zahlreiche Neoaristoteliker auch die Episteme des 17. und die des 19. Jahrhunderts bereits im 16. verbreitet sind. Schließlich hatte auch jeder gebildete Zeitgenosse im Trivium die Anordnung von Phänomenen nach Identitäten und Unterschieden bzw. durch Klassifikation und Taxonomie einzuüben und sich dabei an der Einleitung des Porhyrius zum *Organon* des Aristoteles zu orientieren. Beispiele für die *représentation* und Geschichte finden sich bei Fray Luis de Granada, Juan Huarte und Antonio de Torquemada, der in seiner Sammlung *Jardín de flores curiosas* (1570) Monstermenschen, Hermaphroditen und Bockhirsche nach *diferentia specifica* und *genus proximum* klassifiziert und in ihrer historischen Bedingtheit und Gewordenheit als Resultate von Gestaltungen, Wirkungen und Funktionen nach den vier Ursachen jener Veränderung erklärt, die als thematisches Zentrum des Aristoteles gilt.[34]

Es erscheint daher sinnvoll, dass B. F. Scholz Foucaults Ansatz verallgemeinert und ihn in abgeschwächter Form für die Barockforschung übernimmt: Sie soll davon ausgehen, dass in Texten entweder die diskursive Praxis der Ähnlichkeit oder die der „Repräsentation" präsent ist, aber auch beide zusammen dominieren können. Letzteres ist der Fall z.B. im *Don Quijote*, wo, wie erwähnt, der Übergang von der einen zur anderen Praxis ablesbar ist.[35] Zwischen den einzelnen Epochen, die Foucault betrachtet, liegen bekanntlich epistemische Brüche und Diskontinuitäten. Dennoch lassen sie sich nicht völlig auf Thomas S. Kuhns Prinzip des Paradigmenwechsels reduzieren, auf das sich seinerzeit H. R. Jauß im Zusammenhang mit der Abkehr von der autororientierten und Hinwendung zur rezeptionsorientierten Literaturwissenschaft berufen hatte. Denn sie beziehen sich nicht auf eine einzelne Wissenschaft, sondern auf die gesamte Sinnproduktion einer Epoche unter Einschluss von Wissenschaft, Literatur und bildender Kunst.[36]

---

[33] Maria Moog-Grünewald, Zwischen Kontingenz und Ordo. Das Emblem in Renaissance und Barock, in: Joachim Küpper, Friedrich Wolfzettel (Hg.), Diskurse des Barock. Dezentrierte oder rezentrierte Welt?, München 2000, S. 187-216.

[34] Christoph Strosetzki, Aristoteles und die Ordnung der Dinge bei Fray Luis de Granada, Francisco Sánchez, Juan de Huarte und Antonio de Torquemada, in: Gerhard Penzkofer, Wolfgang Matzat (Hg.), Der Prozess der Imagination. Magie und Empirie in der spanischen Literatur der frühen Neuzeit, im Druck.

[35] Vgl. Bernhard F. Scholz, Zur Bedeutung von Michel Foucaults These eines epistemischen Bruchs im 17. Jahrhundert für die Barockforschung, in: Klaus Garber (Hg.), Europäische Barock-Rezeption, Wiesbaden 1991, S. 169-184, hier S. 184.

[36] Vgl. Hans Robert Jauß, Literaturgeschichte als Provokation, Frankfurt 1970, S. 208; Th. S. Kuhn, Die Struktur der wissenschaftlichen Revolutionen, Frankfurt 1967.

Eine wesentliche Konsequenz Foucaults für die Literaturwissenschaft jedoch sind die **Abwendung vom Subjekt** des Produzenten oder Rezipienten, aber auch von der Individualität des einzelnen Werkes, und die Hinwendung zu Diskursen, die ihrerseits Subjekte und Werke bestimmen. Subjekte sind daher nicht mehr als autonom, sondern als von Diskursen abhängig zu betrachten. Auf der anderen Seite haben literarische Texte eine Eigendynamik, und auch Foucault würde R. Warnings Argument nicht bestreiten, „daß literarische Bezugnahmen auf epistemologische Konfigurationen bis zu dem Punkte ein Eigenrecht beanspruchen, wo ihnen geradezu der Status eines Gegendiskurses, eines ‚contre-discours' zuzusprechen sei."[37]

Aus Foucaults Perspektive betrachtet Rainer Warning Honoré de Balzacs *Comédie humaine* und sieht darin die Episteme des 19. Jahrhunderts charakterisiert durch die Orientierung an verborgenen und unsichtbaren Funktionen, die unter der Oberfläche aufzuspüren sind.[38] Wie in der Zoologie wird „Leben" als Grundprinzip gesetzt, so dass auch im gesellschaftlichen Bereich auf Selbsterhaltung bedachte Organismen interagieren. Das Prinzip Leben wird im Bereich der Ökonomie als Prinzip der Arbeit spezifiziert. Beide Prinzipien gelten als Transzendentalien, die im 19. Jahrhundert Geschichtlichkeit bestimmen. Karlheinz Stierle nennt daher Foucaults Ansatz „mit einer vielleicht nicht ganz unironischen Formulierung **transzendentalen Positivismus**"[39] und sieht darin die Fortsetzung einer auf das Romanwerk Balzacs zurückzuführenden Tradition einer Archäologie des Wissens. Dies sei der Fall, auch wenn sich Foucault immer wieder bemühe, durch ständige Negationen seinen Bruch mit vorangehenden Theorien zu betonen. Vor allem sieht Stierle Foucault durch Chomskys generative Grammatik (vgl. 2a) geprägt, die sich nicht auf die Oberflächenstruktur von Sätzen, sondern auf eine Tiefenstruktur von Formationsregeln konzentriere. So richte sich auch Foucaults Episteme auf Formationsregeln, nicht aber von Sätzen, sondern von Diskursen.

Zahlreich sind die Anwendungen, Übernahmen und Modifikationen der foucaultschen Diskursanalyse in der hispanistischen Literaturwissenschaft. In Ergänzung zu Foucault verfolgt Joachim Küpper die **analogische Episteme** bis auf die Spätantike und das Mittelalter zurück. Während in der mittelalterlichen Scholas-

---

[37] Rainer Warning, Kompensatorische Bilder einer „wilden Ontologie": Zolas *Les Rougon-Macquart*, in: Poetica 22, 1990, S. 355-383, hier S. 357.

[38] Vgl. Rainer Warning, Chaos und Kosmos. Kontingenzbewältigung in der *Comédie humaine*, in: Hans-Ulrich Gumbrecht, Karlheinz Stierle, Rainer Warning (Hg.), Honoré de Balzac, München 1980, S. 9-55, hier S. 45.

[39] Karlheinz Stierle, Balzac und die Archäologie. Zum Ursprung von Foucaults Archäologie-Begriff, in: Paul Gerhard Klussmann u.a. (Hg.), Das Wagnis der Moderne. Festschrift für Marianne Kesting, Frankfurt 1993, S. 167-178, hier S. 176.

tik der Analogismus ontologisch abgesichert sei, wovon noch Dante zeuge, beginne bereits Ende des 13. Jahrhunderts mit Auftreten des erkenntnistheoretischen Nominalismus eine **erste Auflösungsstufe**, in der *ordo* durch Kontingenz ersetzt werde. „Die Renaissance ist dementsprechend von den Texten her gesehen ein Zeitraum der Kontinuität der Formen des analogischen Diskurses bei gleichzeitiger Auflösung der Einbindung in die ordnungsgebende Superstruktur, und damit des Verfalls der spezifisch weltmodellierenden Funktion dieses Diskurses."[40] So gesehen ist die Renaissance nicht in erster Linie die Wiedergeburt antiker Texte, sondern die Befreiung zahlreicher antiker Diskurse aus der diskursiven Superstruktur der Scholastik. Es folgt als **zweite Auflösungsstufe** im 16. Jahrhundert der Manierismus, der auf eine sinnvolle Rede über die Welt verzichtet und die analogischen Formen ästhetisch funktionalisiert, indem er mit den überraschendsten und entlegensten Gleichsetzungen spielt. Da nach dem Konzil von Trient Mitte des 16. Jahrhunderts wieder Dogmen des patristischen und scholastischen Mittelalters eingeführt werden, kann man von einer Diskurs-Renovatio sprechen, die vom Mittelalter insofern unterschieden ist, als sie die vorausgegangenen „Chaotisierungsstufen" einbezieht.

Besonders deutlich wird die **Diskurs-Renovatio** in den spanischen Barockdramen des 17. Jahrhunderts: „Die Dramen greifen vielmehr Stoffe, Anschauungsschemata und singuläre Modellierungsverfahren, die repräsentativ sind für den Renaissance-Diskurs im hier verstandenen Sinn, systematisch auf, um sie einer neuerlichen orthodox-analogischen Überformung zu unterziehen, wobei das rinascimentale Substrat als solches spürbar bleibt."[41] Während im Spanien des 17. Jahrhunderts die Diskurs-Renovatio besonders ausgeprägt sei, ziehe zur selben Zeit in Frankreich Descartes einen anderen Schluss aus der verbreiteten Orientierungslosigkeit: Indem er dem Analogismus, der alle Unterschiede tendenziell aufhebt, den Taxonomismus gegenüberstellt, der die Gegensätze klar und deutlich unterscheidet, unternimmt er keine Restitution, sondern den Bruch der Episteme, den Wechsel von der Analogie zur Repräsentation. Diese unterschiedlichen Entwicklungen sind durchaus erhellend zur Erklärung auch der Unterschiede zwischen dem Theater des spanischen Barock und dem der französischen Klassik.

---

[40] Joachim Küpper, Diskurs-Renovatio bei Lope de Vega und Calderón: Untersuchungen zum spanischen Barockdrama, Tübingen 1990, S. 20; vgl. im Folgenden S. 7-30; 230-304.
[41] Ebda., S. 22.

Rezentrierung – Dezentrierung

Eine Diskurs-Renovatio ist auch mit dem Bild der barocken **Rezentrierung** zu veranschaulichen, der dann die sozial- und diskursgeschichtliche **Dezentrierung** der Renaissance gegenübersteht.[42] Ausgehend von Foucaults und Bachtins Modellen wird hier das Bild der Zentrierung zur Herstellung von Ordnungsgefügen eingeführt, wobei die Dezentrierung die Auflösung von Ordnungsgefügen betreibt, während sie bei der Rezentrierung wiederhergestellt werden. Interessant wird es nun, wenn man zwischen den Ordnungstendenzen in Literatur und Gesellschaft unterscheidet, wobei Rezentrierung und Dezentrierung als gegenläufige Diskurse verstanden werden können.

Bekanntlich gilt ja der Stil des Barock als ungeordnet, bevorzugt offene Formen, nimmt Gattungsmischungen vor und verschreibt sich einem subtilen Spiel mit der Unordnung. Wie ist es also zu verstehen, dass das spanische Barockzeitalter einerseits durch intellektuelle Rezentrierung und andererseits durch stilistisch-ästhetische Dezentrierung charakterisiert ist? Entweder dient die Dezentrierung der Barockliteratur als besonders subtiler Mechanismus der Persuasion zur ideologischen Rezentrierung, oder sie dient als ästhetische Provokation der von der Barockkultur propagierten Ordnung. In diesem Sinn würde die am Hof übliche Verschwendung durch Góngoras Lyrik, die ihrerseits Ornat verschwendet, nicht etwa gespiegelt oder bekräftigt, sondern kritisiert werden. Wenn nun wie häufig die Rede ist vom spielerischen Charakter des Barock, ist zu fragen, wie dieser einzuordnen ist. Bestärkt er die dezentrierende oder die rezentrierende Tendenz? Auf der einen Seite steht eine von Staat und Kirche betriebene offizielle Kritik, die im Spiel einen ordnungsgefährdenden Störungsfaktor sieht. Der Jesuitenpater Mariana hält das öffentliche Spiel auf der Theaterbühne für potentiell ebenso sittengefährdend wie das öffentliche Spiel des Stierkampfes. Eine vermittelnde Haltung wird dort eingenommen, wo streng begrenzte und geregelte Spiele bloßer Entspannung dienen oder theatralisch die Vorzüge des Hofs herausstellen und damit als Modelle von Ordnung und Kontrolle gedeutet werden können. In Opposition dazu aber steht die im Folgenden ausgeführte Position, die sich bei fiktionalen Spielen nicht um moralische Vorbehalte und Vorsichtsmaßnahmen kümmert.

Hier ist Lope de Vega ein Beispiel, der eine zumindest zeitweilige **ludische Dezentrierung** dort zelebrierte, wo er wie in *El galán Castrucho* (1614) einen Protagonisten vorführt, der sich vom leidenschaftlichen Glücksspieler zum listigen

---

[42] Vgl. im Folgenden Wolfram Nitsch, Barocke Dezentrierung. Spiel und Ernst in Lope de Vegas *Dorotea*, in: Joachim Küpper, Friedrich Wolfzettel (Hg.), Diskurse des Barock. Dezentrierte oder rezentrierte Welt?, München 2000, S. 219-244.

Falschspieler wandelt. Besonders deutlich wird die dezentrierende Tendenz aber in seinem Spätwerk *La Dorotea* (1632), das sich – wie der Prolog ankündigt – als Lesedrama eine größere Freizügigkeit erlaubt, als dies auf der Bühne möglich wäre. Auf unterschiedlichen Ebenen wird ohne Scheu dargestellt, wie Spielverbote durchbrochen werden: Die Protagonisten spielen um Geld, entwickeln Revanchegelüste, zerreißen die Karten, die an Personen erinnern, die sie aus ihrem Gedächtnis löschen wollen; sprachliche Vergeudung trägt Züge sexueller Verausgabung; ein Schreibtisch wird zum Lohn für einen käuflichen Liebesdienst; ein Spiel an der Schwelle zum magischen Ernst betreibt die Kupplerin, der vorgeworfen wird, mit dem Teufel im Bunde zu sein. Sie verfügt über Hexenkunst und magische Praktiken, kann nicht nur aus Kräutern unwiderstehlichen Liebeszauber bereiten, sondern weiß auch, wie man entjungferte Frauen wieder zu Jungfrauen macht. Das Modell des dezentrierenden Spiels, das dem lateinamerikanischen „neobarocken" Roman des 20. Jahrhunderts nachgesagt wird, zeigt sich also schon bei Lope de Vega, der sich damit in Opposition zum offiziellen Diskurs stellt.

Desorganisation – Reorganisation

Die Diskurse der Dezentrierung und Rezentrierung können auch mit dem Begriffspaar **Desorganisation** und **Reorganisation** veranschaulicht werden. Deren Oppositionsbeziehung drückt sich auch in Mateo Alemáns zu Beginn des 17. Jahrhunderts erschienenem Schelmenroman *Guzmán de Alfarache* aus. Bekanntlich ist die Ich-Erzählung gespalten in die des erlebenden Ichs und die des aus verklärter und gereifter Distanz des vorgerückten Alters erzählenden Ichs. „Denn der in besonderem Maße von sozialen und moralischen Destabilisierungserfahrungen geprägte Lebensweg des *pícaro* wird durch den Ich-Erzähler im Medium eines Diskurses dargeboten, der die episodische und richtungslose Abenteuerfolge in Form einer Serie von *exempla* in die rhetorischen Ordnungsstrukturen gegenreformatorischer Didaxe einzufügen sucht."[43] Die inszenierte Erfahrung von Instabilität ergibt sich aus der Reisemobilität des *pícaro*, seinen sozialen Metamorphosen vom Lastenträger zum Küchenjungen, Soldaten, Bettler, Pagen, Höfling, Geldverleiher und Theologiestudenten sowie schließlich aus seinen kriminellen Aktivitäten wie Diebstahl, Falschspielerei, Kuppelei und Vermögensveruntreuung, die als *burla* verharmlost werden. Aus dem sozialen Ordnungsverlust ergibt sich ein moralischer. Wo Egoismus, Betrug und Täuschung dominieren, konstituiert der *pícaro* sein Ich über ein ihm eigenes Nor-

---

[43] Wolfgang Matzat, Barocke Subjektkonstitution in Mateo Alemáns *Guzmán de Alfarache*, in: Joachim Küpper, Friedrich Wolfzettel (Hg.), Diskurse des Barock. Dezentrierte oder rezentrierte Welt?, München 2000, S. 269-291, hier S. 272.

menverständnis und entwickelt ein taktisches Sozialverhalten, in dem sich die gegenreformatorische Moral in abgeschwächter Form wiederfindet. Erfahrungswissen und religiöses Autoritätswissen begründen die Ambivalenz und Spannung zwischen der inszenierten Erfahrung des Ordnungsverlustes und dem Ordnungsdiskurs. In dieser Spannung findet auch die pragmatische Anpassung des ethischen Wissens an die gegebenen Umstände statt, angesichts derer der Schutz des eigenen Lebens auch eine weniger stringente Befolgung der Normen legitimiert, wie es die moraltheologische Kasuistik nahe legt.

Die Diskurse von Desorganisation und Reorganisation bleiben also keine bloßen Gegensätze in der objektiven Wirklichkeit, sondern gehen im Subjekt ein dialektisches Verhältnis ein. Dem Verlust an inneren moralischen Ressourcen in der Subjektkonstitution des spanischen Barock steht ein Zuwachs an strategischer Kompetenz im Umgang mit gesellschaftlichen Autoritäten und Normen gegenüber. „Einsatz, Abwehr und Kontrolle unterschiedlicher Formen des Fingierens und der Fiktion – des Scheins, des Rollenspiels, der Täuschung – können als zentraler Bestandteil dieser strategischen Kompetenz begriffen werden."[44] Damit eröffnet sich ein neuer Hintergrund zum Verständnis der Problematik des **Don Quijote**, der nicht etwa im foucaultschen Sinn in einer Zeit der Repräsentation noch der Analogie verpflichtet ist, sondern der in seiner wahnhaften Befangenheit dem spielerischen Charakter der Ritterfiktionen nicht mehr gerecht wird. Während sich die Edelleute in Montemayors *Diana*, einem Werk der Renaissance, als Schäfer kostümieren und gemeinsam spielerisch in die Welt des Schäferromans eintauchen, identifiziert sich Don Quijote als einzelner wahnhaft mit dem Ritterroman und zeigt damit offenbar ebenso seine **strategische Inkompetenz** gegenüber Fiktionen wie seine Unfähigkeit zum spielerischen Umgang mit ihnen.

Spanienbezug

Will man die am Beispiel Frankreichs gewonnene foucaultsche Episteme des 19. Jahrhunderts auch in Spanien finden, ergeben sich Schwierigkeiten. Da der spanische realistische Roman erst in den siebziger Jahren entsteht, werden von Pérez Galdós, Clarín und Pardo Bazán die Werke der französischen Realisten Balzac und Flaubert zugleich mit denen des französischen Naturalisten Zola rezipiert, so

---

[44] Wolfgang Matzat, Frühneuzeitliche Subjektivität und das literarische Imaginäre. Vom Schäferroman zum *Don Quijote*, in: Wolfgang Matzat, Bernhard Teuber (Hg.), Welterfahrung – Selbsterfahrung. Konstitution und Verhandlung von Subjektivität in der spanischen Literatur der frühen Neuzeit, Tübingen 2000, S. 345-359, hier S. 360, Fußnote 34.

dass Zolas biologischer Determinismus nur in abgeschwächter Form Eingang findet. Die spanischen Realisten werden gleichzeitig beeinflusst von den liberalistischen Ideen der Aufklärung, dem deutschen Idealismus, auch in der Form des spanischen, auf den deutschen Philosophen Krause zurückgehenden *krausismo*, und schließlich von Positivisten wie Comte, Taine, Darwin und Spencer. Galdós' Realismus schränkt das Wissen des auktorialen Erzählers ein und wendet stattdessen Fiktionsironie an. Sein Naturalismus hat im Gegensatz zum französischen humoristische Elemente aus der Tradition des Schelmenromans übernommen. Während also Foucault für Frankreich die Episteme eines vitalistischen Positivismus annimmt, bleibt **der spanische realistische Roman** epistemologisch weitgehend unbestimmt und übernimmt orientierungslos unterschiedliche ausländische Paradigmen, was möglicherweise auf die periphere Lage Spaniens zurückzuführen ist. Wo bei Zola und Balzac Wissenschaftsvertrauen dominiert, wird bei Galdós Wissenschaftsskepsis dadurch ausgedrückt, dass Wissenschaftler und deren Reden oft in ironischer Brechung erscheinen. Merkmale der spanischen diskursgeschichtlichen Situation sind: „der **Eklektizismus**, der rasche **Paradigmawechsel** und die Tendenz zu einer mehr oder minder oberflächlichen Versöhnung sich widersprechender Positionen,"[45] wofür der Krausepositivismus ein Beispiel ist.

Betrachtet man den bekannten Roman *Los Pazos de Ulloa* (1886) der spanischen Vertreterin des Naturalismus, Pardo Bazán, dann zeigt sich auch bei ihr eine **Simultaneität unterschiedlicher Diskurse**: einerseits dem der modernen Physiologie bzw. der klinischen Psychologie und andererseits dem der augustinischen Erbsündentheologie, der den Menschen im Kampf zwischen Gut und Böse, Verstand und Leidenschaft sieht. Der Zusammenprall zwischen wissenschaftlichem und religiösem Diskurs ereignet sich sowohl auf der Ebene des Erzählers, als auch auf der der Figuren des Orts Ulloa. Während eine Figur, ein eifriger naturfeindlicher Leser asketischer Traktate, eine Frau als über den Niederungen des Kreatürlichen stehend betrachtet, sieht sie sein naturbegeisterter Gegenpart, der Leser neuerer hygienischer Traktate ist, als dekadentes Mängelwesen, das den Anforderungen der Natur nicht mehr gewachsen ist: „Nicht anders als der handlungsbildende Konflikt zwischen Kultur und Natur kehrt demnach auch der handlungsbegleitende Konflikt zwischen Wissenschaft und Religion in Ulloa unablässig wieder: Keiner der widerstreitenden Diskurse scheint überzeugend

---

[45] Wolfgang Matzat, Natur und Gesellschaft bei Clarín und Galdós. Zum diskursgeschichtlichen Ort des spanischen Realismus/Naturalismus, in: Ders. (Hg.), Peripherie und Dialogizität, Tübingen 1995, S. 13-46, hier S. 23; vgl. auch Wolfgang Matzat, Galdós und der französische Realismus/Naturalismus. Zur Wirklichkeitsmodellierung in den *Novelas contemporáneas*, in: Hans-Jürgen Lüsebrink, Hans T. Siepe (Hg.), Romanistische Komparatistik, Frankfurt 1993, S. 127-145.

genug, den anderen auf Dauer ins Abseits zu drängen."[46] Angesichts solcher Unterschiede zwischen der Diskursentwicklung in Frankreich und in Spanien ist die Frage zu stellen, ob die von Foucault konstatierten Brüche etwa nur auf Frankreich beschränkt sind oder ob sie, sollten sie eine zumindest für Europa allgemeine Geltung beanspruchen, durch den Blick auf die spanischen Verhältnisse einer grundlegenden Modifizierung bedürfen. Betrachtet man die gleichzeitige konfliktive Präsenz der *dos Españas* während mehrerer Jahrhunderte der spanischen Geschichte, zeigt sich gerade im 19. Jahrhundert weniger ein herrschender Diskurs als der herrschende Kampf der Diskurse um die Macht.

Interdiskurs

Dort, wo sich Diskurse auf spezielle Wissensausschnitte beziehen, regeln sie, meint Foucault, was gesagt werden kann und was nicht. Denkbar sind nun aber auch Metaphern, diskursübergreifende Dispositive, Mythen oder Kollektivsymbole, die zur Reintegration von ansonsten arbeitsteilig getrennten Diskurselementen führen. Es können dies Begriffe wie „Vernunft" oder „Normalität" sein oder aber auch Sinnbilder wie der **Fesselballon**. Letzterer symbolisiert um 1800 horizontale und vertikale Bewegung, ordnet sich ein in die Opposition von oben und unten, Himmel und festem Erdboden, gehört zur Kategorie der Maschinen, steht symbolisch dem Schiff nahe und der langsam auf der Erde kriechenden Postkutsche fern. Der Ballonaufstieg kann in die Nähe des Sonnenaufgangs oder des Vulkanausbruchs, des Gewitters und der Fluten des Ozeans gerückt werden. Die diskursive Position der radikalen Aufklärer und Revolutionäre wertet sowohl den Ballon als auch die Kraft des Vulkans, des Gewitters und der Flut positiv. „Diese diskursive Position wertet auch den Ballonaufstieg positiv. Wie haben auf der anderen Seite die Gegenposition, die vor *Ballon, Vulkan* und *Flut* warnt und *festen Boden* und die *Deiche* lobt."[47] Der Ballon, der für Fortschritt und Technik steht, kann also je nach Einstellung gegenüber gesellschaftlichen Veränderungen und naturwissenschaftlichen Neuerungen positiv oder negativ bewertet werden. Durch Kreuz- und Querverweise kann er aber nicht nur für Revolution und Aufklärung stehen, sondern auch zum Symbol für Poesie oder für Liebe werden, wenn er die Schwerkraftgesetze der Realität vorübergehend aufhebt. Literarisch kann ein Ballonaufstieg als Symbol metaphysischer Hoffnung auf die Unsterb-

---

[46] Wolfram Nitsch, Nervöse Martyrien. Wissenschaftlicher und religiöser Diskurs in Pardo Bazáns *Los Pazos de Ulloa*, in: Wolfgang Matzat (Hg.), Peripherie und Dialogizität, Tübingen 1995, S. 205-221, hier S. 213.

[47] Jürgen Link, Literaturanalyse als Interdiskursanalyse. Am Beispiel des Ursprungs literarischer Symbolik in der Kollektivsymbolik, in: Jürgen Fohrmann, Harro Müller (Hg.), Diskurstheorien und Literaturwissenschaft, Frankfurt 1988, S. 284-307, hier S. 291.

lichkeit der Seele Verwendung finden oder kann als Wunder der Wissenschaft eine Kopplung von naturwissenschaftlichem und religiösem Diskurs, von Wissen und Glauben, vornehmen. Insofern der Fesselballon als Metapher unterschiedliche Diskurse miteinander verbindet, lässt er sich als **Interdiskurs** bezeichnen.

4c Sex und *Gender*

In Deutschland ist die „feministische Literaturwissenschaft" Ende der sechziger Jahre des 20. Jahrhunderts aufgekommen. Wegweisende Arbeiten, auf die sie zurückgreifen konnte, waren Virginia Woolfs Essay *A Room of One's Own* (1928) und Simone de Beauvoirs Buch *Le deuxième sexe* (1949). Erstere veranschaulicht durch die Fiktion einer Schwester William Shakespeares die Möglichkeiten einer Frau als Schriftstellerin, letztere zeigt die historischen und sozialen Bedingungen, unter denen sich das jeweilige Verständnis von Weiblichkeit konstituiert. So zahlreich in literarischen Werken die Bilder der Frau als Naturwesen, als Verkörperung bedrohlicher Sinnlichkeit oder als Idealwesen sind, so selten ist die Frau als aktiv Handelnde in der Literatur- oder Kulturgeschichte repräsentiert. Aus dieser Tatsache wurde die Konsequenz gezogen, die **weibliche Kulturtradition** aufzuarbeiten, Schriftstellerinnen in unterschiedlichen Epochen aufzufinden und vorzustellen. Während man also auf der einen Seite die Literaturgeschichte um bisher mehr oder weniger vernachlässigte Autorinnen bereicherte, wurden die von männlichen Autoren aufgebauten Frauenbilder als Formen „imaginierter Weiblichkeit" nicht nur kritisiert, sondern auch hinsichtlich ihrer literarischen Mechanismen, wie z.B. narrativen Strategien oder Subtexten, analysiert. Eine Technik ist dabei das „Gegen-den-Strich-Lesen", das darin besteht, als Leserin statt wie ein Mann zu lesen und sich dabei gegen die eigenen Interessen mit männlichen Protagonisten und patriarchalischen Denkformen zu identifizieren, vielmehr zugunsten der alternativen weiblichen Kultur eine oppositionelle Lektüre zu betreiben. Insgesamt soll die männlich geprägte und damit einseitige Betrachtung von Literatur ergänzt bzw. ersetzt werden.

Gender

Hierbei ist das biologische Geschlecht, *sex*, weit weniger wichtig als die sozial zugeschriebene Geschlechtsidentität, ***gender***. Es gilt der Satz Simone de Beauvoirs: „On ne naît pas femme: on le devient."[48] Gender wird in der Gesellschaft nicht nur durch die Opposition zur Männlichkeit konstituiert, sondern auch

---

[48] Simone de Beauvoir, Le deuxième sexe II. L'expérience vécue, Paris, Gallimard 1949, S. 13. „Man kommt nicht als Frau zur Welt, man wird es erst."

durch eine Vielzahl von Verhaltens- und Reaktionsweisen. So kann der Frau die Arbeit im Haus und dem Mann die Arbeit außer Haus zugewiesen sein. Als **Beispiel** sei das didaktische Werk *De institutione feminae christianae* (1523) des spanischen Humanisten Juan Luis Vives genannt, das im Gegensatz zu zeitgenössischen italienischen Werken mittelalterlichen Vorstellungen verpflichtet bleibt. So habe sich die junge Frau mit praktischen Aufgaben zu beschäftigen, Kochkunst und Wollspinnen zu erlernen. Das Lateinische soll sie lernen, um sich bei religiösen und antiken Musterautoren sittliche Bildung anzueignen. Um die Keuschheit nicht aufs Spiel zu setzen, solle sie das Haus nur in Begleitung verlassen, überhaupt solle sie Feste und das öffentliche Leben meiden und die Suche des passenden Ehemanns den Eltern überlassen. Hier erscheint der Zeitgenosse Erasmus von Rotterdam schon aufgeschlossener, wenn er der Meinung ist, Keuschheit und Tugendhaftigkeit könnten sich nur in der Gefahr bewähren, „und zwar dadurch, daß das Mädchen am äußeren Leben teilhat und auch mit den jungen Männern zusammenkommen muß, keineswegs also in Form einer klösterlichen Internierung das Leben eingeschlossen im Hause verbringen soll."[49]

Dass die jeweiligen Konstruktionen von *gender* geschichtlichem Wandel unterworfen sind, verdeutlicht ein Blick auf den spanischen Roman **nach 1975**, wo eine *anything goes*-Haltung, eine Entpolitisierung der Jugend und ein offen zur Schau gestellter Hedonismus in der *movida* und *postmovida* nach der *transición* gegen die Konstruktionen der Geschlechterbeziehungen der Franco-Zeit reagieren. Grenzüberschreitungen begleiten das neue Freiheitsgefühl. Bislang tabuisierte Themen treten in den Vordergrund: „Erotik und Sexualität, Kindfrauphantasien und Pornographie, konstruierte Geschlechter und Homosexualität, Geschlecht und Exzess im Zeitalter der Medienjugend, Umkehrung der Gewaltverhältnisse, Satire des ideologischen Feminismus, aber auch des medialen Idealmannes oder des *machismo*, Selbstironie der modernen Frau und *literatura light*, Rückzug und Verunsicherung der männlichen Protagonisten, melancholische Helden und Hommage an die verlorene, symbolische Mutter-Frau."[50]

---

[49] Manfred Lentzen, Vives' Ideen über die Erziehung der Frau. Zu *De institutione feminae christianae* (1523), in: Christoph Strosetzki (Hg.), Juan Luis Vives, Frankfurt 1995, S. 47-54, hier S. 53; vgl. für das 19. und 20. Jahrhundert: Karl-Wilhelm Kreis, Zur Entwicklung der Situation der Frau in Spanien vom Beginn der „liberalen Ära" der bürgerlichen Gesellschaft an bis hin zur Zweiten Republik, in: Jochen Heymann, Montserrat Mullor-Heymann (Hg.), Frauenbilder – Männerwelten. Weibliche Diskurse und Diskurse der Weiblichkeit in der spanischen Literatur und Kunst 1833-1936, Berlin 1999, S. 45-79.

[50] Gisela Febel, Mit Humor und Ironie: Beziehungen der Geschlechter und Sexualität im spanischen Roman nach 1975, in: Iberoamericana 23, 1999, Nr. 3/4 (75/76), S. 94-121, hier S. 95f.

Als Beispiel sei der Bestseller *Como ser una mujer y no morir en el intento* (1990) von Carmen Rico-Godoy angeführt, der den alltäglichen Kampf der modernen Frau **zwischen Beruf, Kindern und Haushalt** schildert – ein seit den siebziger Jahren besonders aktuelles Thema, da der erhöhte Bildungsstand die Frauen in großer Zahl auf den Arbeitsmarkt hat streben lassen. Berufstätig nehmen sie gleichermaßen männliche und weibliche Rollen ein, was zur Folge hat, dass der Mann für die Selbstfindung und Definition der Rolle der Frau keine zentrale Bedeutung mehr hat. Eine selbstironische Konstante, die das Scheitern in Kauf nimmt, trägt im Roman immer dazu bei, die Position eines militanten Feminismus zu vermeiden. Eine **marxistische Feministin** wird zum Gegenstand der Karikatur in Juan Goytisolos *La saga de los Marx* (1993). In diesem Roman will ein Schriftsteller die Biografie von Karl Marx und seiner Familie schreiben, als im Fernsehen eine Feministin auftritt. Diese leitet ihre Position von einer marxistischen Lehre ab, die Geschlechtergleichstellung durch ökonomische Gleichheit für alle fordert. Die Talkshow parodiert diese frühfeministische These ebenso wie die Gleichheitsforderung mit dem Hinweis auf die Familie des Karl Marx, von der der Biograf zu berichten weiß, dass die Arbeitsteilung dem Hausherrn die intellektuelle Tätigkeit erlaubte, weil sich seine Frau und sein Hausmädchen praktischen Tätigkeiten widmeten.

Männlichkeit – Weiblichkeit

Das Interesse für die soziale Konstitution von Weiblichkeit hat schon zu Anfang des 20. Jahrhunderts auch zur Beschäftigung mit dem Gegenstück, der sozialen Konstitution und Inszenierung von Männlichkeit, geführt. Die Beobachtung, dass sich Kodierungen und Grenzziehungen **zwischen Männlichkeit und Weiblichkeit** auch verschieben können, lenkte die Aufmerksamkeit der *gender studies* dann auf Homosexualität und auch auf Fälle pathologischer Sexualität. Für letzteres ist bereits *Yo, inspector de alcantarillas* (1928) des avantgardistischen Autors Ernesto Giménez Caballero ein Beispiel, wo sich ein Panoptikum von Fällen pathologischer Sexualität versammelt, „das von der Selbstliebe des Hermaphroditen über den Inzest unter Geschwistern und die Pädophilie bis zu Sodomie und infantiler Regression reicht."[51] Im Roman *Yo no tengo la culpa de haber nacido tan sexy* (1997) des homosexuellen Autors Eduardo Mendicutti (*1948) beschließt eine Mann-zu-Frau-Transsexuelle ihrer bisherigen Lebensführung zu

---

[51] Mechtild Albert, „Deseos oblicuos": Psyche, Sexus und Geschlechterbeziehungen in der spanischen Avantgardeprosa, in: Jochen Heymann, Montserrat Mullor-Heymann (Hg.), Frauenbilder – Männerwelten. Weibliche Diskurse und Diskurse der Weiblichkeit in der spanischen Literatur und Kunst 1833-1936, Berlin 1999, S. 289-316, hier S. 289.

entsagen und sich mit geistigen und religiösen Dingen zu beschäftigen. Eine sich anschließende Reise zu unterschiedlichen Klöstern mit Gästetrakt führt zwar zu keiner Erleuchtung, ist aber wegen des intertextuellen Bezugs auf die *moradas* der Mystikerin Santa Teresa von besonderem Interesse. Der Roman erweist sich einer Ästhetik des *camp* zugehörig, womit im Sinne Susan Sontags einer Betrachtung der Welt als Exzess, Übertreibung und Uneigentlichkeit gemeint ist, deren subversiver Stil ergänzt wird durch die Transsexualitäts- bzw. Transgender-Problematik.[52] Nicht zuletzt der Vorwurf an die feministische Literaturtheorie, sie beschränke sich auf weiße, heterosexuelle Schriftstellerinnen der Mittelschicht, führte – auch in der Hispanistik – zur Berücksichtigung bisher marginalisierter Bereiche wie dem der farbigen Frau in der spanischen Literatur. Während z.B. in Spanien im 15. und 16. Jahrhundert die Heirat von Partnern unterschiedlicher Hautfarbe gesetzlich verboten war, wurde ein solches Verbot wegen mangelnder Kontrollmöglichkeit in Lateinamerika fortwährend unterlaufen. In der spanischen Literatur tritt die schwarze Frau normalerweise als Dienerin, Sklavin, als die Verkörperung des „Anderen" auf. Die Funktionalisierung der Frau im spanisch-portugiesischen Wettrennen um die Vormachtstellung im Sklavenhandel wäre auch *gender*-spezifisch in Bezug auf die *negra* zu thematisieren.[53]

Weibliches Schreiben

Da die Frau allgemein als Subjekt durch soziale *gender*-Zuschreibungen geprägt ist, wird sie auch als Schriftstellerin durch derartige Zuschreibungen geleitet sein, so dass man von einem „**weiblichen Schreiben**" sprechen kann, das dem männlichen Schreiben gegenüberzustellen ist. Stellt man diese Prämisse in einen psychoanalytischen Kontext, dann verschiebt sich die Opposition, die nicht mehr durch die Männer im Allgemeinen, sondern durch die Väter besetzt wird. Julia Kristeva unterscheidet in *La révolution du langage poétique* (1974) eine von männlichen und weiblichen Kleinkindern erlebte Phase einer sehr frühen „weiblichen" Einheit von Mutter und Kind, die aufgebrochen wird durch die in einer darauf folgenden Phase aufgezwungene sprachliche Ordnung des Vaters. Weibliches Schreiben würde auf die ursprüngliche Phase zurückgreifen und von dort aus die symbolische Ordnung der väterlichen Sprache unterlaufen. Dieser Ansatz

---

[52] Dieter Ingenschay, Eduardo Mendicutti: *Yo no tengo la culpa de haber nacido tan sexy*. Von echten Ledermännern und falschen Heiligen, in: Werner Altmann u.a. (Hg.), Dissidenten der Geschlechterordnung. Schwule und lesbische Literatur auf der Iberischen Halbinsel, Berlin 2001, S. 159-170.

[53] Vgl. Katharina Städtler, Farbige Frauen in der spanischen Literatur (700-1800): Ein neues Forschungsgebiet der Afro-Hispanistik, in: Neue Romania 23, Berlin 2000, Afro-Romania, Dirk Naguschewski (Hg.), S. 193-211.

wird von Hélène Cixous fortgesetzt, die eine sich dem Logozentrismus und Phallozentrismus (bzw. dem „Phallogozentrismus" J. Derridas) der patriarchalischen abendländischen Ordnung und Sprache entgegensetzende *écriture féminine* nicht an einen weiblichen Autor gebunden sieht, sondern auch z.B. bei einem männlichen Autor wie James Joyce konstatiert. Einer so grundsätzlichen Argumentation kann man allerdings anders als den *gender studies* den Vorwurf machen, keine gesellschaftspolitische Position zu beziehen und damit die Situation der Frau nicht verändern zu können.

Allerdings lässt sich die Vorstellung des Weiblichen, verstanden als Gegenstück zum logozentrischen und phallozentrischen Männlichen, auch als **Metapher** für die Neue Welt und ihre Bewohner verstehen.[54] Wenn Weiblichkeit und Natur der Vernunft gegenüberstehen, der kolonisierte (auch männliche) Indio in den Berichten der Eroberer mit weiblichen Attributen versehen wird, wenn Argumente der mittelalterlichen Misogynie von der kolonialen Anthropologie auf die Indios übertragen werden, Naturvölker von Natur aus minderwertig und zu jenem Gehorsam bestimmt scheinen, den die Frau dem Mann gegenüber zu erweisen hat, und wenn die Frauen der Indios der Beutegier der Spanier mit sexueller Unbekümmertheit entgegentreten, dann wird auch das Objekt der spanischen Eroberer durch traditionelle weibliche *gender*-Vorstellungen modelliert. „In diesem Denkschema verhält sich das zivilisierte europäische Subjekt zum lateinamerikanischen Naturwesen wie das Männliche zum Weiblichen. [...] Held-Opfer, aktivpassiv, stark-schwach, gut-böse, vollkommen-unvollkommen, Geist-Körper, Intellekt-Gefühl, Ordnung-Chaos, Zivilisation-Barbarei, weiße Rasse-dunkle Rasse, Europa-Lateinamerika."[55] Allerdings bei Autoren wie dem Argentinier Abel Posse (*1936), bei dem Kulturidentitäten nicht mehr essentialistisch festgeschrieben sind, sondern hybrid, heterogen und mobil in Erscheinung treten, lässt sich auch der „entkolonisierte Blick auf das Fremde" nicht mehr „aus der Perspektive des männlichen selbstzentrierten Subjekts steuern."[56] Letztere erscheint nur noch zitiert und relativiert.

In diesem Zusammenhang ist als weitere Parallelisierung die zwischen der Randstellung der Frau im gesellschaftlichen Leben und der kulturellen Randstellung

---

[54] Vgl. Karl Hölz, Die spanische Konquista und die Imagination des Weiblichen. Untersuchungen zur Kolonialethik und zur Sexuierung des Fremden, in: Wolfgang Matzat, Bernhard Teuber (Hg.), Welterfahrung – Selbsterfahrung: Konstitution und Verhandlung von Subjektivität in der spanischen Literatur der frühen Neuzeit, Tübingen 2000, S. 107-125.

[55] Karl Hölz, Der gebrochene Blick auf das Andere. Endvisionen der erotischen Konquista bei Abel Posse, in: Vittoria Borsò, Björn Goldammer, (Hg.), Moderne(n) der Jahrhundertwenden, Baden-Baden 2000, S. 327-341, hier S. 327.

[56] Ebda., S. 328.

Lateinamerikas möglich. Der Blick vom Rand ermöglicht die **Parodie der Ideologie des Zentrums**. Auch dies gehört noch zu den *gender-studies*, denn diese „haben deutlich gemacht, daß die Symbole des Weiblichen ein Zeichensystem sind, das nicht mit dem empirischen Sexus, mit der empirischen Frau koinzidieren muß."[57] Betrachtet man die petrarkistische Liebeslyrik eines Garcilaso de la Vega, stellt man fest, dass dort der vom männlichen Blick begehrte Körper der Frau vergeistigt wird, d.h. die sinnliche Liebe in geistige Potenz transformiert wird, so dass bisweilen Assoziationen von Zeitlichkeit, Tod und Verausgabung der Sinne ausgeklammert werden. Das immer gleiche Paradigma der Rose, die Jugend, Frühling und Erwachen der Sinne symbolisiert, legt die Frau auf einen perfekten Zustand fest. (vgl. 2e) Diesem petrarkistischen Diskurs antworten die lateinamerikanischen Lyrikerinnen, indem sie ihn unterlaufen und den alternden Körper betonen, die eigene Veränderbarkeit und Hinfälligkeit annehmen. Wenn dabei der Mythos von Echo und Narziss verwendet wird, nehmen lateinamerikanische Lyrikerinnen wie z.B. die mexikanische Ordensfrau des 17. Jahrhunderts Sor Juana Inés de la Cruz oder die 1926 geborene Peruanerin Blanca Varela bevorzugt die Position Echos ein, um damit die passive Objektrolle zu parodieren, die der platonistische Diskurs des Petrarkismus ihnen zugewiesen hatte.

Während die Subversion der petrarkistischen Betrachtung auf eine Modellierung der Frau zielte, ist es auf der anderen Seite aber auch denkbar, konkret im Text auftretende Frauen empirisch zu analysieren. So wird bei lateinamerikanischen Autorinnen die Differenzierung zwischen männlich und weiblich bereits zu Beginn des Textes sprachlich eingeführt, etwa mittels der Identifizierung durch einen männlichen oder weiblichen Eigennamen, durch geschlechtsbezogene Nomen, Pronomina, Adjektive oder Artikel. Die Relation der auf Körperteile bezogenen Termini zum Gesamttext lässt sich berechnen. Bei der Nennung von Körperteilen kann auf die Körperregion, der sie angehören, geachtet werden. Man kann Reihenfolgen oder Einstellungen mit der Begrifflichkeit der Filmanalyse als Nähe-Distanz-Relation auflisten (Halbtotale, Halbnah, Groß, Detail) oder nach der Lexikalisierungskonkretion fragen, die bei „tengo a mano" geringer ist als bei „ha extendido sus brazos huesudos". Auch nicht erwähnte und auffallend häufig genannte Körperteile oder Paraphrasierungen geben Aufschluss über die sprachliche Konstruktion des „**Territorium Frau**" im jeweiligen literarischen Text.[58]

---

[57] Vittoria Borsò, Echo antwortet auf Narziß: Zum platonischen Topos bei Lyrikerinnen Lateinamerikas, in: Astrid Böger, Herwig Friedl (Hg.), FrauenKulturStudien. Weiblichkeitsdiskurse in Literatur, Philosophie und Sprache, Tübingen 2000, S. 155-176, hier S. 159.

[58] Vgl. Erna Pfeiffer, Territorium Frau. Körpererfahrung als Erkenntnisprozeß in Texten zeitgenössischer lateinamerikanischer Autorinnen, Frankfurt 1998.

Lateinamerikabezug

Berücksichtigt man, dass sich die **lateinamerikanischen Autorinnen** in Prozessen der Abgrenzung gegenüber den dominanten Kulturen Europas und der USA befinden, liegt zum Teil die Solidarisierung mit ihren männlichen Kollegen näher als die Distanzierung von ihnen.[59] An traditionellen Familienwerten orientiert können sie sich gegen die Unterdrückung der Indios engagieren oder aber, den *machismo* anprangernd, die traditionelle Geschlechterrollenverteilung revolutionärer Bewegungen kritisieren. Politisch positioniert kritisieren sie die in Lateinamerika häufigen Militärdiktaturen. Die peruanische Autorin Clorinda Matto de Turner (1854-1909) wählt in ihrem literarischen Werk genuin lateinamerikanische Themen und nimmt dezidiert Partei für die indianische Bevölkerung; die Argentinierin Alfonsina Storni (1892-1938) nimmt Umkehrungen der Geschlechterrollen vor und ironisiert *gender*-spezifische Diskurspositionen; die Mexikanerin Rosario Castellanos (1925-1974) sieht die Frauen der Oberschicht so sehr an ihren Privilegien festhalten, dass eine Solidarisierung mit den Frauen der Unterschicht undenkbar erscheint. Die Chilenin Isabel Allende (*1942) wählt in *La casa de los espíritus* (1982) die Perspektive des weiblichen Subjekts.

Die Nicaraguanerin Gioconda Belli (*1948) zeigt in ihrem Roman *La mujer habitada* (1988) weibliche Figuren voller Vitalität, Anteilnahme und Menschlichkeit, auch dort, wo sie sich in der revolutionären Guerillabewegung gegen die Diktatur Somozas ihren Platz erst erkämpfen müssen, während die Mexikanerin Angeles Mastretta (*1949) in *Arráncame la vida* (1985) mit einem Blick auf die vierziger Jahre indirekt Korruption und Kriminalität der herrschenden Revolutionspartei PRI anprangert. Elena Poniatowska (*1933) dokumentiert die Lage mexikanischer Unterschichtsfrauen und zeigt ihren Kampf mit dem *machismo* und mit der Armut. Weniger gesellschaftskritisch ausgerichtet und mehr an einem experimentellen und phantastischen Spiel der Dekonstruktion von Geschlechterrollen interessiert sind dagegen Autorinnen wie Diamela Eltit und Cristina Peri Rossi aus Uruguay.

In der Feminismusdiskussion in Hispanoamerika dominiert also **der gesellschaftspolitische Aspekt**. „Die ersten feministischen Gruppen, die in den siebziger Jahren [des 20. Jahrhunderts] entstanden, lehnten sich daher nicht nur gegen die Macht des Patriarchats auf, sondern auch gegen politische Unterdrückung und gesellschaftliche Ausbeutung. Die typische Feministin dieser frühen Zeit war

---

[59] Vgl. hier und im Folgenden Susanne Kleinert, Hispanoamerikanische Autorinnen. Sozialkritik, Phantastik und Demontage der Geschlechterrollen, in: Hiltrud Gnüg, Renate Möhrmann (Hg.), Frauen Literatur Geschichte. Schreibende Frauen vom Mittelalter bis zur Gegenwart, Stuttgart, Weimar 1999, S. 403-418.

die militante Studentin oder gar die Untergrundkämpferin."[60] Noch in den neunziger Jahren polemisiert die Venezolanerin Beatriz González Stephan gegen einen Feminismus, der von einem kollektiven weiblichen Wir und von der *escritura femenina* ausgeht, da dies eine Reduktion von Komplexität bedeute, die ethnische, geschichtliche, kulturelle Unterschiede und die Klassenzugehörigkeit im marxistischen Sinn vernachlässige. Unhaltbar erweise sich die Vorstellung einer einheitlichen *escritura femenina* beim Vergleich zwischen einer mexikanischen Feministin aus der Oberschicht und z.B. der guatemaltekischen Indianerin, *campesina* und Revolutionärin Rigoberta Menchú. *Gender* erscheint González Stephan als zweitrangig vor allem dort, wo bei der *muchacha* des Hauspersonals die Unterdrückung infolge der Klassenzugehörigkeit stärker ist als die durch das weibliche Geschlecht bedingte.

Derartigen Argumentationen stehen die Debatten der **Postmoderne** und des Poststrukturalismus gegenüber, die das vernunftorientierte Projekt der Moderne, das mit der Aufklärung begonnen habe und zu dem auch der fortschrittsgläubige Marxismus gehöre, kritisieren, da sie im Logozentrismus oder im bereits erwähnten derridaschen „Phallogozentrismus" die Wurzel aller Übel sehen. Während die einen lateinamerikanischen Feministinnen diese Vorstellungen übernahmen, meldeten andere wie die Chilenin Nelly Richard Bedenken an. „Gerade weil sie nicht Subjekte des Projektes der Moderne waren, sondern aus ihm ausgeschlossen wurden, da das vorgeblich universelle Subjekt männlich, weiß, gebildet und zur Metropole gehörend war, sind die Ausgeschlossenen durch die Krise des Modells von ihrer Randposition befreit und aufgewertet worden. Anders gesagt: Es stimmt zwar, daß die Frauen und Lateinamerika am Prozeß von Aufklärung und Fortschritt nicht teilhatten, aber da dieser Prozeß nunmehr in Europa selbst als gescheitert betrachtet wird, bekommen sie einen neuen Stellenwert."[61]

4d Paradigmen Lateinamerikas

Magischer Realismus

In den siebziger Jahren des 20. Jahrhunderts gilt der „magische Realismus" als wichtigstes Charakteristikum der Literatur des zeitgleichen lateinamerikanischen Booms. Gemeint ist ein Zusammenspiel magischer Anschauungsformen aus dem indianischen Weltbild mit realistischen Vorstellungen europäischer Provenienz. Es ergeben sich dabei ungewöhnliche **Korrespondenzen und Identitäts-**

---

[60] Ingrid Galster, Aspekte der Feminismusdiskussion in Hispanoamerika, in: Iberoromania 45, 1997, S. 99-113, hier S. 99.
[61] Ebda., S. 106.

auflösungen z.B. durch „Verwischung aller Grenzen, der Grenzen nämlich, die gemeinhin als selbstverständlich gelten: Grenzen zwischen Mensch und Tier, Mensch und Pflanze, Mensch und Mensch, Belebtem und Unbelebtem, Leben und Tod und andere."[62] Wenn z.b. eine Person nicht als „Individuum", sondern als in zwei Wesen gespalten und an zwei unterschiedlichen Orten gleichzeitig präsent vorgestellt wird, oder ein Reiter nicht wegen Ungeschicklichkeit vom Pferd fällt, sondern weil ihn die Tiefe gerufen hat, dann widerspricht das alltäglicher Logik und exemplifiziert magisches Denken. Als Verfasser gesellschaftskritischer Romane (vgl. 3b), Vorläufer des Booms und Autor des magischen Realismus unterscheidet **Miguel Angel Asturias** (1899-1974) zwischen der realen Realität, der magischen Realität und jener dritten, die die Verschmelzung der ersten beiden und damit den magischen Realismus darstellt. Also dienen die magischen Denkschemata der irrationalen Erkenntnis wie die Kategorien der rationalen. Quellen sind die Mythen der mittelamerikanischen Vergangenheit, die ebenso enthusiastisch wiederentdeckt werden wie im Europa der Renaissance die Antike. In beiden Fällen wird die unmittelbare Vergangenheit, d.h. die Kolonialzeit oder das Mittelalter, übersprungen und auf Anfänge zurückgegriffen, die literarische und politische Orientierung bieten.[63] Schließlich haben nach Asturias die Mayas und die Nahuas die Dichtung für die Magie der Götter gehalten und damit Dichtung als Form der Magie definiert. Asturias hatte nach seinem Jurastudium in Guatemala Ethnologie studiert und in Paris den indianischen *Popol Vuh*, eine Sammlung indianischer Glaubensvorstellungen, zu einer Zeit übersetzt, als die Surrealisten die Dimension des Unbewussten und Irrationalen entdeckten und das Mythische zum literarischen Programm erhoben. In seinen *Leyendas de Guatemala* finden sich zahlreiche, zum Teil wörtlich übernommene Passagen aus dem *Popol Vuh*.

Allerdings beschränkt sich Asturias nicht auf den magischen Realismus. Als engagierter Autor setzt er sich z.B. in *El señor Presidente* mit politischen und in seiner Trilogie: *Viento fuerte*, *El papa verde* und *Los ojos de los enterrados* mit wirtschaftlichen Problemen auseinander. (vgl. 3b) Zudem bezieht Asturias das Magisch-Mythische nicht allein auf die indianische Welt. **Moderne Mythen** im Sinne von Roland Barthes[64] sieht er auch im industrialisierten westeuropäischen Kontext. Die Plakate in den Straßen mit dem Löwen, der brüllend einen Kinofilm einleitet, oder dem Tiger, der in den Automotoren steckt, bilden nicht nur eine

---

[62] Ludwig Schrader, Conejos amarillos en el cielo: Zu einigen Konstanten im Romanwerk von Miguel Angel Asturias, in: Iberoromania 2, 3, 1970, S. 231-247, hier S. 236.

[63] Vgl. Ludwig Schrader, Die Kunst und die alten Götter bei Asturias, in: Eberhard Leube, Ludwig Schrader (Hg.), Interpretation und Vergleich: Festschrift für W. Pabst, Berlin 1972, S. 267-301.

[64] Roland Barthes, Mythologies, Paris 1957.

neue Heraldik, sondern die Mythen der Konsumgesellschaft. Die Beliebtheit von unterirdischen Einkaufspassagen sieht Asturias als Rückkehr des Menschen in die Höhle, wo er sich aus einem Urinstinkt heraus besonders wohl und sicher fühlt. Auch der Diktator in *El señor Presidente* ist nach Asturias nichts anderes als ein moderner Mythos, der ein höhergestelltes und besonders mächtiges Wesen verkörpert, der um sich einen Personenkult als Ritus aufbaut und nicht anders als ein Gott der Mayas Menschenopfer fordert. Unterschiedliche Epochen entwickeln ihre eigenen Mythen, z.B. der Unabhängigkeit, des Fortschritts oder des Positivismus. Derartige Mythen leiten das Denken und fördern eine geistige Bequemlichkeit, da sie erlauben, den jeweiligen Einzelfall einfach unter sie zu subsumieren, statt ihn differenziert zu analysieren. Einerseits wird also von Asturias der Versuch unternommen, auch in modernen Mythen das archaisch Magische zu sehen, andererseits soll modernen Mythen wie dem Magischen allgemein eine die Erkenntnis strukturierende Kraft zukommen.[65]

Der zweite Theoretiker des magischen Realismus ist **Alejo Carpentier** (1904-1980), der als Sohn einer Russin und eines Franzosen seine Schulzeit in Paris verbringt, im Elternhaus Französisch spricht, viel in der Welt herumkommt und in Kuba, Venezuela, Haiti, Guadeloupe, Mexiko, Spanien, Brasilien, China, Indien, Vietnam sowie in weiteren europäischen und arabischen Ländern Eindrücke sammelt. Im Vorwort seines Romans *El reino de este mundo* (1949) definiert er *lo real maravilloso* als Konstante der lateinamerikanischen Geschichte, die er als solche unter dem Eindruck der Vodoo-Zeremonien auf einer Reise nach Haiti erkannt habe und unterschieden wissen will vom künstlichen Wunderbaren bei den Surrealisten. Auch wenn nicht ein wunderschönes Reales gemeint ist, sondern ein erstaunliches Reales, das wie im Fall der Diktatur auch erschreckende Seiten haben kann, überwiegt doch die positive Bewertung des *real maravilloso*, das nicht zuletzt auch durch europäische Vorstellungen vom Exotischen fremdgeprägt ist. Die Vermischung unterschiedlicher Kulturen in Lateinamerika drückt er metaphorisch auch durch die Begriffe *mestizaje* und *barroco* aus. Der Roman selbst handelt von den Sklavenaufständen und Unabhängigkeitskämpfen in Haiti Ende des 18. und Anfang des 19. Jahrhunderts, wobei das Magische etwa durch einen Zauberer vertreten ist, der unterschiedliche Tiergestalten annimmt, oder durch einen zyklischen Zeitverlauf von Rebellion und Ausbeutung, dessen mögliche Überwindung aber angedeutet wird. Vor diesem Hintergrund wird der Versuch des Diktators, die Mumie eines indianischen Fürsten als faszinierendes Kulturgut in ein französisches Museum zu bringen, um die Anerkennung der kulturellen Eigenständigkeit Lateinamerikas durch die ehemalige Kolonialmacht Europa zu beweisen, zum ironischen Spiel mit historischen Identitätsdiskursen.

---

[65] Christoph Strosetzki, Magischer Realismus oder Archäologie des Mythos, in: Ders., Das Europa Lateinamerikas, Stuttgart 1989, S. 113-134.

„Lo real maravilloso" erweist sich dabei als ein Glied in der Kette der von Europa an Amerika herangetragenen Mythen und Utopien. Der Roman belegt nicht nur die wirtschaftliche, politische und kulturelle Fremdbestimmtheit Lateinamerikas, sondern zeigt auch die lateinamerikanischen Versuche der Identitätsbestimmung als Kehrseite einer Fremdbestimmtheit und relativiert damit den im Vorwort programmatisch aufgestellten Anspruch des *real maravilloso*.[66]

Bedenkt man, dass **Asturias** in seiner frühen Dissertation *El problema social del indio* dafür plädiert, den Indios die spanische Sprache zu lehren, ihnen ihren Aberglauben auszutreiben und sie zu europäisieren, dann liegt es nahe, seine Konzeption vom magischen Realismus auf seine Pariser Zeit zurückzuführen, in der er **bei den Surrealisten** als „echter Primitiver" und in seiner ethnologischen Forschergruppe als „echter Maya" gelten konnte. Auch Carpentiers Begriff des *real maravilloso* verdankt seine Entstehung dem Surrealismus, dessen *merveilleux quotidien* er ein an den amerikanischen Kontinent gebundenes *real maravilloso americano* entgegenstellt. Carpentier, der bei der zweiten Aufspaltung der Surrealistengruppe den Beitrag *Un cadavre* (1930) in französischer Sprache zum Pamphlet gegen Breton liefert, teilt die Europafeindlichkeit der Pariser Avantgarde, die das Ende der weißen Zivilisation verkündet und den Indio als Bewahrer ursprünglicher Weisheit lobt. Als nun noch Paris im Zweiten Weltkrieg von Hitler eingenommen wird und Carpentier in seine Heimat zurückgekehrt ist, drückt er Entsprechendes in einem Artikel mit dem Titel *El ocaso de Europa* (1941) aus. In diesem Kontext wird die programmatische Formel des *real maravilloso* verständlich, die in Lateinamerika die Bedeutung des im Jahr 1900 entstandenen und gegen die USA gerichteten *arielismo* Rodós gewinnt. Im **Europa der sechziger und siebziger Jahre** wird die Formel für eine massive Vermarktung von Kritikern und Verlegern wieder aufgegriffen, „als nach der Durststrecke der Nachkriegs-Wiederaufbauzeit im Gefolge der Hippie-Bewegung in Europa und den USA wieder **Zivilisationskritik** aktuell war und die **Suche nach alternativen Denkformen** im Mittelpunkt stand."[67] Nun konnte Gabriel García Márquez' *Cien años de soledad* (1967) mit seiner eklektizistischen Vermischung von christlichen, indigenen und afrikanischen Elementen und seiner zugleich magischen wie realen Welt zum Kultbuch des magischen Realismus und der Literatur des lateinamerikanischen Booms werden. Die Verleihung des Nobelpreises für

---

[66] Vgl. Wolfgang Matzat, Geschichte und Identität im Werk Alejo Carpentiers, in: Ders., Lateinamerikanische Identitätsentwürfe, Tübingen 1996, S. 13-34.

[67] Michael Rössner, Magischer Realismus und mythisches Bewusstsein: Die Literatur Lateinamerikas zwischen europäischer Erwartung und lateinamerikanischem Selbstverständnis, in: Elke Mader, Maria Dabringer (Hg.), Von der realen Magie zum Magischen Realismus, Frankfurt 1999, S. 103-116, hier S. 109; vgl. auch Michi Strausfeld, Die neue Literatur Lateinamerikas. Versuch einer Bestandsaufnahme, in: Dies. (Hg.), Lateinamerikanische Literatur, Frankfurt 1976, S. 9-28; hier S. 15f.

Literatur an García Márquez im Jahr 1982 belegt die damalige allgemeine Aufmerksamkeit. Inzwischen gibt es aber schon eine adäquate Replik durch den „neuen historischen Roman": Fernando del Paso zeigt in seinen *Noticias del Imperio* (1988) ein *real maravilloso europeo*, indem er ein magisch entrücktes, unverständliches Zeremoniell verkleideter Höflinge in die Zeit der kurzen Herrschaft des österreichischen Erzherzogs Maximilian, der im Anschluss an die französische Intervention zwischen 1863 und 1867 als Kaiser von Mexiko regierte, versetzt und vom vorherigen indianischen Präsidenten Mexikos Benito Juarez rational aus einer Distanz aufklärerisch liberaler Überlegenheit analysieren lässt.

Allerdings ist zu fragen, wie ausschließlich die Literatur des lateinamerikanischen Booms tatsächlich unter dem Blickwinkel des magischen Realismus gesehen wurde. Schließlich darf nicht vergessen werden, welche Bedeutung nordamerikanische Autoren der Moderne und europäische Autoren des 19. und 20. Jahrhunderts für die Boom-Autoren hatten. Mario Vargas Llosa orientierte sich an William Faulkner und Gustave Flaubert, Carlos Fuentes an Honoré de Balzac, James Joyce und Juan Goytisolo. „Besonders Carlos Fuentes erscheint als ein treffendes Beispiel für den Anspruch der Boom-Generation auf die Verbindung regionaler Traditionen mit der internationalen Literaturszene, da er **verschiedenste kulturelle Einflüsse** aufnimmt: Von den indianischen Mythen bis zur Popkultur, von den Chroniken der Entdeckung Amerikas über Bezüge auf die spanische Kultur, z.B. Miguel de Cervantes, Francisco Quevedo und Luis Buñuel, bis zur Einbeziehung der Weltliteratur, etwa Laurences Sternes *Tristam Shandy* in *Cristóbal Nonato*, reicht das in die Romane integrierte kulturelle Material."[68]

Heterogenität

Heterogenität wurde nicht selten als Gegenbegriff zur homogenisierenden Konzeption eines magischen Realismus bzw. einer *mestizaje cultural* angeführt. So prägen Gegensätze die immer wieder diskutierte Identität Lateinamerikas, sei es als Gegensatz zwischen Europäischem und Indianischem, zwischen Kolonialmacht und Kolonie, Zentrum und Peripherie oder zwischen (vermeintlich) Rationalem und (vermeintlich) Magischem. Im 19. Jahrhundert variiert Domingo Faustino Sarmiento, der zwischen 1868 und 1874 argentinischer Staatspräsident

---

[68] Susanne Kleinert, Literarisches Selbstverständnis und Internationalität in neueren Geschichtsromanen und Essays lateinamerikanischer Autoren (Carlos Fuentes, Abel Posse), in: Armin Paul Frank, Helga Essmann (Hg.), The Internationality of National Literatures in Either America: Transfer and Transformation, Göttingen 1999, S. 191-207, hier S. 191f.

war, in seinem Werk *Facundo. Civilización y barbarie* (1845) den Topos des Gegensatzes von **Stadt und Land** und stellt Barbarei, Gewalttätigkeit und Ignoranz des Landlebens der Zivilisiertheit der europäisch geprägten Städte gegenüber. Das Land wird von unberechenbaren Caudillos beherrscht und steht daher für Gefahr, Auflösung und Leere, während die Stadt als Zentrum erscheint, das dem Menschen Schutz und Ordnung bietet und ihm damit die volle Entfaltung ermöglicht. Der städtischen Zivilisation gelte es daher, zum Durchbruch zu verhelfen.[69] Dieser These begegnete Ezequiel Martínez Estrada (1895-1964), der in der **Zivilisation** bloß materiellen Fortschritt, verbunden mit Heuchelei, Werteverfall und Orientierungslosigkeit bei der politischen Klasse sieht und ihr in seinem fortschrittskritischen Essay *Radiografía de la pampa* (1933) die unverdorbene Welt der Gauchos, die Pampa, gegenüberstellt.

Die Heterogenität Lateinamerikas hat eine horizontale und eine vertikale Seite. Erstere lässt sich am Beispiel eines Landes veranschaulichen: „In **Surinam**, einem der kleinsten Länder Südamerikas, werden ungefähr 20 Sprachen gesprochen und zum Teil geschrieben. Keine von ihnen ist lateinischen Ursprungs: zwei (Niederländisch, Englisch) stammen aus Nordeuropa, eine (Hindi) aus Asien, zwei weitere (Sranan, Sranami) sind Kreolsprachen aus afrikanischen, asiatischen und germanischen Elementen; bei den übrigen handelt es sich um indianische Sprachen. Mindestens 5 dieser Sprachen weisen eine schriftliche Literatur auf, während die anderen sich eher im System der mündlichen Überlieferung entwickeln. Keine der vorhandenen Kulturen und Literaturen kann als einfacher Ableger einer außerhalb des Landes entstandenen Kultur oder Literatur betrachtet werden."[70] Die vertikale Seite lässt sich beobachten, wenn man z.B. einen der schriftlichen europäischen Tradition zuzurechnenden Text eines missionierenden Jesuiten aus dem 17. Jahrhundert analysiert, der die mündliche mythische Wortkunst der Indios als etwas Abzulehnendes vorstellt. Dieser Text versucht nämlich, die Form einer wissenschaftlichen Abhandlung im europäischen Sinn mit der mündlichen Logik andiner Mythen zu verbinden, und wird dabei zu einem hybriden Diskurs. Dabei steht Schrift nicht nur für ein Kommunikationsmittel, sondern auch für die Herrschaftsansprüche der spanischen Universalmonarchie, die die mündliche Kultur marginalisiert.

---

[69] Anlässlich einer Reise nach Paris wurde Sarmiento allerdings mit der persönlichen Erfahrung konfrontiert, dass trotz der Befreiung von europäischer Kolonialherrschaft und trotz der Gründung einiger Republiken aus französischer Sicht ganz Lateinamerika der Barbarei zugerechnet wurde. Vgl. Andrea Pagni, Südamerikanische Blicke auf Paris und Rom: Beiträge zu einer Poetik des postkolonialen Standortes in Sarmientos *Viajes*, in: Albrecht Buschmann, Dieter Ingenschay (Hg.), Die andere Stadt: Großstadtbilder in der Perspektive des peripheren Blicks, Würzburg 2000, S. 35-43.

[70] Martín Lienhard, Kulturelle Heterogenität und Literatur in Lateinamerika, in: Iberoamericana 47/48, 1992, Nr. 3/4, S. 95-110, hier S. 95.

Heterogen ist auch die peruanische Literatur der Krisenjahrzehnte zwischen 1960 und 1990, in denen die meisten Schriftsteller in der **Emigration** in London, Paris, Genf oder Nordamerika lebten, ohne dabei allerdings den Kontakt zu ihrem Land abgebrochen zu haben. „Julio Ramón Ribeyro (1929-1995) ging 1952 nach Europa und lebte danach vor allem in Paris, Mario Vargas Llosa (*1936) kam 1959 mit einem Stipendium nach Paris und wurde im Verlauf der Jahre zu einem Weltbürger, der in London lebt und die spanische Staatsbürgerschaft besitzt; Alfredo Bryce Echenique (*1939) schließlich lebt seit 1964 vor allem in Frankreich. Neben diesen drei Romanciers sind die drei wichtigsten Literaturkritiker zu nennen, die an nordamerikanischen Universitäten lehren bzw. lehrten: Antonio Cornejo Polar (1936-1997) in Berkeley, José Miguel Oviedo (*1936) an der Penn State und Julio Ortega (*1942) an der Brown University. Die beiden zuletzt genannten sind auch als Erzähler und Lyriker hervorgetreten."[71] Angesichts dieser vielfältigen geografischen Zuordnung erscheint das Konzept einer peruanischen **Nationalliteratur**, das in Anlehnung an die europäischen Verhältnisse trügerisch eine Einheit suggeriert, zumindest fragwürdig.

Heterogenität stellt sich auch auf der Seite der subjektiven Sicht Lateinamerikas ein: Heterogen sind die möglichen **erlebten Räume** in der lateinamerikanischen Literatur.[72] Die Vorstellung der altamerikanischen Völker von ihrem **Heimatraum** lässt sich, wenn auch nicht ohne Schwierigkeiten, durch Betrachtung der indigenen Mythen sowie der indigenistischen Romane des 20. Jahrhunderts erschließen. In B. de Sahagúns auf die Azteken bezogener *Historia general de las cosas de Nueva España* (1560), im *Popol Vuh* der Mayas und in J. M. Arguedas' Quellenbuch zur Inkakultur *Dioses y hombres de Huarochir* (1966) zeigt sich die Bedeutung der Vorstellung einer Ansiedlung an einem göttlich vorherbestimmten und damit geheiligten Ort. So wird die Hauptstadt der Inka zum religiösen Mittelpunkt des Andenraums, während die Mayas im Aufbau ihrer Hauptstadt Cuzco die Kommunikation von Erde, höheren Sphären und Unterwelt widerspiegeln. L. Sepúlvedas *Un viejeo que leía novelas de amor* (1989) zeigt, wie für den Stamm der Shuar der Urwald ein Heimatraum ist, der den aus der Sierra zugereisten Amerikanern jedoch als grüne Hölle erscheint. In J. M. Arguedas' *Los ríos profundos* (1958) fühlt sich der Protagonist Ernesto durch Quechuagesänge in den *chicherías* der Stadt, durch den Klang eines Kreisels und das Wasser der Flüsse der Andenheimat verbunden. Als **Fremdraum** erscheint Lateinamerika aus dem Blickwinkel der Entdecker, Eroberer und Kolonisatoren. Die neue Welt erscheint

---

[71] Karl Kohut, Einheit und Vielfalt der zeitgenössischen Literatur Perus, in: Rafael Sevilla, David Sobrevilla (Hg.), Peru – Land des Versprechens?, Bad Honnef 2001, S. 110-126, hier S. 111.

[72] Vgl. im Folgenden: Andrea Mahlendorff, Literarische Geografie Lateinamerikas. Zur Entwicklung des Raumbewusstseins in der lateinamerikanischen Literatur, Berlin 2000.

als Projektionsfläche alter Legenden. In Kolumbus' Bordbuch tragen dazu die Topoi vom *locus amoenus*, vom irdischen Paradies und vom Quell ewiger Jugend, aber auch die Hoffnungen auf sagenhafte Goldvorkommen und die Vorstellung vom bekehrungsfähigen und arbeitswilligen edlen Wilden oder schreckenerregenden Kannibalen bei. Differenzierter ist dagegen der geografische Blick des Soldaten und Schriftstellers Cieza de León, der Peru in drei unfruchtbare Streifen einteilt: das Andengebirge, das Hochland und die Wüste, bevor er die kulturellen Unterschiede der einzelnen Regionen vorstellt. Hier deutet sich an, dass der Fremdraum für den Eroberer nicht nur wegen der zu überwindenden Indios, sondern auch wegen der Naturhindernisse ein gegnerischer Raum ist.

Einen **Naturraum** hat A. von Humboldt bei seinen Reisen nach Lateinamerika entdeckt und beschrieben. Dabei ließ er sich von Bernardin de Saint-Pierres *Paul et Virginie* (1788) beeinflussen, der in diesem Palmen- und Unschuldsroman eine natürliche, ursprüngliche und damit unverdorbene exotische Welt vorführt. Humboldts Landschaftsbilder in *Ansichten der Natur* (1808) zeigen Lokalkolorit und Atmosphäre, wenn sie die großen südamerikanischen Ebenen, den tropischen Regenwald, das andine Hochland und die großen Flüsse beschreiben. Sie dienten späteren Landschaftsmalern und Schriftstellern des 19. und 20. Jahrhunderts als Anregung. Hatten die Reiseberichte von Bougainville und Forster in Europa eine Südseebegeisterung ausgelöst, etabliert sich mit Humboldt die Vorstellung von Lateinamerika als Ort einer ungezähmten, gigantischen und wilden Natur.

Im Zusammenhang mit den Unabhängigkeitskriegen des 19. Jahrhunderts wird Lateinamerika als **Zukunftsraum** konzipiert. In Großkolumbien war es eine aus dem Stolz der eigenen naturräumlichen Grundlagen abgeleitete Gesinnung, die den Staatenbund zu erhalten suchte. Bello, der nicht nur mit Humboldt in Caracas zusammengetroffen war, sondern auch die in seinen Augen für die Herausbildung des amerikanischen Selbstbewusstseins förderlichen Texte Humboldts übersetzte und mit seinen *Silvas americanas* (1881) Lateinamerika in ein zukünftiges Agrarparadies verwandeln wollte, sieht die Neue Welt als zukunftsträchtigen Ort, dem die zeitgenössische Alte Welt in ihrer Dekadenz nichts entgegenzusetzen habe. Dabei erscheinen ihm aber die antiken Traditionen Europas unverändert nachahmenswert.[73] Während Alberdi 1852 feststellte, dass die wirkungsvollste Maßnahme zur Förderung der Einheit der Republik der Aufbau eines Eisenbahnnetzes sei, setzte sich Sarmiento für den Ausbau neuer Flusshäfen ein und wollte die europäische Zuwanderung fördern, um den Raum landwirtschaftlich zu bearbeiten.

---

[73] Vgl. Christoph Strosetzki, Die europäische Antike im Lateinamerika des 19. Jahrhunderts, in: Ders., Das Europa Lateinamerikas, Stuttgart 1989, S. 37-62.

So sehr der Blick auf die unterschiedlichen Räume Lateinamerikas das Bild von Heterogenität vermittelt, bemüht sich doch jeder einzelne Text um Vermittlung eines bestimmten Bildes, d.h. um Homogenisierung der zunächst heterogen erscheinenden Elemente. Und auch bei **Alexander von Humboldt**, der als Begründer der modernen Amerikanistik bezeichnet worden ist, mündet die Erfahrung der geografisch verankerten und kulturell zum Ausdruck kommenden Heterogenität nicht im Anerkennen einer eigenen Gesetzlichkeit und eigenen Wertigkeit jeder einzelnen Kultur, sondern in einer eurozentristischen Homogenisierung. Bauwerke und Mythen der Azteken und Inkas erscheinen ihm schwach und trübe im Vergleich mit den Hervorbringungen der griechischen Antike. „Die erfahrene Heterogenität des amerikanischen geht in der konstruierten Homogenität des globalen Kulturraums auf, dessen kultureller Meridian unverrückbar – für Humboldt wie für Goethe – durch das antike Griechenland geht."[74]

Im Fall von **Mexiko** hat Heterogenität noch einen weiteren Aspekt, der mit der blutigen Niederschlagung einer studentischen Demonstration durch die Partei *Partido Revolucionario Institucional* (PRI) zusammenhängt, die als Revolutionspartei die Anliegen der mexikanischen Revolution fortzusetzen vorgab. Der dieser Partei angehörende Präsident Gustavo Díaz Ordaz befahl ein Massaker an Hunderten von Studierenden, die am 2. Oktober **1968** gegen Militarisierung und Verkrustung des Staatsapparats auf dem Platz von Tlatelolco demonstrierten. Dies bedeutete eine Zäsur im mexikanischen Selbstverständnis: Der die Gesellschaft bislang homogenisierende Revolutionsdiskurs wurde unglaubwürdig. Octavio Paz reagierte, indem er sein Amt als Botschafter Mexikos niederlegte. Sein bislang die Identität Mexikos gegenüber Europa verbürgendes Werk *El laberinto de la soledad* (1950) wurde fragwürdig. Es hatte die Einsamkeit als historisches Trauma des Mexikaners und homogenisierenden Faktor vorgestellt, wobei er auf die Azteken hinwies, die sich von den Göttern alleingelassen fühlten, als sie in Cortés den angekündigten Erlöser begrüßten und sich verraten sahen durch Malinche, Cortés aztekischer Geliebter. Derartige Entwürfe wurden nach 1968 abgelöst von einer als **Gegenkultur** verstandenen Volkskultur. Ihr Erfinder ist der Soziologe, Kinoexperte und Stadtchronist Carlos Monsiváis mit seinen *Crónicas*, in denen er die Krise Mexikos als Krise der Eliten umbewertet, durch mediale Vernetzung die hierarchische Dichotomie zwischen Zentrum und Peripherie, d.h. zwischen Stadt und Land, und politischen Klassen destabilisiert sieht und in einer fingierten Mündlichkeit die zufällige alltägliche Flüchtigkeit einfängt. Der Schock von Tlatelolco führt zum parodistischen Spiel mit den Mythen des Booms, zu einem Aufschwung des Essays und zum neuen historischen Roman.

---

[74] Ottmar Ette, Tres fines de siglo. (Teil 1). Kulturelle Räume Hispanoamerikas zwischen Homogenität und Heterogenität, in: Iberoromania 49, 1999, S. 97-122, hier S. 114.

Bedenkenswert ist nur, dass Monsiváis inzwischen selbst zum etablierten Autor der offiziellen mexikanischen Kultur geworden ist. „Zu den rhetorischen Strategien des Establishments gehört eine sprichwörtliche Mythomanie, die fähig ist, sich auch Schriftsteller der sogenannten ‚contracultura' einzuverleiben und selbst subversive Formen des Schreibens zum Mythos zu machen."[75]

Peripherie und Zentrum

Das Konzept der **Moderne** kann insofern als **Identitätsdiskurs Europas** betrachtet werden, als sich Europa damit selbst als Zentrum und die restliche Welt als Peripherie konstituiert, nicht zuletzt um Andere vom Zentrum fernzuhalten. Was nicht zum Zentrum gehört, ist zurückgeblieben und wird seine Rückständigkeit einmal aufholen. Schon einmal (Kap. 2d) standen wir vor der Frage, wann die Moderne beginnt. Soll man als Beginn die Erfindung des Buchdrucks durch Gutenberg im Jahr 1436, die Entdeckung und Eroberung der Neuen Welt ab 1492, die Renaissance, Descartes' *Discours de la Méthode* (1637), die an der Vernunft orientierte Aufklärung des 18. Jahrhunderts oder vielleicht, wie in der Dritten Welt üblich, das Ende des Zweiten Weltkrieges im Jahr 1945 als Zeitpunkt festsetzen, „zu dem die Zentrum-Peripherie-Beziehungen durch das Paradigma von Entwicklung-Unterentwicklung neu definiert wurden und Europa nicht länger als Zentrum der Welt gelten konnte[?]"[76]

Ebenso schwierig wie die Festlegung des Beginns der Moderne ist die Beantwortung der Frage, ab wann man von einer **eigenständigen Literatur Lateinamerikas** sprechen kann.[77] Bekanntlich sah der Franzose Maxime Chevalier in seinen *Lettres sur l'Amérique du Nord* (1836) Amerika nach europäischem Modell in einen nördlichen, protestantischen und angelsächsischen Teil auf der einen Seite und einen südlichen, katholischen und „lateinischen" Teil auf der anderen Seite getrennt, wobei die kulturelle Unterscheidung durch eine weitere ergänzt wird, die nach der Rassenlehre zwischen „lateinischer" und „angelsächsisch-germanischer" Rasse differenziert. *L'Amérique latine* wurde zum Motto des französischen Imperialismus unter Napoléon III., das den Anspruch Frankreichs

---

[75] Vittoria Borsò, Mexiko jenseits der Einsamkeit, in: Matices 6, 21, 1999, S. 70-74, hier S. 72; vgl. auch Ronald Daus, Vom Starchronisten zum literarischen Helden. Carlos Monsiváis in Mexiko-Stadt, Orhan Pamuk in Istanbul, in: Kosmopolis. Interkulturelle Zeitschrift aus Berlin 5-6, 2000, S. 16-33.

[76] Mary Louise Pratt, Modernität und Peripherie. Zur Analyse globaler Verhältnisse, in: Nena Badenberg, Florian Nelle, Ellen Spielmann (Hg.), Exzentrische Räume. Festschrift für Carlos Rincón, Stuttgart 2000, S. 33-50, hier S. 35.

[77] Vgl. Klaus Meyer-Minnemann, Lateinamerikanische Literatur – Dependenz und Emanzipation, in: Iberoamericana 10, 1, 1986, S. 3-17.

auf die kulturelle Führungsrolle in der romanisch geprägten Welt Amerikas verdeutlichte. Ein frühes Beispiel unabhängiger südamerikanischer Literatur ist dagegen die *Visión de los Vencidos*, also die Darstellung der Eroberung aus der Sicht der Besiegten, wie sie z.b. mit der an den spanischen König Felipe III. gerichteten *Nueva Corónica y Buen Gobierno* (zwischen 1584 und 1615) des Inka Guamán Poma de Ayala vorliegt.[78] Allerdings liegt hier dem Bestreben des Sichtbarmachens der kulturellen Heteronomie gegenüber den Normen der herrschenden Kultur ein Verhältnis der Dependenz zugrunde. Bei Sor Juana Inés de la Cruz (1648?/1651-1695), die bestrebt ist, die Vorbilder der Metropole zu übertreffen, zeigt sich eine vergleichbare Situation der Dependenz, die aber durch ihren Stolz auf Natur und Kultur ihrer Heimat mit dem Willen zur Emanzipation verbunden ist.

Der Begriff der Moderne darf nicht mit dem des *modernismo* verwechselt werden, der sich auf die von dem Nicaraguaner Rubén Darío 1888 initiierte Strömung bezieht, die in Anlehnung an den französischen Symbolismus eine Erneuerung der Lyrik anstrebte. (vgl. 2d) Wichtig für das amerikanisch-europäische Verhältnis ist der *modernismo* insofern, als er sich in zeitlicher Nähe zu dem Verlust der letzten spanischen Kolonien in Amerika entwickelt. Zu diesen letzten Kolonien gehörte Kuba, das seine Unabhängigkeit durch das Eingreifen der USA erlangte. Dies wiederum löste Proteste gleichermaßen in Spanien wie in Lateinamerika aus, da man sich der gemeinsamen Ohnmacht gegenüber den USA bewusst wurde. Folge war ein wachsendes Interesse auch spanischer Autoren an lateinamerikanischer Literatur. Fernández Retamar formulierte die These, die hispanische Welt beiderseits des Atlantiks sei „in eine gegenüber den führenden Mächten und den von ihnen gelenkten gesellschaftspolitischen wie ökonomischen Entwicklungen marginale Rolle geraten."[79] Die Frage nach der lateinamerikanischen Identität gewinnt nun eine neue Aktualität und wird von dem Kubaner José Martí, dem Nicaraguaner Rubén Darío und dem Uruguayer José Enrique Rodó erörtert. Dabei ist die identitätsstiftende Wirkung der Frage als solcher höher einzuschätzen als die der unterschiedlichen Antworten. Bei allen Versuchen der Entwicklung einer spezifisch amerikanischen Kultur und Literatur war man jedoch nicht an einer völligen Unabhängigkeit von europäischen Strömungen interessiert.

---

[78] Vgl. Walter Bruno Berg, Literatur in Lateinamerika. Zur kulturellen *contraconquista* des Kontinents, in: Klaus Martens (Hg.), Fremdvertrautheit. Europäisch-amerikanische (Re-)Visionen, St. Ingbert 1994, S. 17-43, zu Guamán Poma de Ayala S. 21ff.

[79] Ottmar Ette, Asymmetrie der Beziehungen. Zehn Thesen zum Dialog der Literaturen Lateinamerikas und Europas, in: Birgit Scharlau (Hg.), Lateinamerika denken. Kulturtheoretische Grenzgänge zwischen Moderne und Postmoderne, Tübingen 1994, S. 297-326, hier S. 305.

Dependenztheorien stammen eigentlich aus der Wirtschaft und behaupten die ökonomische Eingliederung der Peripherie in die kapitalistischen Zentren. Durch das Konzept des Kulturimperialismus werden sie auf die Kultur übertragen. Hier erschien 1959 die kubanische Revolution als Zeichen für die Möglichkeit, sich kulturimperialistischen Tendenzen erfolgreich entgegenzustellen. In diesem Zusammenhang sind auch zwei Kritiken an der Literatur des lateinamerikanischen Booms zu sehen.[80] Der Kolumbianer Oscar Collazos gab 1969 zu bedenken, dass es die jeweilige historische Realität ist, die eine eigene Sprache mit der ihr spezifischen Syntax und Struktur erzeugt, die *nueva novela* des Booms aber in keiner Weise in der Realität des lateinamerikanischen Subkontinents verankert ist. Vielmehr gehe es den Autoren nur darum, gegenüber den ehemaligen Kolonisatoren unter Beweis zu stellen, dass sich die ehemalige Kolonie inzwischen kulturell auf demselben Niveau befinde wie die Metropole. Dem entgegnete der peruanische Boomautor Vargas Llosa, Collazos Kritik sei allzu rationalistisch und verkenne den irrationalen Aspekt der literarischen Schöpfung, während Julio Cortázar dem Kritiker vorwarf, die dargestellte Wirklichkeit in den Dienst revolutionärer Zwecke stellen zu wollen und dabei zu vergessen, die literarischen Formen selbst zu revolutionieren. Hier wiederholt sich die kurz zuvor in Frankreich ausgetragene Kontroverse, in der Alain Robbe-Grillet als Vertreter des *nouveau roman* die vom Existentialisten Jean Paul Sartre behauptete Notwendigkeit gesellschaftlichen Engagements in der Literatur im Interesse formaler Erneuerungen ablehnte.

Gegen Julio Cortázar und Carlos Fuentes richtete der indigenistische Autor José María Arguedas den Vorwurf des Universalismus und des technizistischen Verständnisses von Literatur. Ihm selbst komme es dagegen weniger auf die Vermittlung revolutionärer Botschaften an als auf Einblicke in die Vorstellungswelt der Indios. **Das spezifisch Lateinamerikanische** will auch der bereits erwähnte Roberto Fernández Retamar 1973 in einem in der Zeitschrift des revolutionären Kuba *Casa de las Américas* veröffentlichten Artikel hervorheben. Habe doch schon Aristoteles seine Poetik ausgehend von der Literatur, die er kannte, geschrieben. Literaturtheorie müsse also immer von einer Gruppe literarischer Werke ausgehen, für die sie dann gelte. So sei Literaturtheorie, die sich auf lateinamerikanische Werke bezieht, spezifisch lateinamerikanisch. Überzeugend wäre diese Position, würde sie nicht stillschweigend als weitere Voraussetzung den Marxismus postulieren.

---

[80] Vgl. im Folgenden Ingrid Galster, Hispanoamerikanische Literaturtheorie zwischen Abhängigkeit und Suche nach Autonomie: die aktuelle Diskussion über die Postmoderne, in: Iberoamericana 58/59, 1995, 2/3, S. 84-100.

Das **Paradigma der Postmoderne**, das Jean-François Lyotard mit *La condition postmoderne* 1979 vorgeschlagen hatte, wurde auch in Lateinamerika diskutiert. Carlos Fuentes blickt in seinem Essay-Band *Geografía de la novela* (1993) auf Dichotomien zurück, die in der Zeit des Booms noch maßgeblich waren, nunmehr aber durch die Postmoderne überwunden seien: die von Realismus und phantastischer Literatur, von Nationalismus und Kosmopolitismus und die von Engagement und Formalismus. Verschwunden sei damit auch Europa als kulturelles Zentrum, geblieben seien nur noch Peripherien, heterogene, polyzentrische Kulturen.[81]

Angesichts der Postmodernediskussion kann man **in Lateinamerika drei Positionen** unterscheiden: eine kategorisch ablehnende, eine Adaptation an die lateinamerikanischen Verhältnisse und eine Anerkennung des Paradigmas als universal gültig.[82] Die **erste** Position argumentiert, es könne in Lateinamerika nicht von Postmoderne die Rede sein, da sich bereits die Moderne dort nicht entwickelt habe, so dass die Übertragung des Paradigmas der Postmoderne auf unterentwickelte Länder nur einen neuen Eurozentrismus bedeute. Besonders problematisch erscheint eine solche Übertragung denjenigen Lateinamerikanern, die mit der postmodernen Relativierung großer Fortschrittsentwürfe auch den Marxismus gefährdet sehen.

Die **zweite** Position adaptiert die Postmoderne auf die lateinamerikanischen Verhältnisse, indem sie deren Heterogenität betont und wie der chilenische Kultursoziologe José Joaquín Brunner Lateinamerika als immer schon postmodern bezeichnet. Postmoderne Heterogenität charakterisiere Lateinamerika insofern, als schon früh die gegensätzlichen Mentalitäten von Eroberern und Eroberten aufeinander stießen. Verstärkt wird die Vielfalt der Unterschiede in neuerer Zeit durch Hinzutreten nordamerikanischer Massenkultur in diversen Kommunikationsmedien, wobei die deutliche Abgrenzung zwischen Fremdem und Eigenem, sowie zwischen Autonomie und Abhängigkeit ihre Bedeutung verliert und Macht nicht mehr in der globalen Zweiteilung von Beherrschten und Herrschenden auftritt, sondern diffus über die gesamte Gesellschaft verstreut ist. Als Beispiel kann hier die Testimonialliteratur angeführt werden, bei der ein des Schreibens Unkundiger seine Geschichte einem Schriftsteller erzählt. Dieser macht dann einen

---

[81] Vgl. Susanne Kleinert, Literarisches Selbstverständnis und Internationalität in neueren Geschichtsromanen und Essays lateinamerikanischer Autoren (Carlos Fuentes, Abel Posse), in: Armin Paul Frank, Helga Essmann (Hg.), The Internationality of National Literatures in Either America: Transfer and Tansformation, Göttingen 1999, S. 191-207, hier S. 193f.

[82] Vgl. Ingrid Galster, Hispanoamerikanische Literaturtheorie zwischen Abhängigkeit und Suche nach Autonomie: die aktuelle Diskussion über die Postmoderne, a.a.O., S. 90ff.

Roman daraus, der sich hybrid zwischen Dokument und Fiktion ansiedelt und zugleich als Resultat der Zusammenarbeit von Mitgliedern verschiedener Kulturen ein Dokument des Dialogs und kultureller Heterogenität ist.

Die **dritte** lateinamerikanische Position geht noch über die zweite hinaus und hält das Paradigma der Postmoderne für genuin lateinamerikanischen Ursprungs und nennt Jorge Luis Borges, dessen Werk vor allem nach Ende des Zweiten Weltkrieges französische Neo- und Poststrukturalisten Fragmente als Motti oder Epigrafe entnehmen, als den eigentlichen Erfinder der literarischen Postmoderne. Denn er spielt mit einer Vielzahl anderer Texte und relativiert durch die Metapher der Bibliothek oder absurde hermeneutische Konstellationen das Subjekt des Autors. Als anschauliches Beispiel lässt sich seine berühmte Kurzgeschichte *Pierre Menard, autor del Quijote* anführen. (vgl. 2a) Im Übrigen sind auch typische Charakteristika des lateinamerikanischen Romans wie die Bevorzugung des zyklischen gegenüber dem linearen Zeitablauf, die Auflösung der Subjekte und die Aufhebung des Gegensatzes von Realität und Fiktion (z.B. durch gleichwertige Verwendung historischer und fiktionaler Figuren) als postmodern zu bezeichnen.

4e Geschichte und *memoria*

Geschichte und Geschichten

Wo verläuft die Grenze zwischen Geschichtsschreibung und fiktionalem Text? Bis zum 19. Jahrhundert gehörte die Geschichtsschreibung in den Bereich der Literatur. Im Lateinunterricht werden selbstverständlich auch Historiker wie Caesar, Sallust, Livius oder Tacitus gelesen. **Geschichtsschreibung** wird hier wie **Literatur** wegen rhetorischer und stilistischer Qualitäten, aber auch wegen ihres moralischen und didaktischen Wertes einbezogen: Von der Geschichte kann man lernen. Unabhängig davon hatte bereits Aristoteles die Unterschiede betont, indem er in seiner Poetik hervorhebt, „daß es nicht die Aufgabe des Dichters ist, das, was wirklich geschehen ist, zu erzählen, sondern das, was hätte geschehen können, d.h. was nach Wahrscheinlichkeit oder Notwendigkeit möglich ist. [...] Deshalb ist die Dichtkunst eine philosophischere und noch ernstere Tätigkeit als die Geschichtsschreibung. Denn die Poesie richtet sich mehr auf das Allgemeine, während die Geschichtsschreibung das Einzelne erzählt. Das Allgemeine besteht darin, daß es einem Menschen von bestimmtem Charakter nach Wahrscheinlichkeit oder Notwendigkeit zukommt, so oder so zu reden und zu handeln."[83] Aris-

---

[83] Aristoteles, Poetik, in: Ders., Hauptwerke, Wilhelm Nestle (Hg.), Stuttgart 1968, S. 336-376, hier S. 350f.

toteles korrigiert damit die Einschätzung Platons, der die Geschichtsschreibung der Dichtkunst vorzieht, wenn er letzterer vorwirft, sie sei von den Ideen, an denen die Wirklichkeit teilhabe, zu weit entfernt. (vgl. 2c)

Die platonische Kritik an den erfundenen Geschichten führte dazu, dass sich die **Dichter** gern **als Geschichtsschreiber** ausgaben, um sich zu legitimieren. So behauptet Mateo Alemán vom Autor seines Schelmenromans *Guzmán de Alfarache* (1599), er habe „conseguido felicisamente el nombre y oficio de historiador", während Jorge de Montemayor zu Beginn seines Schäferromans *Diana* (1559) Geschichten von „casos que verdaderamente han sucedido" verspricht.[84] Im Ritterroman *Amadís* (1508) wird eine Figur eingeführt, die sich im Prolog auf Sallust und Livius beruft, die Entstehungsgeschichte des Textes darstellt und gewissenhaft die bloß erfundenen von den historischen Ereignissen unterscheiden will. Dies fortsetzend führt Cervantes im *Don Quijote* den Geschichtsschreiber Cide Hamete als Gewährsmann ein und postuliert „debiendo ser los historiadores puntuales, verdaderos y no apasionados, y que ni el interés ni el miedo, ni la afición, no les hagan torcer del camino de la verdad, cuya madre es la historia, émula del tiempo, depósito de las acciones, testigo de lo pasado, ejemplo y aviso de lo presente, advertencia de lo por venir."[85] Die spielerische Verwendung des Paradigmas des Geschichtsschreibers ist im *Siglo de Oro* nicht zuletzt beliebt, um den didaktischen Wert und Nutzen zu unterstreichen, der zumindest vor dem Hintergrund der Einschätzung Platons umso höher erscheint, je größer die Wirklichkeitsnähe ist. Die Vergleichbarkeit beider Textsorten ist durch neuere konstruktivistische Bewertungen von Geschichtsschreibung bzw. Presse noch deutlicher geworden. Danach sei Geschichtsschreibung ebenso wie Dichtung sprachlich bedingt, durch Zeichen vermittelt und durch Erfahrung und Erkenntnis konstruiert. Die Unterschiede allerdings brechen dort auf, wo Fiktionssignale fiktionale von nicht-fiktionalen Texten trennen. Auch innere Monologe, Darstellungen von Bewusstseinsströmen und metafiktionale Elemente sind im Allgemeinen fiktionalen Texten vorbehalten.

---

[84] Vgl. Christoph Strosetzki, Geschichte und Geschichten, in: Antike und Abendland 40, 1994, 60, S. 153-168, hier S. 154f.

[85] Miguel de Cervantes Saavedra, El ingenioso hidalgo Don Quijote de la Mancha, Vicente Gaos (Hg.), Madrid, Gredos 1987, I, 9, S. 197. Dies ist der Satz, den Borges' Pierre Menard schrieb, als er den *Don Quijote* neu schreiben wollte; vgl. 2a und Jorge Luis Borges, Pierre Menard, autor del Quijote, in: Ders., Narraciones, Marcos Ricardo Barnatán (Hg.), 13. Aufl., Madrid, Cátedra 1999, S. 85-96; vgl. Kap. 2a.

memoria *und Spanien*

Geschichte kann also dem Legitimierungsdiskurs fiktionaler Literatur dienen. Sie kann aber auch Referenzpunkt der Literatur werden, wenn diese geschichtliche Ereignisse festhalten und in Erinnerung bringen will. Dabei handelt es sich z.B. um denkwürdige Taten, wie sie in den Heldenepen des Mittelalters vorgeführt werden, oder um Schlüsselereignisse für die Bestimmung des Selbstverständnisses oder der Befindlichkeit einer Gesellschaft oder einer gesellschaftlichen Gruppe. Für Lateinamerika zählen dazu die Ereignisse im Zusammenhang mit der Entdeckung und der Eroberung, aber auch die Revolutionen des 19. und 20. Jahrhunderts. In Spanien sorgten die Beendigung des mittelalterlichen Zusammenlebens von Juden, Mauren und Christen, der Verlust der letzten Kolonien im Jahr 1898 und der Bürgerkrieg für Identitätskrisen. Bevor im Folgenden auf die literarische Verarbeitung dieser geschichtlichen Stoffe eingegangen wird, sei kurz erwähnt, welche Bedeutung die unter dem Stichwort der *memoria* diskutierte Erinnerungskultur für die Literaturwissenschaft hat.

Das **kulturelle Gedächtnis** wird gebildet durch die Gesamtheit der Bilder, Riten und Texte, mit denen jede Gesellschaft ihr Selbstverständnis formuliert und die sich auf ein kollektives Wissen über die Vergangenheit beziehen. Fünf mögliche Medien sind zu unterscheiden: 1. die mündliche Tradition; 2. konventionelle historische Dokumente wie Memoiren und andere schriftliche Aufzeichnungen; 3. gemalte oder fotografische, ruhende oder bewegte Bilder; 4. kollektive Gedenkrituale, die, wie z.B. am 14. Juli in Frankreich, das Vergangene im Sinne der szenischen Inkraftsetzung wiederholen, und 5. geografische und soziale Räume als „Merkorte".[86] Während sich das kulturelle Gedächtnis auf weiter zurückliegende Fixpunkte in der Vergangenheit wie Landnahme oder Kolonisierung bezieht, gibt es daneben ein **kommunikatives Gedächtnis**, das Erinnerungen umfasst, „die sich auf die rezente Vergangenheit beziehen. Es sind dies Erinnerungen, die der Mensch mit seinen Zeitgenossen teilt. Der typische Fall ist das Generationen-Gedächtnis."[87] Letzteres ist sicher ausschlaggebend für das Verständnis der spanischen 1898er Generation, die nach dem Verlust der letzten spanischen Kolonien auf der Suche nach einer neuen spanischen Identität ist. Die Beschäftigung mit dem kulturellen Gedächtnis dagegen kann sich beziehen auf dessen Inhalte, auf die jeweiligen Rahmenbedingungen und auf die Überlieferungsformen, z.B. in literarischen Texten. Charakteristisch für das **kulturelle Gedächtnis** ist, dass es immer kollektiv und von längerer Dauer ist. Jan Assmann sieht es durch

---

[86] Vgl. Peter Burke, Geschichte als soziales Gedächtnis, in: Aleida Assmann, Dietrich Harth (Hg.), Mnemosyne. Formen und Funktionen der kulturellen Erinnerung, Frankfurt 1991, S. 289-304, hier S. 292f.

[87] Jan Assmann, Das kulturelle Gedächtnis, München 1999, 2. Aufl., S. 50.

sechs Merkmale gekennzeichnet: Gruppenbezogenheit, Rekonstruktivität, Geformtheit, Organisiertheit, Verbindlichkeit und Reflexivität. Gruppenbezogen ist es insofern, als es nicht der Gesamtheit der Mitglieder einer Gesellschaft, sondern immer nur einer bestimmten Gruppe oder Schicht zukommt. Rekonstruktivität meint, dass sein einmal erstellter Inhalt keine Bestandsgarantie hat, sondern den wechselnden Randbedingungen angepasst und verändert wird. Geformt ist es durch seinen medialen Träger, organisiert durch Institutionalisierung der Kommunikation und verbindlich für die Gruppe, die es anerkennt und daraus Sinnstiftungen und Werturteile ableitet. Reflexiv ist es insofern, als es die Gruppenidentität definiert und thematisiert. In Erinnerung bewahrt wird also nur das Vergangene, das den sich wandelnden gesellschaftlichen Interessenlagen von Bedeutung erscheint. Gruppen von Schriftstellern und Intellektuellen sind es, die am Ende des 20. Jahrhunderts z.B. in den Ereignissen der Eroberung Lateinamerikas oder im spanischen Bürgerkrieg zentrale Orientierungspunkte des kulturellen Gedächtnisses sehen. Auf der anderen Seite aber stehen Versuche, Tatsachen wie die Bedeutung des arabischen und jüdischen Elements in der spanischen Geschichte aus dem kulturellen Gedächtnis Spaniens auszuklammern.

Bekanntlich waren die **Araber** in das durch Bürgerkriege zerstrittene Westgotenreich eingedrungen und hatten ab 711 auf der Iberischen Halbinsel das arabische Iberien, Al-Andalus, errichtet. Es fiel in den Herrschaftsbereich der Kalifen von Damaskus. Die arabische Herrschaft dauerte von 711 bis 1492, wobei aber zu berücksichtigen ist, dass die Reconquista, die Rückeroberung des Landes aus der arabischen Herrschaft, im Laufe der Jahrhunderte immer weiter von Norden nach Süden dringt. Die christlichen Rückeroberer folgen zunächst dem Modell der arabischen Eroberer und üben gegenüber fremden Religionen Toleranz aus. Dies ändert sich, als schon drei Monate nach Beendigung der Reconquista im Jahr 1492 die **Juden** aus Spanien vertrieben werden. 1502 widerruft Isabella für Kastilien die Religionsfreiheit, die sie der muslimischen Bevölkerung zehn Jahre zuvor garantiert hatte. Die Mauren müssen emigrieren oder zum Christentum konvertieren. Konvertierte Mauren werden als *moriscos* bezeichnet. Im Interesse der religiösen Einheit und der Sicherheit der Monarchie werden 1609 auch noch die *moriscos* vertrieben, was vor allem der Landwirtschaft wertvolle Arbeitskräfte entzog. Die Befreiung des Landes von Ungläubigen setzt sich nun innenpolitisch mit den Mitteln der Inquisition fort. Christen, die von der orthodoxen Lehre abweichen, droht in einem *auto de fe*, einem Glaubensakt, der Scheiterhaufen. Schon im 14. Jahrhundert führten Abgrenzungsvorschriften gegenüber jüdischen Mitbürgern zu antijüdischen Maßnahmen. Um den Verfolgungen zu entgehen, konvertierten zahlreiche Juden zum Katholizismus. Sie werden *conversos* oder Neuchristen genannt und von den Altchristen verdächtigt, opportunistisch nur zum Schein und nicht mit Überzeugung konvertiert zu sein. Ketzerische *conversos* gehören als „schlechte" Christen in das Zuständigkeitsgebiet der Inquisition, und die *limpieza de sangre*, d.h. der Nachweis, keine jüdischen Vorfahren zu haben, wird zur Voraussetzung für den Zugang zu bürgerlichen Berufen, was nicht zuletzt zur Verkrustung der Gesellschaft und zu ihrem Niedergang führt.

Juan Goytisolo erhebt den Vorwurf, in Spanien habe man die **maurisch-jüdischen Kultureinflüsse** und ihre wichtigsten Vertreter in Literatur und Kultur tabuisiert. Beispiele dafür bieten auf der einen Seite das Werk eines *converso*-Autors *La Celestina* (1499), das marginalisiert worden sei, und auf der anderen Seite die Kanonisierungsversuche der 1898er Generation, von der die zentralen geistigen Konstanten Spaniens in einer *intrahistoria* unter Berufung auf Don Quijote, den Cid und die spanische Mystik festgelegt wurden. Die Vertreibung finde so ihre Fortsetzung in einer institutionalisierten Verdrängung aus dem kulturellen Gedächtnis. Die Schritte in dieser Entwicklung sind vielfältig. Zwar entdeckt die spanische Romantik, die sich für das Mittelalter interessiert, dort auch Spaniens trikulturelle Vergangenheit, bewertet aber die Mauren positiver als die Juden. Das ändert sich auch in der Zeit des spanischen Kolonialkrieges 1859-1860 in Nordafrika nicht, als man in den Mauren den ewigen Feind Spaniens sieht, dessen Gegenwartskultur im Gegensatz zu der der poetischen Alhambra-Bewohner als barbarisch einzustufen sei und nur noch unterboten werde durch die der dort auch anzutreffenden, aus Spanien nach Nordafrika, nach Italien und in die Türkei ausgewanderten Juden, die als Sepharden bezeichnet werden. Anfang des 20. Jahrhunderts schwankt man zwischen der Anerkennung der großen Leistungen von Juden in der Vergangenheit, ihrer Ablehnung im Allgemeinen und der möglichen Nutzung der sprachlichen Verbundenheit der Sepharden in anderen Ländern im Interesse ökonomischer Zwecke.[88]

Um Ursprung und **Wesen der Hispanität** geht es dem Philologen **Américo Castro**. Die *hispanidad* entstehe aus dem Zerbrechen der mittelalterlichen *convivencia* von Juden, Christen und Mauren und dem daraus resultierenden Sieg des Christentums über seine Rivalen, die immer Orientalen geblieben seien und an der *hispanidad* keinen Anteil haben. Kontrovers verlief Castros Debatte mit dem Historiker **Claudio Sánchez-Albornoz**, der wie Castro nach Francos Sieg im Bürgerkrieg ins Exil gegangen war. Beide fragen nach der Bedeutung des Zusammenlebens der drei monotheistischen Religionen Christentum, Islam und Judentum im Mittelalter und der jahrhundertelangen Herrschaft des Islam auf der

---

[88] Vgl. Norbert Rehrmann, Kulturelles Gedächtnis, nationale Identität und Literatur: Die Sephardenthematik in fiktionalen und essayistischen Texten des 19. und 20. Jahrhunderts, in: Norbert Rehrmann, Andreas Koechert (Hg.), Spanien und die Sepharden, Tübingen 1999, S. 195-224; vgl. auch Norbert Rehrmann, Das schwierige Erbe von Sefard. Juden und Mauren in der spanischen Literatur von der Romantik bis zur Mitte des 20. Jahrhunderts, Frankfurt 2002.

Iberischen Halbinsel für die spätere spanische Entwicklung.[89] Castro führt den sich im *Siglo de Oro* abzeichnenden Niedergang Spaniens, d.h. sein Zurückbleiben gegenüber der Entwicklung der anderen europäischen Staaten, darauf zurück, dass es die drei Bevölkerungsgruppen der Christen, Mauren und Juden nach dem 13. Jahrhundert an der notwendigen Zusammenarbeit hätten fehlen lassen. Er betont, die Spanier hätten jüdische Wissenschaft und maurische Technik benutzt, ohne sie sich anzueignen, da ihnen innere Werte wichtiger waren. Dies habe nach der Vertreibung von Juden und Mauren zum wirtschaftlichen Niedergang Spaniens geführt. Sánchez-Albornoz dagegen führt den gleichfalls von ihm konstatierten Niedergang auf den lange dauernden christlichen Kampf der Spanier gegen die Mauren in der Reconquista zurück, der alle gesellschaftlichen Anstrengungen auf das militärische Gebiet konzentriert habe. Das Problem sei, dass Juden und Araber „die Aufmerksamkeit der Christen von wirtschaftlicher Entwicklung abgelenkt und auf kriegerische Taten gelenkt hätten. Industrie- und Handelsunternehmen seien dadurch entschieden zu kurz gekommen."[90] Die dadurch eingeleitete Entwicklung erkläre Spaniens Unfähigkeit zur Modernisierung. So zutreffend die Beurteilung des wirtschaftlichen Niedergangs Spaniens ist, darf doch nicht übersehen werden, dass auch nach Vertreibung und Marginalisierung gerade den spanischen *conversos* zahlreiche nonkonformistische Werke zu verdanken sind. Deren Analyse, wie die der Bedeutung der von offizieller Seite vernachlässigten Morisken, gilt zunehmendes Interesse.[91]

memoria *und Lateinamerika*

Vielleicht hat die Fünfhundertjahrfeier anlässlich der Entdeckung Amerikas im Jahr 1492 zu einer gesteigerten Beliebtheit des historischen Romans und des Geschichtsdramas geführt. Bemerkenswert ist, dass auch in Spanien die bisherige eurozentristische, mit einem europäischen Überlegenheitsgefühl verbundene Sicht einer differenzierteren Perspektive gewichen ist. Dieser Paradigmenwechsel besteht in einer **Revision des offiziellen Geschichtsbildes** und der Infragestellung des triumphalistischen Eroberdiskurses, im bewussten Verzicht auf eine objektive Rekonstruktion der geschichtlichen Wirklichkeit, im Versuch der Einbeziehung der indianischen Perspektive, im hermeneutischen Bewusstsein, dass jede Rekonstruktion historischer Wirklichkeit vom Vorverständnis der je-

---

[89] Vgl. Peter Dressendörfer, Idearium der späten Reconquista. Zu Américo Castros ahistorischer Begrifflichkeit, in: Norbert Rehrmann, Andreas Koechert (Hg.), Spanien und die Sepharden, Tübingen 1999, S. 125-132.

[90] Vgl. Walther L. Bernecker, Die Vertreibung der Juden aus Spanien, in: ebda., S. 27-42, hier S. 40ff.

[91] Vgl. André Stoll (Hg.), Sepharden, Morisken, Indianerinnen und ihresgleichen. Die andere Seite der hispanischen Kulturen, Bielefeld 1995.

weiligen Gegenwart geprägt ist, und in der Reflexion der Textkonstitution, bei der historische Chronisten als fiktive Figuren eingefügt werden.[92] Letzteres ist der Fall in Jerónimo López Mozos Theaterstück *Yo, maldita india* (1992), in dem der Chronist Bernal Díaz del Castillo 1560 bei der Niederschrift seiner *Historia verdadera de la conquista de la Nueva España* gezeigt wird. Díaz del Castillo hatte in Cortés' Gefolge Mexiko erobert und wollte das Geschehen anders als die offiziellen Chroniken nicht aus der Sicht des Feldherrn, sondern aus der Perspektive des einfachen Soldaten festhalten. Während der über sechzigjährige Chronist Kokablätter kauend oder Wein genießend nachdenkt oder an seinem Werk arbeitet, werden im angrenzenden offenen Hofraum Erinnerungen visualisiert. Am Beispiel der schönfärberischen Darstellung eines Gemetzels der spanischen Soldaten wird die Diskrepanz zwischen den im Gedächtnis evozierten Ereignissen und den in der Chronik beschriebenen deutlich.

Wenn die als Cortés' Geliebte und Dolmetscherin bekannte Indígena Malinche, die 1560 schon gestorben war, auftritt, um den sich sträubenden Díaz del Castillo zu bewegen, auch die Sicht der Indios einzubeziehen, dann erfolgt eine komplexe und **multiperspektivische Annäherung** an die Ereignisse. Wenn vor dem Zuschauer die Erinnerung an das Plündern und Einschmelzen von Moctezumas Goldschatz visualisiert wird, besteht Malinche darauf, dass der Chronist dies auch festhält und als Beschmutzung der Eroberung verurteilt. Malinche selbst macht in dem Stück eine Entwicklung durch. Während sie sich anfangs die Sichtweise Cortés' aneignet und von der Eroberung eine Zukunft ohne Menschenopfer und Kannibalismus erhofft, muss sie immer mehr ernüchtert feststellen, dass Cortés im Grunde nur egoistisch denkt und sich bereichern will. Angestiftet, Cortés mit einem Dolch zu ermorden, lässt sie sich von ihm doch umstimmen, als er ihr, seiner schwangeren Dolmetscherin und Geliebten, verspricht, ihren gemeinsamen Sohn anzuerkennen und zum Erben zu machen. Dem Chronisten kommt im Stück schließlich die Aufgabe zu, Malinche mitzuteilen, dass Cortés Jahre später eine Spanierin heiratete und deren Sohn zum Erben machte. Malinche scheitert also zweifach, als *indígena* gegenüber den Spaniern und als Frau gegenüber Cortés. Doch erscheint in diesem Stück nicht sie, sondern Cortés als der Verräter.

Auch Carlos Fuentes thematisiert in dem 1969, also ein Jahr nach den Ereignissen von Tlatelolco, erschienenen Theaterstück *Todos los gatos son pardos*, das 1991 überarbeitet unter dem Titel *Ceremonias del alba* veröffentlicht wurde,

---

[92] Vgl. Wilfried Floeck, Rekonstruktionsentwürfe der Begegnung zwischen Alter und Neuer Welt im spanischen Gegenwartstheater, in: Christopher Balme (Hg.), Das Theater der Anderen: Alterität und Theater zwischen Antike und Gegenwart, Tübingen 2001, S. 77-93, hier S. 80.

Cortés' Kampf und Sieg in Mexiko, wobei es Malinche zukommt, Fuentes' Kritik an der herrschenden politischen Klasse zu verdeutlichen.[93] Im Theaterstück *La noche de Hernán Cortés* (1992) des Mexikaners Vicente Leñero dagegen wird die **Konstruiertheit von Geschichte** entlarvt. Hier wird Cortés nicht als heroischer Konquistador, sondern als altersschwacher Greis am Tag seines Todes 1547 in seinem Haus bei Sevilla bei seinen vergeblichen Versuchen, sich an bestimmte Ereignisse seiner Zeit in Mexiko zu erinnern, vorgeführt. Auch die von seinem Sekretär zu Rate gezogenen Chroniken und Dokumente können nicht verhindern, dass Verwechselungen, Lücken und falsche Zuschreibungen überwiegen und der Eroberer und Augenzeuge Cortés kein Garant für eine gesicherte Wahrheit ist. Die verlorengegangene Erinnerung lässt die Rekonstruktionsversuche scheitern und exemplifiziert die postmoderne Überzeugung, dass es unmöglich ist, einen kohärenten Geschichtsverlauf oder überhaupt eine historische Wahrheit zu konstruieren. Dies dekonstruiert zugleich den offiziellen Geschichts- und Identitätsdiskurs und überlässt dem Leser die Auswahl angesichts einer Pluralität von angebotenen geschichtlichen Varianten und Alternativen.

Wie verläuft die Geschichte der Bewertungen der historischen **Rolle Malinches**?[94] Cortés selbst hatte seine Begleiterin als „la lengua que yo tengo" und „la que siempre he traido conmigo" bezeichnet. Um ihre Gestalt historisch zu rekonstruieren, ist man tatsächlich auf Bernal Díaz del Castillos *Historia verdadera de la conquista de la Nueva España* angewiesen, die 1632 postum erscheint. Daraus geht hervor, dass sie als Tochter der Herrscherfamilie eines von Azteken unterworfenen Stamms geboren ist. Allerdings könnten ihr erhobener Status sowie die Erzählung, sie sei nach dem Tod des Vaters von der Mutter und dem Stiefvater weggegeben worden, weil der Stiefbruder das Erbe antreten sollte, ein ausschmückender Stoff aus der Gattung des Ritterromans sein. Daran könnte sich der Autor Díaz del Castillo vielleicht hier orientieren, um die Verdienste seines Herrn Cortés zu schmälern. Einige Zeit ist sie Sklavin des Herrschers eines Mayastammes, dessen Sprache sie sich aneignet. Als die Spanier den Kampf gegen diesen Stamm gewinnen, wird sie mit 19 anderen Sklavinnen Hernán Cortés übergeben. Als Übersetzerin unterstützt sie zunächst Francisco de Aguilar, der nach einem Schiffbruch während einer Eroberungsfahrt einige Jahre bei den Mayas verbracht und deren Sprache gelernt hatte. Da auch Malinche die Mayasprache beherrschte, wurde die Verständigung zunächst durch Übersetzung des Spanischen über die Mayasprache ins Aztekische ermöglicht, bis Malinche ausrei-

---

[93] Vgl. Wilfried Floeck, Von der Konstruktion zur Dekonstruktion der historischen Wirklichkeit: Die Eroberung von Mexiko im Theater von Carlos Fuentes und Vicente Leñero, in: Forum modernes Theater, Heft 1, 2002, Bd. 17, S. 28-42.

[94] Vgl. Carmen Wurm, Doña Marina, la Malinche. Eine historische Figur und ihre literarische Rezeption, Frankfurt 1996; Barbara Dröscher, Carlos Rincón (Hg.), La Malinche. Übersetzung, Interkulturalität und Geschlecht, Berlin 2001.

chende Spanischkenntnisse hatte. Als Cortés Malinches Dienste nicht mehr benötigte, ließ er sie mit einem anderen Spanier verheiraten, mit dem sie eine gemeinsame Tochter hatte, bevor sie 1527 starb.

Während der Kolonialzeit, in der man Cortés zum großen Helden stilisiert, erfreut sich Malinche keines herausragenden Interesses. Im 19. Jahrhundert, nach der Befreiung von der Kolonialmacht und im Prozess der Nationenbildung, ändert sich das. Ein wachsendes antispanisches Ressentiment sieht in ihr nicht mehr die Sklavin, die Cortés geschenkt wurde, sondern die Geliebte, die freiwillig zur **Verräterin ihres Volkes** wurde.[95] Besondere Erwähnung findet, dass sie ein von den Einwohnern Cholulas gegen die Spanier geplantes Komplott verriet und so den Spaniern die Möglichkeit gab, den Aufstand blutig niederzuschlagen. Die Schilderung des Verrats bei Díaz del Castillo könnte allerdings auch bloß als Beleg ihrer Loyalität zu Cortés gedacht sein. Und konnte man wirklich von ihr verlangen, loyal einer Gesellschaft gegenüber zu sein, die sie versklavt und an Fremde verschenkt hatte? Jedenfalls wird Malinche nun als Vaterlandsverräterin und mexikanische Eva dargestellt. Im 20. Jahrhundert wird sie dagegen von José Vasconcelos in *La raza cósmica* (1925) symbolisch zur **Mutter und Begründerin der Mestizen**, also der europäisch-indianisch gemischten Rasse, stilisiert. Sie wird als Heldin gefeiert, der Cortés einen großen Teil seines Erfolgs verdanke. Auch Rodolfo Usigli und Carlos Fuentes sehen in Malinche ein Symbol der mexikanischen Nation als einem Volk von Mestizen. Im Süden der USA lebende Mexikanerinnen, die *chicanas*, sehen ihrerseits Malinche als Vermittlerin zwischen der mexikanischen und der US-amerikanischen Kultur, da sie ihr Volk durch Kontakt zum Eroberer habe befreien wollen. Octavio Paz dagegen will in *El laberinto de la soledad* (1950) die ihre Vergewaltigung durch den Eroberer Cortés passiv erduldende Malinche, die als „chingada" passiver als eine Heilige sei, den „hijos de la Malinche" als Identitätsmerkmal mitgeben und mahnt die Mexikaner zur Reflexion über ihre nationale Identität und zu einem modernen Verständnis der *mexicanidad*. Mit dieser Auslegung setzt sich Elena Garro in ihrer Erzählung *La culpa de los tlaxcaltecas* (1964) auseinander, in der die der mexikanischen Oberschicht zugehörige Laura verschwindet und in die Zeit der Conquista zurückversetzt wird, wo sie sich während der Kämpfe des Cortés in den Armen eines indigenen Prinzen wiederfindet, in dem sie den Geliebten aus einem früheren Leben erkennt. Ihr nun folgendes Brechen der Treue gegenüber ihrem Ehemann veranlasst sie zu einer Rechtfertigung, woraus sich ein Diskurs von Frauen der Conquista und der Gegenwart über den Verrat der Malinche er-

---

[95] Zu Weiblichkeitskonzepten wie Eva, nach der die Malinche modelliert wird, und Maria, nach der die Virgen de Guadalupe konzipiert ist, und zu weiteren Konzeptionen von Weiblichkeit vgl.: Michaela Peters, Weibsbilder. Weiblichkeitskonzepte in der mexikanischen Erzählliteratur von Rulfo bis Boullosa, Frankfurt 1999.

gibt. Feministisch umgewertet wird Malinche in Rosario Castellanos' *El eterno femenino*, wo sie als **listige und überlegene Dienerin** eines geistig nicht sehr beweglichen Cortés auftritt. Sie setzt ihre weiblichen Waffen ein und legt die Taktik fest, um Cortés zum Erhalt der Macht zu verhelfen und ihn in der Öffentlichkeit ins rechte Licht zu setzen.

memoria *und der Spanische Bürgerkrieg*

Auch in neuerer Zeit gibt es Kapitel unbewältigter Geschichte. Der spanische Bürgerkrieg von 1936 bis 1939 ist nach dem Ende der Herrschaft Francos im Jahr 1975 häufiges literarisches Thema in Spanien. Gegen die von den Linksparteien gebildete Republik war von der Rechten ein Militärputsch vorbereitet worden, der sich zum Bürgerkrieg ausweitete. Nun kam es zu einer blutigen Auseinandersetzung zwischen dem traditionalistischen und dem liberalen Teil Spaniens, den *dos Españas*, deren Konfrontation bereits im 18. und 19. Jahrhundert ausgetragen wurde. Am Ende des Bürgerkrieges war eine halbe Million Menschen umgekommen und über 400.000 Flüchtlinge hatten Asyl in Frankreich gesucht. Die **Identitätsproblematik der Spanier im französischen Exil** stellt Juan Goytisolo in *Señas de identidad* dar, ein Roman, der 1966 in Mexiko und nach Aufhebung der Zensur 1976 in Spanien erschien. Es handelt sich um die Geschichte eines Protagonisten, der seit den fünfziger Jahren in Paris lebt und sich auf der Suche nach seiner individuellen und kollektiven Identität befindet. Die Vergangenheit rekonstruiert und fragmentiert er dabei durch die Heranziehung unterschiedlicher Arten von Medien und Dokumenten. Nach dem Ende des Franco-Regimes 1975 wird die Deutung der Identität noch schwieriger, da mit dem Franquismus auch der Antifranquismus als persönliches und gesellschaftliches Projekt verschwindet. Auf literarischer Ebene ergibt sich daraus, dass auch der Diskurs der Linken einer ironischen Subversion unterzogen wird.[96]

Der Bürgerkrieg wird Thema von Biografien, historischen Romanen, Kriminalromanen sowie von Frauen- und Kinderliteratur. Behandelt wird er postmodern und antitotalitär. Für Antonio Muñoz Molina ist die Aufgabe des Schriftstellers „salvar e inventar la memoria".[97] Sein Roman *Beatus ille* (1986) stellt einen Studenten vor, der im Jahr 1969 der Einladung eines Onkels, bei ihm zu wohnen, folgt, einerseits um sich vor den Ordnungskräften zu verstecken, andererseits um seine Universitätsarbeit über einen engagierten Schriftsteller der 27-er Generation vorzubereiten, der Freund des Onkels war und, wie man annimmt, 1947 von

---

[96] Vgl. im Folgenden: Mechthild Albert, La Guerra Civil y el franquismo en la novela desde 1975, in: Iberoamericana 23, 1999, Nr. 3/4 (75/76), S. 38-67.

[97] Ebda., S. 45.

der Polizei Francos ermordet wurde. Während der Handlung wird jede Illusion der heroischen Verfolgung politischer Ziele zerstört. Im Verlauf seiner philologischen Recherchen kommt der Student zu der Erkenntnis, dass der vermeintlich engagierte Schriftsteller nicht etwa als Held des antifaschistischen Widerstandes gefallen ist, sondern untergetaucht in der Anonymität überlebt hat. Im Gespräch mit seinem Idol muss er erfahren, wie die Rollen von **Held und Opfer** zusammenhängen und dass oft nicht die moralische Entscheidung, sondern die Macht der Umstände die zum Opportunismus treibende Kraft ist. Der Romantitel, der den Beginn des Horaz'schen Verses „Beatus ille qui procul negotiis" („glücklich, wer fern von seinen Geschäften") aufnimmt und den Aufenthalt bei häuslicher Muße und Privatheit fern von jeder politischer Aktivität empfiehlt, unterminiert den Heldendiskurs des linken Intellektuellen und erweist sich als seine wahre Devise.

Über die faschistische Seite werden Recherchen in Manuel Vázquez Montalbáns *Autobiografía del General Franco* (1992) vorgenommen. Hier beauftragt ein Verleger einen mittelmäßigen Schriftsteller, das Leben Francos in Form einer Autobiografie für künftige Generationen zu erzählen, was ihn als Opfer des Diktators in Gewissenskonflikte stürzt. Er löst diese dadurch, dass er nicht nur sich selbst in den Text einbringt, sondern auch weitere Zeugnisse, wie z.B. die von Francos Ärzten, um so die offizielle Geschichtsschreibung subversiv zu unterlaufen und eine Art **Gegen-*memoria***, ein Gedächtnis des Widerstandes, ins Leben zu rufen. Die vom Wesentlichen abstrahierende Objektivität der offiziellen Geschichtsschreibung wird dabei in Frage gestellt durch das Auftreten der im brechtschen Sinn wahren Beteiligten der Geschichte, der Opfer. Durch sie kann die Literatur eine auf dem subjektiven Erleben basierende vielgestaltige Sicht der Geschichte vermitteln.

Vergessene, **verdrängte Biografien und Schlüsselszenen** bestimmen auch die neueste, in deutscher Übersetzung vorliegende Auseinandersetzung mit dem Thema des Bürgerkriegs in spanischer Erzählliteratur.[98] In Juan Manuel de Pradas *In den Winkeln der Lüfte. Auf der Suche nach Ana María Martínez Sagi* (span. 2000) recherchiert ein Jungautor über eine in den dreißiger Jahren berühmte Spanierin, von der er zufällig erfahren hatte. Sie war Dichterin, engagierte Journalistin, Vorkämpferin für das Frauenwahlrecht und berühmte Sportlerin – Charakteristika, die nicht in das von Franco propagierte Frauenbild passten,

---

[98] Vgl. im Folgenden Albrecht Buschmann, Detektive der Erinnerung. Vier neue Romane aus Spanien, in: Neue Zürcher Zeitung 6./7. April 2003, S. 51f; Juan Manuel de Prada, Las esquinas del aire: en busca de Ana María Martínez Sagi, Barcelona, Planeta 2000; Javier Cercas, Soldados de Salamina, Barcelona, Tusquets 2001; Manuel Rivas, La lengua de las mariposas, aus: ¿Qué me quieres amor?, Madrid, Alfaguara, Santillana 1996.

was zur Folge hatte, dass sie in Lexika und Literaturgeschichten unerwähnt blieb. Im Roman wird die Biografie dieser Frau, die es tatsächlich gab, mit verschwenderischem sprachlichen Aufwand rekonstruiert und dem kollektiven Gedächtnis wieder erschlossen.

In *Soldaten von Salamis* (span. 2001) lässt dagegen Javier Cercas die Biografie eines Schriftstellers und Chefideologen der faschistischen Falange-Partei durch einen Journalisten rekonstruieren. Letzterer war neugierig geworden, als er davon erfuhr, dass der aus der Inhaftierung geflohene Protagonist von einem bewaffneten Republikaner entdeckt wurde, der ihn erkannte, aber nur fest ansah, nicht schoss und weiterging. Dieser Republikaner, dem der Protagonist das Leben verdankt, kämpft später, wie die Recherchen nahe legen, als Fremdenlegionär für das freie Frankreich in der Sahara gegen die Italiener und wird zum eigentlichen Sympathieträger im Roman.

Als drittes Beispiel sei eine Erzählung angeführt. *Die Zunge der Schmetterlinge* aus: *Die Nacht, in der ich auf Brautschau ging* (span. 1996) von Manuel Rivas stellt einen der vielen Lehrer vor, die von der Republik 1930 aufs Land geschickt wurden, um auch der dortigen Bevölkerung Bildung zu bringen. Er ist naturwissenschaftlich besonders interessiert und erklärt seinem Schüler auf Exkursionen die Natur. Dessen Vater, ein Schneider, verehrt ihn so, dass er ihm kostenlos einen Anzug anfertigt. Als es aber nach dem Putsch Francos zur Verhaftung der Republikaner kommt, werfen auch der Schüler Sperling und sein Vater auf den verehrten Lehrer Steine, um die eigene Haut zu retten. Die Beispiele zeigen bei den Bürgerkriegsparteien ein vielschichtiges Verhaltensspektrum zwischen Konformismus und Selbstständigkeit, das geeignet ist, einfachere Modelle der *memoria* beim Leser in Frage zu stellen.

Uchronie

Als besondere Variante der Auseinandersetzung mit der Geschichte sei abschließend die Uchronie erwähnt. Wie sich die Utopie auf einen Ort bezieht, den es in der Realität nicht gibt, erzählt die fiktionale Uchronie einen geschichtlichen Ablauf, der von dem tatsächlichen, als allgemein bekannt vorausgesetzten, abweicht.

„Uchronien sind um Plausibilität bemühte spekulative Gedankenspiele mit dem Ziel einer mehr oder minder komplexen Antwort auf die Frage ‚**Was wäre geschehen, wenn...?**‘. Hierbei wird die Wirklichkeit irrealisiert, während der kontrafaktische Geschichtsverlauf die Bestimmtheit des Realen annimmt."[99] Uchronische Romane zum spanischen Bürgerkrieg gehen gern von der Vorstellung aus, dass eine der Schlüsselphasen, die Ebro-Offensive, zugunsten der republikanischen Truppen ausgegangen ist. Im Roman *En el día de hoy* (1976) von Jesús Torbado ergeben sich daraus der Sieg der Republik und im weiteren Verlauf eine nur wenige Monate dauernde Gegengeschichte, die mit der Invasion Hitlers ihr Ende findet. In anderen Romanen, in denen die Republikaner auch siegen, wird ein Staat aufgebaut, der in allen Einzelheiten das seitenverkehrte Spiegelbild des Franco-Staates ist. Es wären dann nur die Vorzeichen der innerspanischen Entwicklung umgekehrt worden, die Verteufelung der Gegenseite als „Reich des Bösen" wäre unverändert. Insgesamt lässt sich festhalten, dass natürlich derartige simulierte Wirklichkeiten der postmodernen Freude an Virtualität entgegenkommen, sie aber in jedem Fall den heuristischen Vorzug haben, zu einem besseren Verständnis dessen, was tatsächlich gewesen ist, beizutragen. Allerdings wären derartige Gegengeschichten noch in der autoritären Franco-Zeit als Affront gegen die Machthaber und Angriff auf die ideologische Deutung des „Bürgerkriegs als Kreuzzug" aufgenommen worden.

---

[99] Christoph Rodiek, Erfundene Vergangenheit. Kontrafaktische Geschichtsdarstellung (Uchronie) in der Literatur, Frankfurt 1997, S. 26; darin zu Uchronien zum spanischen Bürgerkrieg vgl. S. 109ff.

5 Transtextualität

5a Quellen und Einflüsse

Texte nehmen häufig Bezug auf andere Texte, sei es, dass sie sich auf diese in ihrer Gesamtheit oder auf Elemente von ihnen beziehen. Bezug genommen werden kann auf Textsorten oder deren Charakteristika, auf Themen, Motive, Bilder, Mythen und Ideen, die in zahlreichen Texten vorkommen. Diese Bezüge sollen mit Genette transtextuell genannt werden. (vgl. 2e) Die Verwendung des Wortes „intertextuell" an dieser Stelle sei der Postmodernediskussion vorbehalten, da dort dieser Begriff spezifisch in Anlehnung an Bachtin, Kristeva und Barthes den Text als Konglomerat aus einer unendlichen Menge von Zitaten und Anlehnungen sieht, wobei ausgeklammert wird, welche Absicht der Autor dabei verfolgt. (vgl. 2d) Im Falle des *Don Quijote* dagegen steht es außer Frage, dass Cervantes als Autor die Intention hat, die Gattungen des Ritterromans und des Schäferromans mit den Mitteln der Gattung des Schelmenromans zu parodieren. Bei den drei genannten Gattungen handelt es sich um Architexte des *Don Quijote*. Entsprechendes gilt bei der Nachahmung antiker Literatur in der Renaissance. So sind antike Epen die Hypotexte für Cervantes' modernen Epos *Persiles y Sigismunda*. Bei den Stilformen Parodie, Travestie und Pastiche (vgl. 2e) wird im Allgemeinen auf ganze Texte oder Gattungen Bezug genommen.

Begonnen sei mit einem Blick auf die Quellen- und Einflussforschung, die Abhängigkeiten literarischer Texte von vorausgehenden Texten feststellt, um Variationen, Unterschiede und deren Gründe aufzuweisen. Dabei kommt es nicht nur darauf an, benutzte Quellen zu finden, sondern herauszufinden, warum und auf welche Weise sie übernommen wurden. Zunächst soll Einflussforschung am Beispiel des Romans im *Siglo de Oro* veranschaulicht werden. Betrachtet man die **spanische und italienische Ritterdichtung,** zeigt sich Vergils *Aeneis* als beständiges Vorbild.[1] Der spanische Romanzyklus über Renaldo de Montalván aus dem 16. Jahrhundert erzählt im vierten Teil aus dem Jahr 1542 „de los grandes hechos del invencible **cavallero Baldo** y las graciosas burlas de **Cingar".** In den ersten drei Teilen wird vom Protagonisten der altfranzösischen *chanson de geste* Renaut de Montauban berichtet, der im Anschluss an eine Wallfahrt nach Jerusalem nach Damaskus reist, wo der Fürst dem Sieger eines Turniers die Hand

---

[1] Vgl. im Folgenden Bernhard König, Transformation und Deformation: Vergils Aeneis als Vorbild spanischer und italienischer Ritterdichtung, Wiesbaden 2000.

seiner Tochter als Preis ausgesetzt hat. Renaut gewinnt, siegt dann im Krieg gegen den Kaiser von Trapezunt und übernimmt die Kaiserwürde. Nach zahlreichen Schlachten letztlich erfolglos in seinem Versuch, sich mit Karl dem Großen zu versöhnen, geht er als Büßer nach Köln, wo er als Arbeiter am Dombau mitwirkt und von neidischen Kollegen ermordet und in den Rhein geworfen wird. Dieser altfranzösische Stoff wird im vierten Buch des spanischen Romanzyklus übernommen und mit dem ausgewechselten Protagonisten Baldo neu erzählt, der als Kaiser von Trapezunt vor allem für Frieden sorgen will und deshalb Gesetze für einen neuen Ritterorden erlässt, die sich gegen die fahrende Ritterschaft richten. Während letzterer Gruppe die Liebe zu einer Dame Ziel und Ansporn der Heldentaten war, sollen die neuen Ritter ihre ganze Aufmerksamkeit darauf richten, dem christlichen Herrscher bei der Aufrechterhaltung von Frieden und Einheit des Reiches zu dienen. Hier reiht sich der Verfasser in die Tradition der Ritterbücher des *Amadís* (1508) ein, dessen wenig beachtetes fünftes Buch, der *Esplandián*, ebenfalls den Frauenkult der fahrenden Ritterschaft ablehnt und eine christliche, ganz auf den Kampf gegen den Islam konzentrierte Einstellung postuliert.

Zudem bedient sich der Verfasser des Baldo zahlreicher Episoden aus Lucans *Bellum civile*, Vergils *Aeneis* und aus dem neulateinischen Baldus-Epos des italienischen Benediktiners Teofilo Folengo. Dass er aus der *Aeneis* ganze Bücher adaptiert, zeugt nicht nur von seiner humanistischen Gesinnung, sondern vor allem davon, dass **Heldentum und Liebe in der Antike** nicht zusammenpassen und er mit dem Rückgriff auf Vergil die mittelalterliche Vorstellung der *chansons de geste*, heroische Taten seien Voraussetzung und Lohn der Liebe, widerlegen kann, indem er Liebesepisoden gar nicht vorkommen lässt. Dass er sich damit künftig nicht durchsetzen wird, belegt später Don Quijote, der sich bekanntlich Rittertum ohne die ideale Dame seines Herzens, zu der er Dulcinea macht, nicht vorstellen konnte. Höfisiert worden war allerdings auch der altfranzösische Aeneasroman des 12. Jahrhunderts durch die Hinzufügung der Liebe zwischen Aeneas und Lavinia. Aeneas, der nicht sicher ist, der Auserwählte Lavinias zu sein, wünscht sich ein deutliches Zeichen, während er im Duell ihretwillen umso tapferer kämpft.

Der bereits erwähnte *Baldus* Folengos, der erstmals 1517 gedruckt wurde, lässt seinen Protagonisten bei armen italienischen Bauern zur Welt kommen und, da seine Eltern auf der Flucht sind, aufwachsen, wobei das Rittertum ins grobe bäuerliche Milieu gestellt wird. „Vergils *Aeneis* ist im *Baldus* allgegenwärtig, nicht als Quelle einzelner Episoden (von Momenten der Höllenfahrt am Ende und eines Seesturms vielleicht abgesehen), sondern als Quelle einzelner Formulierungen, Syntagmen, Juncturen, die in einen nicht passenden Kontext geholt oder verballhornt werden und durch die Erinnerung an ihren eigentlichen Ort, ihre eigentliche Bedeutung, Wirkungen grotesker Komik entfalten. Um diese groteske Wirkung von Einschüben so sublimen Ursprungs zu verspüren, muss der Leser sich natürlich in der *Aeneis* auskennen."[2] Der Schriftsteller, der diese Vorlage ins Spanische übersetzte und umgestaltete, opferte das parodistische auf der lateinisch/italienischen Zwittersprache beruhende Element zugunsten größerer Realitätsnähe. Auch im bereits erwähnten spanischen *Baldo* tritt Baldus an die Stelle des Aeneas, wodurch auch hier das Thema „Liebe und Heldentum" bzw. „**Heldentum aus Liebe**", wie es in den *libros de caballerías* normalerweise vorherrscht, als **ästhetisch** und **moralisch** unzulänglich und damit wie in der offiziellen zeitgenössischen Kritik als abzulehnend dargestellt wird. So zeigt sich, dass die Quellenforschung nicht nur Veränderungen in der Auffassung von Wertvorstellungen, sondern auch über Jahrhunderte konstante Denkschemata aufweisen kann. Gleichzeitig ist es ihr dabei möglich, Gattungsveränderungen aus veränderten Einstellungen zu erklären.

In der Tradition der Parodie der Ritterromane, die durch die Übersetzungen der parodistischen italienischen Ritterepen, Pulcis *Morgante* und Folengos *Baldus*, nach Spanien kam, steht der **Schelmenroman** *Lazarillo de Tormes* (1550), zumal in der Baldusübertragung ein fingierter autobiografischer Lebensbericht des Schelms Cingar angefügt wurde. Wichtiges antikes Vorbild des *Lazarillo* waren Apuleius' *Metamorphosen*, in denen der Protagonist wegen seiner Neugier in einen Esel mit menschlichem Bewusstsein verwandelt wird und als solcher zahlreiche Abenteuer erlebt, bis er wieder zurückverwandelt wird. Doch die *Imitatio* bezog sich nicht nur retrospektiv auf Texte der Antike. Prospektiv lässt sich hervorheben, dass nicht nur der Ritterroman, sondern auch der Schelmenroman zahlreiche Fortsetzungen hatten, in denen die Vorlage und das Gattungsmodell, das einen *picaro* die abenteuerlichen Ereignisse seines Lebensweges in einer fingierten Autobiografie erzählen lässt, variiert wurden. Wenn allerdings *picaro* einen jungen Burschen bezeichnet, der sich auf der Suche nach Arbeit und Auskommen durchs Leben schlägt, dann ist der aus der Distanz des Alters berichtende Lazarillo schon nicht mehr als *picaro* zu bezeichnen, womit seine Geschichte als Schelm beendet ist.[3]

Doch kann man sich fragen, ob tatsächlich eine Geschichte unwiderruflich zu Ende ist, wenn der Held am Ende stirbt bzw. ein anderer wird oder die Liebenden schließlich zusammenkommen. Wenn im 22. Kapitel des ersten Teils des *Don*

---

[2] Ebda., S. 25.
[3] Vgl. hier und im Folgenden: Klaus Meyer-Minnemann, Die Fortsetzbarkeit der *novela picaresca*: der Lazarillo de Tormes und seine Fortsetzungen, in: Bernhard König, Jutta Lietz (Hg.), Gestaltung – Umgestaltung. Festschrift zum sechzigsten Geburtstag von Margot Kruse, Tübingen 1990, S. 229-243.

Quijote der Galeerensträfling auf die Frage, ob sein Lebensbericht beendet sei, antwortet, er könne so lange nicht beendet sein, wie sein Leben nicht beendet sei, dann ist Fortsetzbarkeit angekündigt.

Diese wird auch in der Alcalá-Ausgabe des *Lazarillo de Tormes* nahegelegt, wenn dieser nach der Bekundung seiner „prosperidad" und der erreichten „cumbre de toda buena fortuna" dem Adressaten seines Berichts versichert: „De lo que de aquí adelante me suscediere, avisaré a Vuestra Merced." So gibt es denn tatsächlich **zwei Fortsetzungen**, die in immer neuen Rückverweisen auf Figuren, Eigenschaften oder Ereignisse des ursprünglichen *Lazarillo de Tormes* Bezug nehmen. In der **ersten** beschließt Lazarillo, sich den – wie man aus dem ersten Teil weiß – in Toledo fröhlich feiernden Soldaten Karls V. anzuschließen. Als sein in Richtung Algier aufgebrochenes Schiff sinkt, wird er infolge unmäßigen Weingenusses vor den gefräßigen Fischen durch Verwandlung in einen Thunfisch gerettet, was an die *Metamorphosen* des Apuleius erinnert. Nun wird er zum Höfling und Graf des Thunfischkönigs. Als er die jährlich laichenden Thunfischweibchen mit einer bewaffneten Eskorte durch die Meerenge von Gibraltar begleitet, wird er von Fischernetzen gefangen, erlangt langsam wieder seine menschliche Gestalt, kehrt zu Frau und Kind zurück, verblüfft die Professoren von Salamanca durch seine Schlagfertigkeit und will eine Universität zur Erlernung der Thunfischsprache gründen.

Der Autor der **zweiten** Fortsetzung aus dem Jahr 1620, Juan de Luna, spricht zunächst in einem Vorwort der ersten Fortsetzung die Authentizität ab und beruft sich stattdessen auf einen mit archivarischen Aufzeichnungen arbeitenden Chronisten, nach dem Lazarillo nicht in einen Thunfisch verwandelt, sondern von Fischern gerettet wird, die ihn als Meeresungeheuer zur Schau stellen, bis er zu einem Eremiten gelangt, von dem er nicht nur Vorräte und Reichtümer, sondern auch eine zu versorgende Familie erbt. Daraufhin flüchtet er in eine Kirche, wo er zu bleiben beschließt. Zahlreich sind in diesem Text nicht nur die **Rückverweise** auf den ursprünglichen *Lazarillo* wie die Erwähnung der Dreierbeziehung von Erzpriester, Lazarillo und seiner Frau, Hinweis auf den Vater und Erwähnung des Blinden, sondern auch die Übernahmen aus der ersten Fortsetzung, z.B. die feiernden Soldaten, die Expedition nach Algier, der Schiffbruch und die vor dem Wasser schützende Wirkung des Weins. Auch die zweite Fortsetzung, die sich als die erste ausgibt, kündigt eine weitere an: „Si te diere gusto, aguarda la tercera parte, que te lo dará no menos."

Wie man weiß, hat es von Camilo José Celas *Nuevas andanzas y desventuras de Lazarillo de Tormes* (1944) bis Arturo Perez-Revertes *Capitán Alatriste-Serie* (ab 1996) nicht nur eine, sondern zahlreiche **weitere Fortführungen** gegeben, die sich mehr oder weniger erkennbar an den *Lazarillo* anlehnen. In letzterer Serie, die im *Siglo de Oro* spielt, befreundet sich der Ich-Erzähler und Knappe Iñigo mit einer Figur, die den Namen des Autors eines weiteren Schelmenromans trägt, nämlich Quevedo, so dass auch hier wieder Einflüsse, Quellen und spielerische Variationen gefunden werden können.

5b Motive, Stoffe und Themen

Während das Motiv die kleinste Bedeutungseinheit bildet, verbindet der Stoff gleich mehrere Bedeutungseinheiten. Das Thema schließlich ist die abstrakte Grundidee eines Textes oder eines Textabschnitts. **Motiv** ist auch aus der Musik bekannt als kleinste melodische Einheit einer Komposition. In der Literatur sind Situationsmotive wie die „verführte Unschuld" von Typenmotiven wie dem „Doppelgänger" zu unterscheiden. Ein Motiv wie das des „Wiedererkennens" ist seit der Antike in Gebrauch. Ein literarischer **Stoff** wird durch ein Stichwort angegeben, das einen in der literarischen Tradition vielfältig überlieferten Handlungskomplex und oft damit verbunden eine Problemstellung evoziert, wie z.B. im Fall von Pandora, Antigone, Echo und Narziss, Adam und Eva, Undine oder der Jungfrau von Orléans. Die **Themen** treten auch außerhalb von literarischen Texten, z.B. in Zeitungsartikeln, Essays oder wissenschaftlichen Abhandlungen, auf. Natürlich kann ein literarischer Text mehrere Themen haben. Solche sind z.B. Schicksal, Freundschaft und Liebe.

Während die positivistisch orientierte Stoff- und Motivgeschichte alle Stoffe und Motive der abendländischen Literatur sowie deren Varianten sammelte und unter Angabe ihrer Entstehungs- und Überlieferungsbedingungen auflistete, wurde später vorgeschlagen, die Stoff- und Motivgeschichte im Zusammenhang mit der **Ideengeschichte** nutzbar zu machen und sie als Problemgeschichte zu konzipieren. Wie man bei der geschichtlichen Betrachtung mehr die Konstanten oder die Varianten betrachten kann, ist dies auch bei der Analyse von Texten aus derselben Entstehungszeit möglich. So wollte die russische Märchenforschung aus typischen Erzählmustern und Motiven das Strukturmodell der Gattung ableiten. Gemeinsam ist all diesen Ansätzen, dass es dabei nicht um das Verstehen eines einzelnen literarischen Werkes geht. Daher ist zu Recht der Vorwurf erhoben worden, bei der Betrachtung von Motiven, Stoffen und Themen bestehe die Gefahr, dass der ästhetische Wert des einzelnen Textes in seiner Gesamtheit vernachlässigt wird.

5c Thematologie: Stadt und Strand

Da im Französischen und Englischen keine Differenzierung zwischen Motiv, Stoff und Thema vorgenommen und die drei Bedeutungen unter dem Begriff Thema zusammengefasst werden, gibt es auch in Deutschland Bemühungen, als **Oberbegriff „Thematologie"** einzuführen, der nun Motiv, Stoff und Thema in der oben genannten Bedeutung umfasst. Literaturgeschichte als Themengeschichte ist problemorientiert und beschäftigt sich mit kulturgeschichtlich relevanten Veränderungen der unterschiedlichen Themen.[4] Als ein Teil der Themengeschichte kann die **Begriffsgeschichte** verstanden werden, die kulturgeschichtlich in der Philosophie, der Geschichte und in der Literatur relevante Begriffe, wie z.B. Autorität, Bedürfnis, Bürger, Eigentum, Freiheit, Gesetz, Interesse, Recht und Regierung, analysiert. „Diese Begriffe werden als Indikatoren und zugleich Faktoren historischer Zustände und Entwicklungen aufgefasst, und damit auch als Ausdruck widerstreitender Interessen gesellschaftlicher Kräfte in der Bestimmung und Durchsetzung solcher Begriffe."[5] Zwar entsprechen derartige Begriffe in literarischen Werken meist dem, was dort als Thema bezeichnet wird, doch darf nicht übersehen werden, dass sie dem philosophischen, juristischen und politischen Bereich entstammen.

Auf der anderen Seite stellt sich die Frage nach der Beziehung der Thematologie zur **Mentalitätsgeschichte**. Wenn letztere von Begriffen ausgeht wie z.B. Liebe, Sexualität, Individuum, Familie, Krankheit, Natur und Zeit, dann ist sie durchaus der Thematologie zuzuordnen. Wie diese bemüht sich die Mentalitätsgeschichte um die Analyse eines geistigen Klimas, nicht um die Interpretation einzelner Texte. Allerdings geht sie von den elementaren Bereichen des Alltagslebens aus, so dass Mentalitätsgeschichte auch als Alltagsgeschichte verstanden wird. Mentalität ist ein Geflecht von Anschauungs- und Denknormen einer gesellschaftlichen Gruppe, ein geistiges Werkzeug zur kognitiven Erschließung der Welt, aus dem sich dann dazu passende Verhaltensformen entwickeln. Will man diese Mentalitäten erschließen, dann hat man sich also einerseits mit der gruppenbezogenen Besetzung bestimmter Begriffe, auf der anderen Seite aber auch mit gruppenbezogenen Mythen, Symbolen, mit religiösen Vorstellungen, Weltanschau-

---

[4] Vgl. H. Petriconi, Metamorphosen der Träume. Fünf Beispiele zu einer Literaturgeschichte als Themengeschichte, Frankfurt 1971.
[5] Ulrich Ricken, Ansätze zur Begriffsgeschichte in der Aufklärung?, in: Ottmar Ette (Hg.), Werner Krauss, Wege – Werke – Wirkungen, Berlin 1999, S. 235-240, hier S. 236. Ricken hebt weiter hervor, welche Bedeutung derartige „Grundbegriffe" nicht nur für Werner Krauss, sondern auch für spätere Ansätze haben, wie z.B. Rolf Reichardt, Eberhard Schmitt (Hg.), Handbuch politisch-sozialer Grundbegriffe in Frankreich 1680-1820, München 1985ff.

ungen und Wertvorstellungen zu beschäftigen.[6] In letzterem Fall geht die Mentalitätsgeschichte über die Thematologie hinaus, was auch nicht erstaunlich ist, da sie in der französischen Schule der 1929 gegründeten Historikerzeitschrift *Annales* ihren Ausgangspunkt hatte. Die **Ecole des Annales** wandte sich von der ereignisorientierten Betrachtung der Geschichte ab, um sich den Konzeptionen von Phänomenen wie z.b. Kindheit, Alter, Ängste, Frömmigkeit, Familie, Marginalisierung, Wahnsinn und Verbrechen zu widmen, die das alltägliche Denken und Verhalten über einen längeren Zeitraum prägen. Der von F. Braudel 1956 in diesem Zusammenhang eingeführte Begriff der *longue durée* allerdings wurde später modifiziert und die lineare kontinuierliche Zeitvorstellung durch Einführung kürzerer, sich überlappender und krisenhafter Zeiten ergänzt.

Zur Veranschaulichung seien im Folgenden einige Themen angeführt. Ein konkreter Gegenstand wie ein **Fernrohr** z.B. kann in einer bestimmten Situation komplexe Konstellationen veranschaulichen. Francisco de Quevedo schildert in der 36. Station seiner *Fortuna con seso y la Hora de todos* eine Szene, in der in einem chilenischen Hafen der Kapitän eines holländischen Piratenschiffs die Indios durch Geschenke zur Komplizenschaft und zum Kampf gegen die Spanier bewegen will. Als er das Prachtstück seiner Sammlung, ein Fernrohr, einem Indio präsentiert, ist dieser nicht etwa besonders beeindruckt, sondern wendet sich ablehnend ab. Das Instrument, mit dem er Dinge sieht, die mit bloßem Auge unsichtbar sind, erscheint ihm nicht als hübsches Spielzeug, sondern als Herrschaftsinstrument der Holländer, das gegen ihn als Objekt gerichtet ist.

Dies wird für den Indio zum Anlass ausführlicher Darlegungen. Das Fernrohr wird nun „Vehikel und Chiffre zugleich der im luziferisch Bösen gründenden Hybris der (wissenschaftlichen, ökonomischen, politischen, usw.) Moderne"[7] und der holländische Kapitän zur Verkörperung des den spanischen Katholizismus bedrohenden abtrünnigen Protestanten, den der Indio als vermeintlicher „edler

---

[6] Vgl. Sabine Jöckel, Die „histoire des mentalités": Baustein zu einer historisch-soziologischen Literaturwissenschaft, in: Romanistische Zeitschrift für Literaturgeschichte 11, 1987, S. 146-173; Mentalitätsgeschichte ist nicht mit „Geistesgeschichte" zu verwechseln, eine Richtung, die gestützt auf Wilhelm Dilthey (1833-1911) gegen den Positivismus reagierte und in den 1920er Jahren in Deutschland dominierte, als z.B. Korff in seinem Werk *Geist der Goethezeit* (1923-57) die Geschichte des Geistes als Abfolge abstrakter Ideen konzipiert. So wird bei Korff aus der unglücklichen Liebe Werthers „die unglückliche Liebe des seelenhaften Menschen zur Welt überhaupt, die gegenüber den unendlichen Ansprüchen des inneren Gottes überall ‚versagt'." Hermann August Korff, Geist der Goethezeit. Versuch einer ideellen Entwicklung der klassisch-romantischen Literaturgeschichte, Bd. I. Sturm und Drang, Darmstadt 1923, S. 296.

[7] Monika Bosse, André Stoll, Zur Einleitung, in: Dies. (Hg.), Theatrum mundi: Figuren der Barockästhetik in Spanien und Hispano-Amerika, Bielefeld 1997, S. 11.

Wilder" kritisiert. Dabei wird am Ende nicht unterlassen, eine vehemente anti-kolonialistische Anklage auch gegen die Spanier zu erheben.

Als Beispiel für ein abstraktes **Thema** sei das **der Innovation** genannt, wie es Baltasar Gracián im siebten Kapitel (*Excelencia de primero*) von *El Héroe* prä-sentiert.[8] Die Neuheit, der Vorzug, in einer bestimmten Qualität oder in einer Erfindung der erste zu sein, heißt es dort, bringt Ruhm. Diese Idee selbst ist im *Siglo de Oro* neu, hat doch das Mittelalter den Fortschritt des Wissens als bloß modifizierte Explikation eines bereits festen Traditionsbestandes und die Neugier als Laster betrachtet. Gracián überträgt diese positive Bewertung von Neuheit auf das Handeln, bei dem es dann nicht auf eine zeitunabhängige Vortrefflichkeit, sondern auf einen zeitgemäß neu, d.h. modern erscheinenden Anschein an-kommt. Je mehr das Vortreffliche durch Nachahmung wiederholt und multipli-ziert wird, desto vulgärer wird es, so dass eine neue rarere Perfektion zu suchen ist. „So wählte Salomon – ‚sabiamente' – die Tugenden des Friedens, weil David schon in den Tugenden des Kriegs glänzte. Tiberius bemühte sich, die Mittel po-litischer Taktik einzusetzen, wo Augustus die Kraft der ‚magnaminitas' zu de-monstrieren pflegte."[9] Da die Gewohnheit den Anschein von Neuartigkeit min-dert, hat man die Offenlegung seiner Absichten zu vermeiden, den anderen im Unklaren zu lassen, sich also zu verstellen, um Neugier zu erregen und weitere Originalitätsressourcen für künftige Gelegenheiten zurückzuhalten. Auch wenn sich Innovation hier als Resultat der Verstellung erweist, die von der Erwar-tungshaltung des anderen ebenso abhängig ist wie die Illusionseffekte barocker Bühnenkunst es sind, zeigen sich auch Spuren einer frühen Ethik der Leistung und des dynamischen Fortschritts. Die Analyse der Innovation bei Gracián eröff-net also den Blick auf die frühe Modellierung eines Themas, das heute von zen-traler Bedeutung ist.

Betrachtet man als weiteres Beispiel das **Thema der Stadt**, dann fließen auch soziologische und kulturgeschichtliche Modelle (vgl. 3d) in die Analyse mit ein, zumal wenn konkrete Städte in bestimmten Jahrhunderten gemeint sind. Paris gilt geradezu mythisch überhöht als Hauptstadt des 19. Jahrhunderts, als Geburtsort der „Moderne".[10] In **Paris** geht der Flaneur kontemplativ wie ein Philosoph durch die Straßen und sieht die Stadt als Ganzes, das für ihn wie ein Buch lesbar

---

[8] Vgl. Ulrich Schulz-Buschhaus, Innovation und Verstellung bei Gracián, in: Bernhard König, Jutta Lietz (Hg.), Gestaltung – Umgestaltung. Festschrift zum sechzigsten Geburtstag von Margot Kruse, Tübingen 1990, S. 413-427.

[9] Ebda., S. 419.

[10] Vgl. Karlheinz Stierle, Der Mythos von Paris – Zeichen und Bewußtsein der Stadt, München 1993; vgl. im Folgenden: Dieter Ingenschay, Am Ende von Paris? – der Stadtmythos im peripheren Blick, in: Ulrich Schulz-Buschhaus, Karlheinz Stierle (Hg.), Projekte des Romans nach der Moderne, München 1997, S. 149-171.

und dechiffrierbar wird. Als Mythos der Moderne wird Paris noch in Julio Cortázars experimentellem Roman *Rayuela* (1963) vorgeführt, in dem Intellektuellencliquen über Jazz und Existentialismus diskutieren und die Stadt für Exilargentinier nicht als die eigene, sondern aus der lateinamerikanischen Perspektive als die periphere gilt und damit ihre Position als zentraler Ort der Moderne verliert. Im geografisch und historisch weitgespannten Bogen von Carlos Fuentes' *Terra Nostra* (1975) wird Paris am Anfang und am Ende des Romans zum Schauplatz. Der Beginn bietet dem 1999 in seiner Pariser Mansarde aufwachenden Protagonisten ein Bild des Unwirklichen, in dem zwar die historisch realen Elemente vorkommen, aber alptraumhaft verändert werden: Die Seine kocht, Sacré Cœur ist schwarz und der Louvre transparent. Wenn schließlich das Ende des Romans im Hôtel du Pont Royal mit dem Jahrtausendwechsel das Weltende evoziert, dann wird Paris überhöht zur kulturellen Inspirationsquelle, zum postmodernen Kristallisationspunkt der historischen und fiktionalen Entwürfe und damit zur Hauptstadt der Zukunft. Es erfolgt also eine modifizierte Fortschreibung des bekannten Mythos der Moderne.

Die Stadt ist also mehr als ein bloßer Schauplatz der Romanhandlung, eher schon erscheint sie als Bezugspunkt, der die Richtung der Lebensläufe und das Befinden der Protagonisten prägt oder aber als Labyrinth und Ort des Werteverfalls zur Desorientierung führt. Dabei kann das **Leiden an der Stadt** oder das **Leiden der Stadt** selbst in den Vordergrund treten. Im ersten Fall wird das Thema der Stadt verknüpft mit Gewalttätigkeit, Entfremdung, Entwurzelung, Vereinzelung und Repression. Historische Städte können an Assoziationen geknüpft sein, wie z.B. Rom an Macht, Sodom und Gomorrha an Perversion und Troja an Zerstörung.

Während im 19. Jahrhundert die europäischen Großstädte wie Paris, London und Berlin wohlgeordnete Zentren des Bevölkerungswachstums, der Industrialisierung und der Verwaltung waren, sind 1980 von den dreißig Städten mit über sechs Millionen Einwohnern vier in Europa, fünf in Lateinamerika, drei in den USA, eine in Afrika und siebzehn in Asien. Den Europäern erscheinen die **Millionenstädte außerhalb Europas** stereotyp einerseits als Wucherungen ohne Plan und Ordnung, andererseits als von Bewegung und Dynamik geprägte Zukunftsträger. Während Mexiko-Stadt[11] von seinem frühen Kolonisator Cervantes de Salazar und die indianische Vorläuferstadt Tenochtitlán von ihrem spanischen Eroberer Bernal Díaz del Castillo noch als ideal und harmonisch gelobt werden, ist die Stadt in Carlos Fuentes' *La región más transparente* (1958) Zentrum wirt-

---

[11] Vgl. Karl Hölz, Visiones literarias de México. Desde el lugar privilegiado de una urbe ideal a la anarquía de la ciudad perdida, in: Ronald Daus (Hg.), Großstadtliteratur, Frankfurt 1992, S. 47-74.

schaftlichen und moralischen Elends. Das Phänomen der Stadt wurde bereits in den Jahren von 1921 bis 1927 in den avantgardistischen Texten der mexikanischen *estridentistas* unter dem Einfluss des italienischen Futurismus und unter dem Eindruck der mexikanischen Revolution von 1910 bis 1917 betrachtet. Die Großstadt erscheint in ihren Gedichten als faszinierendes und zukunftweisendes technisches Wunderwerk aus Kabeln, Motoren, Eisen, Stahl, Fabriken, Straßenbahnen und Avenuen. Unter dem Namen Estridentópolis wird die Provinzstadt Xalapa, die Hauptstadt des Staates Veracruz, mit den Charakteristika der imaginären futuristischen Metropole verschmolzen.[12] Hier deutet sich bereits jene Intertextualität an, die zu Ende des 20. Jahrhunderts zur „Dematerialisation der Stadt", zu ihrer „Unsemiotisierbarkeit", „Unentzifferbarkeit" und zur „city als Intertext" führt.[13]

Man kann Sigmund Freuds Modell des psychischen Apparats als Folie auf die Stadtstruktur legen und einen sichtbaren vertikalen Teil mit Hochhausbauten von einem animalisch und triebhaft besetzten Teil der Untergrundbahnen und Abwasserleitungen unterscheiden, aus dem wie aus dem freudschen Es die verdrängten Erlebnisse ausbrechen können. Der hellen **Oberfläche** steht eine dunkle **Unterstadt** gegenüber, wobei noch unklar ist, wer wen dominiert. Die Kanalisationsschächte von Buenos Aires[14] erscheinen in Ernesto Sábatos *Sobre héroes y tumbas* (1961) als Anti- und Unterwelt einer geheim und global agierenden, bei den Städtern kollektive Ängste provozierenden und für alles Übel in der Welt verantwortlichen Blindensekte. Hier wird Buenos Aires zum Ort des nationalen Unbewussten und zum Ursprung von Verbrechen, Verfolgungswahn und Ohnmacht. Buenos Aires, die Stadt, die noch im 19. Jahrhundert Sarmiento in seinem Essay *Facundo* als Quintessenz der Zivilisation mit leuchtender Zukunft der Barbarei der Pampa gegenübergestellt hatte, wird nun zur Gegenutopie, zum degradierten Ort, den man zugunsten der Pampa am liebsten wieder aufgeben würde, wo das von Ricardo Güiraldes verherrlichte einfache Leben des Gauchos vermutet wird. Hier erscheint der Großraum Buenos Aires, der inzwischen zwölf bis dreizehn Millionen Einwohner, eine unzureichende Infrastruktur, wachsende Elendsviertel und soziale Konflikte hat, kulturkritisch als Moloch und Ort der Apokalypse.

Die Strandkultur wurde als Gegenstück zur Stadtkultur erfunden. Daher sei ein Blick auf das **Thema Strand** geworfen: „Im 18. und 19. Jahrhundert hatten die von ihren Großstädten dominierten Nationalkulturen Europas eine neue Dimen-

---

[12] Vgl. Klaus Meyer-Minnemann, La urbe de los estridentistas, in: Neue Romania 10, Berlin 1991, S. 103-113.

[13] Dieter Ingenschay, Großstadtaneignung in der Perspektive des ‚peripheren Blicks', in: Albrecht Buschmann, Dieter Ingenschay (Hg.), Die andere Stadt. Großstadtbilder in der Perspektive des peripheren Blicks, Würzburg 2000, S. 7-19, hier S. 15-17.

[14] Vgl. Bettina Wenzel, Der Buenos Aires-Roman, Frankfurt 1999.

sion für ihre Aktivitäten entdeckt. [...] Sie wollten auch einen schmalen Strich ganz am Rande ihrer Macht vereinnahmen, die Küste am Meer. Dort lockte die Vorstellung von Unbestimmtheit, Unordnung, Abenteuer. Endlich sollten die eingefleischtesten aller Erdgebundenen teilhaben an der ‚Freiheit' der Meere. Und so stiegen die Stadtmenschen ohne berufliche Notwendigkeit oder philosophische Sendung in die schäumenden Wellen – und wollten dann nie mehr damit aufhören. Zur zeitgemäßen Urbanität gehörte fortan das Baden am Strand."[15] Ins kalte Wasser nördlicher Strände für zehn Minuten einzutauchen, galt als aufregendes Abenteuer. Der **Gang ins Wasser** wurde aus medizinischer Sicht strukturiert und jede Anwendung täglich wiederholt. Weniger anstrengend waren Strandpromenaden, die für die distanzierte Betrachtung des Treibens angelegt wurden. Zwar kannte man seit Mitte des 18. Jahrhunderts Kurbäder. Dort aber diente das erfrischende Wasser dem Trinken, nicht dem Baden. England, wo der Prince of Wales den Fischerort Brighton, südlich von London, entdeckte und mit seinem Gefolge frequentierte, bildete den Anfang. In ganz Europa fand man Seebadeorte, die von der Hauptstadt nicht weit entfernt waren: Für Paris war es Dieppe, später Le Touquet, auch genannt „Paris-Plage", für Madrid San Sebastian, wo immer mehr Luxushotels entstanden und die dortige Sommerfrische noch im 20. Jahrhundert für die Oberschicht zum guten Ton gehörte. Als zu viele Badewillige dazukamen, musste nach der Einführung der Saison die Nachsaison erfunden werden. Ganze Küstenstreifen wurden nun genutzt. Man suchte nach Alternativen und ersetzte das nördliche Reizklima durch ein südlich warmes Kuschelklima, zunächst an der Riviera. Inzwischen sind die südlichen Strände am spanischen Mittelmeer besonders beliebt, und anders als Goethe, der auf seiner Italienreise ein halbes Jahr benötigte, um Neapel zu erreichen, oder der Norddeutsche, der 1950 ohne ausreichendes Autobahnsystem Tage brauchte, um nach Rimini zu kommen, erlauben Flugzeugreisen inzwischen eine Bipolarität von **Ziel- und Heimatort**, bei der alles, was dazwischen ist, verschwindet. Fähren, etwa von Valencia oder Barcelona nach Mallorca, spielen für den Tourismus keine Rolle mehr.

Die Themen **Stadt und Strand** sind die neuen Varianten des alten Gegensatzes von Stadt und Land, den es bereits in der Antike gab. Das Land wurde gelobt als

---

[15] Ronald Daus, Strandkultur statt Stadtkultur: die Metropolen des Mittelmeers zu Beginn des 21. Jahrhunderts, Berlin 2000, S. 7; gegen Ende des 17. und zu Beginn des 18. Jahrhunderts wurde auch das Gebirge entdeckt und unter der Kategorie des schrecklich Erhabenen, der schönen Wildheit und des unerforscht Ursprünglichen erlebt und vorgestellt. Dieses Bild wurde im 19. Jahrhundert auf die Anden übertragen. Vgl. Friedrich Wolfzettel, Ästhetik der Anden. Europäische Reiseberichte im Zeitalter der Romantik, in: Walther L. Bernecker, Gertrut Krömer (Hg.), Die Wiederentdeckung Lateinamerikas. Die Erfahrung des Subkontinents in Reiseberichten des 19. Jahrhunderts, Frankfurt 1997, S. 239-263.

locus amoenus mit angenehm warmer Temperatur, Wiese, Bach und schatten-spendendem Baum, gegebenenfalls ergänzt durch Vogelgesang und Blumen. Der *locus amoenus* zeichnet die ländliche Umgebung aus, die seinetwegen gelobt wird. Sein Gegenstück ist der *locus terribilis*, der seinen Schrecken auf dem Land, aber auch in der Stadt bzw. am Hof verbreiten kann. Gibt das Land den Rahmen ab für eine vom Menschen unverdorbene Natur, dann steht es als Urzu-stand der Zivilisation gegenüber. Dies kann zivilisationskritisch zur Opposition zwischen natürlicher Ordnung einerseits und einer durch menschliche Artefakte verursachten Unordnung andererseits führen. Beliebt ist die Deutung des Landes als Ort des Glücklichen, der frei von den Zwängen beruflicher Tätigkeit in Ruhe intellektuellen Interessen beim Gespräch mit Freunden oder bei der Lektüre von Büchern nachgehen kann. Auf ihn bezog sich Horaz in einem Gedicht, das mit „beatus ille" beginnt. *Locus amoenus*, der Lustort, und *beatus ille,* der Urlauber, sind also Vorstellungen, die bereits in der Antike thematisiert wurden. Da sie durch das lateinische Mittelalter überliefert wurden und bis in die Neuzeit und Gegenwart in Gebrauch sind, werden sie Topoi genannt. Der Begriff Topos ent-stammt der Rhetorik und bezog sich zunächst auf Formeln zur Materialsuche für eine Rede bzw. für ein literarisches Werk. (vgl. 2b) Er wurde dann übertragen auf besonders erfolgreiche Materialien, also auf die Inhalte selbst, die der Antike entstammen und meist über das lateinische Mittelalter in die neuzeitliche Litera-tur überliefert wurden. Beispiele für einen Topos sind die „verkehrte Welt", in der die gewohnte Welt auf den Kopf gestellt wird. *Armas y letras* ist die spani-sche Formulierung des lateinischen *fortitudo et sapientia*, was sich auf die für den Helden wünschenswerte Verbindung von Waffenhandwerk und Weisheit bezieht.[16] Obwohl Topoi als Denkmuster eine lange Geschichte haben, können sie der Thematologie zugeordnet werden.

5d Imagologie

Im weiteren Sinn zu Themen sind zu zählen stereotypenartige Fremd- und Selbstbilder, die Nationen charakterisieren. Ihre Erforschung ist Aufgabe der Imagologie. Sie ist verwandt mit der **Xenologie**, die sich mit den Formen und Möglichkeiten des Fremdverstehens beschäftigt und daher nach Stereotypen, Vorurteilen, Xenophobien und den Einschätzungen des Werts kultureller Vielfalt im Laufe der geschichtlichen Entwicklung fragt. In der Hispanistik ist der Begriff der Imagologie geläufig. Ihr Ziel ist die Erforschung der Entstehung und Wir-kung von Vorstellungsbildern, die an bestimmte Nationen oder Regionen gebun-den sind. Sie kann stärker literaturgeschichtlich oder mentalitätsgeschichtlich

---

[16] Vgl. Ernst Robert Curtius, Europäische Literatur und lateinisches Mittelalter, Bern 1948, S. 89ff.

orientiert sein. „Wir haben schon eine Vorstellung vom Spanier, Katalanen, Portugiesen, Latino, vom Andalusier, Basken, Indio, Mestizen, Kreolen, Tangotänzer, von der Alhambra, von Machu Picchu, Uxmal, Lima, auch von der jeweils anderen Sprache und Wesensart, lange bevor wir dies alles realiter gesehen oder gehört haben."[17] Es sind Vorstellungen, die ohne Erfahrung der Realität entstehen und dann die Wahrnehmung leiten und oft verfälschen. Sie können auf eine antinomische Struktur zurückgehen, wenn das Eigene vom Fremden, d.h. von kultureller Alterität, abgegrenzt wird. Dabei können auch Einzelelemente zu variablen Sammelbildern synthetisiert werden, die komplexe kulturelle Entitäten charakterisieren.

So war **Lateinamerika** im Laufe seiner Geschichte die Projektion antiker und biblischer Mythen, Ort der Utopie, des edlen Wilden, der *leyenda negra*, Fundort unerschöpflicher Reichtümer, der barbarischen Menschenfresserei, der exotischen und idyllischen Natur und um 1900 Ort der fehlenden technischen Zivilisation, dafür aber vorhandenen intellektuellen Bildung. Chateaubriand hatte mit seinem Werk *Atala* (1801) die für die Romantik wegweisende Idealisierung der **edlen Indiofrau** vorgenommen, die in der beeindruckenden Natur nahe des Mississippi durch die Befreiung ihres bedrohten Geliebten den eigenen Stamm verrät, so dass die beiden Liebenden fliehen müssen, wobei die Indiofrau aber einem tragischen Tod nicht entkommt. Dieses Bild des Indios wurde auch in der Literatur der lateinamerikanischen Romantik rezipiert und im Sinne der fortschrittsorientierten Aufklärung, die Lateinamerika noch im ganzen 19. Jahrhundert prägte, so ins Gegenteil umgekehrt, dass ein von Indiostämmen gefangenes, sich liebendes Paar sich zwar erfolgreich befreit, aber auf der Flucht vor den indianischen Verfolgern den Tod findet, wobei ein negatives Bild des gegnerischen Indios als stumpfsinnig, unmenschlich und heimtückisch entsteht.

Mexiko wurde durch den avantgardistischen Autor **Antonin Artaud** in den zwanziger und dreißiger Jahren des 20. Jahrhunderts zu einem Land stilisiert, in dem das europäische Diktat der Vernunft durch eine **magische indianische Weltsicht** aufgehoben war.[18] Da Artaud zunächst den Surrealisten angehörte, war Mexiko für ihn das Gegenstück zu Europa, da hier anders als in Europa das surrealistische Anliegen einer Gleichberechtigung von Traum und Alltagsrealität

---

[17] Gustav Siebenmann, Bildforschung und Hispanistik, in: Christoph Strosetzki (Hg.), Akten des Deutschen Hispanistentages. Göttingen 1991, Frankfurt 1993, S. 59-66, hier S. 59; vgl. auch Gustav Siebenmann, Methodisches zur Bildforschung, in: Gustav Siebenmann, Hans-Joachim König (Hg.), Das Bild Lateinamerikas im deutschen Sprachraum, Tübingen 1992, S. 1-17.

[18] Vgl. im Folgenden Michael Rössner, „La fable du Mexique" oder vom Zusammenbruch der Utopien, in: Karl Hölz (Hg.), Literarische Vermittlungen: Geschichte und Identität in der mexikanischen Literatur, Tübingen 1988, S. 47-60.

eingelöst war. Sein *théâtre de la cruauté* wollte die großen mit Gewalt und Blut verbundenen Mythen therapeutisch einsetzen und fand als neuen Stoff die Eroberung Mexikos, die er in seinem Theaterstück *La conquête du Mexique* unter Parteinahme für die magisch-mythische Welt der unterlegenen Indios gestaltete. Als er feststellen musste, dass sich die Surrealisten ebenso wie die mexikanische Regierungspartei und ihre Bevölkerung einem nur auf die soziale Realität, nicht auf das Bewusstsein ausgerichteten Marxismus zuwandten, distanzierte er sich von beiden. Immerhin brachte das vom Surrealismus in Paris verbreitete Interesse an der Welt der lateinamerikanischen Indios Asturias und Carpentier dazu, sich mit magischen, der europäischen Vernunftkultur entgegengesetzten Bewusstseinsformen der Indios zu beschäftigen, und legte damit den Grundstein für den „magischen Realismus" als Bild vom Lateinamerikaner und seinem Denken. (vgl. 4d)

Bilder von der Fremde und von den Fremden waren es, die Reisende auf ihren Fahrten gewannen und von denen sie in ihren Briefen und Schriften berichten. Charakteristisch für die meisten Reisen sind die Merkmale der Freiwilligkeit und des Vergnügens sowie die beabsichtigte Rückkehr an den Ausgangsort. Typische Reisende der Vergangenheit und Gegenwart sind Krieger, Eroberer, Entdecker, Kolonisten, Pilger, Kaufleute, Flüchtlinge, Bildungsreisende oder Touristen auf der Suche nach Gegenwelten. Das Spanienbild der französischen Spanienreisenden des 19. Jahrhunderts interessiert sich für das von Frankreich Abweichende, das Fremde. Die **Romantik** „leidet am Eigenen und sucht daher das Andere, um – in der politisch-revolutionären Variante – das Eigene zu verbessern oder um – in der eskapistischen Variante – dem Eigenen zu entfliehen und durch die Feier des Fremden imaginär die Mängel des Eigenen zu kompensieren."[19] Letzteres scheint für Prosper Mérimée besonders zuzutreffen, der 1830 nach Spanien reist und seine Eindrücke anschließend in einer Zeitschrift veröffentlicht. Insbesondere der Stierkampf erscheint ihm, dem zivilisierten Franzosen, zugleich grausam und barbarisch, wegen der Lebensgefahr starke Emotionen auslösend und mit einem Protagonisten versehen, den er als romantischen Helden sieht, da er kein Zögern zeigen darf und durch Mut, Anmut, Kaltblütigkeit und Geschicklichkeit glänzt, sowie mit einem Stier, der einer grausamen Tortur unterzogen wird, wobei das Schauspiel beider zugleich von archaischer Grausamkeit und subtiler Erhabenheit sei. Ein weiterer romantischer Held wird der aus Andalusien stammende Straßenräuber, der als Außenseiter der Gesellschaft den ausländischen Reisenden überfällt, aber durch exzellente Manieren und besondere Bildung auffällt.

---

[19] Horst Weich, Der fremde Blick auf ein fernes Land: Französische Spanienreisende im 19. Jahrhundert, in: Hermann H. Wetzel (Hg.), Reisen in den Mittelmeerraum, Passau 1991, S. 129-153, hier S. 132; vgl. auch Mercé Boixareu, Robin Lefere (Hg.), La imagen de España en la literatura francesa. Una fascinación, Madrid, Castalia 2002.

Solche Aspekte prägten das Bild, das die Franzosen vom typischen Spanier hatten und das sie auch in Spanien suchten, wenn sie einmal dorthin gelangten. Das Pittoreske als Mischung von Sublimem und Groteskem konnte in vielem wiedergefunden werden, insbesondere auch in Prosper Mérimées ebenso anlockender wie bedrohender Gestalt **Carmen**, die zur Vorlage für Bizets gleichnamige Oper wurde. Allerdings wurden derartig stereotype Erwartungshaltungen und Fremdbilder in der Folge Gegenstand der Ironisierung, als Mérimée in den vierziger Jahren nach Barcelona reist, wo er keine Räuber und keine Gitarren mehr vorfindet. Das Bild vom unspanischen, industrialisierten, geldgierigen und europäisierten Barcelona dient ihm nunmehr zur desillusionierten Entzauberung ganz Spaniens, während Louis-Napoléon zur Förderung des Heldentums zur gleichen Zeit plant, in Frankreich Stierkämpfe einzuführen.

5e Mythen

Zur Thematologie sind auch Mythen zu rechnen. Frühe Überlieferungen antiker Mythen finden sich bei Homer und Hesiod. Die Mythen der lateinamerikanischen Indios spielen eine zentrale Rolle für das Verständnis des magischen Realismus und der lateinamerikanischen Identität. (vgl. 4d) Aber auch moderne Mythen als Stilisierungen und Idealisierungen einzelner Figuren oder Gegenstände sind verbreitet. In der Antike wurden die Mythen von den Philosophen kritisiert, weil sie nur erfunden und nicht wahr seien. Dennoch dienten sie auch den Philosophen zur Veranschaulichung ihrer Wahrheiten. **Euhemeros von Messene** erklärte etwa 300 v. Chr., die Götter der Mythen seien besonders herausragende und wichtige Menschen gewesen, die in der Überlieferung idealisiert worden seien. Diese Deutung wurde später als Euhemerismus bezeichnet. Eine weitere Deutungsart bietet die **Allegorese**, die in den Mythen moralische oder metaphysische Zusammenhänge dargestellt oder in den Göttern Naturphänomene verkörpert sieht. Juan Pérez de Moya findet in seinem Buch *La philosophia secreta* (1585) für den Mythos des Herkules[20] nach dem in der Bibelexegese geläufigen mehrfachen Schriftsinn verschiedene Deutungen: z.B. eine allegorisch-moralische, nach der er für den Sieg über die Laster steht, oder eine tropologische, die in Herkules einen starken Mann, geübt in Tugend und richtigem Verhalten, sieht. (vgl. 2a)

Deutlich ist die Idealisierung auch bei der nationalen Mythenbildung im patriotischen Drama gegen Ende des spanischen 18. Jahrhunderts, wo Figuren der Reconquista als Vorbilder für die Wiedergewinnung des unter der Fremdherrschaft

---

[20] Vgl. Ludwig Schrader, Herkulesdarstellungen in der spanischen Literatur vom 15. bis zum 17. Jahrhundert, in: Walther Killy (Hg.), Mythografie der frühen Neuzeit, Wolfenbüttel 1984, S. 37-51.

stehenden Vaterlandes gezeigt werden. Haben **Helden wie Pelayo und Guzmán** noch im Kampf gegen die Mauren Willenskraft, Tapferkeit und Ritterideale vorgeführt, erscheinen die zeitgenössischen Politiker nur als schwächliche Zwerge. So konnte Pelayo als Sieger der Schlacht von Covadonga zum Symbol des asturischen Widerstandes gegen die napoleonische Fremdherrschaft werden.[21] Mythisierungen können auch von staatlicher Seite geschaffen werden, wofür der spanische Faschismus ein Beispiel ist. Geradezu kultisch verehrt wurden die Vorstellungen der faschistischen Revolution und des faschistischen Helden. In letzterem waren Elemente von Nietzsches Übermenschen, von griechischem Götter- und Heroenkult, von christlicher Märtyrerverehrung, germanischer Sagenwelt und Wagnerianismus kombiniert. Siegfried tritt an die Stelle von Herkules, und das Volk wird als wie eine Frau verführbar beschrieben, die sich von den in ihrer Macht und Gewalt erotisierend wirkenden faschistischen Führern durch Feste, Kriege, Leidenschaften und Rausch beeindrucken lässt.[22]

Literarische Figuren wie Don Quijote können zu **nationalen Mythen** stilisiert werden. Von der 1898er-Generation wurde er wie mit ihm Don Juan, die Celestina und der Cid zur Verkörperung des spanischen Wesens erhoben und in einer die geistigen Konstanten berücksichtigenden *intrahistoria* der am Verlust der letzten spanischen Kolonien leidenden politischen Geschichte entgegengehalten. Wie Odysseus für die griechische und Robinson Crusoe für die angelsächsische Kultur stehe, repräsentiere Don Quijote die spanische. In der Sicht der deutschen Romantiker ist Don Quijote bereits Ausdruck des durch nationale, aristokratische und katholische Ideale geprägten spanischen Mittelalters. Für Schiller ist Don Quijote dem modernen Menschen vergleichbar, der in der Spannung zwischen der Idee als dem Unendlichen und der endlichen Wirklichkeit lebt und in diese Spannung die Satire einführt. (vgl. 1a) Don Quijote steht für die Landschaft der Mancha und die Lebensart ihrer Bewohner, aber er wird auch als Gegenmodell zum modernen Großstadtleben gesehen, wenn Azorín 1905 in *La ruta de Don Quijote* die Ausfahrten des Helden nachempfindet. Zugleich dient Don Quijote aber auch als Kristallisationspunkt der Ablehnung der Geschichte der spanischen Eroberungen, wenn z.B. Unamuno im Aufsatz *¡Viva Alonso el Bueno!* Realitätsflucht und Phantasterei des Helden kritisiert und für den einfachen Bürger aus dem spanischen Volk namens Alonso Quijano plädiert, der Don Quijote vor und nach seinen Abenteuern war. Je nach Interessenlage oder Bewertung geschichtlicher Vorgänge erhält die Mythisierung also eine andere Ausrichtung.

---

[21] Vgl. Hans-Joachim Lope, Nationale Mythenbildung und Reformdiskussion im patriotischen Drama der spanischen Aufklärung des 18. Jahrhunderts, in: Siegfried Jüttner, Jochen Schlobach (Hg.), Europäische Aufklärung(en). Einheit und nationale Vielfalt, Hamburg 1992, S. 269-282.

[22] Vgl. Ulrich Prill, Mitos y mitografía en la literatura fascista, in: Mechthild Albert (Hg.), Vencer no es convencer, Frankfurt 1998, S. 167-179.

6 Kontext, Markt und Medien

Die folgenden Ausführungen setzen Anliegen der soziologischen Textbetrachtung (3a) fort. Daher stellt sich erneut die Frage, ob literarische Texte **autonom** oder **fremdbestimmt** sind. Je nachdem hat sich die Literaturwissenschaft allein mit dem literarischen Text oder mit dem, was besonders auf ihn einwirkt, zu beschäftigen. Wirkung ausüben kann z.b. der Literaturbetrieb mit Verlagswesen und Buchhandel, aber auch die begleitende Verwendung von Bildern zur Erläuterung des Textes oder die Verfilmung. Mündlich überlieferte Texte sind anderen Zwängen ausgesetzt als schriftlich überlieferte. Die Zensur wirkt als verinnerlichte Vorzensur auf den schreibenden Autor, kann aber auch im Namen der Philosophie Wert und Geltung der Literatur einschränken, wie bei Platon, in dessen *Staat* der Dichtung vorgeworfen wurde, von der Erkenntnis der Ideen abzuhalten. Nur nachweislich nützliche Dichtung wollte Platon nach Kontrolle durch die Regierenden erlaubt wissen.[1] Dass Dichtung der Lügenhaftigkeit bezichtigt wurde, bestätigt, dass sie mit demselben Wahrheitsanspruch auftrat wie ihre Konkurrentin, die Philosophie.

Kann die Sozialgeschichte mit ihrem Blick auf das, was sie für die objektive soziale Realität hält, den Text erhellen? Kann man überhaupt so einfach den literarischen Text vom Kontext der ihn fremdbestimmenden Märkte und Medien trennen? Im *New Historicism* wird dies verneint und stattdessen ein dichtes Netz von Fäden angenommen, die Text und Kontext verbinden und in deren Mitte irgendwo Gattungsregeln und mentale Faktoren wie z.B. Publikumserwartungen oder individuelle und kollektive Ängste stehen. Dies wird besonders verständlich, wenn man bedenkt, dass auch die Wirklichkeit der Sozialgeschichte nur über Zeichen und Sinnstiftungen erfahrbar ist, also selbst auch aus Texten besteht. Kultur erweist sich dann für den *New Historicism* als Gesamtheit symbolisch strukturierter Praxis, zu der semiotisch strukturierte Bereiche wie volkstümliche oder aristokratische Feste, Traktate zur Sexualität, Kleiderbeschreibungen, Krankheitsberichte oder Hexenprozesse gehören.[2] Scheinbar materielle Gege-

---

[1] Vgl. Platon, Der Staat, übers. von Rudolf Rufener, München, Zürich 1974, S. 478.

[2] Vgl. Stephen Greenblatt, Schmutzige Riten. Betrachtungen zwischen den Weltbildern, Berlin 1991, S.13; zum *New Historicism* vgl. auch Friederike Hassauer, Textverluste. Eine Streitschrift, München 1992; H. Aram Veeser (Hg.), The New Historicism Reader, New York, Routledge 1994; Hartmut Eggert u.a. (Hg.), Geschichte als Literatur: Formen und Grenzen der Repräsentation von Vergangenheit, Stuttgart 1990.

benheiten werden also zu semiotischen Sinndeutungen einer Gesamtkultur, in der auch die Literatur ein Feld besetzt, so dass Literatur nicht mehr nur mit einem materiellen, sondern zugleich auch mit einem symbolischen sozialen Kontext in Bezug zu setzen ist. Als Beispiel dafür mag der ebenso symbolische wie ökonomische Kontext der Preisverleihungen bzw. der Programme spanischer Verlage dienen, auf den im Folgenden eingegangen wird.

6a Literaturbetrieb

Literatur ist ein Produkt, das angeboten und gekauft wird. Wie andere Produkte, die auf den Markt kommen, ist sie damit abhängig von **Angebot und Nachfrage**, wobei letztere durch Werbung gesteigert wird. Wird ein Autor durch einen Buchpreis geehrt, dann kann man damit rechnen, dass sich seine Werke daraufhin größeren Interesses erfreuen. Verlagswesen, Buchhandel, aber auch Theater- oder Eventmarketing sind Industriezweige, die sich unter dem Stichwort „Literaturbetrieb" zusammenfassen lassen. Es handelt sich dabei um ein Forschungsgebiet, das seine Ursprünge in der marxistischen Auffassung (vgl. 3b) hat, dass die Produktionsbedingungen als Basis die geistigen Produkte, den Überbau, prägen. Insofern der Literaturbetrieb ein gesellschaftliches Phänomen ist, ergeben sich auch Berührungspunkte zur soziologischen Betrachtungsweise. (vgl. 3a)

Ausgehend von der durch T. Parsons konzipierten und von Niklas Luhmann fortgeführten soziologischen **Systemtheorie** kann man Literatur als eigenes System betrachten. Während archaische Gesellschaften in Stämme und Sippen gegliedert waren, die ihren Mitgliedern einen festen sozialen Ort anwiesen, waren mittelalterliche Gesellschaften in Stände und Klassen hierarchisch eingeteilt. Moderne Gesellschaften dagegen sind nach Luhmann funktional in Teilsysteme wie Politik, Wirtschaft und Kultur differenziert. Nunmehr hat jedes Mitglied der Gesellschaft die Möglichkeit der freien Wahl des Teilsystems, in dem es eine Rolle spielen will. Im Zuge der im 16. Jahrhundert beginnenden Funktionalisierung der Gesellschaft hat sich auch Literatur als autonomes Teilsystem ausbilden können. Ein Teilsystem tritt zu einem anderen in Kontakt erstens durch die Funktion im Gesamtsystem, zweitens durch die Leistung, die es für andere Teilsysteme erbringt, und drittens durch die Legitimation gegenüber anderen Teilsystemen, d.h. durch Selbstreferentialität. Eine fortschreitende **Autonomisierung** bedingt dabei nicht selten eine gesteigerte Selbstreflexion, wie z.B. der *modernismo* zeigt. Die alte Frage nach dem Sinn von Literatur stellt sich hier als Frage nach der Funktion des Systems Literatur für das Gesamtsystem (der Gesellschaft). Mögliche Funktionen sind die der Orientierung, der Identitätsbildung oder der Erfahrung und Reflexion alternativ möglicher Realitäten, die man erlebt, als ob es die eigenen wären, ohne aber Schaden zu nehmen.

Kapital, Feld und Habitus

Im Folgenden sei der von der Systemtheorie ausgehende Begriffsapparat Pierre Bourdieus vorgestellt, bevor drei Beispiele angeführt werden, bei denen die Analyse des Literaturbetriebs vorgenommen wird, jedoch ohne die boudieu'sche Begrifflichkeit zu benutzen. Wie der *New Historicism* versucht **Pierre Bourdieu**, traditionelle Gegensätze zu überwinden und miteinander zu verbinden: das Subjekt des Handelnden mit den objektiven Strukturen, die Freiheit mit der Bedingtheit, aber auch das Individuum mit der gesellschaftlichen Gruppe. Bourdieu modifiziert den Klassenbegriff und ergänzt die Klassenlage als Gesamtheit der ökonomischen materiellen Bedingungen durch die „Klassenstellung", die durch kulturelle und soziale Vernetzung entsteht.[3] Vor diesem Hintergrund lässt sich auch der Begriff des **Kapitals** erweitern. Bourdieu fasst darunter nicht nur den Besitz von Produktionsmitteln und Geld, sondern auch Beziehungen, Bildung, Umgangsformen, Auszeichnungen. Er sieht also neben der ökonomischen auch eine soziale, kulturelle und symbolische Erscheinungsform von Kapital, die für denjenigen, der darüber verfügt, arbeiten kann. Letzterer bewegt sich mit seiner mehr oder weniger komfortablen Kapitalausstattung in einem komplexen System, d.h. er betätigt sich in der Wirtschaft, in der Politik, in der Wissenschaft oder in der Literatur. Diese weitgehend durch eigene Gesetzmäßigkeiten gekennzeichneten Bereiche nennt Bourdieu **Felder**. Letztere sind wie physikalische Kräftefelder durch Spannungen charakterisiert, die sich aus Macht- und Einflusssphären ergeben. Je nach Position im Feld entwickelt der einzelne Denk- und Verhaltensgewohnheiten, sogar eine spezifische Haltung, Mimik und Gestik, die ihn als mächtig oder untergeordnet charakterisieren. Diese Haltungsmerkmale fasst Bourdieu unter dem Begriff des „**Habitus**" zusammen, eine Art zur Schau gestellter Lebensstil, dessen Charakteristika bereits die jeweilige soziale Position des einzelnen im Feld erkennen lassen.

Mit dieser Begrifflichkeit könnte man zum Beispiel analysieren, welche Verbesserung der Position im Feld Wirtschaft sich bei einer **Romanfigur** aus dem Zuwachs an sozialem Kapital infolge der Heirat in eine einflussreiche Familie ergeben hat. Man könnte auch beobachten, inwiefern sich der Habitus verändert hat. Schließlich ist es auch möglich zu prüfen, ob eine gehobene Position z.B. im Feld Sport zugleich auch auf erhöhte Kompetenz in einem anderen Feld, wie z.B. der Politik, schließen lässt. Wenn man nun den Habitus der Oberschicht als Distanz zur Notwendigkeit beschreibt, dann könnte man vermuten, dass der Literaturkonsument der Oberschicht einen ähnlich spielerischen Aufwand bei einem komplizierten mehrgängigen Menü betreibt wie bei der Analyse eines ebenso

---

[3] Vgl. Joseph Jurt, Das literarische Feld. Das Konzept Pierre Bourdieus in Theorie und Praxis, Darmstadt 1995.

feinsinnigen wie komplizierten Gedichts, während sich Anhänger anderer Schichten eher auf das pragmatisch Notwendige beschränken. Aber auch der **Literaturbetrieb** kann **als Feld** betrachtet werden. Dann nämlich werden Kapitalausstattung (im vierfachen Sinn Bourdieus) und Habitus unterschiedlicher Akteure zum Gegenstand der Analyse und Autor, Kritiker, Journalist, Preisverleiher, Verleger, Leser und Käufer betrachtet. Wie ein Autor in der Kritik und in der Literaturwissenschaft eingeordnet und beurteilt wird, ist dann das Ergebnis der kämpferischen Auseinandersetzung im literarischen Feld. Anders als ein „Verlierer" im Kampf des literarischen Feldes wird es ein bereits berühmter Autor leichter haben, einen hochdotierten Verlagspreis zu erhalten, da sein bereits vorhandenes symbolisches Kapital dem Verlag überproportionale Verkaufssteigerung und damit eine sichere Rendite verspricht.

Seix Barral

Der „Boom" der lateinamerikanischen Literatur Ende der sechziger und Anfang der siebziger Jahre ist ebenso wie der „Boom" des spanischen Romans in den achtziger und neunziger Jahren des 20. Jahrhunderts ein nicht zuletzt von den Verlagen herbeigeführtes Phänomen. Daher sollen im Folgenden einige diesen Zusammenhang erhellende Fakten vorgeführt werden. Seitdem **das literarische Programm des Verlages Seix Barral** aus Barcelona seit 1955 von Carlos Barral, Joan Petit und Víctor Seix geleitet wird, wandelt sich das bislang auf Schul- und Sachbuch konzentrierte Haus zum Literaturverlag.[4] Indem sich der Verlag am französischen *nouveau roman* und am italienischen Neorealismus orientiert, schafft er sich ein eigenes Profil. Gegenwartsbezug und Innovation werden ebenso wie der *realismo social*, eine sozialkritische, die Realität abbildende Richtung, zur Strategie, die den Verlag **ästhetisch elitär** sowie **politisch oppositionell** erscheinen lässt. Die Schaffung eines hauseigenen Buchpreises, des *Premio Biblioteca Breve*, dient dieser Strategie und macht die dazu passenden Autoren bekannt. Zwischen 1962 und 1971 werden bewusst Lateinamerikaner zu Preisträgern gewählt. In der ersten Hälfte der sechziger Jahre hat der Verlag in Spanien geradezu das Monopol an lateinamerikanischen Autoren. Indem sich Seix Barral internationalen literarischen Strömungen öffnet, grenzt er sich vom nationalen, durch Franco geprägten Zentrum Madrid ab. Dies erscheint vorteilhaft, obwohl

---

[4] Vgl. hier und im Folgenden: Burkhard Pohl, Transatlantische Geschäfte. Die Vermittlung lateinamerikanischer Narrativik durch spanische Verlage zur Zeit des Franquismus und der *Transición,* in: Manfred Engelbert, Burkhard Pohl, Udo Schöning (Hg.), Märkte, Medien, Vermittler, Göttingen 2001, S. 187-222; Burkhard Pohl, Internationale Verlagsinteressen bei der Vermittlung lateinamerikanischer Literatur nach Spanien. Das Beispiel Seix Barral, in: Udo Schöning (Hg.), Internationalität nationaler Literaturen, Göttingen 2000, S. 537-552.

Kulturkontakte mit Lateinamerika Franco als Kompensation für die Isolation in der westlichen Welt und als Ausdruck alter hegemonialer Ansprüche gegenüber den ehemaligen Kolonien durchaus gelegen kamen. Barcelona wird nun neben Paris zum Ausgangspunkt der Verbreitung lateinamerikanischer Literatur.

Nicht zu unterschätzen ist der Einfluss der Zensur, die noch bis Ende der sechziger Jahre den Import in Lateinamerika verlegter Werke von Carlos Fuentes und Pablo Neruda nach Spanien verbietet. Dies erklärt sich aus der in zahlreichen Werken deutlichen **Sympathie lateinamerikanischer Schriftsteller mit Fidel Castros Revolution** in Kuba im Jahr 1959, die unter Mitwirkung Ernesto „Che" Guevaras als Präsident der Nationalbank zu einer sozialistischen Umgestaltung der Gesellschaft führte. Pilotfunktion hatte die vor allem in Peru im Taschenbuchformat erfolgreiche Vermarktung von Mario Vargas Llosas *La ciudad y los perros* im Jahr 1963. Der Roman entlarvt Unterdrückungsmechanismen in einer Militärdiktatur und konnte insofern von den Spaniern auf die eigene Situation bezogen werden. Entsprechendes galt auch für die oppositionelle Haltung von Texten kommunistisch geprägter kubanischer Autoren Mitte der sechziger Jahre. Durch lateinamerikanische Niederlassungen und Kooperationen mit lateinamerikanischen Verlagshäusern sichert sich Seix Barral zu Anfang der sechziger Jahre seine dominante Stellung. Angesichts des bedeutenden staatlichen kubanischen Kulturpreises *Casa de las Américas* reist Carlos Barral 1964 nach Kuba, um dort Kooperationen einzugehen und Kontakte zu knüpfen. Deutlich wird, dass die literarische **Ausrichtung des Booms durch die Verlagspolitik** des Hauses Seix Barral mitbedingt war, das – in der Terminologie Bourdieus – durch systematische Erweiterung des ökonomischen, sozialen, kulturellen und symbolischen Kapitals die eigene Position im Feld Literatur definierte und optimierte.

Lateinamerikaboom

Der eigentliche Boom lateinamerikanischer Literatur in Spanien setzt 1968 mit dem Erfolg von García Márquez' 1967 erschienenem Roman *Cien años de soledad* ein und schwächt sich 1972 ab. Obwohl sich nun auch kleinere und mittlere Verlage Rechte an lateinamerikanischen Autoren sichern, wird der Boom primär mit dem Hause Seix Barral verknüpft, das allerdings nach dem Tod von Víctor Seix 1967 und dem Weggang von Carlos Barral 1969 im Wesentlichen nur noch von dem bereits vorhandenen, frühzeitig angeworbenen Autorenstamm und von den Niederlassungen in Lateinamerika profitiert. Zu den **Autoren des Booms** im weiteren Sinn zählen Asturias, Carpentier, Rulfo, Fuentes, García Márquez, Cortázar, Vargas Llosa und später, durch französische Rezeption vermittelt, Borges.[5] 1982 wird Seix Barral vom Planeta Konzern aufgekauft, behält aber seine Verlagspolitik bei, während Carlos Barral mit seinem 1970 gegründeten Barral Editores 1978 scheitert. In der staatlich subventionierten und daher von den Verlagen Salvat und Alianza preiswert publizierten und viel verkauften Reihe *Libros RTV* erschienen ab 1969 Werke von Vargas Llosa, Cortázar, Asturias, Donoso, Borges, Onetti, Yáñez, Mallea und Uslar Pietri. Während die Werke der Boom-Autoren in der Bundesrepublik Deutschland, vermittelt u.a. durch Günther Lorenz, primär vom magischen Realismus zeugten und sie in der DDR als Beispiele politischer Sozialkritik gelesen wurden, fragten sich in Spanien Francos Zensoren, wie die Führungsrolle Spaniens im Sinne der *hispanidad* vereinbar ist mit einer sich universalistisch verstehenden lateinamerikanischen Literatur. In der Literaturwissenschaft führte eine Abwendung der Begrifflichkeit vom rein Merkantilen dazu, dass man die Romane des Booms nunmehr lieber als *nueva novela* bezeichnet wissen will.

In den neunziger Jahren ist es dann der Verlag **Alfaguara**, der eine verlegerische Führungsrolle gewinnt, indem er nicht nur auf nationalen Märkten publiziert, sondern mit einem dichten Vertriebsnetz in ganz Amerika präsent sein und so auch die hispanische Bevölkerung der USA erreichen will, womit er auch den Wünschen der Autoren nach möglichst breiter Präsenz entgegenkommt.[6] Dieser Verlag, der zum selben Konzern wie *El País* gehört und damit auch ein Sprachrohr hat, schuf einen neuen Preis, den *Premio Internacional Alfaguara*. Nicht zuletzt dieser globalen Ausrichtung des Verlages ist es zu verdanken, dass auch Autoren wie die Chilenen Fuguet und Gómez, die die Sammlung *McOndo* (1995) herausgegeben haben, die Abkehr vom magischen Realismus und die **Hinwendung zu Internationalität** fordern. Carlos Fuentes, der 1998 als Vorsitzender der Jury des *Premio Alfaguara* Literaturpolitik betreibt, betont die Zusammengehörigkeit spanischer und lateinamerikanischer Literatur, indem er von einem transatlantischen „territorio de la Mancha" spricht. Dies ist umso wichtiger, als noch 1997 Spanien 2,7 % seiner Importe von Druckprodukten aus Lateinamerika bezieht, aber seinerseits 70 % seiner Exporte von Druckprodukten dort absetzt. Auch am Beispiel Alfaguara wird deutlich, wie Verlagspolitik und Marktmechanismen die Förderung und im Falle der Internationalisierung auch die inhaltliche Ausrichtung von Literatur leiten.

---

[5] Vgl. Michi Strausfeld (Hg.), Lateinamerikanische Literatur, Frankfurt 1989; vgl. auch Claudia Wiese, Die hispanoamerikanischen Boom-Romane in Deutschland. Literaturvermittlung, Buchmarkt und Rezeption, Frankfurt 1992.

[6] Vgl. Burkhard Pohl, Boom no.5, in: Tranvía 55, Dez. 99, S. 68-74; Ders., ¿Un nuevo boom? Editoriales españolas y literatura latinoamericana en los años 90, in: José Manuel López de Abiada, Hans-Jörg Neuschäfer, Augusta López Bernasocchi (Hg.), Entre el ocio y el negocio: Industria editorial y literatura en la España de los 90, Madrid,Verbum 2000, S. 261-292.

Spanienboom

Ein weiteres Beispiel für die Bedeutung des Kulturbetriebes in den neunziger Jahren des 20. Jahrhunderts in Spanien ist die **Vermarktung der spanischen Literatur**. Während sich unter Franco Literatur und Kultur mit der Zensurbehörde auseinanderzusetzen hatten, waren die achtziger Jahre durch das Erproben der neu erlangten Freiheit gekennzeichnet. In den neunziger Jahren ist diese Phase überwunden, und Literatur wird als Marktsegment lanciert und etabliert, wie Hans-Jörg Neuschäfer anhand der Analyse der Wochenendbeilage von *El País* vom 6. Juni 1997 belegt. Wesentliche, durch zahlreiche Fakten untermauerte Aussage der Wochenendbeilage ist, dass die spanische Literatur die lateinamerikanische in ihrer Bedeutung überholt habe und dies mit der Demokratisierung des Landes und dem dominanten Einfluss der Frau zusammenhänge.[7] Grundlage ist das neue Zusammenwirken von Literatur und Journalismus, das sich darin zeigt, dass zu den in dem Artikel porträtierten spanischen Boom-Autoren auch bekannte Reporterinnen, ein Fernsehkommentator und ein Nachrichtensprecher zählen. Sieht man auf einem Foto Javier Marías (*1951) in die Lektüre des letzten Buches von Antonio Muñoz Molina (*1956) vertieft, während Muñoz Molina das letzte Buch von Marías liest, dann hat man den Eindruck, dass alle solidarisch an einem Strang ziehen.

Je nach Bedeutung werden in mehr oder weniger großen Gruppen die wichtigsten 19 spanischen Autoren der Gegenwart fotografisch vorgestellt: Josefina Aldecoa, Bernardo Atxaga, Camilo José Cela, Miguel Delibes, Antonio Gala, Almudena Grandes, Javier Marías, Juan Marsé, Ana María Matute, Eduardo Mendoza, Terenci Moix, Rosa Montero, Quim Monzó, Antonio Muñoz Molina, Rosa Regás, Manuel Rivas, Maruja Torres, Augusto Vázquez-Figueroa und Manuel Vázquez-Montalbán.

Die Wochenendbeilage stellt auch diejenigen mit Bildern und Kommentaren vor, die sonst im Hintergrund stehen, wie die Literaturagentin Carmen Balcells, die vor den spanischen bereits lateinamerikanische Autoren wie García Márquez und Isabel Allende lancierte, sowie die Leitungen der vier in unserem Zusammenhang wichtigsten Verlage: Alfaguara, Tusquets, Anagrama und Plaza y Janés. Zur Symbiose von Literatur und Journalismus gesellt sich also auch das Verlags- und Agenturwesen, dem die geförderten Autoren nicht nur große und gewinnträchtige Auflagen und Honorare, sondern auch eine mehr oder weniger promi-

---

[7] Vgl. im Folgenden Hans-Jörg Neuschäfer, Von der movida zum Kulturbusiness. Ein Blick in den spanischen Literaturbetrieb der 90er Jahre, in: Hans-Peter Burmeister (Hg.), Spanien – die Entdeckung einer europäischen Kultur. Loccumer Protokolle 60/97, Loccum 1998, S. 31-53.

nente Position im allgemeinen Kulturbusiness verdanken. Es entsteht also ein positives Image der Gegenwartsliteratur und ihrer Autoren, und dieses Resultat ist erzielt dank der geschickten Mitwirkung aller Beteiligten.

Natürlich setzen die Verlage immer dann **Literaturpreise**, wie den *Premio Nadal* (17.500 Euro) und den *Premio Planeta* (300.000 Euro), zur Verkaufsförderung ein, wenn es darum geht, den Bekanntheitsgrad „ihrer" Autoren zu erhöhen, wobei in den Genuss wichtigerer Preise nur bereits bekannte Autoren kommen, damit sich angesichts einer für die preisgekrönten Titel üblichen Erstauflage von 220.000 Exemplaren auch die Rendite einstellt. 1998 waren in Spanien insgesamt 1.316 Literaturpreise ausgeschrieben, von denen die meisten allerdings nicht mit viel Geld oder Prestige verbunden waren. Bedenkt man aber, dass z.B. 1995 in Spanien fast 44.000 Buchtitel erschienen, von denen 9.143 zum Bereich Literatur gehörten, dann ist die Chance für einen Autor, zumindest einen der weniger wichtigen Preise zu bekommen, so gering nicht.[8]

Die spanische 1713 gegründete *Real Academia* hat sich dem Journalismus geöffnet, als sie 1996 den Herausgeber von *El País* und seinen Kollegen vom konservativen *ABC* aufnimmt. Die Nähe zum Journalismus führt im Roman und im Film zu reportageartigem Stil, leichter Verständlichkeit und inhaltlich zu deutlichem Aktualitätsbezug. Auch hier ist also, wie schon im Boom der lateinamerikanischen Literatur, der Literaturbetrieb gestaltender Faktor für Stil und Art der Literatur. Dass der Literaturbetrieb in Wirklichkeit, anders als die Zeitung *El País* es propagieren will, nicht von harmonisch miteinander interagierenden Protagonisten, sondern durch Geld, Rivalität und Neid geprägt ist, zeigt ein fiktionaler Text, Manuel Vázquez Montalbáns **Schlüsselroman *El Premio*** (1996), der einen kritischen und sarkastischen Einblick in den Literaturbetrieb seiner Zeit gewährt und ein gutes Beispiel für die Gleichzeitigkeit von journalistischer Dokumentation und Kommentierung einerseits und gesellschaftskritischem Detektivroman andererseits ist.

Im Oktober 2001 beschäftigte sich die von Giulia Eggeling und Silke Segler-Meßner geleitete Sektion „Europäische Verlage und romanische Gegenwartsliteratur" des 27. Deutschen Romanistentags in München[9] mit dem „Editionsfeld" im Sinne Bourdieus, das neuerdings durch die stärkere Verbindung literari-

---

[8] Vgl. José Manuel López de Abiada, Caballeros de industria y de fortuna. Crónicas del mundo editorial, político y cultural en *El premio* de Vázquez Montalbán, in: José Manuel López de Abiada, Hans-Jörg Neuschäfer (Hg.), Entre el ocio y el negocio. Industria editorial y literatura en la España de los 90, Madrid, Verbum 2001, S. 125-155, hier S. 129.

[9] Vgl. Giulia Eggeling, Silke Segler-Meßner (Hg.), Europäische Verlage und romanische Gegenwartsliteraturen: Profile, Tendenzen, Strategien, Tübingen 2003.

scher und marktstrategischer Aspekte in der Selektion der Manuskripte und im Erwerb von Lizenzen Gefahr laufe, zu einer Homogenisierung der Literatur zu führen. In den USA sei zu beobachten, dass bei der Entscheidung über die Publikation eines literarischen Werkes nicht mehr **literarische**, sondern primär **wirtschaftliche Interessen** des Verlages im Vordergrund stehen. Michi Strausfeld (Suhrkamp) und Anne Simonin (Editions de Minuit) verneinten allerdings, dass derartiges auch in Europa der Fall sei. Betont wurde dagegen die Notwendigkeit der Beachtung neuer Autorengruppen, die unter einprägsamen Namen wie *Jeunes auteurs de Minuit, cannibali, literatura pulp* oder *literatura light* hervortreten.

6b Kanon, Zensur und Exil

Kanonisierung und Zensur

Als Kanon wird die Gruppe von Texten bezeichnet, die eine Gesellschaft oder eine gesellschaftliche Gruppe bewahren möchte. Dies mag dadurch bedingt sein, dass deren Mitglieder in den Texten ihre Normen und Werte repräsentiert sehen. Die Texte können aber auch die Funktion haben, eine Gesellschaft oder eine Gruppe in der Gesellschaft von anderen Gesellschaften oder Gruppen abzugrenzen und dadurch in ihrer Identität zu legitimieren. Das kann z.B. dadurch geschehen, dass Wissensmodelle oder Verhaltensregeln darin aufbewahrt werden. Besonders deutlich wird dies beim **religiösen Kanon** heiliger Schriften und beim **juristischen Kanon** der Gesetzestexte. In beiden Fällen werden anerkannte und gültige Texte genau von den anderen unterschieden.

Wer **in der Literatur** zum Kanon gehört, lässt sich ablesen an den vorhandenen Gesamtausgaben, an den kritischen Ausgaben, an der Zahl der Erwähnungen in Literaturgeschichten und schließlich an der Zahl der die literarische Produktion kommentierenden Sekundärtexte. Kanonrevisionen wurden immer wieder gefordert. Im Streit zwischen den Vertretern neuerer und antiker Literatur (vgl. 2d) geht es darum, welche Literatur als die bessere zu bewerten ist. Im 18. Jahrhundert war es die Genieästhetik, von der die ästhetische Autonomie als Kriterium des Kanons eingeführt wurde, im 19. Jahrhundert bildete die Literaturgeschichtsschreibung einen nationalen Kanon heraus. Die historischen Avantgarden postulierten die Abschaffung des verbreiteten Kanons zugunsten eines neuen, oder sie lehnten wie die Futuristen jede Art von Kanon ab.

Auch beim jeweiligen nationalen lateinamerikanischen Kanon ist man nunmehr bemüht, die auf Europa zentrierte Perspektive zugunsten einer inter- oder panamerikanischen aufzugeben und das bisher Verdrängte und Ausgeschlossene zu integrieren, indem man Klasse, Geschlecht und ethnische Herkunft von Autoren in die Analyse der Bedingungen der Entstehung eines Kanons einbezieht.

Offensichtlich haben sich die Bedürfnisse und Interessen einer Gesellschaft geändert, wenn sie einen bisher gültigen Kanon kritisch analysiert und überprüft, was als noch verwendbar erscheint. Zwischen Tradition und Selektion stehend gehört die Bildung eines Kanons zu den Rezeptionsprozessen, also ins Arbeitsfeld einer sozialgeschichtlich geprägten Rezeptionsästhetik. (vgl. 2a) Eine zentrale, allgemeine Rezeptionsbedingung ist die menschliche Lebens-Lesezeit, die einen **Kanon des Wesentlichen** postuliert. Arno Schmidt gibt zu bedenken: „Sie haben einfach keine Zeit, Kitsch oder auch nur Durchschnittliches zu lesen: Sie schaffen in Ihrem Leben nicht einmal sämtliche Bände der Hochliteratur!"[10] Allerdings ist es auch möglich, vom ästhetischen Wert abzusehen und wie Hans-Georg Gadamer[11] einen Text als Klassiker zu kanonisieren, weil er immer noch antwortet, d.h. für Fragen aus unterschiedlichen historischen Kontexten Antworten bereithält. Dies aber bedeutet im Umkehrschluss, dass durchaus künftige historische Kontexte denkbar sind, für die ein zum Klassiker erhobener Text keine Antworten mehr geben kann, und er also den Kanon verlassen muss.

„‚Macht' steht als Begriff für die dem Kanon implizite Gewalt und in Kanonisierungsprozessen wirksamen Antriebe, ‚Kultur' wird verstanden als das, was ein Kanon schafft oder verändert."[12] Davon ausgehend lässt sich unterscheiden zwischen dem Textkanon als Menge der herausgehobenen Texte und einem allgemeinen kulturellen Kanon als Menge der kulturell sanktionierten Riten, Gebräuche und Verhaltensweisen, die in Texten abgebildet und legitimiert werden können. Differenziert werden kann auch zwischen einem normativ gesetzten Kanon, dessen Werke als wertvoll erachtet werden, unabhängig davon, ob sie in einer Gesellschaft bekannt und beliebt sind, und dem Kanon der Werke, die tatsächlich bekannt und beliebt sind. Nach dem **Grad der Normativität** lässt sich dann ein *gepflegter* einem *wilden* Kanon gegenüberstellen. Während ein Kernkanon von einer Kultur als ganzer anerkannt wird, ist dies bei individuellen oder Gruppenkanones nicht der Fall. Zum **Kernkanon** der *longue durée* können auch Texte gehören, die in einem konkreten Moment unbeachtet sind. Allerdings werden in letzter Zeit zunehmend Notwendigkeit und Sinn eines Kernkanons in Frage gestellt, und aktuelle partikulare Kanonbildung gewinnt an Relevanz.

---

[10] Arno Schmidt, Julianische Tage, in: Ders., Essays und Aufsätze 2, Bargfeld 1995, S. 87-92, hier S. 92.

[11] Vgl. Hans-Georg Gadamer, Wahrheit und Methode, Tübingen 1965, 2. Aufl., S. 269-275.

[12] Renate von Heydebrand, Kanon Macht Kultur – Versuch einer Zusammenfassung, in: Dies. (Hg.), Kanon Macht Kultur. Theoretische, historische und soziale Aspekte ästhetischer Kanonbildungen, Stuttgart, Weimar 1998, S. 612-625, hier S. 612.

Im Literaturbetrieb ist es die **Zensur**, die den Kanon festigt, indem sie Gegenläufiges ausschließt. In Spanien wirkt sie nicht erst unter der Herrschaft Francos, sondern setzt schon früh ein. Sie soll über die Reinheit der religiösen Lehre wachen und für die Einhaltung guter Sitten sorgen. Ein frühes Beispiel ist die Verurteilung des Irrlehrers Arius auf dem Konzil von Nicäa im Jahr 325, dessen Bücher Konstantin der Große verbrennen ließ, wobei er dem die Todesstrafe androhte, der sie dennoch heimlich las. Da bis zur Erfindung der Buchdruckerkunst die Zahl der Handschriften gering war, genügte das Verbrennen. Später auf dem Laterankonzil von 1515 wurde verordnet, dass ohne Erlaubnis einer bischöflichen Behörde kein Buch mehr gedruckt werden durfte. Erste systematische Verzeichnisse verbotener Bücher werden von der katholischen Kirche 1559 und 1564 im *Index librorum prohibitorum* zusammengestellt. Da aber bald die Zahl der Bücher zu sehr angewachsen war, als dass man sie einzeln aufführen könnte, begann man, sie nach **Typen** zu klassifizieren und allgemeine **Regeln** anzugeben, nach denen jedes konkrete Buch einzuordnen und zu beurteilen ist. Die Zensur diente nicht nur der Erhaltung der kirchlichen Einheit, sondern auch der Herausbildung des Nationalstaates. Wichtig ist es, sie nicht nur als losgelöste Institution zu betrachten, sondern als ein Instrument, das ein öffentliches Klima schafft, in dem sich das Abweichende der Verdächtigung, Denunzierung und Verurteilung aussetzt. Ziel ist, die herrschende Ideologie durch Ausgrenzung des von ihr Abweichenden zu festigen.[13]

Es sei an dieser Stelle noch einmal auf die Ursprünge der Zensur eingegangen. Sie geht auf die Tätigkeit des Grammatikers zurück, die der in Spanien gebürtige Römer Quintilian als „recte loquendi scientia" definiert. Dazu gehört es einerseits, die Schüler zum richtigen Sprachgebrauch zu erziehen, und andererseits, eine Auswahl der Werke zu treffen, die zugleich auch moralische Werte vermitteln. Diese wurden in einem Kanon zusammengestellt, der in der Antike als *ordo* oder *numerus* und in der Renaissance als *bonae litterae* bezeichnet wurde. Der Aufstellung eines Kanons hat die Textkritik vorauszugehen. Dies gilt für den Grammatiker, aber auch für den Zensor, der im Auftrag der Inquisition falsche, schädliche oder häretische Stellen streicht und schließlich einen Kanon der nicht lesenswerten Bücher aufstellt. Der **Zensor** wurde im Spanischen als *calificador* bezeichnet, war oft Angehöriger oder Absolvent der theologischen Fakultät und hatte das Privileg, verdächtige Bücher zu lesen. Die Verbindung mit der mächtigen Inquisition verlieh ihm so viel Prestige, dass es zahlreiche Bewerber für die-

---

[13] Vgl. Virgilio Pinto Crespo, Inquisición y control ideológico en la España del siglo XVI, Madrid, Taurus 1983; vgl. auch Manuel L. Abellán, Censura y literatura peninsulares, Amsterdam 1987; Titus Heydenreich, Peter Blumenthal (Hg.), Glaubensprozesse – Prozesse des Glaubens? Religiöse Minderheiten zwischen Toleranz und Inquisition, Tübingen 1989.

ses Amt gab. Das Urteil mehrerer Gutachter wurde vom Inquisitionsrat eingeholt, bevor dieser selbst die Entscheidung fällte. Denunzianten konnten den Besitzer oder Verkäufer eines verbotenen Buches anzeigen. Nicht nur Bücher, deren Druck bevorstand, sondern auch solche, die bereits bei Buchhändlern, Privatleuten oder in Bibliotheken standen oder aus dem Ausland importiert wurden, waren ständig bedroht, von der Inquisition eingezogen zu werden. Da eine Druckerlaubnis ein Werk nicht vor späteren möglichen Verurteilungen sicherte, stellte die Inquisition eine ständige Gefahr dar – eine persönliche für den Autor und Leser und eine finanzielle für den Verleger, Importeur und Buchhändler.

Obwohl die Inquisition der Neuzeit vor ihrer Institutionalisierung durch den Papst von den Reyes Católicos im Jahr 1478 gegründet wurde, entschied die spanische Inquisition nicht immer im Sinne Roms, was sich auch in den Unterschieden zwischen römischen und spanischen Indices zeigt.[14] In der siebten Regel des **Index des Konzils von Trient** wurden nicht nur Häresie und Magie, sondern auch **Bücher, die die Sitten verderben,** verboten. Dieses Verbot verschärfte und präzisierte 1579 z.B. der spanische Jesuit Mariana. Gänzlich verboten werden sollten die *Celestina*, die *Diana* von Montemayor und auch die Ritterromane. Lateinische Texte von Vergil, Ovid, Martial, Catull, Tibull und Properz wollte er wegen ihrer Liebesthematik nicht nur mit Altersbeschränkung für Heranwachsende, sondern allgemein verbieten. Profane Bücher, die nur unterhalten, sind insofern nicht nützlich, als sie nicht belehren. Es reicht daher manchmal aus, ein Buch als nicht nützlich einzustufen, um es bereits den schädlichen zugeordnet zu sehen. Bloße Unterhaltung erscheint insofern schädlich, als sie die Zeit raubt, die zur Verfügung gestanden hätte für Nützliches, z.B. für belehrende Bücher. Um der Gefahr einer nachteiligen Beurteilung zu entgehen, betonen zahlreiche Autoren in ihren Vorworten die Nützlichkeit ihres Werkes. Ein Beispiel dafür ist Miguel de Cervantes im Vorwort zu den *Novelas ejemplares* (1613). Eine Erweiterung dieser Perspektive bietet unter Rückgriff auf **Augustinus'** *De civitate Dei* Luis Alarcón in seinem *Camino del cielo* (1547), indem er, auf die alte Metapher von der Welt als Buch zurückgreifend, zwei Typen von Phänomenen in der Welt unterscheidet. In den einen sieht er Werke Gottes, in den anderen Instrumente des Teufels. Zu ersteren gehören auch die gedruckten, frommen Bücher für Laien oder Gelehrte. Zu letzteren zählt er Gegenstände der Sinnlichkeit, Spiele, schlechte Gesellschaft und schließlich schädliche Schriften. Damit erweist sich die Zensur als konsequente Weiterführung eines augustinischen Ansatzes, der die Welt in einen mit Gott verbundenen und einen von Gott getrennten Teil dividiert.

---

[14] Vgl. Titus Heydenreich, Vom Großdirektorium zum Manual, vom Manual zum Arsenale. Spanische und italienische Inquisitionshandbücher im Vergleich, in: Germanisch-Romanische Monatsschrift 74, 1993, S. 383-398; Franz Heinrich Reusch (Hg.), Die Indices Librorum Prohibitorum des sechzehnten Jahrhunderts, Nieuwkoop 1961.

Man unterscheidet die **Präventivzensur**, die ein Werk vor seinem Erscheinen prüft, die **Prohibitivzensur**, die es nach dem Erscheinen beurteilt, und die **Widerrufszensur**, die eine bereits erteilte Veröffentlichungserlaubnis einer erneuten Prüfung unterzieht. Im 20. Jahrhundert werden nicht nur Bücher überwacht. Noch größere Aufmerksamkeit gilt der Presse, dem Theater und dem Film. Unter Franco verbietet die Zensur Werke, die gegen die guten Sitten, insbesondere die Sexualmoral, verstoßen, die sich gegen die katholische Kirche oder deren Lehre richten, und solche, die das politische System Francos und dessen Vertreter kritisieren.[15] In einer Diktatur ist auch der Autor eines verbotenen Buches gefährdet und gezwungen, ins Exil zu gehen. Die Exilliteratur ist ein Resultat der Verfolgung unliebsamer Autoren. Und wer nicht rechtzeitig ins Exil geht und sich im Land mit den herrschenden Wertvorstellungen kritisch auseinandersetzt, der riskiert, wie 1936 Federico García Lorca, Opfer faschistischer Mörder zu werden.

Öffentliche Meinung

Nicht nur ein Staat, sondern auch die Öffentlichkeit übt Zensur aus. Lorcas Theaterstück *Bodas de sangre* (1933) thematisiert die Einschränkung der Freiheit des Einzelnen durch die **öffentliche Meinung**, die von überlieferten Wertvorstellungen ausgeht. Die öffentliche Meinung, d.h. die Meinung, die Bekannte und Verwandte von jedem Einzelnen haben, wirkt im Stück **als Zensur** und bestimmt, was die Figuren tun und sagen dürfen und was nicht. Überall dort ist Schweigen geboten, wo etwas Unpassendes oder ein Tabu ausgedrückt werden könnte. Besonders tabuisiert sind sexuelle Wünsche und Leidenschaften, die aus dem Rahmen von Heirat und Ehe fallen. Es gelten „die überkommen Rituale der Triebunterdrückung, der Klassen- und Besitzstandsabgrenzung, des männlichen Imponiergehabes und der weiblichen Selbstentäußerung."[16] Das Verschweigen von dem, was eigentlich zu sagen wäre, und die daraus resultierende fehlende Kommunikation stehen auch im Zentrum von Lorcas *La casa de Bernarda Alba* (1936), ein Stück, das in Argentinien aufgeführt wurde, bevor 1964

---

[15] Während die Zensur in einer Diktatur einen Angriff auf die Freiheit darstellt, erscheint ihre behutsame Anwendung in einer Demokratie sinnvoll. So garantiert in der Bundesrepublik Deutschland das Grundgesetz zwar die Zensurfreiheit, räumt jedoch begründete Einschränkungen ein für den Fall der Gefährdung der öffentlichen Ordnung und Sicherheit sowie im Interesse des Schutzes der Persönlichkeit (z.B. durch die Bundesprüfstelle für jugendgefährdende Schriften). Vgl. auch Rudolf Stefen (Hg.), Gesamtverzeichnis indizierter Bücher, Taschenbücher, Broschüren, Comics und Flugblätter, Baden-Baden 1989, 17. Auflage.

[16] Hans-Jörg Neuschäfer, Macht und Ohnmacht der Zensur. Literatur, Theater und Film in Spanien (1933-1976), Stuttgart 1991, S. 14; vgl. zu Folgendem ausführlicher: ebda., S. 1-35, 251-270.

eine Aufführung in Spanien stattfand. Wenn Lorca nach dem Personenregister das Stück mit einer „intención de un documental fotográfico" versieht, wird deutlich, dass er Realität vorführen will. Auch hier sind es natürliche Leidenschaften, deren Ausbruch den Regeln des Anstands widerspricht, die unterdrückt und vor der Nachbarschaft verschwiegen werden sollen. „**Silencio**" ist daher erste und letzte Aufforderung Bernardas. Es ist die Aufforderung Bernarda Albas, der Mutter, die ihren fünf Töchtern nach dem Tod ihres Ehemannes eine achtjährige Trauer und Isolation im elterlichen Haus verordnet. Während des gesamten Stückes ist daher nur die Innenansicht des Hauses zu sehen. Von außen wacht die Meinung der anderen. Die 39 Jahre alte Tochter, Angustias, die plant, Pepe zu heiraten, hat als einzige eine nennenswerte Mitgift aus einer früheren Ehe der Mutter. Doch die mit ihren 20 Jahren attraktivere, aber mittellose jüngste Tochter Adela sorgt dafür, dass Pepe sich in sie verliebt. Die Beziehung wird von den neidvollen Schwestern aufgedeckt und endet tragisch mit dem Selbstmord Adelas, die irrtümlich glaubt, man habe Pepe getötet. Wichtigster Gedanke der Mutter Bernarda ist daraufhin, dass die Nachbarschaft glauben soll, es sei nichts geschehen. Die Mutter, die an der Stelle des Vaters für die Erziehung steht, übt also eine Zensur aus. Der Ausbruch von Leidenschaften, aber auch die offene Kommunikation darüber, sollen durch das sozial eingeübte Regelwerk unterdrückt werden. (vgl. 3e)

Im engeren Sinn politisch versteht man das Stück, wenn man das Haus der Bernarda Alba als vorausahnende Allegorie des unter Franco von der Welt abgeschotteten Spaniens sieht, in dem traditionelle Normen jede Alternative unterdrücken und durch eine unerbittliche Zensur zum Schweigen bringen. Diese zweite Lesart ist eine Konsequenz der ersten, insofern sie die Problematik des Subjekts auf die dafür möglicherweise eigentlich verantwortliche problematische Gesellschaft überträgt.

Filmzensur und Zensurumgehung

Die konfliktreiche Beziehung zwischen Erwachsenen und Kindern steht auch im Mittelpunkt von Carlos Sauras Film *Cría Cuervos* (1976). Der Titel heißt übersetzt „Züchte Raben" und ist Teil eines spanischen Sprichworts, das zu bedenken gibt, dass sie dann später dem Züchter die Augen auspicken. Auch hier spielt das Geschehen, sieht man von der Schlusssequenz ab, innerhalb eines Hauses. Die Rebellion der achtjährigen Ana nimmt allerdings gewalttätige Formen an. Wie bei Lorca wird das Haus nach dem Tod des Vaters nur von Frauen bewohnt und von einer Autoritätsperson gegen den Widerstand zumindest einer der Schwestern kontrolliert, wobei eine Großmutter auch hier eine Sonderrolle und eine Bedienstete eine Vermittlerrolle einnimmt. Da im Haus wie unter Franco Autorität,

Ordnung und Stillschweigen herrschen, kann der Film als Variation und Fortsetzung des Geschehens von *La casa de Bernarda Alba* gesehen werden. Er endet mit dem Verlassen des Hauses und mit Anas Lieblingsmusik „¿Por qué te vas?". Während bei García Lorca die Autorität insofern noch akzeptiert wurde, als Adela Zuwiderhandlungen verheimlicht, versucht Ana, ihren Vater, einen Armeeangehörigen, dessen Liebschaften sie für die Krankheit der Mutter verantwortlich macht, und die als Erzieherin eingesetzte tyrannische Tante mit einem Pulver zu ermorden. Während der Zuschauer am Anfang noch den Eindruck hat, dies sei ihr beim Vater gelungen, hat sich im Fall des Mordversuches an der Tante das Pulver bereits als harmlos herausgestellt. Auch wenn der Zuschauer nun weiß, dass der Vater einem Herzinfarkt zum Opfer gefallen ist, erinnert im Jahr der Entstehung des Films 1975, dem Todesjahr Francos also, im Film der Vater an den verstorbenen Diktator, zumal sich Ana, ausgestattet mit einem „Ödipus"-Komplex, mit der vermeintlich erfolgreichen Ermordung des Vaters durchaus zufrieden zeigt. Die Idee des „Tyrannenmordes" als Lösung der **Auseinandersetzung mit der Autorität** wird im Film aber eher spielerisch evoziert. Weitere Indizien für die mögliche Übertragung der familiären auf die staatlichen Gegebenheiten ergeben sich aus dem nicht seltenen Ungehorsam der Kinder, aus dem Einvernehmen zwischen den Kindern und der Köchin und aus Anas gewaltsamen Befreiungswünschen. Die Schlusssequenz zeigt, wie die Kinder das Haus verlassen, die Anonymität der Straße mit ihren Werbeplakaten vorfinden und schließlich mit anderen Kindern das Schulgebäude betreten. Am Ende des Films beginnt also ein neuer Abschnitt, dessen Verlauf und Ausgang offen bleiben. Dennoch entsteht angesichts der in einheitlicher Schulkleidung herbeiströmenden Kinder der Eindruck, als würde eine Gleichheit evoziert, die die autoritären Verhältnisse im Haus vergessen lässt.

Kein Wunder ist es daher, dass die Zensoren in ihrer Sitzung vom 14. 10. 1975 den Film eher kritisch beurteilen. Man warf ihm „eine politische Symbolik, die Destabilisierung der Familie, einen möglichen Angriff aufs Militär, ja auf die politische Rechte insgesamt"[17] und schließlich eine ungesunde und subversive Atmosphäre vor. Daher wird eine nur eingeschränkte **Freigabe ab 18 Jahren** entschieden. Erst nachdem Saura 1976 für den Film in Cannes einen Preis erhalten hatte, wurde der Film auch in Spanien einer Neubewertung unterzogen und mit Lob gewürdigt.

Mit welchen Mitteln die Zensur unterlaufen werden kann, zeigt Miguel Delibes' Roman *Cinco horas con Mario*, der bereits im Jahr 1966 erscheint. Obwohl zu dieser Zeit die Zensur Francos die Propagierung linker Ideen verbat, findet der Autor eine Möglichkeit, eben dies ungestraft zu tun. Der Vater von fünf Kindern

---

[17] Vgl. ebda., S. 324.

Mario Díez Collado ist im Alter von 49 Jahren an einem Herzinfarkt gestorben. Der Hauptteil des Romans bezieht sich auf die fünfstündige nächtliche Totenwache, die seine Frau Carmen bei ihm hält. In dieser Zeit lässt sie in einem langen Selbstgespräch die 23 Jahre ihrer Ehe Revue passieren, also die Zeit vom Bürgerkrieg bis zur Gegenwart. Dabei bezieht sie den Verstorbenen ein, indem sie ausspricht, was er zu diesem oder jenem Punkt sagen würde, um sich dann ihrerseits damit auseinander zu setzen, so dass **eine Art Dialog** entsteht, obwohl sich der verstorbene Ehemann natürlich nicht äußern kann. Dies ist insofern geschickt, als Mario ein Intellektueller mit linken Ansichten war, während seine Frau sich durch kleinbürgerliche Ansichten auszeichnet, die konform mit dem franquistischen Weltbild sind. Ausgangspunkt eines jeden Kapitels ist eine noch von Mario angestrichene Stelle aus der Bibel, die Carmen liest und zum Aufhänger für ihre Überlegungen macht. Obwohl also die Seite der Linken nur durch angestrichene Bibelzitate und aus der Perspektive Carmens indirekt erschließbar wird, während die Vertreterin des traditionalistischen Spaniens in einem unaufhaltsamen enzyklopädisch breiten Redefluss alle ihre Anliegen und Ansichten preisgibt, wächst beim Leser die Sympathie für den stummen Mario. Wirft ihm seine Frau vor, er sei nicht bereit gewesen, im Interesse materieller Vorteile Kompromisse einzugehen, dann beginnt der Leser, an ihm Gradlinigkeit und Unbestechlichkeit zu schätzen. Da aber der Roman jedoch nur die traditionalistische Seite explizit zu Wort kommen lässt, ist er für die Zensurbehörden unangreifbar. Doch wäre der Roman zu einfach, würde nicht zugleich mit dem toten Mario auf die Ohnmacht des Intellektuellen angespielt und mit dem sich an die Totenwache anschließenden Gespräch Carmens mit ihrem Sohn, der bezeichnender Weise auch den Namen Mario trägt, eine Zukunft angedeutet, in der der Gegensatz von den guten Rechten und den schlechten Linken aufgehoben ist.

Exil

Dort aber, wo die Zensur nicht überlistet werden kann, bleibt nur das **Exil**. Bei Carlos Fuentes heißt es in *Una familia lejana* „Oh, exclamé, Buenos Aires, Montevideo, son mis ciudades perdidas; han muerto y nunca regresaré a ellas. La patria final de un latinoamericano es Francia: París nunca será una ciudad perdida."[18] Gleichgültig, ob der Schriftsteller den politischen Verhältnissen oder der Armut seines Landes den Rücken kehrt, ob er in dem Land, das er aufsucht, eine lebendigere Kultur und mehr Anregungen für sein literarisches Schaffen erhofft, der neue Kontext bleibt nicht ohne Folgen für sein Werk. Nicht nur in Lateinamerika gab es Diktaturen, auch in Spanien war das franquistische Regime rund vier Jahrzehnte an der Macht. Daher kann man Cortázars Behauptung von

---

[18] Zit. nach Karl Kohut, Escribir en Paris. Entrevistas [...], Frankfurt 1983, S. 11.

1978, das Exil dominiere die lateinamerikanische Literatur als Faktum und als Thema, mit gewissen Einschränkungen auch auf die spanische Literatur übertragen.[19] Gerade Frankreich genießt seit der Aufklärung und der französischen Revolution bis in die sechziger und siebziger Jahre des 20. Jahrhunderts ein besonderes kulturelles Prestige, weshalb die meisten Autoren des Booms der lateinamerikanischen Literatur eine Zeit lang dort gelebt haben.

Während Jorge Semprún (*1923) als politischer Aktivist auf der kommunistischen Seite bereits nach Ende des Bürgerkrieges ins Exil ging, verließen Fernando Arrabal (*1932) und Juan Goytisolo (*1931) Spanien erst in den fünfziger Jahren. Der als Diplomatenkind schon früh im Ausland und als Sechzehnjähriger bereits in Paris lebende Semprún bedient sich der französischen Sprache, obwohl er seine Autobiografie in Spanisch schreibt. Arrabal schreibt französisch, da er in Frankreich ein wohlgesonnenes Publikum findet, während er anlässlich eines Aufenthaltes in Spanien 1967 der Blasphemie angeklagt und mehrere Wochen eingesperrt wird. Goytisolo schreibt zwar in spanischer Sprache, setzt sich aber kritisch mit ihr auseinander, da er im Gegenwartsspanisch Spuren der Fortsetzung der imperialen Politik der Katholischen Könige zu Beginn der Neuzeit sieht. Er lässt daher in seinem Roman *Juan sin tierra* (1975) das Spanische ins Arabische übergehen. Augusto Roa Bastos (*1917) musste 1947 aus Paraguay fliehen und ging nach einem Aufenthalt in Argentinien 1976 nach Frankreich, wo er an der Universität von Toulouse lehrte. Julio Cortázar (1914-1984), der zunächst aus freien Stücken nach Paris ging, war nach Staatsstreichen in Argentinien gezwungen, seinen Aufenthalt in Paris fortzusetzen. Er ist ein Beispiel für die schwierige Identität der Exilschriftsteller, die mit dem Pass ihres Ursprungslandes sich in Frankreich nur als Gäste geduldet fühlen und sich daher in ihren politischen Äußerungen zurückhalten müssen. Umso wichtiger war es für Cortázar, dass Mitterand ihm zu Beginn seiner Präsidentschaft die französische Staatsbürgerschaft verlieh.[20] (vgl. 4d)

Goytisolo ist es, der mit seinem autobiografischen Roman *Señas de identidad* (1966) einen aufschlussreichen Einblick gibt in die Welt der im **Pariser Exil** lebenden Schriftsteller. Andere, wie Roa Bastos, beschäftigen sich mit Vergangenheit und Gegenwart ihres Ursprungslandes, wobei sich allerdings die Auseinandersetzung mit Frankreich darin äußert, dass die Erprobung der politischen Theorien der französischen Aufklärung und Revolution im lateinamerikanischen Kontext des 19. Jahrhunderts analysiert werden. Bei Autoren wie Severo Sarduy ist das Exil Symbol für die Befindlichkeit des Schriftstellers im Allgemeinen. Bei ihm zeigt sich der französische Einfluss in seiner Auseinandersetzung mit der

---

[19] Vgl. ebda., S. 12f.
[20] Vgl. ebda., S. 27.

Literaturtheorie der Gruppe *Tel Quel*. Ein gemeinsames Organ der im Pariser Exil lebenden Schriftsteller war die im Jahr 1971 gegründete Zeitschrift *Libre*, von der allerdings nur vier Nummern erschienen, da sich nach den selbstkritischen Äußerungen des Kubaners Padilla die Meinungen zugunsten bzw. gegen das kubanische revolutionäre Regime schieden. Ab 1975, also nach Franco, wurde auch **Spanien** wieder ein Einwanderungsland für lateinamerikanische Schriftsteller. Als Beispiele lassen sich die Uruguayer Mario Benedetti und Cristina Peri Rossi, die Argentinier Juan Carlos Martini und Daniel Moyano und der Chilene Hernán Valdés nennen. Moyano verallgemeinert seine Situation und behauptet 1983: „Desde Sarmiento hasta Cortázar, las obras más famosas argentinas siempre se han escrito fuera del país."[21]

Ein frühes Beispiel des Exils ist die Vertreibung der Jesuiten im 18. Jahrhundert. Da der gegenreformatorische Orden zu reich und durch seine Schulen zu einflussreich geworden war, warf man ihm mangelnden Gehorsam gegenüber Papst und Bischöfen, moralischen Laxismus und theologischen Pelagianismus vor. Als der gesamte Orden 1773 vom Papst aufgelöst wurde, gingen z.B. die **mexikanischen Jesuiten** ins Exil, meist nach Italien, bis 1816 ihre Rückkehr möglich wurde. Es blieb ihnen im Exil nichts anderes mehr übrig, als sich aus der Ferne literarisch mit Mexiko zu beschäftigen.[22]

Dies erschien ihnen umso notwendiger, als Cornelius de Paw 1768 in seinen *Recherches philosophiques sur les Américains* behauptete, die Natur Spanischamerikas sei für die Entwicklung hinderlich, so dass die dort lebenden Menschen tierisch, ungebildet, von schwacher Konstitution und wegen des ungünstigen Klimas immer wieder krank seien, wobei die physischen Mängel noch durch moralische Laster wie Trunkenheit, Lüge und Sodomie übertroffen würden. Derartige Vorurteile in der alten Welt zu bekämpfen, bemühten sich nun exilierte Jesuiten wie Francisco Xavier Clavijero (1731-1748), der seine Geschichte des alten Mexiko weitgehend als Replik auf de Paw konzipiert und die Schönheit der mexikanischen Landschaften ebenso hervorhebt wie die Fähigkeiten der Indios, deren physische Schwäche allein als Resultat der Ausbeutung durch die Kolonialherren zu erklären sei. Er sieht eine gewisse Vergleichbarkeit zwischen der großen Kultur der antiken Griechen und jener ebenso großen der *antiguos indios* des al-

---

[21] Petra Schumm, Exilerfahrung und Literatur lateinamerikanischer Autoren in Spanien, in: José Morales Saravia (Hg.), Die schwierige Modernität Lateinamerikas, Frankfurt 1993, S. 3-23, hier S. 10.

[22] Vgl. Christoph Strosetzki, Die Renaissance Mexikos in Italien, in: Ders., Das Europa Lateinamerikas, Stuttgart 1989, S. 23-36; vgl. für Spanien: Manfred Tietz (Hg.), Los jesuitas españoles expulsos: Su imagen y su contribución al saber sobre el mundo hispánico en la Europa del siglo XVIII, Frankfurt, Madrid, Vervuert/Iberoamericana 1999.

ten Mexiko, an die sich die Mexikaner seiner Zeit ebenso wenig erinnerten wie die zeitgenössischen Griechen an das antike Griechenland. Hier führt also die durch das Exil bedingte Situation zum Eingreifen in eine kulturpolitische Debatte und zur Parteinahme für die Tradition derer, die zu christianisieren und zu verändern man sich eigentlich vorgenommen hatte.

Eine völlig andere Form des Exils ist das der *chicanos*, der Mexikaner, die im Südwesten der USA leben.[23] Ein Teil dieser *chicanos* wurde bereits 1848 zu Staatsbürgern der USA, als diese sich nach einem gewonnenen Krieg fast die Hälfte des mexikanischen Territoriums aneigneten, ein weiterer Teil floh vor der mexikanischen Revolution ins Exil und ein dritter Teil schließlich, der der Wirtschaftsflüchtlinge, verließ Mexiko illegal oder legal, um in den USA als Landarbeiter oder in der Industrie zu arbeiten. Obwohl der spanischsprachige Bevölkerungsanteil in den USA heute bei 11 % liegt und in einigen Jahrzehnten 25 % erreicht haben wird, fühlen sich die *chicanos,* wie ihre Literatur zeigt, in einem doppelten Exil, dem mexikanischen und dem der USA, wo sie sich von der angelsächsischen Bevölkerungsmehrheit diskriminiert sehen.

6c Theater und Spiel

Soll man sich einem Freizeitvergnügen nur widmen, um dann besser arbeiten zu können? Dies jedenfalls behaupteten Autoren des *Siglo de Oro.* Theater steht im Kontext zahlreicher miteinander konkurrierender Freizeitangebote. Freizeit wurde nicht als Sinn des menschlichen Daseins, sondern als Unterbrechung der Arbeit zum Zweck der Erneuerung der Kräfte gesehen. Darüber hinaus gehendes Erholen oder Spiel führe nur zum Müßiggang, der zu Faulheit, Habgier, Zeitverschwendung, Pflichtvergessenheit, Würdelosigkeit und Müdigkeit verleite. Dass der Literaturbetrieb als Teil des Freizeitbetriebs galt, zeigt besonders das **Theaterspiel**, das als eine Art Spiel, z.B. analog dem Glücksspiel, eingeschätzt wurde. Bei letzterem schwankte die staatliche Autorität zwischen zwei gegenläufigen Interessen. Einerseits schien es aus ordnungspolitischen Gründen sinnvoll, das **Glücksspiel** zu verbieten, um Verschuldung und Ruin der Spieler zu verhindern. Andererseits bot sich das Glücksspiel als steuerliche Einnahmequelle an. In diesem Interessenkonflikt ging man dazu über, das Glücksspiel ebenso wie die Prostitution auf bestimmte Häuser zu konzentrieren, die man ordnungspolitisch und steuerlich durch Vergabe und Entzug von Konzessionen kontrollieren konnte. Schon 1276 wurde ein erster *Ordenamiento de las tafuerías*, ein Gesetz über die Ordnung der Spielhäuser, das den Spielwirten eine lokale Monopolstellung ein-

---

[23] Vgl. Frauke Gewecke, La literatura chicana entre resistencia, transgresión y asimilación, in: Notas 3 (9), 1996, S. 28-47.

räumte, vom Juristen Roldán im Auftrag des Königs Alfons X., des Weisen von Kastilien verfasst. Entsprechende Konzessionen gab es im 17. Jahrhundert auch für die Schauspielhäuser, denen unter Forderung sozialer Gegenleistungen das Recht eingeräumt wurde, für Theatervorführungen Geld einzunehmen.

Wenn beim Glücksspiel finanzielle Gewinne erzielt werden können, handelt es sich um ein **Gewinnspiel**. Dabei stellte sich hinsichtlich des Nutzens und Schadens anders als beim Theater die Frage, wie mit gewonnenem oder verlorenem Reichtum umzugehen sei. Hat man die Gewinne Armen zu geben? Darf man Gewinne aus geliehenem Geld behalten? Muss von Minderjährigen oder Frauen, denen prinzipiell das Spiel verboten ist, Gewonnenes zurückgegeben werden? Nutzen und Schaden ist bei allen Spielen abzuwägen. Ist der Stierkampf noch ein erlaubtes Spiel, wenn der Stierkämpfer in der Arena in Lebensgefahr gerät? Wie sieht es mit Lanzenstechen, Ringreiten, Fechten, Tanzen oder Maskenbällen aus? Von Pedro de Cobarrubias werden 1543 im *Remedio de jugadores* als empfehlenswert und sinnvoll erachtet: „dancar, jugar a la pelota, justar y otros passatiempos semejantes: trastornar libros, escribir sermones: y otros muchos semejantes ordenados a los espirituales."[24] Bei Gerardo Diego de Estella werden das Geistige gegenüber dem Körperlichen und die Aktivität gegenüber der Passivität bevorzugt. Vergnügungen wie Festmähler lehnt er daher ab; Bewegung sieht er positiv, Stillstand negativ, was Metalle, Werkzeuge und geistige Fähigkeiten, die unbenutzt verkommen, belegten. *Ociosidad* ist das Negative, *trabajo* das Positive, auch in Literatur und Dialog. Man solle daher wie ein Zensor prüfen, denn: „de una sola palabra ociosa has de dar cuenta y razón."[25]

Schon bei Horaz heißt es, dass große Dinge ohne Arbeit unmöglich seien.[26] Der bereits im Zusammenhang mit Bücherverboten erwähnte Mariana steht öffentlichen Schauspielen, Jagdvergnügungen und käuflichen Frauen ablehnend gegenüber und gibt zu bedenken, dass auch im alten Rom Vergnügungssucht und Ausschweifung zum Verlust politischer Macht führten. Andere Zeitgenossen nehmen in der Debatte eine moderatere Haltung ein und halten das Theaterspiel prinzi-

---

[24] Pedro de Cobarrubias, Remedio de Jugadores, Salamanca 1543, S. XXII.

[25] Diego de Estella, Libro de la vanidad del mundo, Pio Sagües Azcona (Hg.), Madrid, Aranzazu 1980, S. 681.

[26] Vgl. Christoph Strosetzki, Arbeit, Muße und Gewinn, in: Karl Hölz u.a. (Hg.), Sinn und Sinnverständnis. Festschrift für Ludwig Schrader zum 65. Geburtstag, Berlin 1997, S. 28-43; Manfred Tietz, Die Debatte um die „moralische Zulässigkeit des Theaters" im spanischen 17. Jahrhundert und ihre Folgen, in: Sybille Große, Axel Schönberger (Hg.), Dulce et decorum est philologiam colere. Festschrift für Dietrich Briesemeister zu seinem 65. Geburtstag, Bd. 1, Berlin 1999, S. 705-732; Wolfram Nitsch, Barocktheater als Spielraum. Studien zu Lope de Vega und Tirso de Molina, Tübingen 2000.

piell für gut, jedoch ebenso wie das Kartenspiel für anfällig, von Benutzern missbraucht zu werden. Da immer erst die Übertreibung unerwünschte Begleiterscheinungen bringt, wird zur maßvollen Dosierung und zur goldenen Mitte geraten, und zwar beim Theaterbesuch wie bei den sonstigen Angeboten des damals schon verlockenden Freizeitbetriebs.

6d Bild und Text

Literatur manifestiert sich in Texten, die manchmal zu Bildern in eine Beziehung treten, die als Mit- und Gegeneinander oder aber auch als Dialog zu charakterisieren ist. Wenn im Mittelalter der mündliche Vortrag das Entscheidende ist, sind dann Text und Bild gleichermaßen nur nachgeordnete Hilfsmittel zur Aufbewahrung? Wohl kaum, denn es ergänzen sich Bild und Text bereits im Mittelalter, wo handgemalte Buchillustrationen den Inhalt liturgischer Bücher veranschaulichen. Holzschnitte gibt es seit dem 14. Jahrhundert, die feineren Kupferstiche seit Ende des 16. Jahrhunderts. Während in Emblematik und Devisenkunst Bild und Text – oft erst nach einem Überraschungsmoment – als einander ergänzend verstanden werden, kommt es in der Neuzeit nicht selten zu einem rivalisierenden Gegeneinander der unterschiedlichen Medien. Bilder können, in den Text eingefügt, also eine veranschaulichende und ergänzende Funktion haben. Wenn ein bildender Künstler seinen Werken Texte beigibt, wenn ein Romanautor auch als Fotograf bekannt wird oder wenn eine Gruppe zeitgenössischer Autoren in ihren Romanen berühmte tatsächlich existierende Bilder vorkommen lässt, dann befinden wir uns in einem Grenzbereich, in dem weder der Literaturwissenschaftler noch der Kunsthistoriker alleinige Kompetenz hat. Ähnlich dem Begriff der Intertextualität ist daher der einer **Intermedialität**, und mit ihm ist ein neues Forschungsgebiet einzurichten.[27] Dies erscheint umso sinnvoller, als inzwischen auf CD-Rom-Trägern Literatur nicht selten aus geschriebenen Texten, Film, Fotografien und akustischen Effekten besteht oder Filme mit Textprotokoll, mit Fotos zur Entstehung und Paratexten zur Situierung auf DVD angeboten werden. Entsprechendes gilt für die Möglichkeiten des Internets und des Computers. Wenn ohnehin ein Film durch einen geistigen und künstlerischen Vorgang im Kopf zusammenmontiert wird, dann belegt dies nur, dass Text und Bild bei der kognitiven Konstruktion von Realität zusammengehören, sei diese nun produktiv oder rezeptiv.

---

[27] Vgl. Volker Roloff, Intermedialität als neues Forschungsparadigma der Allgemeinen Literaturwissenschaft, in: Carsten Zelle (Hg.), Allgemeine Literaturwissenschaft, Opladen 1999, S. 115-127.

Heutigen Versuchen der Schaffung einer *Corporate Identity* vergleichbar sind die Devisen der frühen Neuzeit. Ein einprägsames Bild verbunden mit einem kurzen Werbetext soll möglichst viele Sympathisanten und Anhänger gewinnen. Wenn der in festgelegter Rotfärbung und Helvetica gedruckte oval umrahmte Markenname „Henkel" (Hersteller von Persil, Pattex und Schwarzkopf) seit 2002 in Werbebildern von sauberen, geklebten oder gepflegten Gegenständen von einem roten hälftigen Rahmen umgeben und durch ein darunter stehendes, von links unten aufsteigendes handschriftliches „A brand like a friend" ergänzt wird, dann sind mit Bild und Untertext Elemente der traditionellen Devise eingesetzt: Die im Bild noch offene Bedeutung wird durch den Untertext festgelegt: Henkel will sich als hilfreicher Unterstützer der Hausfrau und des Benutzers seiner Produkte positionieren. Eine vergleichbare Intention hatte eine **Devise**, deren Bild eine Sonne zeigt, die über einer hügeligen Landschaft strahlt, in deren Vordergrund sich eine befestigte Stadt erhebt. Der Untertext lautet: „Lucet agitque unus." (Einer leuchtet und handelt.) Sobald die Sonne erscheint, zieht sich alles übrige kraftlos zurück und verliert seinen Glanz. Da auch die Sonne beim Handeln allein ist, unterstreicht die Devise das Programm eines Königs, der mit absoluter Autorität allein herrschen will. Während die Devisen mit Bild und Kurztext zweiteilig sind, kommt bei den Emblemen noch ein mehrzeiliger erklärender Kommentar als dritter Teil hinzu. Embleme findet man daher vorwiegend in Büchern, die Belehrungen veranschaulichen sollen. Devisen waren Teil des höfischen Lebens und konnten angebracht werden auf Waffen, Türen, Kissen und auf Gebrauchsgegenständen. Wenn im Zentrum des Bildes der Devise oder des Emblems ein Tier, z.B. ein Löwe, ein Einhorn, ein Pelikan, ein Bär, ein Rabe oder ein Krokodil steht, dann vermischt sich die Tradition der Emblematik mit jener der Bestiarien, wobei die These bedenkenswert ist, dass im 17. Jahrhundert das Prinzip der Ähnlichkeit mit seinen endlosen Verweisungsketten im Sinne Foucaults (vgl. 4b) überwunden wird und das allegorische mit einem wissenschaftlichen Erkenntnissystem kollidiert.[28]

Eine besonders enge Verbindung von Bild und Text nimmt der *costumbrismo* vor, eine Strömung, die im 19. Jahrhundert zwischen Romantik und Realismus entstanden ist und in kurzen szenischen Texten oder Beschreibungen **cuadros de costumbres**, Sittenbilder, hervorbringt. Dabei wird der Text immer wieder durch passende Kupferstiche illustriert. Möglicherweise war es das Aufkommen der Fotografie um 1840, das die Idee des Fixierens charakteristischer Augenblicke förderte, wenngleich erst 1880 erstmalig eine Fotografie in einer Zeitung erschien und 1888 der erste für breitere Käuferschichten erschwingliche Fotoappa-

---

[28] Vgl. Mechthild Albert, Bestiarien und Emblematik: Aspekte einer Säkularisierung, in: Gisela Febel, Georg Maag (Hg.), Bestiarien im Spannungsfeld zwischen Mittelalter und Moderne, Tübingen 1997, S. 91-104, hier S. 102f.

rat angeboten wurde. Vielleicht war es auch die fortschreitende Technisierung, die dazu bewog, noch einmal den bestehenden Zustand der Welt mit allen wichtigen Aspekten vor Augen zu führen, bevor er sich endgültig verändert. Jedenfalls erschienen Sammelbände in Lateinamerika und Spanien, in denen sich z.B. die Spanier, die Valencianer oder die Spanierinnen selbst porträtieren. Es waren enzyklopädische Darstellungen aller Vertreter der jeweiligen Gesellschaft, die den Prototyp der Gattung im französischen *Les français peints par eux-mêmes. Encyclopédie morale du dix-neuvième siècle* (1841) hatten.[29] In *Los mejicanos pintados por sí mismos* (1855) werden von sechs Autoren in insgesamt 33 Beiträgen Vertreter der mexikanischen Gesellschaft vom Wasserträger über den Maultiertreiber bis hin zum Advokaten in kurzen Artikeln mit Kupferstichen vorgestellt. In Anlehnung an Honoré de Balzac werden die Beiträge auch als „fisiología" oder „patología" bezeichnet, um die Funktion des jeweiligen Typs in der Gesellschaft zu betonen. Satirische Elemente zeigen sich durch die Kontrastierung von Figuren in Bild und Text. Während der Minister in einem „curso de retórica y fraseología" als „diccionario encarnado" und als identitätsloser Körper ohne Seele vorgestellt wird, heißt es vom Speckverkäufer, er sei „una persona de sustancia", „que se esclaviza por su gusto, como un liberal egoísta."[30]

Ein weiteres Beispiel für die Beziehung von Bild und Text sind Goyas *Caprichos* (1793-99 entstanden), Zeichnungen mit zum Teil von Goya selbst verfassten Titeln und kommentierenden Texten. Letztere stammen oft von unbekannten Verfassern aus dem Umfeld Goyas. Das Verhältnis von Text und Bild ist gekennzeichnet durch Ironie, Distanz, Zweifel, Paradox und irritierenden komödiantischen Ton. Im *Capricho* 75 ist ein Ehepaar zu sehen, das aneinander gefesselt ist und sich windet, um sich zu befreien, was aber durch eine bebrillte übergroße Eule verhindert wird. Der Text lautet: „¿No hay quién nos desate?" Die Eule wirkt als Monster und soll die Kurzsichtigkeit der Ehescheidungsgesetze verspotten oder zielt satirisch auf die gesamte Justiz, die Kirche und die Rechtsgelehrten, während der Befreiungskampf des Paares zugleich als groteskes Duell der Geschlechter gesehen werden kann. Zwischen Text und Bild ergibt sich eine komplexe Dialogizität. Besonders bekannt ist die Radierung 43 mit dem Text „El sueño de la razón produce monstruos." Das Bild zeigt eine sich ausruhende Person, die zu schlafen scheint, halb sitzend, halb liegend, den Kopf in den Armen ruhend, die auf eine Art Tisch oder Empore gestützt sind. Hinter ihr türmen sich Fledermäuse und andere Tiere mit bedrohlich betrachtenden Augen auf. „Das den Träumenden faszinierende Aufgebot undefinierbarer Wesen in der Serie der *Caprichos* dementiert den rationalistischen Widerstand gegen die Welt der

---

[29] Vgl. Christoph Strosetzki, Balzacs Rhetorik und die Literatur der Physiologien, Mainz, Stuttgart 1985.

[30] Christoph Strosetzki, Das Europa Lateinamerikas, Stuttgart 1989, S. 109f.

Monstren und Masken und entlarvt damit – mit Foucault gesprochen – die Problematik des aufklärerischen Diskurses, die Vergeblichkeit des Versuchs, den Wahnsinn, das Monströse auszugrenzen."[31] Deutet man dagegen *sueño* als Schlaf und *razón* als aufklärerische Vernunft, dann kommt man zum beliebten aufklärerischen Gemeinplatz des Gegensatzes von Vernunft und Dunkelheit, der allerdings unter der Maske des Gegenteils daherkommend verspottet wird. „Denn was sind die Caprichos anderes als gerade jene ‚unmöglichen Monster', vor denen hier gewarnt wird, und was bringt ihre ‚Wunder' hervor, wenn nicht gerade eine Phantasie, die das rationalistische Korsett aufgesprengt hat und direkt auf [...] die brillanten dekonstruktivistischen Feuerwerke eines Quevedo zurückverweist!"[32]

Eine Fortsetzung des dialektischen Verhältnisses von Bild und Text bietet die Rezeption. Goya wird mit seinen Werken auch in der späteren spanischen Literatur thematisiert. Ein Beispiel dafür ist das 1970 uraufgeführte historische Drama *El sueño de la razón* des 1916 in Guadalajara geborenen Theaterautors Antonio Buero Vallejo. Der Titel des Stücks bezieht sich auf *Capricho* 43. In dem Stück werden zwei gegensätzliche Schauplätze gezeigt: Goyas letzte Madrider Wohnung vor der Übersiedlung ins französische Exil und ein Zimmer im Palast des Königs Ferdinand, dessen Verhältnis zu seinem Hofmaler Goya belastet und von Misstrauen geprägt ist. In einer Szene soll der Schauspieler in der Rolle Goyas exakt die Stellung des *Capricho* 43 einnehmen, so dass das Bild auf der Bühne visualisiert ist. Weitere Beziehungen zwischen Goyas Bildern und dem Theatertext ergeben sich aus Diskussionen der Protagonisten über den Wert von Goyas Bildern, aus der Integration von Goya-Zitaten in den Text der Protagonisten und schließlich aus der Dia-Projektion der 14 *Pinturas negras* als Teil des Bühnenbildes.[33]

---

[31] Volker Roloff, Zur Beziehung von Bild und Text am Beispiel von Goyas „Caprichos", in: Christoph Strosetzki, André Stoll (Hg.), Spanische Bilderwelten, Frankfurt 1993, S. 1-15, hier S. 5; vgl. auch Susanne Schlünder, Karnevaleske Körperwelten Francisco de Goyas, Tübingen 2002.

[32] André Stoll, Goyas „Illuminatio". Zum ästhetischen Genesisbericht der „Caprichos", in: Christoph Strosetzki, André Stoll (Hg.), Spanische Bilderwelten, Frankfurt 1993, S. 16-37, hier S. 33.

[33] Vgl. Helmut C. Jacobs, Goya in der spanischen und hispanoamerikanischen Literatur des 20. Jahrhunderts, in: Iberoamericana 21, 1997, 2 (66), S. 13-48, hier S. 16f. Bemerkenswert ist, dass auch bei spanischen Autoren der achtziger und neunziger Jahre des 20. Jahrhunderts in Romanen Bilder bekannter Maler wie Goya, Rembrandt oder Cézanne als zentrale und strukturierende Motive vorkommen, zum Teil beschrieben werden und dabei nicht selten zu Orientierungspunkten der Protagonisten auf der Suche nach Identität oder Wahrheit werden. Helmut C. Jacobs, Aspectos de la relación entre imagen y texto en las novelas españolas de los años 80 y 90, in: Iberoamericana 23, 1999, 3 und 4 (75/76), S. 122-154. In Lateinamerika ist es Juan Rulfo, der in den 1940-50er Jahren auf seinen Reisen in das Innere Mexikos zahlreiche surreal und ar-

6e Film und Literatur

Medientypen, Medienwechsel und Intermedialität

Hat man zunächst mit Aufkommen von Film und Fernsehen Befürchtungen zum bevorstehenden Niedergang des Romans geäußert, so hat sich inzwischen ein Netz von bereichernden Beziehungen zwischen den neuen Medien und den traditionellen Gattungen aufgetan. Man unterscheidet zwischen **primären, sekundären und tertiären Medien.** Erstere sind wie Gestik, Mimik und Sprache an den menschlichen Körper gebunden, die sekundären wie Druckmedien und Plakate bedürfen auf der Seite des Produzenten eines Gerätes und die tertiären wie Telefon, Film, Fernsehen und Radio benötigen auf der Seite des Produzenten und des Rezipienten ein Gerät. Zu dem Begriff der Transtextualität, der sich auf mehr oder weniger deutliche Verweisungen eines Textes auf einen anderen bezieht, tritt, wie bereits erwähnt, der der Intermedialität. Er bestimmt Interferenzen zwischen unterschiedlichen Medien wie Buchliteratur und Film.[34]

Ein **Medienwechsel** jedenfalls liegt dann vor, wenn ein buchliterarisch fixierter Text durch ein Medium wie Hörfunk, Film oder Fernsehen adaptiert wird.[35] Oft war man bemüht, den als unseriös kritisierten Film durch Verfilmung seriöser Theaterstücke oder Romane aufzuwerten. Ein spätes Beispiel ist Buñuels Verfilmung des Romans *Tristana* von Benito Pérez Galdós im Jahr 1970. Mario Camus hat z.B. 1982 *La Colmena* von Camilo José Cela, 1984 *Los santos inocentes* von Miguel Delibes und 1987 *La casa de Bernarda Alba* von Federico García Lorca verfilmt.

Eine Geschichte der **Intermedialität** würde aber über derartige Adaptationen hinausgehen und sich den komplexen Wechselwirkungen zwischen den Medien widmen, da Texte nicht nur als Bücher gelesen, sondern auch im Film, im Fern-

---

chaisch erscheinende Fotografien anfertigt, die Vergleiche zur Welt des von ihm gleichzeitig vorbereiteten Romans Pedro Páramo erlauben: André Stoll, Metaphysische Leere – Zur negativen Ästhetik der Fotografien des mexikanischen Schriftstellers Juan Rulfo, in: Gottfried Jäger (Hg.), Fotografie denken, Bielefeld 2001, S. 93-120.

[34] In der Definition von Jochen Mecke ist Intermedialität ein medialer Transformationsprozess, „bei dem Elemente, Strukturen und spezifische Kontexte eines Mediums auf ein anderes übertragen werden, wobei das Ausgangsmedium im Zielmedium als markierte Form erscheint." Jochen Mecke, Im Zeichen der Literatur: Literarische Transformationen des Films, in: Jochen Mecke, Volker Roloff (Hg.), Kino-(Ro)Mania: Intermedialität zwischen Film und Literatur, Tübingen 1997, S. 97-123, hier S. 101.

[35] Vgl. Franz-Josef Albersmeier, Literatur und Film. Entwurf einer praxisorientierten Textsystematik, in: Peter V. Zima (Hg.), Literatur intermedial, Darmstadt 1995, S. 235-268.

sehen, im Video, auf CD-Rom und im Internet verarbeitet werden. Insofern sie die Internationalität der Medienbranche berücksichtigt, wird sie den im Allgemeinen national begrenzten Bereich der Literaturgeschichte sprengen. Zudem hat der Film ohnehin einen hybriden, d.h. gemischten, Charakter, insofern er Literatur, Musik, Theater, Oper, Bildende Künste, Fotografie, Architektur und Tanz kombiniert. Auch sind rezeptionsästhetische Prozesse einzubeziehen, da die produktive Vorstellungskraft bereits ein „Kino in unserem Kopf" darstellt. Dies führt Buñuel dazu, die Montage der unterschiedlichen Szenen als geistigen Vorgang, als erste Projektion des Films im Hirn des Filmemachers zu betrachten.[36]

Auf ähnliche Weise verwandelt sich jeder literarische Text beim Lesen in einen dreidimensionalen Film, während umgekehrt die Bilder der Malerei oder der Fotografie zum Gespräch, zur Konversation über das Gesehene und zum Kommentar, also zum Text, verführen. Für letzteres sind M. Foucaults Erläuterungen zu Velázquez' Bild *Las Meninas* ein besonders schönes Beispiel, da es ihm gelingt, in einer Spannung zwischen Sichtbarem und Unsichtbarem auch den Blick des Malers und des Zuschauers einzubeziehen.[37]

Man kann nun unterscheiden zwischen Texten für Filme, Texten zu Filmen und Texten über Filme. Zur ersten Gruppe, **Texte für Filme** (präfilmische Texte), gehört z.B. die Filmidee, d.h. die Handlungskonstellation. Darunter fallen auch die Dialoge, die von einem anderen Autor verfasst sein können als das technische Drehbuch oder die Idee. Weiter gehören dazu der Kommentar, z.B. zu einem Dokumentarfilm, und die Adaptation, z.B. eines Theaterstückes des *Siglo de Oro,* für den Film. Geläufigster präfilmischer Text ist das Drehbuch, z.B. García Lorcas *Viaje a la luna* (1929) mit 78 Einstellungen. **Texte zu Filmen** (perifilmische Texte) sind der „Roman zum Film", d.h. die Lesefassung eines im Medium des Films bekannt gewordenen Stoffs, oder „das Buch zum Film" mit Interviews, Dokumentationsmaterialien zu den Dreharbeiten und Werbetexten. In **Texten über Filme** (postfilmische Texte) schließlich schreiben Schriftsteller über ihre Erfahrungen mit dem Medium Film bzw. mit einzelnen Filmen. Sie äußern sich dabei als Filmkritiker oder als Filmessayisten. Allgemein gilt, dass, wer Filme gesehen hat, Erzählungen anders liest oder schreibt, als derjenige, der mit dem neuen Medium noch nicht konfrontiert wurde.

---

[36] Vgl. Jochen Mecke, Volker Roloff (Hg.), Kino-(Ro)Mania: Intermedialität zwischen Film und Literatur, Tübingen 1997, S. 12.

[37] Vgl. Michel Foucault, Die Ordnung der Dinge, Frankfurt 1974, S. 30ff.

Film in Lyrik, Theater und Roman

Welchen **Einfluss** hat das Medium **des Films auf die Lyrik**, das Theater und den Roman?[38] Auf der einen Seite wird nach dem Ersten Weltkrieg in Spanien ein „poetischer" Film gefordert, der sich durch die Schaffung unverwechselbar origineller Bilder an den Originalitätsanspruch der Lyrik anlehnt, wofür *Un chien andalou* (1928) und *L'âge d'or* von Dalí/Buñuel Beispiele sind. Auf der anderen Seite gibt es in der spanischen Literatur zahlreiche Gedichte, die sich mit dem Medium Film oder mit einzelnen Filmen und ihren Protagonisten beschäftigen. Auch der Aufbau eines Gedichtes kann durch „die asyndetische Aneinanderreihung unterschiedlicher ,Einstellungen' (Verfolgungen/Feuersbrünste/Schüsse/Rettungsaktionen) bei gleichzeitiger Trennung solcher Handlungsfragmente mittels Interpunktion (Punkte)" „mit den schnellen, abrupten ,Schnitten' und Handlungssegmenten des amerikanischen Wildwestfilms"[39] rivalisieren. 1919 wird von dem 23-jährigen Ultraisten Diego ein Gedicht mit dem Titel „Ingenuidades. Film" publiziert, dessen letzte Strophe lautet: „Cine económico y kilométrico,/ cine aristócrata, cine cínico, teatro/ del pobre ...Se mueren por su ambiente tétrico/ la Araceli, la Trini y la Patro." Wenn mit den letzten beiden Versen der Untergang des traditionellen, katholisch geprägten Spaniens evoziert wird, dann scheint dem Kino, auch wenn es als Theater der Armen galt, die Zukunft zu gehören. Auch die Autoren der 1927-er Generation zeigen sich vom Kino beeindruckt. Pedro Salinas preist in einem Gedicht die Kinovorführung als biblischen Schöpfungsakt, wenngleich beim Stummfilm der zwanziger Jahre am Anfang der Schöpfung nicht das Wort, sondern das Bild gestanden habe. Deutlich zivilisationskritisch setzt er sich in seinem Gedicht *Far West* (entstanden 1924-28) mit dem amerikanischen Western auseinander, der nur Seelenlosigkeit, Scheinhaftigkeit und Oberflächlichkeit der amerikanischen Gesellschaft und Filmkultur vor Augen führe.

Da in Spanien bis in die dreißiger Jahre vorwiegend importierte amerikanische Filme gesehen werden, erscheint der Film als wenig elitäres Industrieprodukt für breite Massen. In den Gedichten Luis Cernudas (1902-1963) dagegen garantiert gerade das amerikanische Kino die Befreiung von europäischer Enge und Zivilisation. Von Bewunderung zeugen auch Jorge Guilléns Gedichte *Cuerpo a solas* (1962) anlässlich des Todes von Marilyn Monroe und *Obra maestra* (1982), wo die Schönheit von Greta Garbo im Mittelpunkt steht. Rafael Alberti schließlich widmet sich in der Gedichtsammlung *Yo era un tonto y lo que he visto me ha hecho dos tontos* (1929) amerikanischen Stummfilmkomikern wie Buster Kea-

---

[38] Vgl. im Folgenden Franz-Josef Albersmeier, Theater, Film und Literatur in Spanien: Literatur als integrierte Mediengeschichte, Berlin 2001.
[39] Ebda., S. 40.

ton, Charlie Chaplin, Harold Lloyd und Harry Langdon und überträgt dabei Erfahrungen von verlorener Vergangenheit und unerträglicher Gegenwart, vom Kontrast zwischen Natur und Zivilisation ausgehend vom Film auf die eigene Erlebniswelt. Als Beispiel sei sein Gedicht *Buster Keaton busca por el bosque a su novia, que es una verdadera vaca* genannt, das vom Film *Go West* (1925) ausgeht, in dem der Cowboy, der belohnt werden soll, sich nicht für die Hand der Tochter des Farmers, sondern für die von ihm gepflegte und geliebte Kuh entscheidet.

Die Beziehungen zwischen dem etablierten, angesehenen Theater und dem neuen Medium Film waren gerade in der Anfangsphase von 1895 bis zum Ersten Weltkrieg durch Konkurrenz und durch die Debatte über diese Konkurrenz geprägt. In Madrid waren es zwischen 1898 und 1920 18 Schauspielhäuser, die zunächst in den Pausen oder am Ende der Theatervorführung – dann unabhängig von Theateraufführungen – Filme vorführten. Für **Film und Schauspiel** galten dieselben Eintrittspreise. Während Ortega y Gasset die Anlehnung des Theaters an die Dominanz des Visuellen im Film postulierte, unterstreicht Miguel de Unamuno 1921 den Vorrang des gesprochenen Wortes gegenüber dem Bild im Theater. Filmisches Theater bringen z.B. Stücke mit Anspielungen auf das Kino, solche, die im Filmmilieu spielen, oder solche, die von vornherein für das Kino verfasst, aber zunächst auf der Bühne aufgeführt werden. In Valle-Incláns Stationendrama mit 15 Bildern *Luces de Bohemia* (1920/24), in dessen Mittelpunkt der verkannte und verarmte modernistische Dichter Max auf dem Weg durch das nächtliche Madrid der Armen steht, fallen zahlreiche auf der Bühne unumsetzbare Regieanweisungen auf, die erst mit filmischen Techniken realisierbar werden, z.B. wenn sich eine Frau in eine Krähe verwandelt durch Überblende oder wenn in der Beschreibung der Szenerie von der Totale zur Großaufnahme gehend die ihre Schnauze spitzende Maus gezeigt wird. 1985 wurde das Stück, dessen Bühnenanweisungen nach Valle-Incláns eigener Aussage[40] durch den Film beeinflusst sind, verfilmt.

Schriftsteller und Film

Salvador Dalí war es, der **García Lorca** 1925 Materialien über Buster Keaton zur Verfügung stellte. Daraus machte Lorca mit *El paseo de Buster Keaton* (1928) ein Stück des *teatro breve*, in dem der Komiker der amerikanischen Stummfilmkomödie der zwanziger Jahre spricht und bei einer Spazierfahrt mit dem Fahrrad ein Leben jenseits gesellschaftlicher Zwänge sucht. Einen Schritt weiter geht Lorca ein Jahr später mit *Viaje a la luna* (1929), einem **Filmdreh-**

---

[40] Ebda., S. 110.

buch mit 71 Einstellungen, in dem sich u.a. karnevaleskes Traumspiel, blasphemische Elemente, Thematisierung von Körperlichkeit und Hinweis auf bildende Kunst mischen. Obwohl noch zahlreiche Theaterautoren zu nennen wären, bei denen der Film eine Rolle spielt, sei abschließend nur auf den Autor von 172 Theaterstücken **Jacinto Benavente** (1866-1954) hingewiesen, der nicht nur Drehbücher verfasste, Regie führte und Textvorlagen für den Film schrieb oder adaptierte, sondern auch an einer Filmgesellschaft beteiligt war, das neue Medium kritisch in Essays und Artikeln reflektierte und sich schließlich in seinen Theaterstücken vom Film beeinflussen ließ.

Schließlich sei auf den **Einfluss des Films auf den Roman** eingegangen. 1931 schrieb Bertolt Brecht: „Der Filmsehende liest Erzählungen anders. Aber auch der Erzählungen schreibt, ist seinerseits ein Filmsehender."[41] Deutlich ist das, wenn die Handlung im Filmmilieu situiert ist oder Filmstars in Memoirenform porträtiert werden, aber auch wenn der Romantext in Hinblick auf die intendierte Verfilmung geschrieben ist. Für letzteres liefern immerhin Vicente Blasco Ibáñez, Vicente Huidobro und Pío Baroja Beispiele. Wie Benavente war der Romanautor Blasco Ibáñez Regisseur, Drehbuchautor und Romanlieferant für Verfilmungen durch Hollywood, was ein einträgliches Geschäft wurde. Seine Kurzgeschichten handeln vom Film, wenn auf Greta Garbo angespielt wird oder der Darsteller eines glänzenden Westernhelden in der alltäglichen Realität kläglich versagt. Auch der Romanautor und Chaplinliebhaber Ramón Gómez de la Serna beschäftigte sich nicht nur mit dem Film, sondern schrieb auch Drehbücher für Buñuel, der allerdings ihn wie auch Lorca schließlich zugunsten einer Zusammenarbeit mit Dalí verlässt. Gómez de la Sernas Roman *Cinelandia* (1923) zeigt mit den Mitteln der Satire und Parodie, ohne direkt auf Hollywood anzuspielen, eine Welt der Filmproduktion voller Skandale, Glanz, Sex und Verbrechen, in der man aber auch ein für die Zensur unverdächtiges Abbild der oberen Schichten Spaniens unter dem General Primo de Rivera sehen kann.[42]

Bei den **lateinamerikanischen Schriftstellern** wird seit 1960 ein steigendes Interesse am Film deutlich.[43] Die kubanische Revolution im Jahr 1959 hat nicht nur Schriftsteller, sondern auch Filmemacher zu einem sozialen und politischen Engagement auf der Suche nach einer panlateinamerikanischen Einheit geführt, die zur Auflösung des verbreiteten Regionalismus führen sollte. Im Jahr 1967 fand in Viña del Mar (Chile) ein Festival des lateinamerikanischen Films statt, wo sich

---

[41] Bertolt Brecht, Gesammelte Werke in 20 Bänden, Bd. 18, Elisabeth Hauptmann (Hg.), Frankfurt 1967, S. 156.

[42] Vgl. Franz-Josef Albersmeier, Theater, Film und Literatur in Spanien: Literatur als integrierte Mediengeschichte, Berlin 2001, S. 195.

[43] Vgl. im Folgenden Claudia Cabezón Doty, Literatur und Film Lateinamerikas im intermedialen Dialog, Frankfurt 2000.

eine zunehmende Solidarität mit Kuba entwickelte, deren Kohärenz allerdings 1971 im Zusammenhang mit der Padilla-Affäre verloren ging. Erhalten blieb aber eine kritische und parodistische Auseinandersetzung mit dem Hollywood-Kino, auch im Interesse der Schaffung einer eigenständigen lateinamerikanischen Filmindustrie.

Einer der **Hollywoodkritiker, Gabriel García Márquez**, schrieb nicht nur selbst sechs Drehbücher für Fernsehfilme. Auch seine Erzählungen wurden gern von lateinamerikanischen Regisseuren verfilmt. Ein Beispiel dafür ist 1983 die Verfilmung seiner Erzählung *La increíble y triste historia de la cándida Eréndira y de su abuela desalmada* (1972). Sie verbindet „die politische Allegorie, die Themenkomplexe der Unterwerfung und der Ausbeutung, das Erwachen eines neuen Selbstbewusstseins sowie die Aufarbeitung der Geschichte Lateinamerikas" und stellt „die medienbedingte Frage nach der Transponierung des Mythisch-Magischen, des Gigantismus sowie der Einsamkeit im Hinblick auf die Eigenständigkeit des Films."[44] Die Verfilmung dokumentiert die Rebellion des marginalen und unterentwickelten Lateinamerika gegen die offiziellen Diskurse der ersten Welt.

Manuel Puig (1932-1990) steht dem US-amerikanischen Film und seinen weiblichen Protagonisten weniger ablehnend gegenüber. Auch in seinen Romanen räumt er dem Film einen breiten Raum ein: In *La traición de Rita Hayworth* (1968) wird nicht nur die filmische Technik der Darstellung einzelner Szenen und Sequenzen ohne Erzählerkommentar angewandt, auch die täglichen Kinobesuche der in einer argentinischen Kleinstadt lebenden Protagonisten und deren Identifikation mit den Filmstars sind zentrales Thema und veranlassen zur Reflexion über die Wirkungen des Films auf seine Zuschauer. Auch Puigs *El beso de la mujer araña* (1976), wo ein Strafgefangener dem anderen, einem linken Guerrillero, monologartige Inhaltsangaben von Filmen aus Hollywood und aus dem Deutschland Hitlers erzählt, dient der Zerstreuung, aber auch der Auseinandersetzung mit den unterschiedlichen Wirkungsweisen des Films. Letzterer Roman ist 1985 von Héctor Babenco verfilmt worden.

José Donoso, dessen Roman *Coronación* Motive für eine Verfilmung unter dem Titel *La luna en el espejo* geboten hat, zeigt sich von der Notwendigkeit überzeugt, bei einer **Verfilmung auf Kosten der Werktreue** die Vorlage möglichst eigenständig zu interpretieren. Er lobt daher Michelangelo Antonionis *Blow up* (1966), ein Film, dem zwar Julio Cortázars Kurzgeschichte *Las babas Del Diablo* (1959) als Vorlage zugrundeliegt, der aber sehr freizügig mit ihr umgeht und das Studio des Fotografen zum Abbild des Filmstudios und damit zu einem Ort

---

[44] Ebda., S. 15.

der Konstruktion und Dekonstruktion von Realität macht. Während bei Cortázar ein Pariser Fotograf als Flaneur an der Seine spaziert und das Foto, das er von einem Jungen und einer Frau anfertigt, manische erotische Phantasien auslöst, ist es bei Antonioni ein Modefotograf aus London, der dem Atelier entkommen und das echte Leben festhalten will, dabei ein Liebespaar im Park fotografiert, während zugleich ein Pistolenschuss zu hören ist. In der Phantasie entsteht ein Kriminalfall, den zu lösen die Vergrößerung des Bildes im Studio helfen soll, wobei das Abbild zum Zerrbild wird und die Rekonstruktionen ebenso scheitern wie Identität, Kausalität und Kontinuität als deren Hilfsbegriffe.

6f Film und Filmanalyse

Nicht eingegangen werden soll auf das Medium **Fernsehen**, bei dem nicht nur einzelne Filme, sondern auch unterschiedliche Gattungen, wie Nachrichten, Show, Dokumentarfilm, Wetterbericht, Werbung usw., zu berücksichtigen wären und das gesamte Programm mit der sinnvollen oder doch zumindest intendierten Abfolge der einzelnen Elemente als große Erzählung zu bezeichnen wäre, bei der Hauptprogramm und Zwischenspiele zu unterscheiden sind und auch Nachrichten- und Informationsveranstaltungen von Tag zu Tag Fortsetzungen ihrer Geschichten verlangen. Eine Sensation war es 1895, als in Berlin und Paris die ersten Filmstreifen vor einem zahlenden Publikum vorgeführt wurden. Zur Fotografie gesellte sich beim Film die Bewegung. 1928 kam der Tonfilm auf und bereicherte das Visuelle um eine neue akustische Dimension.

Analyse des Visuellen

Die Filmanalyse bezieht sich auf einzelne Filme und bedient sich eines Instrumentariums, das dort dem der **Textanalyse** vergleichbar ist, wo bei der Analyse des filmisch Narrativen die Rede ist von geschlossenen und offenen Formen, Erzählstrategien wie Erzählzeit und erzählte Zeit, Zeitraffung und Zeitdehnung oder Erzählsituation mit aukorialem Erzähler und Ich-Erzähler bzw. subjektiver Kamera. Eine spezifische Begrifflichkeit bezieht sich dagegen auf die **Analyse des Visuellen**.[45] Wenn man alle Vorgänge im Film in schriftlicher Form beschreibt, erhält man ein Filmprotokoll. Weniger umfangreich ist eine Sequenzliste oder ein Einstellungsprotokoll. Derartige Transkriptionen machen aus dem Film wieder einen Text, den man bei der Analyse bequem zitieren kann. Praktisch sind DVD-Techniken, die mit dem Film auch derartige Protokolle bzw. das

---

[45] Vgl. im Folgenden Knut Hickethier, Film- und Fernsehanalyse, Stuttgart 2001, 3. Aufl.

Drehbuch digital liefern. Anders als im Theater, wo ein Stück vom Anfang bis zum Ende gespielt wird, entstehen die Szenen eines Films gewöhnlich nicht in der Reihenfolge, die sie im fertigen Film haben. Die aufgenommenen Szenen werden zunächst durch den Schnitt begrenzt. Eine Bilderfolge zwischen zwei Schnitten wird als „**Einstellung**" bezeichnet. Die „Einstellungen" werden zu Handlungs- oder Darstellungseinheiten, die auch **Sequenzen** genannt werden, zusammengefasst, die ihrerseits durch die Montage in eine sinnvolle Reihenfolge gebracht werden. Der Schnitt soll vom Zuschauer möglichst nicht bewusst wahrgenommen werden. Beliebt sind z.B. der Beginn mit einer Übersichtseinstellung, die dann in mehrfachen Stufen näher an den Protagonisten heran führt, oder bei Dialogen das Schuss-Gegenschuss-Verfahren, wo abwechselnd mal der eine, mal der andere Gesprächspartner zu sehen ist.

Bezieht man sich auf das Visuelle, dann beginnt man mit der **Komposition des einzelnen Bildes**, für dessen Beschreibung die auch in der Kunstgeschichte üblichen Kriterien gelten. Man kann nach der optischen Mitte suchen, die ein wenig über der tatsächlichen Bildmitte liegt, und das Bild als strukturierte Fläche hinsichtlich Linien, Formen, Flächen und Kraftfeldern betrachten. Der gestaltete Bewegungsablauf ergibt sich wie beim Tanz aus einer Bilderfolge, die die gezeigten Einzelbilder und Handlungen kausal miteinander verknüpft. Der perspektivische Wechsel im Zeigen von Handlungen ist also der Wechsel von „Einstellungen", die bestimmt werden aus der Entfernung des Betrachters zum Objekt. Je weiter weg sich das Objekt befindet, desto kleiner ist es; je näher, desto größer. Entsprechendes gilt auch für die Kamera, die sich dem Objekt entweder tatsächlich oder mittels Tele- und Weitwinkelobjektiven nähern oder entfernen kann. Es lassen sich **acht Kategorien** der Einstellung unterscheiden: **Weit** (mit weiträumiger, oft von oben gesehener Landschaft, in der der Mensch, wenn er vorkommt, verschwindend klein ist), **Totale** (Handlungsraum, in dem der Mensch untergeordnet ist, der dem Verständnis einer folgenden Handlung dient), **Halbtotale** (menschliche Figur ist von Kopf bis Fuß zu sehen), **Amerikanisch** (vom Gesicht bis zur Höhe des zu ziehenden Revolvers), **Halbnah** (von der Hüfte an aufwärts), **Nah** (vom Kopf bis zur Mitte des Oberkörpers, wobei mimische und gestische Elemente etwa in Diskussionen betont werden), **Groß** (Konzentration auf den Kopf, wobei innere Regungen deutlich werden und die Identifikation des Zuschauers mit dem Protagonisten gefördert wird) und **Ganz Groß** oder **Detail** (wenn vom Gesicht nur noch ein Ausschnitt wie der Mund oder die Augen bzw. ein Detail eines Gegenstandes wie der Lauf des Revolvers sichtbar ist).

Auch bei der Unterscheidung der **drei Kameraperspektiven** ist der Mensch das Maß: Bei der „Normalsicht" ist die Kamera auf der Augenhöhe der handelnden Figuren, bei der „Aufsicht" (Vogelperspektive) nimmt sie einen erhöhten Standort ein und bei der „Untersicht" (Froschperspektive) erscheinen Figuren größer, wie z.B. Erwachsene aus der Sicht von Kindern. Wie der Kopf eines Menschen bewegt sich auch die Kamera: Beim **Schwenk** wechselt sie den Standort nicht, dreht sich aber dort in eine vertikale, horizontale oder diagonale Richtung. Bei der **Kamerafahrt** dagegen wechselt sie den Standort und bewegt sich durch den Raum, wobei z.B. die Sicht eines Fahrrad- oder Autofahrers simuliert wird. Als Raum der Handlung kommt die Natur oder der gebaute Raum in Frage. Innenräume lassen Rückschlüsse auf Epochen, soziale Schichten und nationale Charakteristika zu. Architektonische Baustile können symbolischen Wert haben. So kann eine Stadt Bedrohung oder menschliche Hybris ausdrücken.

Die **Lichtgestaltung** eines Raums mit Vorderlicht, Gegenlicht und Seitenlicht aus natürlichen oder künstlichen Lichtquellen kann Gegenstände nach ihrer unterschiedlichen Relevanz gliedern. Das Hauptlicht ist immer auf die Handlungsträger gerichtet, während das Fülllicht einzelne Gegenstände ausleuchtet, die im Schatten oder in der Dunkelheit liegen.

Ton und Sprache

Der Ton untermalt die Filmaufführung seit dem „**Stummfilm**", der durch Klaviermusik begleitet oder auch durch einen Conferencier kommentiert wurde. Der Ende der zwanziger Jahre des 20. Jahrhunderts aufkommende **Tonfilm** synchronisierte Ton und Bild und setzte Hintergrundgeräusche zur Verstärkung der Wirklichkeitsnähe oder zur Erzeugung von Stimmungen ein. Die **Filmmusik** hat die Möglichkeit, Natur- oder Maschinengeräusche zu unterstreichen, Emotionen wie Angst vor Gefahr oder Empfindungen von Glück zu erzeugen, Eindrücke von z.B. idyllischen Landschaften zu evozieren, durch Instrument oder Melodie nationale Zuordnungen vorzunehmen und das Filmgenre (z.B. Heimatfilm, Krimi) zu verdeutlichen. Die Titelmusik kann in modifizierter Form wieder auftreten und dadurch Handlungen markieren oder strukturieren. Titelmelodien anderer Filme können zitathaft Verwendung finden.

Sprache kommt in schriftlicher Form z.B. als Szenentitel, Zwischentext, Ankündigung oder Kommentar vor. Kommentare können auch gesprochen werden, entweder von einem Kommentator „im Off", der im Bild nicht sichtbar ist, oder von einem Kommentator, der zu sehen ist.

Luis Buñuel

Etwas ausführlicher soll der Regisseur **Luis Buñuel** vorgestellt werden, dessen Werk zeitlich in mehrere **Phasen** gegliedert wurde: eine surrealistische oder Pariser Phase, die Phase des spanischen Dokumentarfilms *Las Hurdes*, die Phase im mexikanischen Exil und schließlich die Spätphase in Paris bzw. Madrid. Eine derartige Grobgliederung darf aber nicht dazu verleiten, fließende Übergänge und Mischformen zu übersehen. Zahlreichen Filmen des als Literaturwissenschaftler und Romanist ausgebildeten Buñuel liegen spanische, französische und lateinamerikanische Romane und Erzählungen zugrunde, die sie nicht werktreu adaptieren, sondern mit denen sie sich kritisch, ironisch oder satirisch auseinandersetzen. Auch kulturelle Bildtraditionen und Topoi werden als Erwartungen des Zuschauers ironisch und kritisch reflektiert, so dass man von einer „reflektierten Intermedialität" bzw. von metaphorischen Konstruktionen von Wirklichkeit und „Metafilmen"[46] sprechen kann. Dies gilt besonders für **die surrealistischen Filme** *Un chien andalou* (1928) und *L'âge d'or* (1930). Gerade an letzterem, mit Hilfe von Dalí entstandenem Film wird deutlich, wie aus der scheinbar zufälligen, in Wirklichkeit aber genau überlegten *écriture automatique* der Surrealisten eine „locura por los sueños" wird, die vor allem so spielerisch sein will, dass sie sich jeder rationalen oder psychoanalytischen Deutung entzieht: „Dalí und ich nahmen jeden Gag auf, der uns einfiel, wir warfen unerbittlich alles, was etwas bedeuten konnte, hinaus."[47] So seien es Elemente des Traums, die den Kinosaal erfüllen, dessen Verdunklung dem Schließen der Augen beim Schlafen gleichkomme. Buñuel will sie in einem Zustand von Euphorie, Enthusiasmus und Zerstörungsrausch geschaffen haben, in dem er die Vertreter der Ordnung und der „ewigen Prinzipien" lächerlich machen wollte. So gilt seine Satire in erster Linie dem Katholizismus, dessen Symbole und biblische Botschaften karnevalesk verfremdet und durch Analogien und ironische Mehrdeutigkeiten angegriffen werden. Polemisiert wird aber auch gegen die filmische Melodramatik der ersten Entwicklungsphase des Stummfilms und gegen André Bretons *amour fou*. Problematisiert wird schließlich das Medium des Films selbst. Als Mittel dienen dabei „die groteske Inszenierung der verkehrten Welt, die Annäherung von Menschlichem und Animalischem, von Leben und Tod bzw. Sexualität und Tod, das Spiel mit der Kreatürlichkeit des Menschen, [...] die unmittelbaren Verwandlungen, die Trickmontage, Überblendungen usw., etwa die Hand, aus der

---

[46] Volker Roloff, Buñuels reflektierte Intermedialität, in: Ursula Link-Heer, Volker Roloff (Hg.), Luis Buñuel. Film-Literatur-Intermedialität, Darmstadt 1994, S. 1-12, hier S. 4, 8.

[47] Zit. nach Volker Roloff, Film und Literatur. Zur Theorie und Praxis der intermedialen Analyse am Beispiel von Buñuel, Truffaut, Godard und Antonioni, in: Peter v. Zima (Hg.), Literatur intermedial. Musik-Malerei-Photografie-Film, Darmstadt 1995, S. 269-309, hier S. 278f.

die Ameisen kommen, die Hand, die plötzlich verstümmelt ist, die extremen Vergrößerungen, etwa der Skorpione, oder Verkleinerungen, die winzige Giraffe."[48]

Der **Dokumentarfilm** *Las Hurdes. Tierra sin pan* (1932) zeigt Land und Leute eines vergessenen und weitgehend isolierten schluchtenreichen Berglandes in der spanischen Provinz Cáceres, genannt Las Hurdes, wo wegen der Enge der Täler die Sonne nicht oder nur ein paar Stunden scheint und wegen des steinigen Bodens kein Getreideanbau möglich ist. Die dort in kleinen Hütten lebenden 7.000-10.000 Bewohner züchten Schweine, Ziegen und Bienen und leiden wegen fehlender Hygiene und permanenter Unterernährung an Krankheiten und am Kretinismus. Als der 32-jährige Buñuel vom 28. April bis zum 23. Mai 1932 deren unterentwickeltes und menschenunwürdiges Leben dokumentiert, wird die Aufführung seines Films von der republikanischen Regierung verboten, um das Ansehen Spaniens im In- und Ausland nicht zu schädigen, da Spanien in diesem Film entehrend dargestellt werde.[49] Die Uraufführung fand 1937 in Frankreich statt. Obwohl der Film wie fast alle Filme Buñuels während der Franco-Zeit verboten war, löste er ab 1945 eine Kontroverse aus über den Fortbestand und die Bewertung der unhaltbaren Zustände, die vor Buñuel der mit Unamuno befreundete französische Geograf Maurice Legendre 1927 beschrieb und mit einigen erschütternden Fotos dokumentierte.

Erschöpft sich der Film in ehrlich gemeinter Sozialkritik? Oder ist er vielschichtig, da er z.B. die **Scheinobjektivität** der Gattung des Dokumentarfilms parodiert, indem Szenen des Grauens im Stil eines touristischen Werbefilms kommentiert werden, der Kommentator die Bewohner wie in einem Stummfilm nicht zu Wort kommen lässt, das Hungern, Leiden und Verwesen musikalisch mit Brahms untermalt wird und der Schlusssatz des Kommentators an Cervantes' *Rinconete y Cortadillo*, die am Ende noch drei Monate in der Räuberhöhle des Monipodio bleiben, oder an einen Urlaubsbericht erinnert: „Después de una estancia de dos meses en las Hurdes, dejamos el país." Schließlich ist auch der von Bienen zu Tode gestochene Lastesel mit seinem starren Auge nicht nur ein Dokument, sondern ein Selbstzitat aus *Le chien andalou*, wo zwei tote Esel auf zwei Konzertflügeln durch einen Salon gezogen werden, womit nicht zuletzt gegen Juan Ramón Jiménez' beliebten Esel in *Platero y yo* (1914/17) polemisiert werden sollte. Damit wird der Film auch zu einem Angriff auf die modernistische Ästhetisierung und Idyllisierung von Natur, die eben nicht nur gütig und schön, sondern auch hässlich und grausam ist.

---

[48] Ebda., S. 282f.
[49] Vgl. im Folgenden Titus Heydenreich, Arkadien im Negativ, in: Ursula Link-Heer, Volker Roloff (Hg.), Luis Buñuel, S. 102-119.

217

Die zwanzig Filme, die Buñuel während seiner Zeit im Exil von **1946-1961 in Mexiko** drehte, sind geprägt von der Notwendigkeit, sich den kommerziellen Zwängen und damit dem Hollywood-Kino anzupassen und seine mexikanische Erscheinungsform zu finden. Doch auch hier gibt es mindestens zwei Filme, *Los olvidados* und *Nazarín*, in denen Buñuel auf die Anliegen seiner Anfangsphase zurückgreift.[50] Auch in *Los olvidados* gibt es Gattungs- und Tabuüberschreitungen nach dem Vorbild der Romantik, der Ästhetik des Grotesken bei Baudelaire, der Autoren Quevedo und Valle-Inclán, des Malers Goya und des pikaresken Romans, wobei das Unheimliche und Unergründliche der mexikanischen Realität als *real maravilloso* im erstaunlicherweise vergleichbaren Sinn A. Bretons und A. Carpentiers vorgeführt wird. Dies wird deutlich, wenn der von zu Hause fortgelaufene Protagonist Pedro träumt, dass ihm seine Mutter ein rohes und blutiges Stück Fleisch zum Verzehr anbietet, das aber von einer unter dem Bett versteckten Person weggenommen wird. Parodiert wird anhand der Darstellung des Erziehungsheims des Protagonisten der Glaube an das Gute im Menschen und an seine Erziehbarkeit, womit auch auf eine marxistische Position und damit auf die in Mexiko amtierende Revolutionspartei gezielt wird. *Nazarín* (1958/9) lässt sich als Gegendarstellung zu dem zugrundeliegenden Roman des Pérez Galdós sehen. Während Galdós mit seinem Roman für eine Liberalisierung und Erneuerung des Christentums im 19. Jahrhundert in Spanien plädiert, überträgt Buñuel die Geschichte in die Zeit des vorrevolutionären Mexikos der Jahrhundertwende, in der Klerus und Diktatur besonders effizient zusammenarbeiten. Vor diesem Hintergrund erinnert die naive *imitatio Christi* des als Märtyrer verfolgten und verhafteten Nazaríns an die *locura* Don Quijotes.

6g Mündlichkeit, Schriftlichkeit und Elektronik

Das Wort „Literatur" ist aus dem lateinischen *littera* (Buchstaben) abgeleitet, das im Plural *litterae* „schriftliche Darstellung, Brief, Wissenschaft und Literatur" bedeutet. Tatsächlich setzt sich der literarische Text im Allgemeinen aus einer Folge von schriftlich festgehaltenen Buchstaben zusammen, die überliefert werden. Doch auch die mündliche Überlieferung literarischer Werke ist möglich. Eine wichtige, meist mündlich überlieferte Gattung ist die der Sprichwörter. Bei Platon wirft Sokrates im *Phaidros* dem Medium der **Schrift** vor, sie schwäche das **Gedächtnis** und habe den jeweiligen Ansprechpartner verloren, da sie sich an alle potentiellen Leser richte. Auf der anderen Seite bedeutet dies, dass in Gesellschaften, in denen das Prinzip der Mündlichkeit herrscht, das praktische und

---

[50] Vgl. im Folgenden Volker Roloff, Buñuels mexikanische Filme, in: Harald Wentzlaff-Eggebert (Hg.), Europäische Avantgarde im lateinamerikanischen Kontext, Frankfurt 1991, S. 547-570.

kulturelle Wissen im Gedächtnis gespeichert, also an den menschlichen Körper gebunden ist, der es durch seine Rede überliefert. Wer sich dagegen mit der Lektüre einer Schrift beschäftigt, entfernt sich mental von der ihn umgebenden konkreten Alltagswelt und kann sich in unterschiedlichen räumlich und zeitlich entfernten Welten bewegen. Mündlich geprägte Gesellschaften speichern daher vor allem das Wissen, das aktuell ist, weil es immer wieder gebraucht wird; dabei kann neues Wissen altes schnell verdrängen; die Kommunikation geht von Personen in einer konkreten Situation aus. Demgegenüber wird in schriftlich geprägten Gesellschaften das einmal Gewusste schriftlich festgehalten und bleibt verfügbar, auch wenn es nicht gebraucht wird; das hat eine Anhäufung von Wissen zur Folge, zumal das schriftliche Wissen unabhängig von direktem Kontakt mit Personen vorliegt.

Aufschreibesysteme

Neue Medien bedienen sich gern traditioneller Formen, um mit eingespielten Gewohnheiten nicht ganz zu brechen. So ist die Videohülle als Buchform gestaltet, und die Schriften der frühen Drucke des 15. Jahrhunderts, die Inkunabeln, imitieren die Handschrift der mittelalterlichen Manuskripttradition, wobei die Druckbuchstaben nach dem Modell der geschriebenen Buchstaben geformt werden. Mit Bezug auf die Träger von Sprache und Schrift spricht man auch von „**Aufschreibesystemen**".[51] Gemeint sind jene Medien, in denen für eine Kultur relevante Daten aufbewahrt werden, mit den dazu gehörigen institutionalisierten Formen der Entstehung, Verbreitung und Rezeption. So gibt es die mittelalterliche Situation des höfischen Fests oder des Jahrmarktes, wo ein Spielmann ein Heldenepos aus seiner Erinnerung heraus mündlich vor einem Publikum von Analphabeten vorträgt. Dabei stützt er sich bei immer neuen improvisierten Variationen auf immer wiederkehrende Motive wie die Bewaffnung der Helden, die Beschreibung von Schlachten und die Überbringung von Botschaften. Die Heldenepen, die erst später in schriftlicher Form niedergeschrieben wurden, sind also zunächst dem Gedächtnis der Spielleute eingeschrieben. Anders sieht es nach der Erfindung des Buchdrucks zwischen 1440 und 1450 durch Johannes Gutenberg aus Mainz aus. Es handelte sich zunächst um eine horizontal liegende Presse, wobei die mit Druckfarbe bestrichenen Buchstaben auf das Papier „gepresst" wurden. Daraufhin finden humanistische Gelehrte Zugang zur antiken Literatur, veröffentlichen ihr Wissen in gedruckten Büchern, nicht nur in Latein, sondern zunehmend auch in der Volkssprache, und erschließen sie damit einem breiteren Laienpublikum, wodurch eine schriftliche Volkskultur entsteht. Im religiösen Kontext bedeutet die Verbreitung von gedruckten Bibeln und religiöser

---

[51] Vgl. Friedrich A. Kittler, Aufschreibesysteme 1800-1900, München 1995.

Literatur seit der Erfindung des Buchdrucks eine Ergänzung zum gewohnten Rahmen, dem Gottesdienst, in dem Verkündigung und Predigt mündlich erfolgen. Die Überlegenheit des Klerus gegenüber dem ungebildeten Laien, der auf Vermittlung und Übersetzung der religiösen Wahrheiten in der Volkssprache angewiesen war, war bislang nicht zuletzt auf dessen Fähigkeit, lateinische Texte zu lesen, begründet.

Ein weiterer Fortschritt ergab sich, als im 19. Jahrhundert nach der Ablösung der Holzpresse durch die Metallpresse die Schnelligkeit des Druckvorganges so deutlich gesteigert wurde, dass der Papierverbrauch weltweit um das Zehnfache anstieg. Hinzu kamen ein Antrieb durch ein manuell oder maschinell gesteuertes Schwungrad und das Zylinder-Flachform-Druckprinzip, bei dem Vorder- und Rückseite des Bogens in einem Arbeitsgang bedruckt wurden. Diese **technischen Verbesserungen** und die zunehmende Alphabetisierung in der Bevölkerung ermöglichten hohe Auflagenzahlen sowie die bessere Verbreitung von Tageszeitungen und das **Entstehen der** *novela de entregas*, deren Fortsetzungen Literatur zur Ware machten und starken kommerziellen Zwängen aussetzten. Die Dominanz des Romans in der spanischen Literatur des 19. Jahrhunderts ist nicht zuletzt der durch das neue „Aufschreibesystem" verbreiteten Möglichkeit der privaten Lektüre zu verdanken.

Populärroman und Testimonialliteratur

Dabei hat die Kommerzialisierung und massenhafte Verbreitung auch ihre Nachteile. Pérez Galdós kritisiert in seinem 1870 in der *Revista de España* erschienenen Artikel „Observaciones sobre la novela contemporánea" die aus Frankreich kommende Mode der Fortsetzungsromane im Stil Dumas' und Souliés als schädlich für die Kunst. In seinen Romanen *Fortunata y Jacinta* (1887) und *La desheredada* (1881) greift er zwar auf die Wunschwelten des Feuilletonromans zurück, allerdings um sie bewusst zu verfremden, ihr illusionäres Potenzial zu widerlegen und damit die Lesererwartungen zu zerstören: Das „gefallene Mädchen" Fortunata wird am Ende nicht in bürgerliche Verhältnisse aufgenommen. Die durch die **Lektüre von Populärromanen** realitätsfremde und zu Unrecht sich deklassiert fühlende Phantasie der „desheredada" trifft auf keinen männlichen Retter und wartet vergeblich auf die wunderbare Erlösung von ihrem Dasein in der Unterschicht. So zeigt Galdós, dass die Produktion der Phantasmagorien der Massenliteratur ein Wirklichkeitsersatz ist, der zu Unmündigkeit führen kann.[52]

---

[52] Vgl. Klaus-Peter Walter, Normierte Wunschwelten und realistischer Diskurs, in: Wolfgang Matzat (Hg.), Peripherie und Dialogizität, Tübingen 1995, S. 47-67.

Mündlichkeit kann auch Charakteristikum gesellschaftlicher Gruppen sein. So deutet Bachtin (vgl. 4a) den Karneval als ein in der mündlichen Kultur des Volkes erlaubtes Ausbrechen aus dem von den Repräsentanten der Schriftkultur gesetzten Rahmen. Die **Testimonialliteratur** in Lateinamerika geht gewöhnlich von einem mündlichen Bericht eines Analphabeten aus der Unterschicht aus, der sich selbst schriftlich nicht äußern könnte. Autoren wie Miguel Barnet nehmen die mündlichen Aussagen auf Tonband auf und machen aus ihnen Romane, die Zeugnis ablegen von der Sicht des Vertreters der mündlichen Kultur. Barnets Roman *Biografía de un cimarrón* (1966) verbindet ethnologische Befragungstechnik mit den Ansprüchen des französischen Naturalismus eines Zola und bewegt sich im Grenzbereich von geschichtlichem Dokument und literarischer Erzählung. Das Resultat hat die Form der Autobiografie eines Schwarzen, der noch im 19. Jahrhundert auf kubanischen Zuckerrohrplantagen als Sklave gearbeitet hat, geflohen ist und nach der Abschaffung der Sklaverei auf seine Plantage zurückkehrt, wo sich kaum etwas geändert hat.[53]

Mündlichkeit spielt auch eine Rolle **in der argentinischen Identitätsdebatte.** Dabei stehen sich Mündlichkeit und Schriftlichkeit, argentinisches Spanisch und peninsulares Spanisch, autochtone Kultur und europäische Kultur, Kreolen und Immigranten, auf dem Land lebende Gauchos und städtische *porteños*, Föderale und Unitarier, der Autor des Gauchoromans *Martín Fierro*, José Hernández und der die Großstadtkultur favorisierende Domingo Faustino Sarmiento, Nationalismus und Universalismus sowie Traditionalismus und Modernität gegenüber. Die beiden sich gegenüberstehenden Begriffsgruppen können als alternative Entwürfe der *argentinidad* zusammengefasst werden. Während der junge Jorge Luis Borges ein Anhänger der mündlich geprägten Argentinität war, wie der Text *Hombres pelearon* zeigt, belegt der Vergleich mit dem späteren *Hombre de la esquina rosada* (1935) Borges' Sinneswandel. Kommt es in der ersten Geschichte beim Aufeinandertreffen zweier Messerstecher zum bei derartigen Zusammenkünften gattungsüblich erwarteten Duell, zieht sich im zweiten der zum Zweikampf Aufgeforderte kampflos zurück, wobei aber am Ende durch einen beim Geschehen anwesenden Erzähler namens Borges vom schließlich am selben Tag noch aus Rache ermordeten Aufforderer berichtet wird. Ob der Erzähler, der die Nacht mit der umworbenen Dame verbracht haben will, Täter oder nur Zeuge gewesen ist, bleibt offen. Jedenfalls bewahre er das vom Blut gereinigte Messer an einem Ort auf, der so beschrieben wird, dass man an den Ort denkt, an dem – gemäß mündlicher Überlieferung – Borges seinen Füllfederhalter gewöhnlich aufbewahrte. Die Variation der Vorlage und zahlreiche intertextuelle Hinweise

---

[53] Vgl. Monika Walter, Miguel Barnet: *Biografía de un cimarrón*, in: Volker Roloff, Harald Wentzlaff-Eggebert (Hg.), Der hispanoamerikanische Roman, Bd. 2, Darmstadt 1992, S. 120-131.

zeigen, dass Borges mit der Dekonstruktion eines traditionellen Genres spielerisch einer durch Ehre und *machismo* ebenso wie durch Mündlichkeit geprägten Argentinität eine Absage erteilt.[54]

Hörbuch und mathematische Berechenbarkeit

Eine **neue Art der Mündlichkeit** zeichnet das immer beliebter werdende **Hörbuch** aus, in dem auf Tonträgern wie Cassetten oder CD-Roms literarische Lesungen oder Hörspiele angeboten werden. Dennoch wird hier deshalb nur dem Schein nach an mittelalterliche oder frühneuzeitliche Vorlesetraditionen angeknüpft, weil das Vorgetragene bereits Bestandteil einer Schriftkultur ist und der Hörer auch in der Lage wäre, es zu lesen. Eine über das Buch hinausgehende Qualität erhält das Hörbuch etwa dann, wenn der Autor selbst, ein bekannter Schauspieler oder ein Prominenter vorliest. Immerhin erlaubt die Rezipientensituation beim Hörbuch anders als beim Lesen die Verrichtung weiterer Tätigkeiten wie Aufräumen oder Autofahren.

In Rechnern (Computern), in CD-Roms oder im Internet sind literarische Werke elektromagnetisch bzw. optisch gespeichert, wobei sich bestimmte Informationen oder Muster in Texten und Tabellen schnell und sicher auffinden lassen. Da die Texte mathematisch simuliert werden, werden ihre Probleme zum Teil auch **mathematisch berechenbar** bzw. entscheidbar. „In Bezug auf die Frage der Berechenbarkeit ist ein Modell für alle möglichen antiken Texte nicht grundsätzlich anders als ein metereologisches Planspiel."[55]

Man kann sich die Frage stellen, ob das Registrieren, Sortieren, Konsultieren von Nachschlagewerken und Feststellen von Häufigkeiten nicht schon dem Verstehen gleichkommt. Immerhin wird das Zuordnen anonymer Texte zu bestimmten Autoren über die signifikanten Häufigkeiten einzelner Wörter wie z.B. „und" vorgenommen, so dass der Computer über die Autorschaft entscheidet.

---

[54] Vgl. Walter Bruno Berg, Mündlichkeit und Schriftlichkeit in *Hombre de la esquina rosada*, in: Nana Badenberg u.a. (Hg.), Exzentrische Räume. Festschrift für Carlos Rincón, Stuttgart 2000, S. 197-208; vgl. auch ders., Apuntes para una historia de la oralidad en la literatura argentina, in: Walter Bruno Berg, Markus Klaus Schäffauer (Hg.), Discursos de oralidad en la literatura rioplatense del siglo XIX al XX, Tübingen 1999, S. 9-120.

[55] Wolf Kittler, Lesen und Rechnen, in: Heinrich Bosse, Ursula Renner (Hg.), Literaturwissenschaft, Freiburg 1999, S. 427-441, hier 431.

Für Literatur, die nur im Internet veröffentlicht wird, gelten spezifische mediale Charakteristika. Da es keinen Redaktionsschluss gibt, kann die **Internetseite**[56] vom Autor immer wieder modifiziert werden. In der Tat werden Internetseiten durchschnittlich alle 1 1/2 Monate verändert. Sie transportieren daher kein geschlossenes Kunstwerk, sondern ein offenes Kommunikationsangebot. Flüchtigkeit wird zum zentralen Merkmal, das nicht nur die Internetseite, sondern auch die durch die Suchmaschinen und Links generierten, immer wieder veränderten Zufallsfunde charakterisiert. Zufall und Flüchtigkeit kann auch Prinzip eines infiniten literarischen Konstrukts werden, das auf einer Bildschirmseite des Internets nach dem Zufallsprinzip in festgelegten Zeitabständen immer wieder neue Texte und damit unendliche Lesemöglichkeiten generiert. Ob dies einen neuen Gegenstandsbereich künftiger Einführungen bilden wird, kann an dieser Stelle offen bleiben.

---

[56] Vgl. Wolf Lustig, Paul Tiedemann, Internet für Romanisten, Darmstadt 2000.

Bibliografie

Zur Einführung

Arnold, Heinz Ludwig und Heinrich Detering (Hg.), Grundzüge der Literaturwissenschaft, München 1999, 3. Auflage.
Neuschäfer, Hans-Jörg (Hg.), Spanische Literaturgeschichte, Stuttgart, Weimar 1997.
Nünning, Ansgar (Hg.), Metzler Lexikon Literatur- und Kulturtheorie, Stuttgart, Weimar 2001, 2. Auflage.
Rico, Francisco (Hg.), Historia y crítica de la literatura española, 8 Bde., Barcelona, Crítica 1980; 9. Bd. 1992; Suplementos (1991-1999).
Rössner, Michael (Hg.), Lateinamerikanische Literaturgeschichte, Stuttgart, Weimar 2002, 2. Auflage.
Strosetzki, Christoph (Hg. im Auftrag des Deutschen Hispanistenverbandes), Bibliografie der Hispanistik in der Bundesrepublik Deutschland, Österreich und der deutschsprachigen Schweiz, Bd. 1-7, Frankfurt 1988-2002 (über „http://www.uni-muenster.de/Hispanistikbibliographie" auch im Internet).
Strosetzki, Christoph (Hg.), Geschichte der spanischen Literatur, Tübingen 1996, 2. Auflage.
Strosetzki, Christoph, Kleine Geschichte der lateinamerikanischen Literatur im 20. Jahrhundert, München 1994.

Verzeichnis der zitierten Forschungsliteratur

Abellán, Manuel L., Censura y literatura peninsulares, Amsterdam 1987.
Adorno, Theodor W., Ästhetische Theorie, Frankfurt 1993, 13. Aufl.
Albersmeier, Franz-Josef, Literatur und Film. Entwurf einer praxisorientierten Textsystematik, in: Peter V. Zima (Hg.), Literatur intermedial, Darmstadt 1995, S. 235-268.
Albersmeier, Franz-Josef, Theater, Film und Literatur in Spanien: Literatur als integrierte Mediengeschichte, Berlin 2001.
Albert, Mechthild, Avantgarde und Faschismus. Spanische Erzählprosa 1925-1940, Tübingen 1996.
Albert, Mechthild, Bestiarien und Emblematik: Aspekte einer Säkularisierung, in: Gisela Febel, Georg Maag (Hg.), Bestiarien im Spannungsfeld zwischen Mittelalter und Moderne, Tübingen 1997, S. 91-104.
Albert, Mechtild, „Deseos oblicuos": Psyche, Sexus und Geschlechterbeziehungen in der spanischen Avantgardeprosa, in: Jochen Heymann, Montserrat Mullor-Heymann (Hg.), Frauenbilder – Männerwelten. Weibliche Diskurse und Diskurse der Weiblichkeit in der spanischen Literatur und Kunst 1833-1936, Berlin 1999, S. 289-316.
Albert, Mechthild, La Guerra Civil y el franquismo en la novela desde 1975, in: Iberoamericana 23, 1999, Nr. 3/4 (75/76), S. 38-67.
Albert, Mechthild, Spiele in der Krypta. Zur Kaffeehausästhetik der spanischen Avantgarde im „Café Pombo", in: Michael Rössner, Literarische Kaffeehäuser. Kaffeehausliteraten, Wien, Köln, Weimar 1999, S. 406-419.
Alonso Hernández, José Luis, Lectura psicoanalítica de temáticas picarescas, in:

Bibliografie

Imprevue 1, 1981, S. 183-191.

Aram Veeser, H. (Hg.), The New Historicism Reader, New York, Routledge 1994.

Asholt, Wolfgang und Walter Fähnders, Einleitung, in: Dies. (Hg.), Manifeste und Proklamationen der europäischen Avantgarde (1909-1938), Stuttgart, Weimar 1995.

Asholt, Wolfgang, Manifeste und Manifestantismus der Avantgarde in Spanien, in: Wolfgang Asholt, Walter Fähnders (Hg.), „Die ganze Welt ist eine Manifestation". Die europäische Avantgarde und ihre Manifeste, Darmstadt 1997, S. 161-183.

Assmann, Jan, Das kulturelle Gedächtnis, München 1999, 2. Aufl.

Austin, J. L., Zur Theorie der Sprechakte, Stuttgart 1972.

Bachtin, Michail M. (siehe auch Bakhtine), Die Ästhetik des Wortes, herausgegeben von Rainer Grübel, Frankfurt 1979.

Bachtin, Michail M., Formen der Zeit im Roman. Untersuchungen zur historischen Poetik, herausgegeben von Edward Kowalski, Frankfurt 1989.

Baehr, Rudolf, Spanische Verslehre auf historischer Grundlage, Tübingen 1962.

Bakhtine, Mikhail (siehe auch Bachtin), L'œuvre de François Rabelais et la culture populaire au Moyen Age et sous la Renaissance, Paris, Gallimard 1970.

Barthes, Roland, Mythologies, Paris, Ed. du Seuil 1957.

Bauer-Funke, Cerstin, *Baile en Capitanía* de Agustín de Foxá: poetización de la propaganda franquista, in: Mechtild Albert (Hg.), Vencer no es convencer. Literatura e ideología del fascismo español, Frankfurt 1998, S. 149-163.

Beauvoir, Simone de, Le deuxième sexe II. L'expérience vécue, Paris, Gallimard 1949.

Berg, Walter Bruno, Apuntes para una historia de la oralidad en la literatura argentina, in: Walter Bruno Berg, Markus Klaus Schäffauer (Hg.), Discursos de oralidad en la literatura rioplatense del siglo XIX al XX, Tübingen 1999, S. 9-120.

Berg, Walter Bruno, Literatur in Lateinamerika. Zur kulturellen *contraconquista* des Kontinents, in: Klaus Martens (Hg.), Fremdvertrautheit. Europäisch-amerikanische (Re-)Visionen, St. Ingbert 1994, S. 17-43.

Berg, Walter Bruno, Mündlichkeit und Schriftlichkeit in *Hombre de la esquina rosada*, in: Nana Badenberg u.a. (Hg.), Exzentrische Räume. Festschrift für Carlos Rincón, Stuttgart 2000, S. 197-208.

Bernecker, Walther L., Die Vertreibung der Juden aus Spanien, in: Norbert Rehrmann, Andreas Koechert (Hg.), Spanien und die Sepharden, Tübingen 1999, S. 27-42.

Bernecker, Walther L., El debate sobre el régimen franquista: ¿Fascismo, autoritarismo, dictadura de modernización?, in: Mechtild Albert (Hg.), Vencer no es convencer. Literatura e ideología del fascismo español, Frankfurt 1998, S. 29-49.

Bloom, Harold, The Anxiety of Influence, New York 1997 (erstmals 1973).

Boixareu, Mercé und Robin Lefere (Hg.), La imagen de España en la literatura francesa. Una fascinación, Madrid, Castalia 2002.

Borsò, Vittoria, Echo antwortet auf Narziß: Zum platonischen Topos bei Lyrikerinnen Lateinamerikas, in: Astrid Böger, Herwig Friedl (Hg.), FrauenKulturStudien. Weiblichkeitsdiskurse in Literatur, Philosophie und Sprache, Tübingen 2000, S. 155-176.

Borsò, Vittoria, Mexiko jenseits der Einsamkeit, in: Matices 6, 21, 1999, S. 70-74.

Bosse, Monika und André Stoll, Zur Einleitung, in: Dies. (Hg.), Theatrum mundi: Figuren der Barockästhetik in Spanien und Hispano-Amerika, Bielefeld 1997, S. 11.

Briesemeister, Dietrich und Victor Klemperer, Spanien und die Renaissance, in: Christoph Rodiek (Hg.), Dresden und Spanien, Frankfurt 2000, S. 159-178.

Briesemeister, Dietrich, Die Rezeption der chilenischen Literatur in Deutschland, in:

Claudius Armbruster, Karin Hopfe (Hg.), Horizont-Verschiebungen: interkulturelles Verstehen und Heterogenität in der Romania. Festschrift für Karsten Garscha zum 60. Geburtstag, Tübingen 1998, S. 413-424.

Briesemeister, Dietrich, „Die spanische Verwirrung" (J. W. von Goethe). Zur Geschichte des Spanienbildes in Deutschland, in: Jahrbuch Preußischer Kulturbesitz, XXXIV, 1998, S. 291-311.

Briesemeister, Dietrich, Lateinamerikaforschung in Berlin im 19. Jahrhundert, in: Hans-Otto Dill, Gabriele Knauer (Hg.), Diálogo y conflicto de culturas, Frankfurt 1993, S. 187-203.

Bühler, K., Sprachtheorie, Stuttgart, New York 1982 (Erstausgabe 1934).

Burke, Peter, Geschichte als soziales Gedächtnis, in: Aleida Assmann, Dietrich Harth (Hg.), Mnemosyne. Formen und Funktionen der kulturellen Erinnerung, Frankfurt 1991, S. 289-304.

Buschmann, Albrecht, Detektive der Erinnerung. Vier neue Romane aus Spanien, in: Neue Zürcher Zeitung 6./7. April 2003, S. 51f.

Buschmann, Albrecht, Die Macht und ihr Preis. Detektorisches Erzählen bei Leonardo Sciascia und Manuel Vázquez Montalbán, im Druck.

Cabezón Doty, Claudia, Literatur und Film Lateinamerikas im intermedialen Dialog, Frankfurt 2000.

Cavillac, Michel, Pícaros y mercaderes en el *Guzmán de Alfarache*, Granada, Universidad 1994.

Chomsky, Noam, Aspekte der Syntax-Theorie, Frankfurt 1969.

Christmann, Hans Helmut, Deutsche Romanisten als Verfolgte des Nationalsozialismus – Vermächtnis und Verpflichtung, in: Ders. (Hg.), Deutsche und österreichische Romanisten als Verfolgte des Nationalsozialismus, Tübingen 1989, S. 249-262.

Curtius, Ernst Robert, Europäische Literatur und lateinisches Mittelalter, Bern 1948.

Daus, Ronald, Strandkultur statt Stadtkultur: die Metropolen des Mittelmeers zu Beginn des 21. Jahrhunderts, Berlin 2000.

Daus, Ronald, Vom Starchronisten zum literarischen Helden. Carlos Monsiváis in Mexiko-Stadt, Orhan Pamuk in Istanbul, in: Kosmopolis. Interkulturelle Zeitschrift aus Berlin 5-6, 2000, S. 16-33.

Dessau, Adalbert, Der mexikanische Revolutionsroman, Berlin 1967.

Dessau, Adalbert, Legendenbildung und Geschichtsdarstellung in den Romanen von Miguel Angel Asturias, in: Hermann Herlinghaus (Hg.), Romankunst in Lateinamerika, Berlin 1989, S. 75-90.

Dirscherl, Klaus, „Allerneueste" spanische Lyrik: Vom Maskenspiel zur Wiederentdeckung der Subjektivität, in: Dieter Ingenschay, Hans-Jörg Neuschäfer (Hg.), Aufbrüche. Die Literatur Spaniens seit 1975, Berlin 1993, 2. Aufl., S. 192-198.

Dithmar, Reinhard, Die Fabel, Paderborn 1988, 7. Aufl.

Domínguez Caparrós, José, Diccionario de métrica española, Madrid, Alianza Editorial 1999.

Dressendörfer, Peter, Idearium der späten Reconquista. Zu Américo Castros ahistorischer Begrifflichkeit, in: Norbert Rehrmann, Andreas Koechert (Hg.), Spanien und die Sepharden, Tübingen 1999, S. 125-132.

Dröscher, Barbara und Carlos Rincón (Hg.), La Malinche. Übersetzung, Interkulturalität und Geschlecht, Berlin 2001.

Eggeling, Giulia und Silke Segler-Meßner (Hg.), Europäische Verlage und romanische Gegenwartsliteraturen: Profile, Tendenzen, Strategien, Tübingen 2003.

Eggert, Hartmut u.a. (Hg.), Geschichte als Literatur: Formen und Grenzen der Repräsentation von Vergangenheit, Stuttgart 1990.

Elias, Norbert, Über den Prozeß der Zivilisation, Frankfurt 1977/78, 2 Bde.

Engelbert, Manfred, Pérez Galdós y Pereda: Dos enemigos amigos, in: Eberhard Geisler, Francisco Povedano (Hg.), Benito Pérez Galdós, Frankfurt 1996, S. 41-49.

Ette, Ottmar, Asymmetrie der Beziehungen. Zehn Thesen zum Dialog der Literaturen Lateinamerikas und Europas, in: Birgit Scharlau (Hg.), Lateinamerika denken. Kulturtheoretische Grenzgänge zwischen Moderne und Postmoderne, Tübingen 1994, S. 297-326.

Ette, Ottmar, Est-ce que l'on sait où l'on va? Dimensionen, Orte und Bewegungsmuster des Reiseberichts, in: Walther L. Bernecker, Gertrut Krömer (Hg.), Die Wiederentdeckung Lateinamerikas: die Erfahrung des Subkontinents in Reiseberichten des 19. Jahrhunderts, Frankfurt 1997, S. 29-78.

Ette, Ottmar, Tres fines de siglo. (Teil 1). Kulturelle Räume Hispanoamerikas zwischen Homogenität und Heterogenität, in: Iberoromania 49, 1999, S. 97-122.

Febel, Gisela, Mit Humor und Ironie: Beziehungen der Geschlechter und Sexualität im spanischen Roman nach 1975, in: Iberoamericana 23, 1999, Nr. 3/4 (75/76), S. 94-121.

Floeck, Wilfried, Das Theater auf der Iberischen Halbinsel zwischen Postmoderne und Engagement, in: Grenzgänge 9, 2002, H. 18, S. 6-31.

Floeck, Wilfried, Ist Spanien anders? Zur Problematik ausländischer Kulturrezeption am Beispiel des modernen spanischen Theaters, in: Ders. (Hg.), Spanisches Theater im 20. Jahrhundert, Tübingen 1990, S. 3-17.

Floeck, Wilfried, Rekonstruktionsentwürfe der Begegnung zwischen Alter und Neuer Welt im spanischen Gegenwartstheater, in: Christopher Balme (Hg.), Das Theater der Anderen: Alterität und Theater zwischen Antike und Gegenwart, Tübingen 2001, S. 77-93.

Floeck, Wilfried, Spanisches Gegenwartstheater I, Tübingen, Basel 1997.

Floeck, Wilfried, Von der Konstruktion zur Dekonstruktion der historischen Wirklichkeit: Die Eroberung von Mexiko im Theater von Carlos Fuentes und Vicente Leñero, in: Forum modernes Theater, Heft 1, 2002, Bd. 17, S. 28-42.

Foucault, Michel, Die Ordnung der Dinge, Frankfurt 1974.

Foucault, Michel, Die Ordnung des Diskurses, Frankfurt 1991.

Foucault, Michel, Histoire de la sexualité, Paris, Gallimard 1976.

Foucault, Michel, Histoire de la sexualité II. L'usage des plaisirs, Paris, Gallimard 1984.

Franzbach, Martin, Sociedad y literatura: Ensayos críticos sobre temas hispanoamericanos, Guadalajara, México 1983.

Franzbach, Martin, Zwischen Verdrängung und Verunglimpfung. Die Juden in der Literatur des *Siglo de Oro*, in: Norbert Rehrmann, Andreas Koechert (Hg.), Spanien und die Sepharden, Tübingen 1999, S. 43-50.

Freud, Sigmund, Abriß der Psychoanalyse. Das Unbehagen in der Kultur, Frankfurt 1970.

Gadamer, Hans-Georg, Wahrheit und Methode, Tübingen 1965, 2. Aufl.

Galster, Ingrid, Aspekte der Feminismusdiskussion in Hispanoamerika, in: Iberoromania 45, 1997, S. 99-113.

Galster, Ingrid, Hispanoamerikanische Literaturtheorie zwischen Abhängigkeit und Suche nach Autonomie: die aktuelle Diskussion über die Postmoderne, in:

Bibliografie

Iberoamericana 58/59, 1995, 2/3, S. 84-100.

Gärtner, Kurt und Hans-Henrik Krummacher (Hg.), Zur Überlieferung, Kritik und Edition alter und neuerer Texte. Beiträge des Colloquiums zum 85. Geburtstag von Werner Schröder, Mainz, Stuttgart 2000.

Gelz, Andreas, Tertulia: Literatur und Gesellschaft im Spanien des 18. und 19. Jahrhunderts, im Druck.

Genette, Gérard, Die Erzählung, München 1998, 2. Aufl.

Genette, Gérard, Figures III, Paris, Seuil 1972.

Genette, Gérard, Palimpseste. Die Literatur auf zweiter Stufe, Frankfurt 1993.

Gewecke, Frauke, La literatura chicana entre resistencia, transgresión y asimilación, in: Notas 3 (9), 1996, S. 28-47.

Gewecke, Frauke, Perspektiven einer Lateinamerikanistik als Fremdkulturwissenschaft, in: Alois Wierlacher (Hg.), Kulturthema Fremdheit: Leitbegriffe und Problemfelder kulturwissenschaftlicher Fremdheitsforschung, München 1993, S. 243-256.

Girard, René, La Violence et le Sacré, Paris 1972.

Greenblatt, Stephen, Schmutzige Riten. Betrachtungen zwischen den Weltbildern, Berlin 1991.

Gumbrecht, Hans Ulrich, Leo Spitzers Stil, Tübingen 2001.

Gunter Grimm, Rezeptionsgeschichte, München 1977.

Güntert, Georges, Dialogizität in den *Novelas ejemplares: Las dos doncellas*, in: Wolf-Dieter Lange, Wolfgang Matzat (Hg.), Sonderwege in die Neuzeit. Dialogizität und Intertextualität in der spanischen Literatur zwischen Mittelalter und Aufklärung, Bonn 1997, S. 1-24.

Güntert, Georges, *Siglo de Oro*: Lyrik. Das 16. Jahrhundert, in: Christoph Strosetzki (Hg.), Geschichte der spanischen Literatur, Tübingen 1996, 2. Auflage, S. 119-160.

Haensch, Günther, Einige Gedanken zum Thema Landeskunde, in: Brigitte Schlieben-Lange, Axel Schönberger (Hg.), Polyglotte Romania. Homenatge a Tilbert Dídac Stegmann, Bd. 2, Frankfurt 1991, S. 1021-1033.

Hahn, Alois und Rüdiger Jacob, Der Körper als soziales Bedeutungssystem, in: Peter Fuchs, Andreas Göbel (Hg.), Der Mensch – das Medium der Gesellschaft?, Frankfurt 1994, S. 146-188.

Hassauer, Friederike, Textverluste. Eine Streitschrift, München 1992.

Hatzfeld, Helmut A., Why is Don Quijote Baroque?, in: Philological Quarterly 51, 1972, S. 158-176.

Hauck, Johannes, Doña Perfecta und die Dialektik der Aufklärung, in: Wolfgang Matzat (Hg.), Peripherie und Dialogizität, Tübingen 1995, S. 91-113.

Hausmann, Frank-Rutger, Auch eine nationale Wissenschaft? Die deutsche Romanistik unter dem Nationalsozialismus. 1. Teil, in: Romanistische Zeitschrift für Literaturgeschichte 22, 1998, S. 1-39.

Hausmann, Frank-Rutger, „Aus dem Reich der seelischen Hungersnot". Briefe und Dokumente zur Fachgeschichte der Romanistik im Dritten Reich, Würzburg 1993.

Hempel, Wido, Parodie, Travestie und Pastiche. Zur Geschichte von Wort und Sache, in: Germanisch-Romanische Monatsschrift 15, 1965, S. 150-176.

Hempfer, Klaus, Gattungstheorie, München 1973.

Hempfer, Klaus, Probleme traditioneller Bestimmungen des Renaissancebegriffs und die epistemologische ‚Wende‘, in: Ders. (Hg.), Diskursstrukturen und epistemologische Voraussetzungen, Stuttgart 1993, S. 9-45.

Herder, Johann Gottfried, Sämtliche Werke, Bd. XIV, Bernhard Suphan (Hg.),

Bibliografie

Hildesheim 1967.

Heydebrand, Renate von, Kanon Macht Kultur – Versuch einer Zusammenfassung, in: Dies. (Hg.), Kanon Macht Kultur. Theoretische, historische und soziale Aspekte ästhetischer Kanonbildungen, Stuttgart, Weimar 1998, S. 612-625.

Heydenreich, Titus, Arkadien im Negativ, in: Ursula Link-Heer, Volker Roloff (Hg.), Luis Buñuel, S. 102-119.

Heydenreich, Titus und Peter Blumenthal (Hg.), Glaubensprozesse – Prozesse des Glaubens? Religiöse Minderheiten zwischen Toleranz und Inquisition, Tübingen 1989.

Heydenreich, Titus, Vom Großdirektorium zum Manual, vom Manual zum Arsenale. Spanische und italienische Inquisitionshandbücher im Vergleich, in: Germanisch-Romanische Monatsschrift 74, 1993, S. 383-398.

Hickethier, Knut, Film- und Fernsehanalyse, Stuttgart 2001, 3. Aufl.

Hoffmeister, Gerhart, Spanien und Deutschland. Geschichte und Dokumentation der literarischen Beziehungen, Berlin 1976.

Hölz, Karl, Der gebrochene Blick auf das Andere. Endvisionen der erotischen Konquista bei Abel Posse, in: Vittoria Borsò, Björn Goldammer, (Hg.), Moderne(n) der Jahrhundertwenden, Baden-Baden 2000, S. 327-341.

Hölz, Karl, Die spanische Konquista und die Imagination des Weiblichen. Untersuchungen zur Kolonialethik und zur Sexuierung des Fremden, in: Wolfgang Matzat, Bernhard Teuber (Hg.), Welterfahrung – Selbsterfahrung: Konstitution und Verhandlung von Subjektivität in der spanischen Literatur der frühen Neuzeit, Tübingen 2000, S. 107-125.

Hölz, Karl, Lustorte der grünen Hölle. Männliche Zivilisationsphantasien in der Selvaliteratur bei Rómulo Gallegos und José Eustasio Rivera, in: Herbert Uerlings (Hg.), Das Subjekt und die Anderen: Interkulturalität und Geschlechterdifferenz vom 18. Jahrhundert bis zur Gegenwart, Berlin 2001, S. 237-257.

Hölz, Karl, Visiones literarias de México. Desde el lugar privilegiado de una urbe ideal a la anarquía de la ciudad perdida, in: Ronald Daus (Hg.), Großstadtliteratur, Frankfurt 1992, S. 47-74.

Horkheimer, Max und Theodor W. Adorno, Dialektik der Aufklärung. Philosophische Fragmente, Frankfurt 1998.

Hoyle, A., *La familia de Pascual Duarte*: psicoanálisis de la historia, in: David Kossoff u.a. (Hg.), Actas del VIII Congreso de la Asociación Internacional de Hispanistas, Madrid 1986, S. 1-11.

Ingenschay, Dieter, Am Ende von Paris? – der Stadtmythos im peripheren Blick, in: Ulrich Schulz-Buschhaus, Karlheinz Stierle (Hg.), Projekte des Romans nach der Moderne, München 1997, S. 149-171.

Ingenschay, Dieter, Die Thematisierung von Körperlichkeit im postfrankistischen Roman Spaniens, in: Rudolf Behrens, Roland Galle (Hg.), Menschengestalten. Zur Kodierung des Kreatürlichen im modernen Roman, Würzburg 1995, S. 251-268.

Ingenschay, Dieter, Eduardo Mendicutti: *Yo no tengo la culpa de haber nacido tan sexy*. Von echten Ledermännern und falschen Heiligen, in: Werner Altmann u.a. (Hg.), Dissidenten der Geschlechterordnung. Schwule und lesbische Literatur auf der Iberischen Halbinsel, Berlin 2001, S. 159-170.

Ingenschay, Dieter, Großstadtaneignung in der Perspektive des ,peripheren Blicks', in: Albrecht Buschmann, Dieter Ingenschay (Hg.), Die andere Stadt. Großstadtbilder in der Perspektive des peripheren Blicks, Würzburg 2000, S. 7-19.

Bibliografie

Iser, Wolfgang, Der implizite Leser, München 1972.

Jacobs, Helmut C., Aspectos de la relación entre imagen y texto en las novelas españolas de los años 80 y 90, in: Iberoamericana 23, 1999, 3 und 4 (75/76), S. 122-154.

Jacobs, Helmut C., Goya in der spanischen und hispanoamerikanischen Literatur des 20. Jahrhunderts, in: Iberoamericana 21, 1997, 2 (66), S. 13-48.

Janik, Dieter, El *Diálogo de los Porteros* y otros diálogos políticos de la Revolución de la Independencia de Chile, in: Inke Gunia, Katharina Niemeyer, Sabine Schlickers, Hans Paschen (Hg.), La modernidad revis(it)ada, Berlin 2000, S. 41-54.

Janik, Dieter, Sor Juana Inés de la Cruz. Este, que ves, engaño colorido, in: Manfred Tietz (Hg.), Die spanische Lyrik von den Anfängen bis 1870, Frankfurt 1997, S. 503-511.

Jauß, Hans Robert, Literaturgeschichte als Provokation, Frankfurt 1970.

Jauß, Hans Robert, Literaturgeschichte als Provokation der Literaturwissenschaft, in: Rainer Warning (Hg.), Rezeptionsästhetik, München 1975, S. 126-162.

Jöckel, Sabine, Die „histoire des mentalités": Baustein zu einer historisch-soziologischen Literaturwissenschaft, in: Romanistische Zeitschrift für Literaturgeschichte 11, 1987, S. 146-173.

Jolles, André, Einfache Formen, Tübingen 1968, 4. Aufl.

Jurt, Joseph, Das literarische Feld. Das Konzept Pierre Bourdieus in Theorie und Praxis, Darmstadt 1995.

Kant, Immanuel, Streit der Fakultäten, Klaus Reich (Hg.), Hamburg 1959.

Kittler, Friedrich A., Aufschreibesysteme 1800-1900, München 1995.

Kittler, Wolf, Lesen und Rechnen, in: Heinrich Bosse, Ursula Renner (Hg.), Literaturwissenschaft, Freiburg 1999, S. 427-441.

Kleinert, Susanne, Hispanoamerikanische Autorinnen. Sozialkritik, Phantastik und Demontage der Geschlechterrollen, in: Hiltrud Gnüg, Renate Möhrmann (Hg.), Frauen Literatur Geschichte. Schreibende Frauen vom Mittelalter bis zur Gegenwart, Stuttgart, Weimar 1999, S. 403-418.

Kleinert, Susanne, Literarisches Selbstverständnis und Internationalität in neueren Geschichtsromanen und Essays lateinamerikanischer Autoren (Carlos Fuentes, Abel Posse), in: Armin Paul Frank, Helga Essmann (Hg.), The Internationality of National Literatures in Either America: Transfer and Tansformation, Göttingen 1999, S. 191-207.

Kloepfer, Rolf, Baltasar Graciáns *Oráculo manual* oder die Schulung der moralischen Produktivität, in: Sybille Große, Axel Schönberger (Hg.), Dulce et decorum est philologiam colere. Festschrift für Dietrich Briesemeister, Bd. 1, Berlin 1999, S. 351-375.

Klotz, Volker, Geschlossene und offene Form im Drama, München 1972, 6. Aufl.

Kohut, Karl, Einheit und Vielfalt der zeitgenössischen Literatur Perus, in: Rafael Sevilla, David Sobrevilla (Hg.), Peru – Land des Versprechens?, Bad Honnef 2001, S. 110-126.

Kohut, Karl, Escribir en Paris. Entrevistas [...], Frankfurt 1983.

Kohut, Karl, Wert und Wertwandel als Konzepte der Literaturwissenschaft: Eine theoretische Betrachtung mit Ausblick auf die lateinamerikanische Literatur, in: Rolf Eschenburg u.a. (Hg.), Lateinamerika. Gesellschaft – Raum – Kooperation. Festschrift für Achim Schrader zum 65. Geburtstag, Frankfurt 1999, S. 251-258.

Korff, Hermann August, Geist der Goethezeit. Versuch einer ideellen Entwicklung der

Bibliografie

klassisch-romantischen Literaturgeschichte, Bd. I. Sturm und Drang, Darmstadt 1923.

König, Bernhard, Transformation und Deformation: Vergils Aeneis als Vorbild spanischer und italienischer Ritterdichtung, Wiesbaden 2000.

Kraus, Peter A., Nationalitätenprobleme – Lösungsformen und Entwicklungstendenzen im spanischen Autonomiestaat, in: Hans-Peter Burmeister (Hg.), Spanien – die Entdeckung einer europäischen Kultur, Loccum 1998, S. 99-118.

Kreis, Karl-Wilhelm, Zur Entwicklung der Situation der Frau in Spanien vom Beginn der „liberalen Ära" der bürgerlichen Gesellschaft an bis hin zur Zweiten Republik, in: Jochen Heymann, Montserrat Mullor-Heymann (Hg.), Frauenbilder – Männerwelten. Weibliche Diskurse und Diskurse der Weiblichkeit in der spanischen Literatur und Kunst 1833-1936, Berlin 1999, S. 45-79.

Kuhn, Th. S., Die Struktur der wissenschaftlichen Revolutionen, Frankfurt 1967.

Küpper, Joachim, Diskurs-Renovatio bei Lope de Vega und Calderón: Untersuchungen zum spanischen Barockdrama, Tübingen 1990.

Lämmert, Eberhard, Bauformen des Erzählens, Stuttgart 1991, 8. Aufl. (1. Aufl. 1955).

Lausberg, Heinrich, Handbuch der literarischen Rhetorik, München 1960.

Lebsanft, Franz, Filología románica (e hispánica) y crítica textual, in: Notas 1, 1994, S. 3-11.

Lentzen, Manfred, Vives' Ideen über die Erziehung der Frau. Zu De institutione feminae christianae (1523), in: Christoph Strosetzki (Hg.), Juan Luis Vives, Frankfurt 1995, S. 47-54.

Lienhard, Martín, Kulturelle Heterogenität und Literatur in Lateinamerika, in: Iberoamericana 47/48, 1992, Nr. 3/4, S. 95-110.

Link, Jürgen, Literaturanalyse als Interdiskursanalyse. Am Beispiel des Ursprungs literarischer Symbolik in der Kollektivsymbolik, in: Jürgen Fohrmann, Harro Müller (Hg.), Diskurstheorien und Literaturwissenschaft, Frankfurt 1988, S. 284-307.

Lope, Hans-Joachim, Nationale Mythenbildung und Reformdiskussion im patriotischen Drama der spanischen Aufklärung des 18. Jahrhunderts, in: Siegfried Jüttner, Jochen Schlobach (Hg.), Europäische Aufklärung(en). Einheit und nationale Vielfalt, Hamburg 1992, S. 269-282.

López de Abiada, José Manuel, Caballeros de industria y de fortuna. Crónicas del mundo editorial, político y cultural en El premio de Vázquez Montalbán, in: José Manuel López de Abiada, Hans-Jörg Neuschäfer (Hg.), Entre el ocio y el negocio. Industria editorial y literatura en la España de los 90, Madrid, Verbum 2001, S. 125-155.

Luhmann, Niklas, Die Kunst der Gesellschaft, Frankfurt 1995.

Lüsebrink, Hans-Jürgen, Romanische Landeskunde zwischen Literaturwissenschaft und Mentalitätsgeschichte, in: Klaus P. Hansen (Hg.), Kulturbegriff und Methode. Der stille Paradigmenwechsel in den Geisteswissenschaften, Tübingen 1993, S. 81-94.

Lustig, Wolf und Paul Tiedemann, Internet für Romanisten, Darmstadt 2000.

Lyotard, Jean-François, Eine post-moderne Fabel über die Postmoderne oder: In der Megalopolis, in: Robert Weimann, Hans Ulrich Gumbrecht (Hg.), Postmoderne – globale Differenz, Frankfurt 1991, S. 291-304.

Mahlendorff, Andrea, Literarische Geografie Lateinamerikas. Zur Entwicklung des Raumbewusstseins in der lateinamerikanischen Literatur, Berlin 2000.

Maravall, José Antonio, Antiguos y modernos. La idea de progreso en el desarrollo inicial de una sociedad, Madrid, Sociedad de estudios y publicaciones 1966.

Marx, Karl, Das Kapital. Kritik der politischen Ökonomie I, Frankfurt 1969.

Bibliografie

Marx, Karl und Friedrich Engels, Vorwort von Zur Kritik der Politischen Ökonomie, in: Dies., Werke, Bd. 13, Berlin 1974.

Mattauch, Hans, *Fazzoletto-mouchoir-pañuelo*: das Taschentuch in den romanischen Literaturen bis zum Ende des Barocks, in: Sybille Große, Axel Schönberger (Hg.), Dulce et decorum est philologiam colere. Festschrift für Dietrich Briesemeister zu seinem 65. Geburtstag, Bd. 2, Berlin 1999, S. 1679-1698.

Matzat, Wolfgang, Barocke Subjektkonstitution in Mateo Alemáns *Guzmán de Alfarache*, in: Joachim Küpper, Friedrich Wolfzettel (Hg.), Diskurse des Barock. Dezentrierte oder rezentrierte Welt?, München 2000, S. 269-291.

Matzat, Wolfgang, Dialogizität und Marginalität im Roman des Siglo de Oro, in: Wolf-Dieter Lange, Wolfgang Matzat (Hg.), Sonderwege in die Neuzeit: Dialogizität und Intertextualität in der spanischen Literatur zwischen Mittelalter und Aufklärung, Bonn 1997, S. 67-82.

Matzat, Wolfgang, Frühneuzeitliche Subjektivität und das literarische Imaginäre. Vom Schäferroman zum *Don Quijote*, in: Wolfgang Matzat, Bernhard Teuber (Hg.), Welterfahrung – Selbsterfahrung. Konstitution und Verhandlung von Subjektivität in der spanischen Literatur der frühen Neuzeit, Tübingen 2000, S. 345-359.

Matzat, Wolfgang, Galdós und der französische Realismus/Naturalismus. Zur Wirklichkeitsmodellierung in den *Novelas contemporáneas*, in: Hans-Jürgen Lüsebrink, Hans T. Siepe (Hg.), Romanistische Komparatistik, Frankfurt 1993, S. 127-145.

Matzat, Wolfgang, Geschichte und Identität im Werk Alejo Carpentiers, in: Ders., Lateinamerikanische Identitätsentwürfe, Tübingen 1996, S. 13-34.

Matzat, Wolfgang, Natur und Gesellschaft bei Clarín und Galdós. Zum diskursgeschichtlichen Ort des spanischen Realismus/Naturalismus, in: Ders. (Hg.), Peripherie und Dialogizität, Tübingen 1995, S. 13-46.

Mecke, Jochen, Im Zeichen der Literatur: Literarische Transformationen des Films, in: Jochen Mecke, Volker Roloff (Hg.), Kino-(Ro)Mania: Intermedialität zwischen Film und Literatur, Tübingen 1997, S. 97-123.

Mecke, Jochen und Volker Roloff (Hg.), Kino-(Ro)Mania: Intermedialität zwischen Film und Literatur, Tübingen 1997.

Meyer-Minnemann, Klaus, Die Fortsetzbarkeit der novela picaresca: der Lazarillo de Tormes und seine Fortsetzungen, in: Bernhard König, Jutta Lietz (Hg.), Gestaltung – Umgestaltung. Festschrift zum sechzigsten Geburtstag von Margot Kruse, Tübingen 1990, S. 229-243.

Meyer-Minnemann, Klaus, La urbe de los estridentistas, in: Neue Romania 10, Berlin 1991, S. 103-113.

Meyer-Minnemann, Klaus, Lateinamerikanische Literatur – Dependenz und Emanzipation, in: Iberoamericana 10, 1, 1986, S. 3-17.

Meyer-Minnemann, Klaus, Octavio Paz in den dreißiger Jahren: Rekonstruktion einer mexikanischen Avantgarde, in: Karl Hölz (Hg.), Literarische Vermittlungen: Geschichte und Identität in der mexikanischen Literatur, Tübingen 1988, S. 121-169.

Moog-Grünewald, Maria, Zwischen Kontingenz und Ordo. Das Emblem in Renaissance und Barock, in: Joachim Küpper, Friedrich Wolfzettel (Hg.), Diskurse des Barock. Dezentrierte oder rezentrierte Welt?, München 2000, S. 187-216.

Morris, Charles W., Grundlagen der Zeichentheorie. Ästhetik und Zeichentheorie, München 1972.

Mühlschlegel, Ulrike, Kontinuität und Wandel. Das Ibero-Amerikanische Institut in

Bibliografie

Berlin, in: Hispanorama 88, 2000, S. 72-75.

Müller, Jan-Dirk, Kulturwissenschaft historisch. Zum Verhältnis von Ritual und Theater im späten Mittelalter, in: Gerhard Neumann u.a. (Hg.), Lesbarkeit der Kultur: Literaturwissenschaften zwischen Kulturtechnik und Ethnografie, München 2000, S. 53-77.

Nerlich, Michael, Romanistik: Von der wissenschaftlichen Kriegsmaschine gegen Frankreich zur komparatistischen Konsolidierung der Frankreichforschung, in: Romanistische Zeitschrift für Literaturgeschichte 20, 1996, S. 396-436.

Neumann, Gerhard, Begriff und Funktion des Rituals im Feld der Literaturwissenschaft, in: Ders. u.a. (Hg.), Lesbarkeit der Kultur: Literaturwissenschaften zwischen Kulturtechnik und Ethnografie, München 2000, S. 19-52.

Neuschäfer, Hans-Jörg, Macht und Ohnmacht der Zensur. Literatur, Theater und Film in Spanien (1933-1976), Stuttgart 1991.

Neuschäfer, Hans-Jörg, Philologie und Aufklärung. Über den kulturwissenschaftlichen Auftrag unseres Fachs, in: Romanistische Zeitschrift für Literaturgeschichte 26, 1/2, 2002, S. 171-182.

Neuschäfer, Hans-Jörg, Schwierige Annäherung. Die spanische Gegenwartsliteratur in Deutschland (seit 1950), in: Henning Krauß (Hg.), Offene Gefüge. Literatursystem und Lebenswirklichkeit. Festschrift für Fritz Nies, Tübingen 1994, S. 261-270.

Neuschäfer, Hans-Jörg, Von der movida zum Kulturbusiness. Ein Blick in den spanischen Literaturbetrieb der 90er Jahre, in: Hans-Peter Burmeister (Hg.), Spanien – die Entdeckung einer europäischen Kultur. Loccumer Protokolle 60/97, Loccum 1998, S. 31-53.

Nitsch, Wolfram, Barocke Dezentrierung. Spiel und Ernst in Lope de Vegas *Dorotea*, in: Joachim Küpper, Friedrich Wolfzettel (Hg.), Diskurse des Barock. Dezentrierte oder rezentrierte Welt?, München 2000, S. 219-244.

Nitsch, Wolfram, Barocktheater als Spielraum. Studien zu Lope de Vega und Tirso de Molina, Tübingen 2000.

Nitsch, Wolfram, Nervöse Martyrien. Wissenschaftlicher und religiöser Diskurs in Pardo Bazáns *Los Pazos de Ulloa*, in: Wolfgang Matzat (Hg.), Peripherie und Dialogizität, Tübingen 1995, S. 205-221.

Ottmers, Clemens, Rhetorik, Stuttgart 1996.

Pagni, Andrea, Südamerikanische Blicke auf Paris und Rom: Beiträge zu einer Poetik des postkolonialen Standortes in Sarmientos *Viajes*, in: Albrecht Buschmann, Dieter Ingenschay (Hg.), Die andere Stadt: Großstadtbilder in der Perspektive des peripheren Blicks, Würzburg 2000, S. 35-43.

Penzkofer, Gerhard, Ingestión y expulsión – el problema de la identidad en el *Lazarillo de Tormes*, in: Christoph Strosetzki (Hg.), Actas del V congreso de la Asociación Internacional Siglo de Oro, Münster 1999, Frankfurt 2001, S. 988-994.

Peters, Michaela, Weibsbilder. Weiblichkeitskonzepte in der mexikanischen Erzählliteratur von Rulfo bis Boullosa, Frankfurt 1999.

Petriconi, H., Metamorphosen der Träume. Fünf Beispiele zu einer Literaturgeschichte als Themengeschichte, Frankfurt 1971.

Pfeiffer, Erna, Territorium Frau. Körpererfahrung als Erkenntnisprozeß in Texten zeitgenössischer lateinamerikanischer Autorinnen, Frankfurt 1998.

Pinto Crespo, Virgilio, Inquisición y control ideológico en la España del siglo XVI, Madrid, Taurus 1983.

Plumpe, Gerhard und Clemens Kammler, Antikes Ethos und postmoderne Lebenskunst,

Bibliografie

Michel Foucaults Studien zur Geschichte der Sexualität, in: Philosophische Rundschau 34, 1987, S. 186-194.

Plumpe, Gerhard und Clemens Kammler, Wissen ist Macht. Über die theoretische Arbeit Michel Foucaults, in: Philosophische Rundschau 27, 1980, S. 185-218.

Pohl, Burkhard, Boom no.5, in: Tranvía 55, Dez. 99, S. 68-74.

Pohl, Burkhard, Internationale Verlagsinteressen bei der Vermittlung lateinamerikanischer Literatur nach Spanien. Das Beispiel Seix Barral, in: Udo Schöning (Hg.), Internationalität nationaler Literaturen, Göttingen 2000, S. 537-552.

Pohl, Burkhard, Transatlantische Geschäfte. Die Vermittlung lateinamerikanischer Narrativik durch spanische Verlage zur Zeit des Franquismus und der *Transición,* in: Manfred Engelbert, Burkhard Pohl, Udo Schöning (Hg.), Märkte, Medien, Vermittler, Göttingen 2001, S. 187-222.

Pohl, Burkhard, ¿Un nuevo boom? Editoriales españolas y literatura latinoamericana en los años 90, in: José Manuel López de Abiada, Hans-Jörg Neuschäfer, Augusta López Bernasocchi (Hg.), Entre el ocio y el negocio: Industria editorial y literatura en la España de los 90, Madrid,Verbum 2000, S. 261-292.

Portolés, José, Medio siglo de filología española (1896-1952). Positivismo e idealismo, Madrid, Cátedra 1986.

Pratt, Mary Louise, Modernität und Peripherie. Zur Analyse globaler Verhältnisse, in: Nena Badenberg, Florian Nelle, Ellen Spielmann (Hg.), Exzentrische Räume. Festschrift für Carlos Rincón, Stuttgart 2000, S. 33-50.

Prill, Ulrich, Mitos y mitografía en la literatura fascista, in: Mechtild Albert (Hg.), Vencer no es convencer. Literatura e ideología del fascismo español, Frankfurt 1998, S. 167-179.

Propp, Vladimir, Morphologie des Märchens, Frankfurt 1975.

Rehrmann, Norbert, Das schwierige Erbe von Sefard. Juden und Mauren in der spanischen Literatur von der Romantik bis zur Mitte des 20. Jahrhunderts, Frankfurt 2002.

Rehrmann, Norbert, Kulturelles Gedächtnis, nationale Identität und Literatur: Die Sephardenthematik in fiktionalen und essayistischen Texten des 19. und 20. Jahrhunderts, in: Norbert Rehrmann, Andreas Koechert (Hg.), Spanien und die Sepharden, Tübingen 1999, S. 195-224.

Reichardt, Rolf und Eberhard Schmitt (Hg.), Handbuch politisch-sozialer Grundbegriffe in Frankreich 1680-1820, München 1985ff.

Reusch, Franz Heinrich (Hg.), Die Indices Librorum Prohibitorum des Sechzehnten Jahrhunderts, Nieuwkoop 1961.

Ricken, Ulrich, Ansätze zur Begriffsgeschichte in der Aufklärung?, in: Ottmar Ette (Hg.), Werner Krauss, Wege – Werke – Wirkungen, Berlin 1999, S. 235-240.

Rickert, Heinrich, Die Probleme der Geschichtsphilosophie, Heidelberg 1924.

Rieger, Angelica, Der Detektiv an der Jahrtausendwende, in: Tranvía 62, 2001, S. 29-33.

Rodiek, Christoph, Erfundene Vergangenheit. Kontrafaktische Geschichtsdarstellung (Uchronie) in der Literatur, Frankfurt 1997.

Roloff, Volker, Buñuels mexikanische Filme, in: Harald Wentzlaff-Eggebert (Hg.), Europäische Avantgarde im lateinamerikanischen Kontext, Frankfurt 1991, S. 547-570.

Roloff, Volker, Die Karnevalisierung der Apokalypse. Gabriel García Márquez: „Hundert Jahre Einsamkeit", in: Gunter E. Grimm u.a. (Hg.), Apokalypse. Weltunter-

Bibliografie

gangsvisionen in der Literatur des 20. Jahrhunderts, Frankfurt 1986, S. 68-87.

Roloff, Volker, Film und Literatur. Zur Theorie und Praxis der intermedialen Analyse am Beispiel von Buñuel, Truffaut, Godard und Antonioni, in: Peter v. Zima (Hg.), Literatur intermedial. Musik-Malerei-Photografie-Film, Darmstadt 1995, S. 269-309.

Roloff, Volker, Intermedialität als neues Forschungsparadigma der Allgemeinen Literaturwissenschaft, in: Carsten Zelle (Hg.), Allgemeine Literaturwissenschaft, Opladen 1999, S. 115-127.

Roloff, Volker, Mittelalterliche Farcenkomik bei Rabelais und im *Lazarillo de Tormes*, in: Zeitschrift für romanische Philologie 103, Heft 1/2, 1987, S. 49-67.

Roloff, Volker, Zur Beziehung von Bild und Text am Beispiel von Goyas „Caprichos", in: Christoph Strosetzki, André Stoll (Hg.), Spanische Bilderwelten, Frankfurt 1993, S. 1-15.

Rössner, Michael, Das literarische Kaffeehaus in Madrid, in: Ders. (Hg.), Literarische Kaffeehäuser. Kaffeehausliteraten, Wien, Köln, Weimar 1999, S. 376-405.

Rössner, Michael, Die Populärkultur und der Groß-Romancier. Zu Mario Vargas Llosas *La tía Julia y el escribidor*, in: José Morales Saravia (Hg.), Das literarische Werk von Mario Vargas Llosa, Frankfurt 2000, S. 125-135.

Rössner, Michael, Einleitung, in: Ders. (Hg.), Literarische Kaffeehäuser. Kaffeehausliteraten, Wien, Köln, Weimar 1999, S. 13-28.

Rössner, Michael, „La fable du Mexique" oder vom Zusammenbruch der Utopien, in: Karl Hölz (Hg.), Literarische Vermittlungen: Geschichte und Identität in der mexikanischen Literatur, Tübingen 1988, S. 47-60.

Rössner, Michael, Magischer Realismus und mythisches Bewusstsein: Die Literatur Lateinamerikas zwischen europäischer Erwartung und lateinamerikanischem Selbstverständnis, in: Elke Mader, Maria Dabringer (Hg.), Von der realen Magie zum Magischen Realismus, Frankfurt 1999, S. 103-116.

Rühling, Lutz, Fiktionalität und Poetizität, in: Heinz Ludwig Arnold, Heinrich Detering (Hg.), Grundzüge der Literaturwissenschaft, München 1999, 3. Aufl., S. 25-51.

Saussure, Ferdinand de, Cours de linguistique générale, Paris, Payot, 1982.

Scheerer, Thoma M., Ein Beschwerdebuch. Zur Psychologie des „Familiengeheimnisses" im spanischen Gegenwartsroman (Josefina Molina, *Cuestión de azar*, 1997), in: Romanistische Zeitschrift für Literaturgeschichte 25, 2001, S. 467-483.

Schlegel, Friedrich, Vorlesungen über Universalgeschichte, Jean-Jacques Anstett (Hg.), München 1960.

Schlünder, Susanne, Karnevaleske Körperwelten Francisco de Goyas, Tübingen 2002.

Schmidt, Arno, Julianische Tage, in: Ders., Essays und Aufsätze 2, Bargfeld 1995, S. 87-92.

Schmidt, Erich, Die litterarische Persönlichkeit, Berlin 1909.

Schmidt, Erich, Lessing. Geschichte seines Lebens und seiner Schriften, Berlin 1884 (Bd. 1), 1892 (Bd. 2).

Schmidt, Siegfried J., Allgemeine Literaturwissenschaft – ein Entwurf und die Folgen, in: Carsten Zelle (Hg.), Allgemeine Literaturwissenschaft, Opladen 1999, S. 98-111.

Scholz, Bernhard F., Zur Bedeutung von Michel Foucaults These eines epistemischen Bruchs im 17. Jahrhundert für die Barockforschung, in: Klaus Garber (Hg.), Europäische Barock-Rezeption, Wiesbaden 1991, S. 169-184.

Schönau, Walter, Einführung in die psychoanalytische Literaturwissenschaft, Stuttgart 1991.

Schrader, Ludwig, Conejos amarillos en el cielo: Zu einigen Konstanten im Romanwerk

Bibliografie

von Miguel Angel Asturias, in: Iberoromania 2, 3, 1970, S. 231-247.

Schrader, Ludwig, Die Kunst und die alten Götter bei Asturias, in: Eberhard Leube, Ludwig Schrader (Hg.), Interpretation und Vergleich: Festschrift für W. Pabst, Berlin 1972, S. 267-301.

Schrader, Ludwig, El interés por el mundo ibérico y los orígenes del hispanismo científico en los países de lengua alemana (siglo XIX), in: Christoph Strosetzki, Jean-François Botrel, Manfred Tietz (Hg.), Actas del I Encuentro Franco-Alemán de Hispanistas (Mainz, 9-12. 3. 89), Frankfurt 1991, S. 1-18.

Schrader, Ludwig, Herkulesdarstellungen in der spanischen Literatur vom 15. bis zum 17. Jahrhundert, in: Walther Killy (Hg.), Mythografie der frühen Neuzeit, Wolfenbüttel 1984, S. 37-51.

Schrader, Ludwig, Odysseus im *Siglo de Oro*. Zur mythologischen Allegorie im Theater Calderóns und seiner Zeitgenossen. Fritz Schalk zum 70. Geburtstag, Frankfurt 1973, S. 401-439.

Schröder, Werner, Textüberlieferung und Textkritik (Kleinere Schriften. 1965-93), Stuttgart, Leipzig 1994.

Schücking, Levin L., Soziologie der literarischen Geschmacksbildung, München 1923.

Schulz-Buschhaus, Ulrich, Erich Auerbach und die Literaturwissenschaft der neunziger Jahre, in: Sprachkunst 30, 1, 1999, S. 97-119.

Schulz-Buschhaus, Ulrich, Funktionen des Kriminalromans in der post-avantgardistischen Erzählliteratur, in: Ulrich Schulz-Buschhaus, Karlheinz Stierle (Hg.), Projekte des Romans nach der Moderne, München 1997, S. 331-368.

Schulz-Buschhaus, Ulrich, Gattungsbewußtsein und Gattungsnivellierung bei Gracián, in: Sebastian Neumeister, Dietrich Briesemeister (Hg.), El mundo de Gracián, Berlin 1991, S. 75-94.

Schulz-Buschhaus, Ulrich, Innovation und Verstellung bei Gracián, in: Bernhard König, Jutta Lietz (Hg.), Gestaltung – Umgestaltung. Festschrift zum sechzigsten Geburtstag von Margot Kruse, Tübingen 1990, S. 413-427.

Schumacher, Meinolf, Auf dem Weg zur Europäischen Literaturwissenschaft, in: Rüdiger Zymner (Hg.), Allgemeine Literaturwissenschaft – Grundfragen einer besonderen Disziplin, Berlin 1999, S. 197-207.

Schumm, Petra, Exilerfahrung und Literatur lateinamerikanischer Autoren in Spanien, in: José Morales Saravia (Hg.), Die schwierige Modernität Lateinamerikas, Frankfurt 1993, S. 3-23.

Searle, John R., Sprechakte, Frankfurt 1971.

Siebenmann, Gustav, Bildforschung und Hispanistik, in: Christoph Strosetzki (Hg.), Akten des Deutschen Hispanistentages. Göttingen 1991, Frankfurt 1993, S. 59-66.

Siebenmann, Gustav, Los estudios latinoamericanos en los países de habla alemana, in: Anales de literatura hispanoamericana 13, 1984, S. 37-47.

Siebenmann, Gustav, Methodisches zur Bildforschung, in: Gustav Siebenmann, Hans-Joachim König (Hg.), Das Bild Lateinamerikas im deutschen Sprachraum, Tübingen 1992, S. 1-17.

Siebenmann, Gustav, Zu Lorcas Rezeption in Lateinamerika, in: Ex nobili philologorum officio: Festschrift für Heinrich Bihler zu seinem 80. Geburtstag, Berlin 1998, S. 501-512.

Städtler, Katharina, Farbige Frauen in der spanischen Literatur (700-1800): Ein neues Forschungsgebiet der Afro-Hispanistik, in: Neue Romania 23, Berlin 2000, Afro-Romania, Dirk Naguschewski (Hg.), S. 193-211.

Bibliografie

Stanzel, Franz K., Typische Formen des Romans, Göttingen 1964.

Stefen, Rudolf (Hg.), Gesamtverzeichnis indizierter Bücher, Taschenbücher, Broschüren, Comics und Flugblätter, Baden-Baden 1989, 17. Aufl.

Stenzel, Hartmut, Manuel Vázquez Montalbán: Die Kriminalromane – Pepe Carvalho auf der Suche nach der Identität des postfranquistischen Spanien, in: Dieter Ingenschay, Hans-Jörg Neuschäfer (Hg.), Aufbrüche. Die Literatur Spaniens seit 1975, Berlin 1993, 2. Aufl., S. 175-184.

Stenzel, Hartmut, Über die Möglichkeit der Verwendung psychoanalytischer Kategorien in einer historisch-soziologischen Literaturwissenschaft, in: Henning Krauß, Reinhold Wolff (Hg.), Psychoanalytische Literaturwissenschaft und Literatursoziologie, Frankfurt, Bern 1982, S. 11-28.

Stierle, Karlheinz, Balzac und die Archäologie. Zum Ursprung von Foucaults Archäologie-Begriff, in: Paul Gerhard Klussmann u.a. (Hg.), Das Wagnis der Moderne. Festschrift für Marianne Kesting, Frankfurt 1993, S. 167-178.

Stierle, Karlheinz, Der Mythos von Paris – Zeichen und Bewußtsein der Stadt, München 1993.

Stoll, André, Goyas „Illuminatio". Zum ästhetischen Genesisbericht der „Caprichos", in: Christoph Strosetzki, André Stoll (Hg.), Spanische Bilderwelten, Frankfurt 1993, S. 16-37.

Stoll, André, Metaphysische Leere – Zur negativen Ästhetik der Fotografien des mexikanischen Schriftstellers Juan Rulfo, in: Gottfried Jäger (Hg.), Fotografie denken, Bielefeld 2001, S. 93-120.

Stoll, André (Hg.), Sepharden, Morisken, Indianerinnen und ihresgleichen. Die andere Seite der hispanischen Kulturen, Bielefeld 1995.

Strausfeld, Michi, Die neue Literatur Lateinamerikas. Versuch einer Bestandsaufnahme, in: Dies. (Hg.), Lateinamerikanische Literatur, Frankfurt 1976, S. 9-28.

Strausfeld, Michi (Hg.), Lateinamerikanische Literatur, Frankfurt 1989.

Strosetzki, Christoph, Arbeit, Muße und Gewinn, in: Karl Hölz u.a. (Hg.), Sinn und Sinnverständnis. Festschrift für Ludwig Schrader zum 65. Geburtstag, Berlin 1997, S. 28-43.

Strosetzki, Christoph, Aristoteles und die Ordnung der Dinge bei Fray Luis de Granada, Francisco Sánchez, Juan de Huarte und Antonio de Torquemada, in: Gerhard Penzkofer, Wolfgang Matzat (Hg.), Der Prozess der Imagination. Magie und Empirie in der spanischen Literatur der frühen Neuzeit, im Druck.

Strosetzki, Christoph, Balzacs Rhetorik und die Literatur der Physiologien, Mainz, Stuttgart 1985.

Strosetzki, Christoph, Calderón, Stuttgart 2001.

Strosetzki, Christoph, Das Europa Lateinamerikas, Stuttgart 1989.

Strosetzki, Christoph, Die Beschäftigung mit den spanischen Humanisten im Deutschland des 19. Jahrhunderts, in: Manfred Tietz (Hg.), Das Spanieninteresse im deutschen Sprachraum. Beiträge zur Geschichte der Hispanistik vor 1900, Frankfurt 1989, S. 22-33.

Strosetzki, Christoph, Die europäische Antike im Lateinamerika des 19. Jahrhunderts, in: Ders., Das Europa Lateinamerikas, Stuttgart 1989, S. 37-62.

Strosetzki, Christoph, Die Renaissance Mexikos in Italien, in: Ders., Das Europa Lateinamerikas, Stuttgart 1989, S. 23-36.

Strosetzki, Christoph, Geschichte und Geschichten, in: Antike und Abendland 40, 1994, 60, S. 153-168.

Bibliografie

Strosetzki, Christoph, Konversation. Ein Kapitel gesellschaftlicher und literarischer Pragmatik im Frankreich des 17. Jahrhunderts, Frankfurt 1978.

Strosetzki, Christoph, Literatur als Beruf. Zum Selbstverständnis gelehrter und schriftstellerischer Existenz im spanischen *Siglo de Oro*, Düsseldorf 1987.

Strosetzki, Christoph, Magischer Realismus oder Archäologie des Mythos, in: Ders., Das Europa Lateinamerikas, Stuttgart 1989, S. 113-134.

Strosetzki, Christoph, Miguel de Cervantes. Epoche – Werk – Wirkung, München 1991.

Strosetzki, Christoph, Sprache als Handlung in der spanischen Renaissance, in: Wolfenbütteler Renaissance-Mitteilungen 5/1, 1981, S. 43-49.

Teuber, Bernhard und Horst Weich (Hg.), Iberische Körperbilder im Dialog der Medien und Kulturen, Frankfurt 2002.

Teuber, Bernhard, La comedia considerada como rito sacrificial. Apuntes para una lectura antropológica del teatro de honor, in: Christoph Strosetzki (Hg.), Teatro español del *Siglo de Oro*. Teoría y práctica, Frankfurt 1998, S. 344-354.

Teuber, Bernhard, Sprache, Körper, Traum: zur karnevalesken Tradition in der romanischen Literatur aus früher Neuzeit, Tübingen 1989.

Tietz, Manfred (Hg.), Die spanische Lyrik der Moderne. Einzelinterpretationen, Frankfurt 1990.

Tietz, Manfred (Hg.), Die spanische Lyrik von den Anfängen bis 1870, Frankfurt 1997.

Tietz, Manfred (Hg.), Das Spanieninteresse im deutschen Sprachraum. Beiträge zur Geschichte der Hispanistik vor 1900, Frankfurt 1989.

Tietz, Manfred, Die Debatte um die „moralische Zulässigkeit des Theaters" im spanischen 17. Jahrhundert und ihre Folgen, in: Sybille Große, Axel Schönberger (Hg.), Dulce et decorum est philologiam colere. Festschrift für Dietrich Briesemeister zu seinem 65. Geburtstag, Bd. 1, Berlin 1999, S. 705-732.

Tietz, Manfred (Hg.), Los jesuitas españoles expulsos: Su imagen y su contribución al saber sobre el mundo hispánico en la Europa del siglo XVIII, Frankfurt, Madrid, Vervuert/Iberoamericana 1999.

Volker Roloff, Buñuels reflektierte Intermedialität, in: Ursula Link-Heer, Volker Roloff (Hg.), Luis Buñuel. Film-Literatur-Intermedialität, Darmstadt 1994, S. 1-12.

Vones, Ludwig, Geschichte der Iberischen Halbinsel im Mittelalter (711-1480), Sigmaringen 1992.

Vosskamp, Wilhelm, Literatursoziologie: Eine Alternative zur Geistesgeschichte?, in: Christoph König, Eberhard Lämmert (Hg.), Literaturwissenschaft und Geistesgeschichte 1910 bis 1925, Frankfurt 1993, S. 291-303.

Walter, Klaus- Peter, Normierte Wunschwelten und realistischer Diskurs, in: Wolfgang Matzat (Hg.), Peripherie und Dialogizität, Tübingen 1995, S. 47-67.

Walter, Monika und Miguel Barnet: *Biografía de un cimarrón*, in: Volker Roloff, Harald Wentzlaff-Eggebert (Hg.), Der hispanoamerikanische Roman, Bd. 2, Darmstadt 1992, S. 120-131.

Warning, Rainer, Chaos und Kosmos. Kontingenzbewältigung in der *Comédie humaine*, in: Hans-Ulrich Gumbrecht, Karlheinz Stierle, Rainer Warning (Hg.), Honoré de Balzac, München 1980, S. 9-55.

Warning, Rainer, Funktion und Struktur. Die Ambivalenzen des Geistlichen Spiels, München 1974.

Warning, Rainer, Kompensatorische Bilder einer „wilden Ontologie": Zolas *Les Rougon-Macquart*, in: Poetica 22, 1990, S. 355-383.

Wehinger, Brunhilde, Conversation um 1800. Salonkultur und literarische Autorschaft bei Germaine de Staël, Berlin 2002.

Weich, Horst, Der fremde Blick auf ein fernes Land: Französische Spanienreisende im 19. Jahrhundert, in: Hermann H. Wetzel (Hg.), Reisen in den Mittelmeerraum, Passau 1991, S. 129-153.

Weich, Horst, Die Definition des Subjekts aus dem Fleisch, in: Wolfgang Matzat, Bernhard Teuber (Hg.), Welterfahrung – Selbsterfahrung: Konstitution und Verhandlung von Subjektivität in der spanischen Literatur der frühen Neuzeit, Tübingen 2000, S. 47-64.

Weich, Horst, *Don Quijote* im Dialog, Passau 1989.

Weinrich, Harald, Für eine Literaturgeschichte des Lesers, in: Ders. (Hg.), Literatur für Leser, Stuttgart 1967, S. 23-34.

Welsch, Wolfgang, Unsere postmoderne Moderne, Weinheim 1988, 2. Aufl.

Wentzlaff-Eggebert, Harald, Avantgarde in Hispanoamerika, in: Ders. (Hg.), Europäische Avantgarde im lateinamerikanischen Kontext, Frankfurt 1991, S. 3-29.

Wentzlaff-Eggebert, Harald, Mariáteguis Avantgarde-Begriff, in: José Morales Saravia (Hg.), José Carlos Mariátegui, Frankfurt 1997, S. 95-109.

Wentzlaff-Eggebert, Harald, Vorkämpfer der einzig wahren Welt. Die Literaturkritik im Schussfeld hispanoamerikanischer Avantgardisten, in: Thomas Bremer, Jochen Heymann (Hg.), Sehnsuchtsorte: Festschrift zum 60. Geburtstag von Titus Heydenreich, Tübingen 1999, S. 223-233.

Wenzel, Bettina, Der Buenos Aires-Roman, Frankfurt 1999.

Wiese, Claudia, Die hispanoamerikanischen Boom-Romane in Deutschland. Literaturvermittlung, Buchmarkt und Rezeption, Frankfurt 1992.

Wolfzettel, Friedrich, Ästhetik der Anden. Europäische Reiseberichte im Zeitalter der Romantik, in: Walther L. Bernecker, Gertrut Krömer (Hg.), Die Wiederentdeckung Lateinamerikas. Die Erfahrung des Subkontinents in Reiseberichten des 19. Jahrhunderts, Frankfurt 1997, S. 239-263.

Wolfzettel, Friedrich, Spanien als europäischer Orient und die (romantische) Andalusienreise: Edgar Quinets *Mes vacances en Espagne* im Kontext, in: Werner Helmich, Helmut Meter, Astrid Poier-Bernhard (Hg.), Poetologische Umbrüche. Romanistische Studien zu Ehren von Ulrich Schulz-Buschhaus, München 2002, S. 90-104.

Wurm, Carmen, Doña Marina, la Malinche. Eine historische Figur und ihre literarische Rezeption, Frankfurt 1996.

Sachregister

Namenregister

Abellán, Manuel L. 193
Adorno, Theodor W. 45, 84, 91
Aischylos 23, 69
Alarcón, Luis 194
Alberdi, Juan Bautista 148
Albersmeier, Franz-Josef 207, 209, 211
Albert, Mechthild 53, 83, 88, 96, 136, 163, 182, 204
Alberti, Rafael 209
Aldecoa, Josefina 189
Alemán, Mateo 85, 86, 130, 155
Alfonso X., El Sabio 23, 202
Allende, Isabel 140, 189
Althusser, Louis 95
Altmann, Werner 137
Anstett, Jean-Jacques 12
Antonioni, Michangelo 212, 213, 216
Apuleius 112, 113, 169, 170
Arguedas, José María 147, 152
Aristoteles 38, 42, 45, 47, 61, 67-71, 75, 152, 154
Armbruster, Claudius 40
Arnold, Heinz Ludwig 46
Arrabal, Fernando 199
Artaud, Antonin 179
Asholt, Wolfgang 51, 53
Assmann, Aleida 156
Assmann, Jan 156
Asturias, Miguel Angel 52, 92, 93, 142-144, 180, 187, 188
Atxaga, Bernardo 189
Auerbach, Erich 38, 47
Augustinus 194
Austin, John L. 31
Azorín 82, 182

Babenco, Héctor 212
Bachtin, Michail Michailovic (siehe auch Bakhtine, Mikhail) 110-113, 116-118, 129, 167, 221
Badenberg, Nana 150, 222
Baehr, Rudolf 75
Bakhtine, Mikhail (siehe auch Bachtin, Michail) 114, 115
Balcells, Carmen 189
Balme, Christopher 160

Balzac, Honoré de 127, 131, 145, 205
Barnatán, Marcos Ricardo 155
Barnet, Miguel 221
Baroja, Pío 82, 211
Barral, Carlos 186-188
Barthes, Roland 29, 55, 142, 167
Baudelaire, Charles 218
Baudin, Louis 94
Bauer-Funke, Cerstin 96
Bazán, Pardo 131-133
Beauvoir, Simone de 134
Beckett, Samuel 58
Behrens, Rudolf 120
Belli, Gioconda 140
Benavente; Jacinto 82, 211
Benedetti, Mario 200
Benjamin, Walter 38
Berg, Walter Bruno 151, 222
Bernarda Alba 109, 195-197, 207
Bernecker, Walther L. 81, 96, 159, 177
Bertuch, Friedrich Justin 13
Bihler, Heinrich 40
Birus, Hendrik 14
Bizet, Georges 181
Blasco Ibáñez, Vicente 211
Bloom, Harold 49
Blumenthal, Peter 193
Böger, Astrid 139
Boixareu, Mercé 180
Bolívar, Simón 46
Borges, Jorge Luis 35, 52, 54, 122, 154, 155, 187, 188, 221, 222
Borsò, Vittoria 138, 139, 150
Bosse, Heinrich 222
Bosse, Monika 173
Botrel, Jean-François 13
Bourdieu, Pierre 45, 185-187, 190
Bouterwerk, Friedrich 13
Brecht, Bertold 68, 211
Bremer, Thomas 53
Breton, André 144, 216, 218
Briesemeister, Dietrich 11, 15, 16, 26, 40, 81, 101, 202
Brunner, José Joaquín 153
Bryce Echenique, Alfredo 147
Buero Vallejo, Antonio 206

245

Namenregister